사피엔스의 멸망

사피엔스의 멸망

—

2021년 8월 4일 초판 1쇄 발행

—

지은이 토비 오드
옮긴이 하인해
펴낸이 김정수, 강준규
책임편집 유형일
마케팅 추영대
마케팅지원 배진경, 임혜솔, 송지유, 이영선

펴낸곳 (주)로크미디어
출판등록 2003년 3월 24일
주소 서울시 마포구 성암로 330 DMC첨단산업센터 318호
전화 02-3273-5135
팩스 02-3273-5134
편집 070-7863-0333
홈페이지 http://rokmedia.com
이메일 rokmedia@empas.com

—

ISBN 979-11-354-6602-1 (03300)
책값은 표지 뒷면에 적혀 있습니다.

—

• 커넥팅은 로크미디어의 인문, 사회 도서 브랜드입니다.
• 잘못 만들어진 책은 구입하신 서점에서 교환해 드립니다.

벼랑세, 인류의 존재 위험과 미래

사피엔스의 멸망

토비 오드 지음
하인해 옮김

THE PRECIPICE

EXISTEMTIAL RISK AND THE FUTURE OF HUMAN

Connecting

— ◇ 저자 소개

토비 오드Toby Ord

토비 오드는 옥스퍼드 대학의 철학과 교수로, 인류가 직면하고 있는 커다란 문제들에 대해 연구하고 있다. 호주 멜버른 대학교에서 철학과 컴퓨터 과학을 전공했고, 우수한 성적으로 졸업했다. 옥스퍼드 대학교에서 철학 석박사 학위를 받았다. 2014년부터 옥스퍼드 대학교 인류미래연구소에서 연구를 했고 현재 선임 연구원으로 일하고 있다. 그의 초기 연구는 세계 보건과 빈곤에 대한 윤리로, 전 세계의 가난한 사람들을 돕기 위한 여러 방안을 탐구했다. 자신을 위해 돈을 쓸 때보다 빈곤층을 위해 돈을 쓸 때 그 돈이 수백 배 더 높은 가치를 발휘한다는 사실을 깨달은 그는 수입의 10%를 세상을 개선하는 데 가장 효과적인 자선단체에 기부하겠다는 평생 서약을 했다. 그는 국제 비영리단체 기빙왓위캔Giving What We Can의 공동 설립자 중 한 명이다. 기방왓위캔에 참여한 수천 명의 사람들은 시급한 목표를 위해 가장 효과적으로 행동하는 자선 단체에 기부하기로 했고, 약속된 기부액은 15억 달러가 넘었다. 그는 근거와 이성을 통해 선의를 베풀고자 하는 뜻 맞는 사람들과 '효율적 이타주의effective altruism'라는 광범위한 운동을 시작함으로써 이런 생각의 저변을 넓혔다. 현재 하고 있는 연구는 인간의 멸종이나 문명의 영구적 붕괴를 일으킬 존재 위험과 이런 위험들 속에서 인류를 보호하는 방법에 관한 것인데, 그는 이러한 존재 위험들이 인류가 직면하고 있는 문제 중 가장 시급하지만 소외되고 있는 것이라고 말한다. 세계보건기구WHO, 세계은행World Bank, 세계경제포럼World Economic Forum, 미국 국가정보위원회US National Intelligence Council, 영국 총리실UK Prime Minister's Office에 조언을 하기도 했다.

─── ◇   저자 소개
하인해

인하대학교 화학공학부와 한국외국어대학교 통번역대학원에서 공부했고 졸업 후에는 정부기관과 법무법인에서 통번역사로 일했다. 글밥아카데미 수료 후 현재는 바른번역 소속 번역가로 과학과 인문사회 분야의 책을 번역하고 있다. 옮긴 책으로는 《헤어》, 《찻잔 속 물리학》, 《블록으로 설명하는 입자물리학》, 《플라스틱 없는 삶》, 《익숙한 일상의 낯선 양자물리》, 《똥에 대해 이야기해봅시다, 진지하게》 등이 있으며 계간지 《한국 스켑틱》 번역에 참여하고 있다.

문명을 건설한 수천억 과거인에게,
문명의 운명을 결정할 70억 동시대인에게,
존재가 벼랑에 서 있는 수조의 미래인에게.

1부 이해관계

2부 위험

3부 앞으로의 길

1

이해관계

THE STAKES

서문

    아무 문제가 없다면 인류 역사는 이제 시작일 뿐이다. 인류는 약 20만 년을 살아 왔다. 하지만 앞으로도 지구에 생명체가 존재할 수 있는 시간은 수억 년이 넘는다. 수백만 미래 세대가 살 수 있는 충분한 시간이고 질병, 기근, 불평등을 영원히 없앨 수 있는 충분한 시간이며, 지금으로서는 상상도 할 수 없는 번영을 이루기에 충분한 시간이다. 우리가 우주의 먼 곳으로 뻗어 나가는 법을 배운다면 수조 년의 시간이 더 생겨 수십억의 다른 세계도 탐험할 수 있을 것이다. 이처럼 긴 삶을 살 인류는 아직 어린아이일 뿐이다. 장대하고 멋진 성인기가 기다리고 있다.

    이 같은 잠재력에 관한 우리의 관점은 쉽게 흐려진다. 우리는 얼마 전 일어난 파문에 분노하고 최근의 비극에 절망한다. 시간과 공간은 점차 줄고 있다. 우리는 우리가 역할을 맡은 이야기가 얼마나 광대한지 잊는다. 하지만 관점을 바꾸어 우선순위를 재정렬하면 다시 기억한다. 인간 종은 자기 파멸로 치닫고 있고 원대한 약속의 미래는 벼랑 위에 위태롭게 서 있다. 그 미래가 벼랑 위에서 어느 쪽으로 기울지가 대중의 가장 시급한 걱정이 되었다.

이 책은 인류 미래를 지키는 것이야말로 우리 시대의 본질적인 도전임을 주장한다. 우리가 인간 종의 역사에서 중대한 순간에 서 있기 때문이다. 우리는 기술 발전으로 힘이 몹시 강해진 나머지 긴 인류 역사에서 처음으로 자기 자신을 파괴할 수 있기에 이르렀다. 우리는 우리의 모든 미래와 우리가 이룰 수 있는 모든 것을 없앨 수 있다.

한편 인류의 지혜는 이따금 갈 길을 잃은 탓에 위험하리만큼 뒤처져 있다. 인류는 결코 되돌릴 수 없는 실수를 저지르지 않을 성숙함, 협동심, 혜안을 갖추지 못했다. 힘과 지혜의 틈이 벌어질수록 우리 미래는 더 큰 위험에 직면한다. 이런 상황은 지속 불가능하다. 그러므로 인류는 앞으로 몇 세기 동안 시험대에 오를 것이다. 결단을 내려 행동한다면 스스로와 장기적 잠재력을 지키겠지만 그렇지 않는다면 분명 영원히 사라질 것이다.

도전을 극복하고 미래를 지키려면 당장 행동해야 한다. 현재의 위험을 관리하고, 미래의 위험들을 막으며, 그런 위험들이 다시 찾아오지 않을 사회를 이루어야 한다.

인류의 힘이 미래 전체를 위협하기 시작한 건 불과 지난 세기부터다. 최근 뒤늦게야 알려진 일화 하나는 우리의 간담을 서늘하게 한다. 1962년 10월 27일 토요일 소비에트연방 잠수함에 탄 해군 간부 한 명의 결정으로 핵전쟁이 시작될 뻔했다. 그의 이름은 발렌틴 사비츠키Valentin Savitsky다. 사비츠키 함장이 탄 B-59를 포함해 소비에트연방이 쿠바 군사작전을 지원하기 위해 보낸 잠수함 네 척 모두에는 비밀 무기가 숨겨져 있었다. 히로시마 원자폭탄 위력에 맞먹는 핵 어뢰였다.

당시 쿠바 미사일 위기는 정점에 이르고 있었다. 2주 전 미국 공군 정찰기가 쿠바 상공에서 촬영한 항공 사진에 소비에트연방이 설치 중이던 핵미사일이 찍히면서 위기가 시작되었다. 미국 본토를 곧바로 공격할 수 있는 핵무기였다. 이에 미국은 쿠바 영해를 봉쇄한 뒤 침공 계획을 세우고 미국 역사상 처음으로 데프콘2DEFCON-2('핵전쟁 바로 전 단계')를 발령해 핵전력을 정비했다.

2주 뒤 토요일 쿠바를 봉쇄하던 미 군함 한 척이 사비츠키의 잠수함을 발견하곤 수면 위로 유인하기 위해 폭발성이 낮은 폭뢰를 경고 투하했다. 잠수함은 며칠 동안 심해에 숨어 있었다. 그간 무선통신이 끊겨 있었기 때문에 잠수함에 있던 군인들은 전쟁이 이미 터졌는지 아닌지 알 수 없었다. 내부 환경은 참혹했다. 북극 지방을 항해하도록 설계된 잠수함의 통풍기가 열대성 기후의 심해에서 작동하지 않기 때문이다. 어뢰 발사관은 주변 온도가 무려 섭씨 45도였고 기관실은 60도에 이르렀다. 이산화탄소 농도가 치솟으면서 병사들이 의식을 잃기 시작했다. 게다가 선체 바로 옆에서는 미국이 떨어뜨린 폭뢰가 연이어 터지고 있었다. 당시 B-59에 승선한 군인 한 명은 "옆에서 누군가가 커다란 망치로 금속 드럼통을 끊임없이 두드리는 듯"했다고 회상했다.

절박해진 사비츠키 함장은 부하들에게 비밀 무기를 준비라고 명령했다.

> 우리가 여기서 헛짓거리를 하는 동안 이미 위에서는 전쟁이 시작되었을지도 모른다. 당장 그들을 전부 날려 버리자! 우리는 죽을 테지만 그들을 모두 가라앉게 한다면 해군의 이름에 먹칠하지는 않을 것이다![1]

핵무기를 사용하려면 잠수함에서 발사 키의 나머지 반을 쥐고 있던 정치 장교의 동의가 필요했다. 그는 모스크바의 승인을 받지 않았는데도 발사를 허가했다.

다른 세 척의 잠수함 중 하나였다면 이는 핵무기 발사에 충분한 조건이었다. 하지만 순전히 우연으로 B-59에 승선해 있던 바실리 아르히포프Vasily Arkhipov 대령이 소함대 전체를 지휘했기 때문에 그의 동의도 필요했다. 아르히포프는 허가하지 않았다. 대신 사비츠키 함장을 진정시킨 뒤 핵무기 발사를 포기하고 미국 군함이 있는 해상으로 올라가 모스크바의 명령을 기다리자고 설득했다.[2]

아르히포프가 핵무기 발사를 허가했거나 다른 세 척의 잠수함

중 한 척에 있었다면 어떤 일이 벌어졌을지는 정확히 알 수 없다. 사비츠키가 아르히포프의 의견을 따르지 않았을 수도 있었다. 분명한 건 쿠바를 봉쇄하던 미 군함에 핵무기가 발사될 뻔했으며 그랬다면 미국 역시 핵무기로 보복했을 것이고 이는 전면적인 핵전쟁(미국이 계획한)으로 이어졌을 거라는 사실이다. 로버트 맥나마라Robert McNamara 당시 미국 국방부 장관이 몇 년 뒤 내린 결론도 같다.

> 핵탄두 공격을 받은 미군이 핵탄두 보복을 삼갔을 거라고는 누구도 믿지 않는다. 그 끝은 어디였을까? 궁극적인 재앙이다.[3]

핵무기가 발명된 이래 인류는 이 같은 위험 속에서 선택을 내려야 했다. 세상에는 끔찍하리만큼 불완전한 정보에 따라 움직이고 인류 미래를 위협할 기술들을 허가하는 형편없는 의사결정자들이 가득하다. 1962년 토요일 우리는 운이 좋았고 다행히 지금까지는 재앙을 맞지 않았다. 하지만 인류의 파괴력은 계속 강해지고 있고 우리는 언제까지고 운에만 기댈 수 없다.

점차 심각해지는 위험의 시기를 끝내고 미래를 지키기 위해서는 결단을 내려야 한다. 다행히 우리에게는 그럴 힘이 있다. 가장 큰 위험들은 인간의 행동으로 일어났지만 인간의 행동으로 해결할 수 있다. 그러므로 인류가 이 시대를 살아남을지는 인류의 선택에 따라 달라질 것이다. 하지만 선택을 내리기란 쉽지 않다. 모든 건 전례 없는 힘에 의해 생긴 새로운 책임을 우리가 얼마나 빨리 이해하고 받아들이는가에 달렸다.

　이 책은 인류의 장기적 잠재력을 위협하는 **존재 위험**을 이야기한다. 인간 종 절멸은 인류의 모든 잠재력이 파괴되는 가장 직접적인 방식이지만 다른 방식들도 있다. 전 세계 문명이 회복 불가능할 정도로 붕괴해도 인류의 장기적 잠재력은 파괴된다. 앞으로도 살펴보겠지만 우리가 실패한 세상에 갇혀 과거로 되돌아갈 수 없는 여러 디스토피아의 가능성도 있다.

　이 위험들은 각기 다르면서도 압도적이다. 이 책의 주제는 인류나 세상의 또 다른 암흑기가 아니라(이 역시 무척 끔찍하겠지만) 인류 잠재력의 영원한 파괴이므로, 무척 중요하더라도 이 기준에 도달하지 않는 위험은 다루지 않을 것이다.

　존재 위험은 새로운 종류의 도전들을 제시한다. 우리가 이제껏 이룬 방식들을 뛰어넘는 국경 간, 세대 간 협력을 요구하는 도전들이다. 우리에게 필요한 건 시행착오가 아니라 선견지명이다. 또 다른 기회란 없으므로 미래의 그 어느 때에도 재앙을 맞지 않도록 할 제도들을 마련해야 한다.

　이 책의 주제를 다루려면 많은 이야기를 해야 한다. 위험들을 이해하기 위해서는 물리학, 생물학, 지구과학, 컴퓨터공학을 파고들어야 하고, 이를 인류의 더 큰 맥락에서 살펴보려면 역사와 인류학을 논의해야 한다. 위험에 달린 이해관계가 얼마나 큰지 가늠하는 데에는 윤리학과 경제학이 필요하다. 그리고 해결책을 찾기 위해선 국제 관계와 정치학을 이야기해야 한다. 이를 위해 사람들의 선입견을 뒷받침하는 전문가의 말이나 논문을 선별하여 인용하는 데 그치지 않고 앞에서 언급한 분야 전부를 자세히 다루어야 한다. 누구라도 이는 홀로 해낼 수 없는 일이다. 그러므로 다양한 의견을 제시해 주고 원고를 검토해 준 수십 명의 세계 석학에게 깊은 감사의 말을 전한다.[4]

이 책의 목표는 원대하다. 인류가 어떤 잠재력을 지녔고 어떤 위험에 직면해 있는지 면밀하게 분석하여 우리가 인류사에서 가장 중요한 시대를 살고 있음을 설명하고자 한다. 인류 미래 전체가 마주하는 주요 위험들은 우리의 사고방식이 따라잡지 못하는 새로운 문제다. 그러므로 《사피엔스의 멸망》은 세상과 세상 속 인류의 역할을 완전히 다르게 바라볼 새로운 윤리적 시각을 제시할 것이다. 그리하여 이 책이 인류의 지혜와 힘 사이의 틈을 메운다면, 사람들이 무엇이 위험에 처해 있는지 분명하게 이해하여 미래를 지킬 선택을 내릴 것이다.

인류 미래의 수호가 언제나 내 우선 관심 대상이었던 건 아니다. 나는 옥스퍼드 대학교에서 윤리학을 연구하는 철학자다. 세계 보건과 세계 빈곤 같은 좀 더 가시적인 주제에 기반을 두었던 내 초기 연구에서는 가장 고통 받는 사람들을 도울 최선의 방법을 고민했다. 난 이 같은 이슈들을 점차 이해하면서 내 윤리학 연구가 상아탑에 머물러서는 안 된다는 사실을 깨달았다. 그렇게 해서 세계보건기구, 세계은행, 영국 정부에 세계 보건의 윤리 문제를 조언하게 되었다. 그리고 내가 날 위해 돈을 쓸 때보다 빈곤층을 위해 쓸 때 수백 배 높은 가치를 발휘한다는 사실을 깨달은 후에는 남은 생애 동안 수입의 10분의 1 이상을 기부하겠다고 다짐했다.5 나와 뜻을 같이할 사람들을 위해 '나눌 수 있는 것 나누기Giving What We Can'라는 단체를 설립하자 놀랍게도 수천 명이 가장 시급한 사명을 위해 가장 효율적으로 행동하는 자선 단체에 기부하겠다고 약속했고, 그들이 앞으로 기부할 금액은 10억 파운드가 넘는다. 이미 수만 명의 삶을 바꿀 수 있게 된 것이다.6 기부 외에도 세상을 더 나은 곳으로 만들 방법이 많으므로 증거와 이성을 통해 선의를 베풀고자 하는 사람들을 위해 '효율적 이타주의effective altruism'라는 더 광범위한 운동도 시작했다.

내가 뒤늦게야 미래로 눈을 돌린 건 인류가 당장 겪는 불필요한 고통을 없애기 위해 해야 할 일만 해도 무척 많았기 때문이다. 내게 미래는 긴박하지 않을 뿐 아니라 훨씬 추상적인 문제였다. 미래가 지금의 고통보다 어떻게 시급한 문제가 될 수 있을까? 난 이 책으로 이어진 여러 증거와 생각을 살피고 고민하면서 인류 미래를 위협하는 위험들이 현재의 고통만큼이나 현실적이고 시급하지만 훨씬 무시되고 있다는 사실을 깨달았다. 게다가 미래 세대는 현재 우리가 일으키는 위험들에 대해 지금의 약자들보다 더 무기력할지 모른다.

이제 내 연구의 핵심은 이 위험들이며 난 우리가 직면한 도전들을 연구하는 동시에 영국 총리실, 세계경제포럼, 영국 인공지능 회사 딥마인드DeepMind에 최선의 해결책을 조언한다. 시간이 흐를수록 점차 많은 사람이 위험들을 이해하고 공동 행동의 필요성을 깨닫고 있다.

난 다양한 독자층에 다가가기 위해 학술 문헌에 자주 등장하는 (내 다른 글들도 마찬가지다) 전문용어, 기술적 세부 내용, 방어적 단서를 최대한 자제했다. 더 자세한 내용이 궁금하다면 전문적 정보나 단서를 원하는 독자를 염두에 두고 충실히 작성한 주와 붙임을 참고하길 바란다.[7]

서사에 조금 방해가 되더라도 핵심 내용을 전달할 증거와 주장을 세심하고 공정하게 살펴보는 데 특히 주의를 기울였다. 문제의 진실에 다가가는 것이야말로 무엇보다 중요하기 때문이다. 인류의 관심은 무척 소중하고 그나마도 몹시 적으므로 잘못된 서사나 생각에 낭비해서는 안 된다.[8]

《사피엔스의 멸망》의 각 장은 주요 문제들을 다른 각도에서 바라본다. 1부(이해관계)에서는 역사 속에서 전례 없는 순간인 지금의 시대를 조감도로 바라본 다음 도덕적 각성이 필요한 이유를 분석한다. 2부(위험)에서는 인류가 직면한 자연의 위험과 스스로가 초래한 위험을 과학적 시각에서 보면서 어떤 위험이 과장되었고 어떤 위험이 실질적이며 점차 커지고 있는지 이야기한다. 3부(앞으로의 길)에서는 위험을 비교할 도구와 새로운 해결 전략을 논의한다. 그리고 결론에서는 우리가 성공하면 어떤 성취를 이룰지에 관한 미래의 비전을 제시한다.

이 책은 기후변화나 핵전쟁의 위험 같은 익숙한 이야기만을 반복하지 않는다. 그런 위험들은 우리를 인류 파괴의 가능성에 눈뜨게 한 시작에 불과하다. 생명공학과 인공지능의 발전으로 인한 새로운 위험은 다음 세기 동안 인류에게 훨씬 큰 위험을 초래할 수 있다.

마지막으로 일러둘 사실은 《사피엔스의 멸망》이 비관적인 책이 아니라는 것이다. 이 책은 불가피한 인류 멸망의 역사를 그리지 않는다. 기술에 대한 인류의 자만을 꼬집고 그로 인한 몰락을 경고하는 훈계도 아니다. 오히려 그 반대다. 인류 미래를 위협하는 위험들은 실재하지만 우리의 선택이 모든 걸 다르게 할 수 있다는 것이 이 책의 핵심 주장이다. 난 우리가 해낼 거라고 믿는다. 우리의 선택으로 인류는 벼랑 끝에서 물러나 지금으로선 상상할 수 없는 새로운 혁신을 성공시켜 우리가 꿈꾸지 못한 놀랍고 풍성한 미래를 만들 것이다. 인류 미래에 대한 강한 낙관주의야말로 내가 이 책을 쓰게 된 원동력이다. 우리의 잠재력은 어마어마하다. 우리에겐 지켜야 할 것이 많다.

벼랑에 선 인류

익숙한 일이 다른 여러 세상에서도 일어나고 있을지 모른다. 항성 곁에 행성이 새로 생겨 주위를 조용히 돈다. 서서히 생명이 탄생한다. 갖가지 생명체가 진화한다. 그리고 어느 순간 생존에 엄청난 가치를 부여하는 지능이 출현한다. 그리고 기술이 발명된다. 지능적 존재들은 자연에 법칙들이 존재하며 그 법칙들이 실험을 통해 밝혀질 수 있고 자연법칙의 지식으로 생명을 전례 없는 규모로 살릴 수도, 죽일 수도 있다는 사실을 깨닫는다. 과학이 막강한 힘을 선사한다는 사실을 알게 된다. 그리고 순식간에 세상을 바꾸는 장치들을 만든다. 이 행성 문명 중 몇몇은 자신이 나아가야 할 길을 발견하고는 할 수 있는 일들과 하지 말아야 할 일들의 한계를 정한 뒤 무사히 파멸의 시기를 통과한다. 그리 운이 좋지 않거나 현명하지 못한 다른 문명들은 소멸한다.

칼 세이건(Carl Sagan)[1]

우리가 사는 시대는 인류 미래에 무척 중요하다. 그 이유를 이해하려면 한 걸음 물러서서 인류 이야기의 전체를 바라보며 우리가 어떻게 여기까지 오게 되었고 앞으로 어디를 향할지 알아야 한다.

우리가 앞으로 초점을 맞출 인류의 힘은 그 어느 때보다 막강해져 우리의 조건을 개선할 수도 있고 악화할 수도 있다. 우선 인류사의 중요한 전환점들이 우리 힘을 어떻게 강화했고 어떻게 놀라운 진보를 이루게 했는지 살펴보도록 하자. 인류가 재앙을 피한다면 진보는 계속될 거라고 조심스레 기대할 수 있다. 책임 있는 인류의 미래는 무척 밝을 것이다. 하지만 막강해진 힘은 우리 시대를 위험의 시대로 이끈 새로운 전환점도 가져왔으며 이는 과거의 어떤 전환점만큼이나 또는 그 이상 중대하다.

지금까지의 여정

인류사에서 아주 작은 부분만 이야기되는 까닭은 **이야기될 수 있는 부분**이 아주 작기 때문이다. 우리가 속한 종인 호모 사피엔스는 약 20만 년 전 아프리카 사바나에서 출현했다.[2] 상상하기 힘든 긴 시간 동안 인류는 사랑과 우정을 나누고, 역경과 슬픔을 겪으며, 우주 속 우리의 자리를 탐험하고 창조하고 궁금해했다. 하지만 우리가 알 수 있는 인류의 위대한 성취는 약 5,000년 전부터 진흙, 파피루스, 종이 같은 매체에 기록된 것이 거의 전부다. 우리는 약 7만 년 전 오스트레일리아라는 새롭고 신비한 세계에 처음 발을 디딘 자가 누구인지 모른다. 인간이 도달한 모든 곳에서 동식물의 이름을 처음 지어주고 그 생태를 연구한 사람이 누구인지 모른다. 초기 인류의 이야기, 노래, 시도 알 수 없다.[3] 하지만 이 같은 성취들은 모두 실제로 존재했고 위대했다.

우리는 농경이나 문명이 시작되기도 전에 인류가 이미 세상의 막강한 세력으로 떠올랐다는 사실을 안다. 단순하지만 혁명적인 기술로 바다를 항해하고, 옷을 만들고, 불을 피우면서 다른 어떤 포유류보다 멀리 이동했다. 인류는 다른 종보다 더 다양한 환경에 적응하며 전 세계로 퍼져 나갔다.[4]

어떻게 인류는 출현한 지 얼마 안 되어 특별해질 수 있었을까? 인간은 몸집이 가장 크지도, 힘이 가장 세지도, 가장 강인하지도 않았다. 우리를 특별하게 한 건 신체적인 면이 아니라 지능, 창의력, 언어 같은 정신적인 면이었다.[6]

하지만 고유한 정신적 능력을 지녔더라도 야생에 놓인 한 명의 인간은 결코 특별하지 않다. 지능이 신체적 약점을 보완하여 생존은 가능하게 할지 모르지만 다른 종들보다 우세해질 수는 없다. 생태학적 용어로 설명하자면, 특별한 건 **인간**이 아니라 **인류**다.

한 개체가 수십 개의 다른 개체로 이루어진 무리와 협동하는 능력은 다른 대형 포유류에서 찾아보기 힘든 인간 고유의 능력이다. 인류는 협동을 통해 스스로보다 더 큰 무언가를 만들어 냈다. 그리고 언어의 표현력과 추상성이 강해져 지식, 생각, 계획을 공유할 수 있게 되면서 집단의 힘을 최대한 활용할 수 있었다.

중요한 사실은 인류의 협동이 공간뿐 아니라 **시간**도 초월했다는 것이다. 각각의 세대가 모든 걸 처음부터 배워야 했다면 인류의 기술은 단순한 철 삽도 만들지 못하는 수준에 머물렀을 것이다. 하지

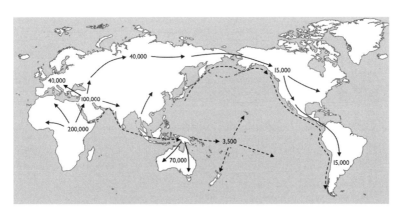

그림 1.1   인류가 세상에 정착한 과정. 아주 오래전 인류 조상이 탐험한 육상·해상 경로와 각 지역에 도달한 시기를 현재 정보에 따라 화살표와 숫자로 표시했다.[5]

만 인류는 조상에게 지식을 배운 뒤 현재의 혁신에 작은 변화를 주어 모든 걸 후대에 전했다. 수십 명이 아닌 수만 명이 세대를 뛰어넘어 협동하여 오랜 시간 동안 생각들을 보존하고 발전시켰다. 그러면서 우리의 지식과 문화는 조금씩 성장했다.[7]

인류의 긴 역사 동안 몇몇 시기에 일어난 대대적인 전환점은 인류가 지닌 힘의 발전을 가속하면서 이후 모든 걸 바꾸어 놓았다. 그중 세 가지를 살펴보자.[8]

첫 번째는 농업혁명이다.[9] 약 1만 년 전 중동의 비옥한 초승달 지대에 살던 수렵채집인들은 야생 밀, 보리, 렌틸콩, 완두콩을 재배해 수렵채집만으로는 부족한 식량을 메우기 시작했다. 그리고 진화 과정을 활용하여 가장 튼튼한 작물의 씨앗을 다시 심은 다음 더 큰 열매와 수확을 가능하게 하는 변종을 얻었다. 가축도 마찬가지여서 고기와 가죽, 우유, 털, 비료를 더 쉽게 구하게 되었다. 또한 동물의 힘으로 밭을 갈고 농작물을 수송하면서 인류의 힘은 불의 발견 이래 가장 크게 발전했다.[10]

비옥한 초승달 지대는 '문명의 요람'으로도 불리지만 사실 문명에는 여러 요람이 있었다. 동아시아, 사하라 사막 이남 아프리카, 뉴기니, 남아메리카, 중앙아메리카, 북아메리카를 비롯해 기후가 온난하고 적합한 동식물 종이 서식하는 세계 곳곳에서 독자적으로 농업혁명이 일어났다.[11] 이 요람들에서 퍼져나간 새로운 관습이 많은 이의 삶을 수렵채집 방식에서 농경 방식으로 바꾸었다.

이는 인류 협동의 규모에 극적인 영향을 미쳤다. 한 사람이 먹고 사는 데 필요한 토지 면적이 농경으로 인해 100분의 1로 줄면서 대규모 정착이 가능해지자 정착민들은 국가를 건설하기 시작했다.[12] 수렵채집 공동체는 기껏해야 수백 명 단위였지만 최초의 도시에는 수만 명이 살았다. 수메르 문명은 전성기 동안 구성원이 약 100만 명이었다.[13] 약 2,000년 전 중국 한나라는 인구가 6,000만 명에 이르렀는데 이는 과거 수렵채집민 집단의 약 **10만 배**에 해당하고 전 세계 수렵채집민이 가장 많았을 때의 수를 모두 합친 것보다 10배 많은 수다.[14]

많은 사람이 지식과 발견을 공유하게 되면서 기술, 제도, 문화가 빠르게 발전했다. 또한 거래가 활발해지면서 점차 많은 사람이 정치, 무역, 예술처럼 오로지 한 분야에 삶을 바칠 수 있게 되자 인류의 사고는 훨씬 깊어졌다.

농경 시대의 첫 6,000년 동안 인류는 문자, 수학, 법, 바퀴처럼 세상을 바꾸는 여러 혁신을 이루었다.[15] 특히 문자는 세대 간 교류를 확대하고 정보에 대한 인류의 의존성을 높이며 생각이 공유되는 범위를 늘려 시공간을 뛰어넘는 협동을 가능하게 했다.

그다음 일어난 대전환은 과학혁명이다.[16] 사실 초기 형태의 과학은 고대부터 이루어졌고 이슬람과 유럽의 중세 철학자들의 연구에서도 경험주의의 씨앗을 찾을 수 있다.[17] 하지만 인류가 과학적 방법론을 발견하고 본격적인 과학적 진보를 목격하기 시작한 건 불과 약 400년 전이다.[18] 이후 사람들은 눈에 보이는 현상에 대해 권위자

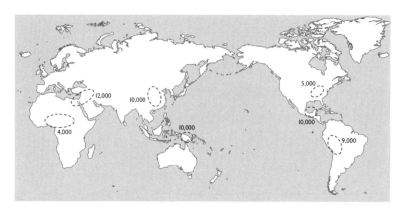

그림 1.2 문명의 요람들. 농경이 독자적으로 시작된 지역들. 시작 시기가 각 지역에 표시되어 있다.

들의 주장을 곧이곧대로 받아들이는 대신 자연을 유심히 관찰하며 단순하고 실험 가능한 설명을 찾기 시작했다. 허술한 설명을 시험하고 반박할 수 있게 되면서 도그마에서 해방되었고 처음으로 자연의 작용에 관한 지식을 체계적으로 구축할 수 있게 되었다.

새로 발견된 지식은 주변 세계를 더 나은 세상으로 만드는 데도 도움이 되었다. 지식이 빠르게 축적되면서 기술 혁신 역시 가속화되자 자연에 대한 인류의 지배력은 더욱 강해졌다. 지식 축적과 기술 발전 속도는 사람들이 한 생애 동안 변화의 효과를 체감할 만큼 무척 빨랐다. 이는 '진보'라는 근대적 개념을 탄생시켰다. 그전까지 세상은 후퇴와 몰락의 서사나 반복적 주기의 서사에 지배되었지만, 이제는 더 나은 미래로 향할 위대한 공동의 프로젝트가 새로운 서사로 떠올랐다.

얼마 지나지 않아 인류는 세 번째 대전환인 산업혁명을 맞았다. 석탄처럼 대량의 에너지가 저장된 화석연료가 발견되면서 가능해진 변화였다. 아주 먼 과거에 살았던 유기체의 유해가 높은 압력으로 압축되어 생성된 화석연료로 우리는 수백만 년 동안 지구를 비추었던 태양 광선을 마침내 활용할 수 있게 되었다.[19] 인류는 그전에도 바람, 강, 숲에서 얻은 재생 에너지로 단순한 기계를 작동해 왔지만, 높은 에너지가 압축된 화석연료로 많은 에너지를 훨씬 간편하게 이용하게 되었다.

하지만 에너지는 유용한 작업으로 전환되어 세상을 우리가 원하는 방식으로 변화시키지 않는 한 무용지물이다. 증기 엔진은 석탄에 저장된 화학 에너지를 기계 에너지로 바꾸었다.[20] 그렇게 바뀐 기계 에너지는 우리를 대신해 엄청난 노동을 수행할 기계를 가동하여 원자재를 그 어느 때보다 빠르고 값싸게 완성재로 바꾸었다. 그 결과 창출된 부는 철로를 통해 아주 멀리까지 공급·거래되었다.

생산성 향상과 부의 축적이 더욱 빨라지고 연달아 일어난 혁신으로 자동화의 효율성, 규모, 다양성이 높아지면서 경제가 지속해서 성장하는 근대가 시작되었다.[21]

이 같은 전환점들이 미친 영향이 항상 긍정적이진 않았다. 농업혁명 후 수 세기 동안 지구상 생명체들은 더 긴 시간 동안 노동을 했고, 영양 상태가 부실해졌으며, 더 많은 질병에 시달렸다.[22] 과학이 인류에게 제공한 살상 무기들은 여전히 우리를 공포에 떨게 한다. 산업혁명은 인류사에서 가장 불안정한 시기 중 하나였다. 부의 불평등한 분배와 부당한 노동 착취는 20세기 초 격동의 혁명으로 이어졌다.[23] 국가 간 빈부 격차 역시 극심하게 벌어졌다(약 20년 전에 서야 비로소 줄어들기 시작했다)[24] 화석연료에 저장된 에너지를 태우면서 온실가스가 방출되었고 화석 에너지를 기반에 둔 산업들은 종들을 사라지게 하고, 생태계를 망가트리고, 자연을 더럽혔다.

하지만 이 같은 실질적인 문제들에도 불구하고 사람들의 평균적 인 삶은 그 어느 때보다 훨씬 나아졌다. 가장 놀라운 변화는 빈곤으 로부터의 탈출일 것이다. 인류사의 최근 1,000분의 1인 200년 전까 지만 해도[25] 인류의 힘과 부는 인구 증가와 보폭을 같이했다. **1인당** 소득이 풍요로운 시대에는 생계를 유지할 수 있는 수준보다 조금 높고 부족한 시대에는 조금 낮을 뿐 거의 그대로였다.[26] 하지만 산 업혁명이 이 규칙을 깨면서 소득은 인구 증가율보다 빠르게 늘어났 고 현재까지도 부는 그 어느 때보다 빠르게 쌓이고 있다.

우리가 경제 성장을 생각할 때 주로 떠올리는 이미 부유한 사회 에서는 더 큰 성장이 사람들의 삶을 더 낫게 할지 확신할 수 없다. 하지만 경제 성장에서 가장 주목해야 할 영향은 가장 가난한 사람 들에게 일어나는 영향이다. 현재 전 세계에서 열 명 중 한 명이 하 루 2달러 미만으로 삶을 연명하는 이른바 '극빈층'이다. 너무 많은 사람이 너무 조금밖에 가지지 못하는 현실은 우리 시대의 가장 큰 문제 중 하나이며 내 삶의 중요한 주제다. 하지만 산업혁명 전에는 놀랍게도 20명 중 19명이 하루 2달러 미만으로 삶을 살았다(물가상승률과 구매력을 고려한 수치다). 산업혁명 전에는 모든 부가 소수의 엘리트 계층에 쏠렸고 극빈은 표준이었다. 하지만 지난 두 세기 동안 점차 많은 사람이 극빈에서 탈출했고 그 속도는 지금 그 어느 때보다 빠르다.[27] 하루 2달러로는 결코 풍요로운 삶을 누릴 수 없으며 이 같은 통계는 여전히 가난에 시달리는 사람들에게 그리 큰 위안이 될 수 없지만, 상황이 더 나아지고 있다는 것은 분명한 사실이다.

사람들의 삶이 나아진 건 물질적인 면에서만이 아니다. 교육과 건강을 떠올려보자. 학교가 보편화되면서 사람들의 교육 수준이 극적으로 높아졌다. 산업혁명 전에는 전 세계에서 글을 읽고 쓸 줄 아는 사람이 열 명 중 한 명이었지만 지금은 열 명 중 여덟 명 이상이다.[28] 농업혁명 후 약 1만 년 동안 기대수명은 20~30세였다. 이제는 그 곱절이 넘는 72세다.[29] 문맹률 감소와 마찬가지로 기대수명 증가는 전 세계적 현상이다. 1800년에 평균 수명이 가장 높은 국가였던 아이슬란드의 기대수명은 고작 43세였다. 지금은 모든 국가의 기대수명이 50세를 넘는다.[30] 산업혁명 이래 모든 인류는 전보다 풍요로워졌고 더 많은 교육을 받으며 더 오래 산다. 하지만 이 눈부신 발전 앞에 안주해서는 안 된다. 우리가 아주 짧은 시간 동안 무척 많은 걸 이루었다는 사실은 여전히 존재하는 고통과 불의를 물리칠 동기가 되어야 한다.

인류의 도덕적 사고 또한 크게 진보했다.[32] 가장 눈에 띄는 변화 중 하나는 도덕적 공동체가 점진적으로 확대되면서 여성, 아동, 빈곤층, 외국인, 소수 인종, 종교적 소수 집단이 권리를 보장받은 현상이다. 그리고 폭력은 더 이상 도덕적으로 용인 가능한 사회 행위로 여겨지지 않는다.[33] 지난 60년 동안에는 환경과 동물 복지 역시 도덕성 기준에 포함되었다. 이 같은 사회적 변화들은 부의 증가에 저절로 따라온 것이 아니다. 더 나은 세상을 만들 수 있고 만들어야 한다고 믿는 수많은 개혁가와 활동가 덕분이다. 그들의 새로운 이상에 도달하려면 아직 갈 길이 멀고 진보의 속도는 고통스러우리만큼 더디지만, 불과 한두 세기만 돌아보더라도 우리가 얼마나 멀리 왔는지 알 수 있다.

물론 많은 장애와 예외도 있었다. 우리가 걸어온 길은 고르지 않아 어떨 때는 상황이 나아졌고 어떨 때는 나빠졌으며, 야만의 과거에서 눈부신 현재에 이르는 1차원적 서사를 만들기 위해 역사의 순간들을 선별적으로 고를 위험은 분명히 존재한다. 하지만 각 제국의 흥망성쇠를 바라보는 대신 가장 큰 척도에서 전 세계 인류 문명이 변화한 면모를 본다면 뚜렷한 진보의 경향이 발견된다.[34]

주변의 모든 게 무너지고 있는 듯한 상황에서 우리가 진보를 향해 나아가고 있다는 사실을 믿기 힘들지 모른다. 이 같은 회의주의가 일어나는 까닭 중 하나는 우리 삶이나 우리가 속한 공동체에서 일어나는 일상의 경험은 수년의 단위로 펼쳐지며 그런 시간 척도에서는 나쁜 일과 좋은 일이 비슷한 빈도로 일어나기 때문이다. 좋은 소식보다는 나쁜 소식, 기회보다는 위협에 더 주목하는 인간의 성향도 또 다른 이유다. 일부 정보만을 취하여 의사 결정을 단순화하는 휴리스틱heuristic은 행동의 방향을 정하는 데 유용하지만 좋음과 나쁨의 균형을 객관적으로 평가하는 데는 적합하지 않다.[35] 우리가 이 같은 왜곡을 극복하고 인류의 삶을 되도록 객관적으로 평가할 보편적 지침을 찾으려고 한다면 한 세기에서 다음 세기로 넘어가며 일어난 두드러진 발전을 보지 못하고 놓치기란 무척 힘들다.

진보의 경향은 새삼 놀랄 일이 아니다. 우리는 인류가 수십만 년 동안 이룬 셀 수 없이 많은 혁신의 수혜자다. 기술, 수학, 언어, 제도, 문화, 예술의 혁신과 근대 세계의 거의 모든 면을 창조한 수천억 선조들의 아이디어를 매일같이 누린다.[36] 이 모든 건 눈부신 유산이다. 우리 삶이 덕분에 나아졌다는 사실에는 의심의 여지가 없다.

진보를 향한 경향이 앞으로도 계속될지는 장담할 수 없다. 하지만 그 세력을 생각하면 진보가 곧 멈출 이유를 증명해야 하는 건 비관주의자의 몫처럼 보인다. 오랫동안 수많은 사람이 진보가 조만간 멈출 거로 예측해 왔지만 그들의 예상이 처참하게 빗나갔다는 사실을 떠올리면 더욱 그렇다. 이에 대해 토머스 매콜리Thomas Macaulay는 다음과 같이 꼬집었다.

> 사회가 변곡점에 도달했고 최고의 날들이 지나갔다는 사람들의 말이 틀렸음을 완벽하게 증명할 수는 없다. 하지만 우리 전에도 모두가 그렇게 말했으며 전부 나름의 분명한 이유가 있었다. (……) 뒤돌아보았을 때 더 나아지기만 해 왔다면 우리 앞이 나빠지기만 할 거라고 생각해야 할 논리는 무엇인가?[37]

매콜리가 위 글을 쓴 1830년 이후로도 진보는 190년 동안 이어졌고 진보가 끝날 거라는 예측들은 계속 빗나갔다. 그동안 수명은 두 배로 늘고, 식자율은 치솟았으며, 열 명 중 여덟 명이 극빈에서 벗어났다. 그렇다면 앞으로는 어떻게 될까?

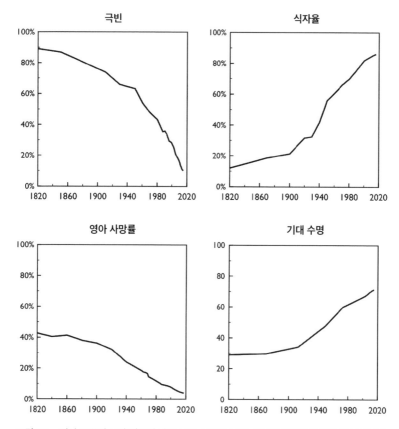

그림 1.3 지난 200년 동안 인류의 삶은 극빈, 식자율, 영아 사망률, 기대수명 면에서 크게 나아졌다.[31]

우리는 앞으로 어디로 갈까

한 사람의 일생이라는 시간 척도에서 보면 인류의 20만 년 역사는 가늠하기 힘들 만큼 긴 듯하다. 하지만 지질학적 척도에서는 짧은 시간이며 우주의 척도에서는 거의 존재하지도 않을 만큼 순식간이다. 140억 년에 가까운 우주의 역사 역시 가장 큰 척도에서 보면 짧다. 우리 앞에는 수조 년의 시간이 놓여 있다. 미래는 광활하다.

이 장대한 미래에서 인류가 존재하는 순간은 언제까지일까? 이에 대해 화석에서 유용한 정보를 얻을 수 있다. 일반적으로 포유류 종들은 약 100만 년간 존재하다가 사라진다. 우리와 가까운 친척인 호모 에렉투스는 거의 200만 년간 존재했다.[38] 100만 년의 시간을 한 사람의 수명인 80년에 빗댄다면, 현재 인류는 열여섯 살 청소년기다. 이제 막 힘을 갖추었지만 여러 어려운 문제에 직면하기 시작했다.[39]

물론 인류는 여느 종과 다르다. 무엇보다 스스로를 파괴할 고유한 힘을 지니게 되었고 이 힘은 이 책의 주요 주제다. 하지만 외부 공격을 막아 다른 종들보다 오래 살아남을 힘 역시 지니고 있다.

우리는 지구에서 얼마나 오래 생존할 수 있을까? 지구에 앞으로 생명이 존재할 수 있는 시간은 대략 10억 년이다.[40] 이는 수조 명의 인간이 살기에 충분한 시간이고, 산맥이 솟아오르고 대륙이 충돌하고 천체 궤도가 재배열되기에 충분한 시간이며, 미성숙한 인류가 사회와 지구에 남긴 상처를 치료하기에 충분한 시간이다.

하지만 우리에게는 더 많은 시간이 있을 것이다. 한 로켓 선구자가 말했듯이 '지구는 인류의 요람이지만 우리는 요람에서 영원히 머물 수 없다.'[41] 우리는 다른 별에 도달하여 그 행성에 정착하는 법을 아직 모르지만, 이를 언젠가 해내는 데는 근본적인 장애가 없을 것이다. 가장 큰 어려움이라면 발견을 이룰 때까지 필요한 시간이다. 따라서 난 낙관적이다. 1903년에 공기보다 무거운 비행기가 처음 하늘을 날고 불과 68년 뒤 인류가 띄운 우주선이 태양계를 벗어났고 앞으로 다른 별들에 도달할 것이다. 인간은 학습 속도가 빠른 종이지만 최근에는 더욱 빨라지고 있으며 10억 년은 매우 많은 걸 배울 수 있는 긴 시간이다. 아마 10억 년보다 훨씬 짧은 시간 안에 우리는 다른 별에 도달할 것이다.

우리가 다른 별에 도달할 수 있다면 은하는 전부 우리 세상이 된다. 우리 은하에만 1,000억 개가 넘는 별이 있고 그중에는 수조 년 이상 존재할 별들도 있으므로 인류의 잠재적 수명은 그만큼 늘어난다. 우리 은하 바깥에는 수십억의 다른 은하가 있다. 우리의 미래가 그만큼 멀리 뻗어 나간다면 셀 수 없을 만큼 수많은 우리의 후손은 어마어마한 시간, 자원, 지혜, 경험으로 지금의 우리로서는 도저히 상상할 수 없는 온갖 놀라운 일들을 해낼 것이다.

이제까지 인류는 부, 건강, 교육, 도덕적 포용에서 진보를 이루었지만 훨씬 더 멀리 갈 수 있다. 세상은 여전히 말라리아와 HIV, 우울증과 치매, 인종차별과 성차별, 고문과 압제에 시달리고 있다. 하지만 우리에게는 이 같은 공포들을 끝내고 진정으로 정의롭고 인도적인 사회를 건설할 시간이 충분하다.

고통과 불의가 없는 세상은 더 나은 삶의 최저 기준일 뿐이다. 최고 기준은 과학자와 인문학자 모두 찾지 못했다. 우리가 삶의 최고의 순간에서 누리는 순수한 기쁨, 눈부신 아름다움, 열정적인 사랑에서 힌트를 얻을 수 있을지 모른다. 진정으로 깨어 있는 순간 말이다. 이 순간들은 비록 순식간에 지나가지만 지금을 훨씬 뛰어넘는, 지금의 상상을 초월하는 풍요로움의 절정으로 향할 수 있다.

기나긴 시간과 새로운 탐험 도구를 갖출 우리 후손들은 그러한 절정을 맞볼 것이다. 이는 삶의 기본 조건들에 한정되지 않는다. 아름다움, 지식, 문화, 의식, 자유, 모험, 발견, 예술처럼 우리가 소중히 여기는 모든 걸 발전시킬 뿐 아니라 지금으로서는 도무지 알 수 없는 완전히 새로운 가치들을 발견할지도 모른다. 우리의 귀는 그들이 연주할 음악을 들을 수 없다.

벼랑세

하지만 미래는 위험에 처해 있다. 세상을 바꾸는 우리의 힘은 농업혁명, 과학혁명, 산업혁명 이상의 중요한 전환을 맞고 있다.

첫 원자폭탄이 터지면서 인류는 새로운 시대를 열었다.[42] 기술력이 하루가 다르게 강해지면서 스스로를 파괴할 수 있는 경지에 이른 것이다. 인류 스스로의 위협이 자연의 위협을 압도한 첫 순간이었다. 인류 미래 전체가 불투명해진 순간이었다. 선조들이 이룬 모든 진보가 짓밟히고 우리 후손이 이룰 모든 진보가 부정당할 수 있는 순간이었다. 인류의 역사책이 더 이상 기록되지 않고, 서사는 중단되며, 남은 페이지가 공백으로 남을 수 있는 순간이었다.

핵무기는 인간의 힘에 갑작스러운 변화를 일으켰다. 히로시마에 터진 단 하나의 폭탄이 수많은 목숨을 한순간에 앗아갔다. 6년 후에는 하나의 수소폭탄이 제2차 세계대전에 사용된 모든 폭발물의 위력을 합친 것보다 강력해졌다.[43]

사람들은 핵무기 전쟁이 인류사에서 전례를 찾을 수 없는 방식으로 지구를 바꿀 거라는 사실을 깨달았다. 전 세계 지도자, 원자핵 과학자, 지식인 들은 핵전쟁이 인류를 절멸이나 문명의 영원한 붕괴로 파멸시킬 가능성을 진지하게 고민하기 시작했다.[44] 처음에 주로 방사성 낙진과 오존층 파괴를 우려했지만, 1980년대에는 불타는 도시들에서 피어오르는 핵폭풍이 대기 상층을 덮는 핵겨울 시나리오에 주목했다.[45] 구름 위 연기가 비로 내리지 않고 수년 동안 머물며 하늘을 검게 해 기온을 낮추면 대규모 흉작이 일어난다. 그렇다면 핵전쟁에 가담한 국가뿐 아니라 전 세계 모든 국가가 극심한 기근에 시달리게 된다. 수백만 명이 핵폭발로 사망한 뒤 수십억 명이 기아로 목숨을 잃고 이후 인류 자체가 사라진다.

우리는 핵전쟁 위험에 얼마나 가까이 있을까? 핵전쟁은 그 폐해를 생각하면 누구에게도 이익이 되지 않는다. 그러므로 핵전쟁의 명백한 위험이 전 세계 지도자들을 벼랑에서 물러나게 하는 일종의 안전망이 될 거라고 생각하기 쉽다. 하지만 냉전의 막후 증거들이 점차 공개되면서 인류가 전면적인 핵전쟁을 가까스로 모면했다는 사실이 분명해지고 있다.

쿠바 미사일 위기가 고조된 동안 바실리 아르히포프라는 한 개인이 본격적인 핵전쟁을 어떻게 막았는지는 앞에서도 이야기했다. 하지만 더 충격적인 사실은 당시 불과 며칠 동안 재앙으로 이어질 뻔한 순간이 여러 차례 있었고 고작 몇 명의 결정으로 핵전쟁을 피할 수 있었다는 것이다.

쿠바 미사일 위기의 주요 사건들은 전부 단 한 주 동안 일어났다. 1962년 10월 22일 월요일 존 F. 케네디John F. Kennedy 미국 대통령은 TV 연설에서 소비에트연방이 쿠바에 전략적 핵미사일을 설치하기 시작했으며 이는 미국에 직접적인 위협이 된다고 밝혔다. 그러면서 소비에트연방이 핵무기를 사용하면 곧바로 전면적인 핵 보복이 이어질 거라고 경고했다. 케네디 참모들은 미국이 쿠바에서 발견한 48기의 미사일이 있는 곳을 공습하고 쿠바를 침입할 작전을 세웠다. 미군은 핵전쟁에 대비하는 데프콘3에 돌입했다.[46]

10월 24일 수요일 미국은 소비에트연방 미사일이 더 이상 유입되지 않도록 쿠바 영해를 봉쇄했고 핵전력을 역사상 처음으로 데프콘2로 격상했다. 핵미사일 발사 준비를 완료하고 핵 폭격기를 띄워 언제라도 소비에트연방을 공격할 수 있도록 했다. 토요일 소비에트연방이 지대공 미사일로 미국의 U-2 정찰기를 격추하여 조종사가 사망하자 위기는 최고조에 달했다.

그리고 일요일 아침 상황이 종료되었다. 소비에트연방이 예상을 깨고 쿠바에 설치한 핵미사일을 전부 제거하겠다고 발표하며 물러섰기 때문이다. 하지만 결말은 전혀 달랐을 수 있다.

당시 미사일 위기가 핵전쟁에 정확히 얼마나 가까웠는지에 대해 많은 논의가 이루어져 왔다. 하지만 지난 수십 년 동안 구체적인 내용이 드러날수록 상황이 무척 심각했음이 분명해졌다. 케네디 대통령과 니키타 흐루쇼프Nikita Khrushchev 서기장은 강성 정치인과 군인들에 저항하며 벼랑에서 멀어지기 위해 갖은 노력을 해야 했다.[47] 하지만 제1차 세계대전처럼 누구도 원치 않는 전쟁이 언제라도 촉발될 수 있었다. 상황이 점차 통제 불능 상태에 빠졌던 일주일 동안 두 지도자는 위기의 확대를 가까스로 막았다. 미국이 쿠바를 공격했을 가능성은 매우 컸고 실제로 미국이 공격을 시작했다면 소비에트연방이 핵무기로 보복했을 확률은 그 누구의 예상보다 높았으며 그렇다면 본격적인 핵전쟁이 발발했을 것이다.

미사일 위기 동안 미국은 두 번 쿠바를 공격할 뻔했다. 긴장이 한창 고조된 상황에서 케네디는 U-2 정찰기가 격추된다면 전시 내각을 소집하지 않고 즉시 쿠바를 공격하겠다고 동의했다. 그리고 토요일 U-2가 격추당했다. 하지만 마음을 바꾸어 반격을 허가하지 않았다. 대신 비밀리에 소비에트연방에 최후통첩을 보내 24시간 내 미사일을 없애겠다고 약속하지 않거나 또 다른 미국 군용기를 공격한다면 즉시 공습을 시작해 전면전에 돌입하겠다고 경고했다.

케네디의 비밀 통첩 역시 공격으로 이어질 뻔했다. 미국은 흐루쇼프가 쿠바 주둔군에 대해 완전한 통제권을 지니고 있지 않다는 사실을 몰랐다. 실제로 U-2는 소비에트연방 장군 한 명이 흐루쇼프의 명백한 명령을 불복하고 격추한 것이었다. 게다가 흐루쇼프는 이미 대공사격으로 미국 저공 정찰기를 저격했던 쿠바 군대에 대해서는 장악력이 더욱 약했다. 소비에트연방의 또 다른 미 군용기 격추를 저지하여 미국의 공격을 막기에는 자신의 힘이 역부족이라는 사실을 안 흐루쇼프는 미군이 새벽 정찰 비행을 시작하기 전 위기를 끝내자는 성명을 서둘러 발표했다.

미국이 **실제로** 공격했다면 어떻게 되었을까? 미국 지도자들은 순수한 재래식 무기(핵무기가 아닌 무기)로 쿠바를 공격했다면 소비에트연방도 순수한 재래식 무기로 대응할 거라고 추측했다. 그들이 생각하기에 소비에트연방이 미국 본토를 핵무기로 보복 공격하는 건 불가능한 일이었다. 하지만 그들은 또 다른 중요한 사실을 간과했다. 미국이 쿠바에서 발견한 미사일은 소비에트연방이 옮겨 놓은 핵무기 중 일부에 불과했다. 실제로는 158기의 핵탄두가 있었다. 그중 90기 이상은 미국 군함이 상륙하기 전 선제공격할 전략적 핵무기였다.[48]

게다가 피델 카스트로Fidel Castro는 소비에트연방의 핵무기를 몹시 사용하고 싶어 했다. 핵무기가 자신의 고국을 황폐화시킬 거라는 사실을 알던 그는 "쿠바는 어떻게 되었을까? 완전히 파멸했을 것이다"라고 말했지만,[49] 미국이 쿠바를 공격하면 핵무기를 발사하자고 흐루쇼프에게 직접 제안했다. 흐루쇼프도 전략적 핵무기에 대한 중앙 통제권을 전례 없이 포기하고 지역 소비에트 사령관에게 핵무기 발사 명령과 결정권을 이양했다. 케네디의 TV 연설을 본 후에는 자신의 명백한 승인 없이는 핵무기를 사용하지 못하도록 새로운 명령을 내렸지만, 미국 정찰기를 쏘지 말라는 자신의 명령이 그랬듯 팽팽한 대치 상태에서는 새로 내린 명령 역시 무시당할지 모를 일이었다.

그러므로 미군 지도부의 생각과 달리 쿠바를 재래식 무기로 공격했더라도 소비에트연방은 핵 공격으로 대응했을 수 있었다. 그렇다면 분명 미국 역시 핵 공격을 감행했을 것이다. 미국의 핵 대응은 쿠바를 넘어서 소비에트연방과의 전면적인 핵전쟁으로 이어졌을 것이다. 케네디는 월요일 TV 연설에서 다음과 같이 선언했다. "쿠바의 핵미사일이 서구의 어떤 국가라도 공격한다면 미국은 이를 미국에 대한 소비에트연방의 공격으로 간주하고 전면적인 보복으로 대응할 것입니다."[50]

미사일 위기가 핵전쟁으로 이어졌을 가능성을 확률로 추산하기란 몹시 어렵다.[51] 상황이 종료되고 얼마 뒤 케네디는 측근에게 소비에트연방과의 핵전쟁 확률을 '3분의 1에서 2분의 1 사이'로 생각했다고 밝혔다.[52] 한편 미사일 위기가 끝난 다음 날 폴 니츠Paul Nitze(케네디 전시 내각 고문)는 핵전쟁 확률을 10퍼센트로 추산했으며 전시 내각의 다른 모든 구성원이 생각한 확률은 더 높았다.[53] 그중 누구도 쿠바에 존재한 전략적 무기들, 소비에트연방 군대에 대한 흐루쇼프의 통제력 부족, B-59 잠수함에서 일어난 일을 전혀 몰랐다.

핵전쟁을 결정할 수 있던 당사자들을 반박하기란 내키진 않지만, 당시 그들이 알던 사실만을 전제로 하면 내게는 지나치게 비관적인 입장으로 보인다. 하지만 실제 쿠바의 상황에 관한 이후의 폭로를 고려해 확률을 계산하면 전시 내각 구성원들의 추산과 비슷해진다. 나는 쿠바 미사일 위기가 소비에트연방과의 핵전쟁으로 이어졌을 가능성을 10~50퍼센트로 추정한다.[54]

이 같은 위기일발의 순간들을 이야기하다 보면 그런 순간을 문명의 끝이나 인류의 마지막과 동일시하기 쉽다. 하지만 이는 지나치고 불필요한 과장이다. 문명이나 인류의 종식 가능성을 계산하려면 핵전쟁 가능성뿐 아니라 핵전쟁이 인류나 문명의 파괴로 이어질 가능성까지 고려해야 하는데 이는 가늠하기가 무척 어렵다. 그렇더라도 쿠바 미사일 위기는 우리가 20만 년의 인류 역사에서 모든 걸 잃을 뻔한 중대한 순간으로 남을 것이다.

냉전이 과거의 기억이 된 지금도 핵무기는 인류를 위협하고 있다. 내가 이 글을 쓰는 지금 핵 분쟁을 촉발할 가능성이 가장 큰 국가는 북한일 것이다. 하지만 핵전쟁이라고 해서 모두 같은 건 아니다. 북한이 보유한 핵탄두는 러시아나 미국의 1퍼센트에도 못 미치며 무기의 크기도 훨씬 작다. 북한과의 핵전쟁은 끔찍한 재앙이겠지만 인류의 장기적 잠재력에는 그리 큰 위험이 되지 않는다.[55]

핵무기로 인한 가장 큰 존재 위험은 여전히 미국과 러시아의 거대한 무기고에 도사리고 있다. 미국과 러시아 모두 대륙간탄도미사일을 개발하여 상대국의 미사일 대부분을 30분의 경고 후 파괴할 수 있게 되자 10분 안에 미사일을 발사 준비 완료할 수 있도록 '즉시 발사 체제'로 배치했다.[56] 즉시 발사 체제 미사일은 경보 없이 잘못 발사되거나 경보 오류로 발사될 가능성이 매우 크다. 4장에서 살펴 보겠지만 냉전이 끝난 후에도 경보 오류로 인한 일촉즉발의 순간은 여러 번 있었다. 더 장기적으로는 다른 국가들 역시 독자적으로 군 사 기술을 축적하거나, 억지력의 논리를 무색하게 하는 군사 기술 혁신이 일어나거나, 지정학적 판도가 바뀌어 강대국 사이에 또 다 른 군비 경쟁이 일어날 위험도 있다.

인류를 위협하는 건 핵무기만이 아니다. 이제까지 핵무기를 이 야기한 건 인류 존재에 대한 최초의 주요 위험이자 이미 우리를 위 협한 적이 있기 때문이다. 하지만 다른 위험들도 존재한다.

산업혁명은 부를 폭발적으로 늘렸지만 탄소 배출량도 급증시켰 다. 산업화의 사소한 부작용으로 치부되던 탄소 배출은 궁극적으로 보건, 환경, 국제 정세뿐 아니라 인류 존재 자체에 위협이 되었다.

핵무기와 기후변화는 놀라우리만큼 비슷하면서도 다르다. 둘 다 지구의 기온을 변화시켜 인류를 위협하지만 그 과정은 정반대다. 핵무기는 예상치 못한 과학적 혁신의 산물이지만 기후변화는 오랜 기술들이 수 세기에 걸쳐 누적되어 생긴 결과다. 핵무기는 확률은 낮지만 갑작스럽고 급격한 재앙을 일으킬 수 있는 반면, 점진적이 고 지속적으로 이루어지는 기후변화는 분명히 일어나는 재앙이며 불확실한 건 얼마나 심각할지일 뿐이다. 핵무기는 소수의 권력자가 장악한 비밀 군사 기술이지만, 기후변화는 전 세계 모든 사람의 선택이 일으킨 작은 영향이 모여 일어난 현상이다.

기술 발전이 계속되면서 새로운 위협들이 출현하고 있다. 새로운 위협들은 갑작스러운 혁신에서 비롯되어 소수 권력자의 행동에 좌우되고 느닷없이 재앙을 일으킬 수 있다는 면에서 기후변화보다는 핵무기와 비슷하다. 그중에서도 난 5장에서 자세히 살펴볼 두 가지 새로운 기술이 특히 우려스럽다.

우리는 농업혁명 이래 주변 동식물의 유전자를 우리의 목적에 맞게 변형해 왔다. 하지만 유전자 암호가 발견된 이후 암호를 해독하고 작성하는 도구들이 발명되면서 새로운 용도로 생명을 개조하는 인류의 능력이 폭발적으로 향상되었다. 생명공학은 의료, 농업, 산업을 크게 발전시킬 것이다. 하지만 동시에 합법적인 실험에서 일어난 사고와 생화학 무기에서 비롯된 위험이 문명과 인류 자체를 위협할 수 있다.

인공지능 시스템 역시 인지, 학습, 범용 지능처럼 가장 취약했던 부문들이 눈부시게 성장하면서 빠르게 발전하고 있다. 전문가들은 인공지능이 금세기 안에 제한적인 특정 영역들에서뿐 아니라 다양한 문제를 해결해 원하는 목적을 달성하는 범용 지능에서도 인간을 앞설 것으로 예측한다. 인류가 세상을 원하는 대로 통제하는 위치에 있게 된 건 다른 어떤 생명체도 대적할 수 없는 정신적 능력 덕분이다. 우리가 이를 기계에 양도한다면 기계가 우리의 고유한 자리를 차지할 것이다. 그렇다면 인류가 과연 계속 세상의 지배자가 될지는 확신할 수 없다. 우리는 점차 지능화, 자동화하는 기계의 목적을 인간의 이해에 정렬하는 법을 배워야 하며 기계들이 우리보다 강력해지기 전에 이를 해내야 한다.

우리 시대는 인류에 대한 이 같은 위협들과 우리가 그 위협들을 극복하는 방식으로 정의된다. 20세기 핵무기의 도래는 인류 절멸이라는 위험을 현실화했다. 기술 발전 속도가 계속 빨라지는 동안 인류를 지키려는 어떠한 진지한 노력도 이루어지지 않는다면, 위험은 이번 세기에 더 커질 뿐 아니라 세기가 거듭되면서 기술이 발전할수록 더욱 위협적으로 될 것이다. 인류가 일으킨 위험들은 자연의 모든 위험을 합친 것보다 강력해 우리가 벼랑에서 물러날 수 있는 시간을 제한한다.

나는 인류 절멸이 과학적 진보의 불가피한 결과라거나 일어날 가능성이 가장 큰 결론이라고 주장하는 게 아니다. 내 주장은 인류의 힘이 계속 성장하다가 스스로의 존재에 심각한 위험을 가하는 수준에 이르렀다는 것이다. 위험에 어떻게 대처할지는 우리에게 달렸다.

나는 기술에 반대하지도 않는다. 인류를 더 나은 삶을 살게 해 준 기술은 무척 소중하다. 장기적 잠재력을 달성하기 위해서도 기술은 꼭 필요하다. 기술이 없다면 인류는 소행성 충돌 같은 자연 재해의 위험으로 멸망할 것이다. 기술이 없다면 인류가 달성할 수 있는 최고의 번영은 결코 누릴 수 없다.

문제는 기술의 과용이 아니라 지혜의 부족이다.[57] 칼 세이건은 이를 무척 탁월하게 지적했다.

> 우리가 직면한 위험 중 많은 수는 실제로 과학과 기술에서 비롯
> 되었지만, 좀 더 근본적으로는 우리의 힘이 강력해지는 동안 지
> 혜가 그만큼 성장하지 못해서다. 기술이 우리 손에 쥐여 준 세상
> 을 바꾸는 힘은 우리가 이제껏 요청받은 적 없는 수준의 배려와
> 통찰력을 요구한다.[58]

버락 오바마Barack Obama 미국 대통령도 이에 동조했다.

> 우리의 생각, 상상력, 언어, 도구를 만든 기술, 자연과 구분되는
> 능력, 자연을 뜻대로 다루는 힘처럼 우리를 인간 종으로 만드는
> 불꽃은 우리에게 가공할 파괴의 능력도 안겼습니다. (……) 인간
> 의 제도가 기술만큼 진보하지 않는다면 우리는 멸망할 수 있습
> 니다. 원자를 쪼갠 과학혁명에는 도덕혁명이 뒤따라야 합니다.[59]

우리는 도덕혁명을 일으켜야 한다는 지혜에 귀 기울여야 한다.
인류 절멸은 돌이킬 수 없으므로 위협이 공격할 때까지 기다리는
대신 선제적으로 행동해야 한다. 그리고 지혜를 깨닫거나 도덕혁명
을 일으키는 데는 시간이 필요하므로 지금 당장 시작해야 한다.

난 우리가 이 시기를 극복할 거라고 믿는다. 우리 앞의 도전들이
사소해서가 아니라 우리가 훌륭하게 대처할 것이기 때문이다. 위험

들이 인간의 행동에서 비롯되었다는 사실은 위험을 해결할 수 있는 것 역시 인간의 행동임을 뜻한다.[60] 패배주의는 불필요하고 역효과만 불러일으키는 자기만족적인 주문일 뿐이다. 우리는 우리가 지키려는 장기적인 미래에 대한 긍정적인 비전을 바탕으로 선명하고 진지한 통찰로 도전들을 정면으로 마주해야 한다.

위험들은 얼마나 클까? 위험들은 **복합적**이고(단순한 수학적 분석으로 나타내기가 쉽지 않다) **이례적**이어서(장기간의 발생 주기를 바탕으로 한 근사치로 표현할 수 없다) 정확한 수치를 제시할 수는 없다. 그렇더라도 위험을 정량적으로 평가하는 시도는 중요하다. '인류 절멸의 중대한 위험' 같은 정성적 평가는 1퍼센트부터 99퍼센트까지 어느 확률로도 해석될 수 있다.[61] 이는 상황을 분명하게 하기는커녕 더 혼란스럽게 한다. 그러므로 난 이 책에서 정량적 평가를 제시하고자 한다. 단 이는 정확할 수 없으며 언제라도 수정될 수 있다.

난 인류가 20세기에 멸절이나 회복 불가능한 문명 붕괴의 위험에 맞닥뜨렸을 확률이 약 100분의 1이었다고 생각한다. 한편 내가 축적한 모든 지식을 동원하여 예상하는 이번 세기 인류의 존재 위험 가능성은 러시안룰렛과 같은 6분의 1 수준이다[62](위험 예측 산정과 관련해서는 225페이지 [표 6.1]을 참고하라). 우리가 함께 행동하지 않고 우리 힘이 지혜를 계속 압도하도록 내버려 둔다면, 세기가 거듭될수록 존재 위험은 더욱더 커질 것이다.

인공적 위험들은 우리가 직면한 가장 큰 위험들이다.[63] 내가 추산한 위험의 크기가 대략적으로라도 맞는다면, 인류는 몇 세기도 생존하지 못한다. 이 위험들은 인류 생존을 **지속 불가능**하게 한다.[64] 따라서 지금의 시대는 어쩌면 몇 세기 계속되지 못할 것이다.[65] 존재가 지속될 수 있는 수준으로 위험을 줄여 자신의 운명을 통제하지 않으면 인류는 자멸할 것이다.

인류 역사를 황야의 대모험으로 생각해 보자. 때로는 길을 잘못 들어서고 역경을 만나지만 뜻밖의 지름길에 들어서기도 하고 장관을 만끽하기도 한다. 20세기 중반에 높은 산을 통과한 우리가 앞으로 나아갈 수 있는 길은 좁은 절벽 길뿐이다. 벼랑 가장자리에 놓인 길은 금방이라도 무너질 듯하다. 아래를 내려다보면 눈앞이 아찔하다. 떨어지면 모든 걸 잃는다. 추락할 가능성이 얼마나 될지는 알 수 없지만 이제껏 만난 위험 중 가장 큰 위험이다.

지금 시대는 인류 역사에서 비교적 짧지만 독특한 도전에 놓여 있다. 우리가 어떻게 대응할지가 우리의 이야기를 결정할 것이다. 미래의 역사학자들이 우리 시대에 이름을 붙이고 아이들이 지금을 공부할 것이다. 하지만 이름은 지금 필요하다. 그래서 난 '벼랑세'로 부르고자 한다.

벼랑세는 우리 시대에 막중한 의미를 부여한다. 앞으로 인류가 위대한 역사를 이룰 수 있다면, 벼랑세는 가장 큰 위험에 맞닥뜨린 우리가 새롭게 눈을 뜨고 성숙해져 지속적인 번영의 미래를 지키게 된 시대로 기억될 것이다. 이것이 우리 시대가 지닌 의미다.

난 지금 세대를 미화할 생각도, 비난할 생각도 없다. 핵심은 우리의 행동이 무척 중요하다는 것이다. 우리가 위대한지 아니면 어리석은지는 기회를 어떻게 다루느냐에 달려 있다. 나는 우리가 자손들에게 지금 세대가 그저 방관하지 않고 역사가 인류에게 부여한 역할을 해낼 기회를 놓치지 않았다고 이야기하길 바란다.

위험들에서 인류를 지키는 일은 우리 시대의 우선 과제가 되어야 한다. 그렇다고 해서 위험을 막는 일이 세상의 유일한 과제이며 모든 걸 포기하고 그것에만 매달려야 한다는 말은 아니다. 하지만 당신이 특별한 능력을 지녔거나 앞으로의 길을 개척할 젊은 세대여서 고유한 역할을 할 수 있다면, 인류 수호는 당신이 추구할 수 있는 가장 고귀한 목표 중 하나다.

벼랑세와 인류세 ···

인간의 활동이 자연을 바꾸는 강력한 요인임은 날로 분명해지고 있다. 과학자들이 내린 결론에 따르면 인류가 미치는 영향은 생물학, 지질학, 기후학 관점에서도 막강해지고 있다. 먼 미래에도 지질학자들이 여전히 존재한다면 그들은 암석층을 관찰하면서 우리 시대의 암석층이 그전에 쌓였던 암석층과 근본적으로 다르다는 사실을 발견할 것이다.

따라서 지금의 지질학자들은 지질학 연대 분류를 수정하여 이 같은 변화를 '인류세'라는 새로운 시대로 공식 규정할 것을 고려하고 있다. 그들이 제안하는 인류세의 시작점으로는 거대 동물 절멸, 농업혁명, 대서양 횡단, 산업혁명, 초기 핵무기 실험 등이 있다.[66]

인류세는 벼랑세와 같을까? 다르다면 어떻게 다를까?

• 인류세는 인류가 환경에 심각한 영향을 미친 시대인 반면, 벼랑세는 인류가 자멸의 위험에 빠진 시대다.

- 인류세는 일반적으로 수백만 년에 이르는 지리학적 시대인 반면, 벼랑세는 몇 세기 안에 끝나는 인류 역사의 시대다(계몽시대, 산업혁명처럼).
- 인류세와 벼랑세의 공식적인 첫 시작은 모두 최초의 원자폭탄 실험이 될 수 있지만, 그 이유는 전혀 다르다. 인류세의 경우 첫 원자폭탄 실험을 시작으로 정하는 건 편의상의 이유지만, 벼랑세의 경우에는 인류 생존이 위협받은 시점이기 때문이다.

존재 위험

> 도덕적 존재로서 우리가 수행할 중요한 역할은 세대를 초월하는 공동체, 다시 말해 과거와 미래를 보고, 현재의 맥락에서 과거를 해석하고, 미래를 과거의 성장으로 이해하고, 스스로를 영속적인 가족, 국가, 문화, 전통의 구성원으로 보는 공동체의 구성원으로서 역할이다.
>
> 아네트 바이어(Annette Baier)[1]

앞에서 우리는 인류 미래 전체가 어떻게 기나긴 인류사의 궤적에서 벼랑에 위태롭게 서게 된 무척 중요한 시기를 맞았는지 이야기했다. 그리고 위험들을 극복한다면 어떤 일이 펼쳐질지도 조금이나마 살펴보았다.

이제부터는 무엇이 위험에 처해 있고 지금 인류를 지키는 것이 왜 그렇게 중요한지 좀 더 자세히 논의해 보자. 그러기 위해서는 우선 존재 위험이 어떤 개념인지 명확히 해야 한다. 존재 위험이란 **정확히** 무엇인가? 존재 위험이 절멸이나 문명 붕괴 같은 좀 더 익숙한 개념들과 어떻게 관련될까?

그런 다음 우리가 그런 위험들을 왜 걱정해야 하는지 물을 수 있다. 내가 생각하는 가장 큰 이유 중 하나는 우리가 미래를 전부 잃을 수 있기 때문이다. 인류가 앞으로 될 수 있는 모든 것과 이룰 수 있는 모든 것이 짓밟힐 수 있다. 하지만 그게 다는 아니다. 인류 미래 수호가 중요하다는 주장은 다양한 도덕적 전통과 근거로 뒷받침할 수 있다. 존재 위험은 우리의 현재를 파괴하고 우리의 과거를 배신할 수 있다. 또한 문명의 미덕을 시험에 들게 하며 우주의 가장 복잡하고 중요할 공간도 없앨 수 있다.

우리가 위 이유 중 단 하나라도 깊이 걱정한다면, 미래를 지키기 위해 해야 할 일은 무척 많다. 정부, 학계, 시민사회 대부분이 존재 위험을 방치하기 때문이다. 존재 위험이 방치되는 이유와 앞으로는 상황이 변할 것이라고 믿을 수 있는 근거를 살펴보도록 하자.

존재 위험의 이해

인류의 미래에는 가능성이 가득하다. 우리는 우리가 사는 세상에 대한 풍성한 지식을 쌓았고 우리 과거인들이 꿈으로만 바라던 건강과 부를 이루었다. 하늘 위 다른 세상들을 탐험하기 시작했고 조상들이 전혀 생각하지 못한 가상의 세계도 만들었다. 우리는 우리가 궁극적으로 이룰 수 있는 성취에는 거의 어떤 한계도 없을 것이라고 생각한다.

인류 절멸은 우리 미래를 빼앗을 것이다. 잠재력도 파괴할 것이다. 다른 모든 가능성이 사라지고 남은 단 하나의 시나리오에서는 인류 번영이란 없다. 인류가 절멸한 세상은 영원히 실패에 갇혀 회복하지 못할 것이다.

철학자 닉 보스트롬Nick Bostrom은 절멸이 이 같은 일이 일어나는 유일한 방식은 아니라고 주장했다. 인류가 현재뿐 아니라 미래에 대한 모든 잠재력을 잃는 끔찍한 결과는 여러 가지로 나타날 수 있다.[2]

거대한 재앙이 닥쳐 전 세계 문명이 무너지고 인류가 농경 시대 전으로 되돌아간 황폐한 세상을 떠올려 보자. 지구 환경이 심하게 훼손되어 생존자들은 문명을 다시 일으킬 수 없다. 재앙으로 인해 인간 종이 절멸하지 않더라도 인류 미래는 절멸과 비슷한 상황을 겪는다. 지금 우리에게 열려 있는 광활한 미래의 가능성들이 몇 안 되는 가능성으로 줄어든다. 실패한 세상에 놓인 우리는 이전으로 돌아갈 수 없다.

또는 조지 오웰George Orwell의 《1984》에서 압제적인 전체주의 정권에 지배받는 세상처럼 온 세상이 영원한 족쇄에 묶인 상황을 떠올려 보자. 기술을 통한 강력한 세뇌와 감시, 강압으로 인해 반체제 인사들이 반란을 일으키기는커녕 서로를 만나지도 못한다. 지구상 모든 이가 압제 속에 사는 세상의 정권은 외부의 위협으로부터든

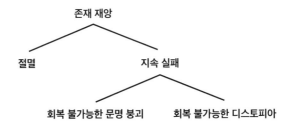

그림 2.1   되돌릴 수 없는 결과에 따른 존재 재앙 분류.

내부의 위협으로부터든 안전하다. 압제 정권이 무기한 유지된다면, 전체주의로 타락한 미래는 인류 절멸과 마찬가지로 몇몇 끔찍한 가능성만 존재할 뿐 돌아갈 탈출구가 없다.

보스트롬이 존재 위험을 정의했듯이, 나 역시 위 시나리오들을 '존재 재앙'으로 부르며 다음과 같이 정의하고자 한다.[3]

'존재 재앙'은 인류의 장기적 잠재력의 파괴다.
'존재 위험'은 인류의 장기적 잠재력 파괴를 가져올 위험이다.

위 정의들은 존재 재앙의 결과가 끔찍할 뿐 아니라 회복 불가능하다는 사실을 보여 준다. 우리는 우리의 잠재력을 실현하지 못할 뿐 아니라 잠재력 자체를 영원히 잃게 된다. 위 정의는 무척 간결하지만 몇 가지 명확히 해야 할 부분이 있다.

첫 번째로 '인류의 장기적 잠재력'은 우리에게 열려 있는 모든 가능한 미래의 맥락에서 이해할 수 있다.[4] 이는 인류가 아직 그 방법은 모르지만 궁극적으로 이룰 모든 것을 포함하는 광범위한 가능성의 개념이다.[5] 하지만 우리의 선택은 모든 걸 가두어 가능성을 가로막을 수는 있어도 새로운 가능성을 열 수는 없다. 그러므로 인류 잠재력의 후퇴는 영구적인 후퇴로 이해해야 한다. 우리 시대의 도전은 인류의 크나큰 잠재력을 **보존**하고 미래의 파괴 위험으로부터 **보호**하는 것이다. 그리고 궁극적인 목표는 후손들이 인류 잠재력을 **실현**하여 우리에게 열린 최고의 미래 가능성을 현실화하도록 하는 것이다.

이 같은 원대한 이야기가 추상적으로 들릴 수 있지만 사실 우리가 매일같이 마주하는 익숙한 생각이다. 장기적 잠재력이 큰 어린아이를 떠올려 보자. 아이에게는 훌륭한 삶을 이끌 수 있는 여러 미래가 열려 있다. 아이가 맞을 최고의 미래가 사고, 트라우마, 교육 기회 박탈로 인해 가로막히지 않도록 잠재력을 보존해야 한다. 잠재력 상실의 확률을 극도로 낮출 안전장치를 마련하여 잠재력을 보호하는 일 역시 중요하다. 그리고 아이가 자신 앞에 놓인 최고의 길 하나에 발을 들여 궁극적으로 잠재력을 실현하도록 하는 것도 중요하다. 인류도 마찬가지다.

존재 위험은 인류 잠재력의 파괴로 위협한다. 이는 완전한 파괴(절멸)일 수도 있지만, 문명이 영구적으로 붕괴하여 보잘것없는 발전의 가능성만 존재하거나 회복 가능성이 아주 조금밖에 남지 않은 거의 완전한 파괴일 수도 있다.[6] 여기서는 그 한계를 분명하게 제시하진 않지만, 어떤 종류의 존재 재앙이건 인류 잠재력의 상당 부분이 사라지거나 극히 일부만 남게 된다.[7]

두 번째는 내가 위 정의에서 인류에 초점을 맞추었다고 해서 환경, 다른 동물들, 호모 사피엔스의 후예들, 우주의 다른 생명체들이 지닌 가치를 무시하는 건 아니라는 사실이다. 나는 오로지 인간만이 중요하다고 생각하지 않는다. 하지만 이제껏 알려진 생명체 중에서 도덕적 근거와 논증에 반응하고 세상을 시험하며 무엇이 최선인지 결정하는 존재는 인간뿐이다. 우리가 실패한다면 이처럼 위를 향하려는 힘, 다시 말해 최고와 정의를 향해 나아가는 능력은 세상에서 사라진다.

우리의 잠재력은 인류가 모두의 공동 행동으로 무엇을 이룰 수 있는지에 관한 문제다. 우리 행동이 지닌 가치는 다른 사람들에게 어떤 행동을 하는지에서 비롯되기도 하지만, 인간이 아닌 존재들에게 어떤 영향을 미치는지에 따라서도 달라진다. 우리가 미래에 어떤 방식으로든 새로운 종류의 도덕적 행위자를 탄생시킨다면, '인류'라는 내 정의는 그들 역시 포함한다.

인류에 초점을 맞추면 하나의 국가나 문화에 대한 위협은 존재 위험이 되지 않는다. 사람들이 무언가가 '나라에 대한 존재 위협'이 된다고 말할 때 이는 존재 위험과 비슷한 의미를 지닌다. 이런 주장 대부분은 과장이지만, 무언가가 어떤 국가나 문화의 장기적 잠재력을 영구적으로 파괴할 수 있다는 생각을 표현한다는 면에서 존재 위험 개념과 비슷하다.[8] 하지만 '존재 위험'을 특정 집단에 국한하지 않고 인류 전체에 대한 위협에만 적용하는 건 무척 중요하다.

세 번째는 위험의 모든 개념은 확률과 관련될 수밖에 없다는 사실이다. 존재 위험과 관련한 확률은 어떤 것일까? 우리가 이야기하는 존재 재앙은 일회성 사건이고 실제로 벌어지기 전까지는 항상 전례 없는 사건이므로 객관적인 장기적 주기의 맥락에서 보는 확률은 무의미하다. 존재 재앙이 아직 일어나지 않았다고 해서 그 확률이 0이라고는 말할 수 없다.

이 같은 상황에서는 이용 가능한 정보를 바탕으로 한 적정한 신뢰도를 나타내는 증거 기반의 확률이 필요하다. 이는 법정, 은행, 도박판에서 활용되는 익숙한 종류의 확률이다. 내가 이 책에서 이야기하는 존재 재앙의 확률은 최고의 증거에 비추어 볼 때 일어날 거라고 믿을 수 있는 신뢰도를 뜻한다.[9]

　존재 재앙으로 여겨지지 않더라도 무척 끔찍한 일도 많다.
　단 하나의 결정적인 사건은 없었지만 여러 작은 실패가 모일 때도 끔찍한 결과가 일어날 수 있다. 나는 여러 부정적인 사건이 복합적으로 일어나는 상황이 아닌 단 하나의 극적인 사건을 재앙의 일반적인 의미로 다룰 것이다. 우리가 서로를 형편없이 대하거나 선의를 회피하기만 하여 미래를 짓밟는 것 역시 끔찍한 결과지만 이는 단 하나의 재앙으로 찾아오는 결과는 아니다.
　끔찍하지만 인류가 궁극적으로 회복할 재앙도 있을 수 있다. 이같은 재앙의 결과는 우리의 관점에서 보면 앞으로 몇 세대 동안 무척 절망적일 것이다. 하지만 약 1,000년 후에는 인류사의 몇몇 암흑기 중 하나로만 여겨질 것이다. 진정한 존재 재앙은 우리가 처참히 실패하는 인류사의 결정적인 순간이어야 한다.
　전 세계 문명을 붕괴할 만큼 크나큰 재앙 역시 존재 재앙의 기준에는 못 미칠 수 있다. 전 세계 문명 붕괴는 '세상의 끝'으로도 불리지만 반드시 인류 이야기의 마지막을 의미하지는 않는다. 아무리 참혹한 문명 붕괴라도 반드시 영구적이거나 회복 불가능한 건 아니다.

이 책에서 나는 '문명 붕괴'를 말 그대로 전 세계 인류가 문명을 상실해(최소한 잠시라도) 농경 시대 전 삶으로 돌아가는 결과를 뜻할 때 사용할 것이다. 문명 붕괴의 폭넓은 의미에는 대대적인 질서 붕괴, 현대 기술의 상실, 문화의 종말이 포함된다. 하지만 내가 뜻하는 문명 붕괴는 문자, 도시, 법을 비롯해 문명의 어떤 장치도 존재하지 않는 세상이다.

이는 일어나기 몹시 어려운 매우 심각한 재난의 상황일 것이다. 전 세계 문명은 역사적으로 온갖 압력을 받았지만, 대륙의 차원에서도 이 같은 붕괴는 한 번도 일어나지 않았다.[10] 흑사병이 창궐하면서 유럽 인구의 25~50퍼센트가 사라진 때에도 문명은 굳건히 살아남았다는 사실은 문명이 붕괴하려면 전 세계 모든 곳의 인구가 50퍼센트 이상은 사라져야 함을 의미한다.[11]

문명이 붕괴하더라도 재건될 수 있다. 우리가 목격했듯이 문명은 최소 일곱 번 이상 여러 지역에서 다른 사람들에 의해 독자적으로 탄생했다.[12] 자원이 고갈되면서 문명을 세우기가 더 어려워졌을 것이라고 생각할 수 있지만, 실제로는 훨씬 쉬워졌다. 인류 절멸까지는 이어지지 않은 대부분의 재난 속에서 작물과 가축이 살아남았고 도시의 잔해에서도 물질 자원이 보존되었다. 철광석을 녹여 철을 얻는 것보다는 오래된 철책을 달구는 편이 훨씬 쉽다. 석탄 같은 소모성 자원도 방치된 매장지와 광산 덕분에 18세기보다 훨씬 구하기가 쉬워졌다.[13] 게다가 문명이 가능하다는 증거나 문명을 재건하는 데 필요한 도구와 지식은 전 세계 어디에나 흩어져 있다.

하지만 문명 붕괴와 존재 위험 사이에는 두 가지 긴밀한 연관성이 있다. 첫 번째는 붕괴가 회복 불가능할 경우 존재 재앙이 된다는 것이다. 예를 들어 극단적인 기후변화나 인공적 전염병이 지구 환경을 열악하게 만든다면 인류는 다시 수렵채집인이 되어 흩어질 수밖에 없다.[14] 두 번째는 전 세계 문명이 붕괴하면 인류가 이후 벌어지는 재앙에 더욱 취약해지므로 절멸 확률이 커진다는 사실이다.

문명 붕괴가 인류 절멸로 이어지는 한 가지 방식은 남아 있는 가장 큰 인구 집단의 수가 존속에 필요한 '최소 생존 가능 개체군 minimum viable population' 아래로 감소하는 것이다. 최소 생존 가능 개체군은 보통 확률적으로 정의되고 인구 거주 지역, 이용 가능한 기술, 재앙의 종류처럼 여러 세부 요소에 따라 달라지므로 정확한 수치로 나타내기 힘들다. 따라서 전문가들의 추산은 수백 명에서 수만 명 단위까지 광범위하다.[15] 재앙이 개체 수를 최소 생존 가능 개체군 아래로 떨어트린다면, 이는 회복 불가능한 문명 붕괴보다는 직접적인 절멸 사건으로 분류하는 편이 낫다. 그리고 최소 생존 가능 개체군이 무너지는 인구 감소는 인류 절멸로 향하는 가장 일반적인 경로 중 하나일 것이다.

우리가 인류 잠재력 전체가 위험에 빠지는 상황을 진지하게 생각하는 때는 많지 않다. 주로 액션 영화에서 그런 위험을 접하지만, 이야기를 극적으로 만들 방편으로 너무 자주 사용되기 때문에 우리의 감정적 반응은 둔감해졌다.[16] 인터넷에서도 '멸망의 열 가지 방식' 같은 목록이 떠돌아다니지만 대부분 스릴과 재미를 위한 것이다. 절멸이 우리 자신이나 문화 또는 인류에게 어떤 의미일지 진지하게 논의하는 석학은 냉전 종식 이래 찾아보기 힘들다.[17] 그러므로 사람들은 종종 인류 절멸 가능성을 가볍게 여긴다.

하지만 위험이 생생하고 확실해진다면, 다시 말해 수십억 생명과 모든 미래 세대가 실제로 위태롭다는 사실이 분명해진다면, 인류의 장기적 잠재력을 지키는 일이 중요하다는 사실에 논란의 여지는 사라질 것이다. 우리가 지구를 향해 날아오는 거대한 소행성이 이번 세기 안에 인류를 멸종시킬 확률이 10퍼센트 이상이라는 사실을 알게 된다면, 소행성 궤도를 바꿀 시스템을 구축해야 할지 아니면 문제를 무시하고 위험을 무릅써야 할지에 대한 논쟁은 거의 없을 것이다. 오히려 위협 대응은 전 세계의 최우선 과제가 될 것이다. 그러므로 위협에 대해 우리가 걱정하지 않는 이유는 위험에 엄청난 이해관계가 달려 있다는 사실을 의심해서가 아니라 위협이 존재한다는 사실을 아직 믿지 않아서다.

하지만 잠시나마 존재 위험 방지의 여러 중요성을 살펴보는 일은 필요하다. 중요성을 이해한다면 위기감이 높아져 행동에 나서게 되고, 새로운 생각에 눈을 뜨며, 우선순위를 정하는 데 도움을 얻을 수 있다.

현재 보기

모든 존재 재앙에 인류 절멸이 뒤따르는 건 아니며 모든 절멸 방식이 고통이나 때 이른 죽음을 일으키는 건 아니다. 예컨대 모든 사람이 그저 출산을 거부하는 상황도 이론적으로 가능하다. 그렇다면 어떤 고통도 없이 인류 잠재력을 파괴할 수 있다. 하지만 우리가 실제로 직면하는 존재 위험들은 그리 평화롭지 않다. 가장 익숙한 도덕적 기준에서 볼 때 무척 끔찍하다.

인류가 다음 세기에 핵겨울이나 인공 전염병, 첨단 기술이 동원된 전쟁으로 파괴된다면, 당신과 당신이 사랑하는 사람을 포함해 70억 명이 갑작스러운 죽음을 맞을 것이다. 대부분 먹을 것을 구하지 못하거나 불에 타거나 병에 걸려 고통스럽게 죽을 것이다.

이 같은 공포를 막아야 할 도덕적 명분은 많은 설명이 필요 없는 자명한 것이다. 과거에도 인류는 규모는 작지만 수천 명에서 수백만 명의 삶이 파괴되는 재앙들을 경험했다. 우리는 그런 재난을 막는 일이 얼마나 중요한지 잘 안다. 수십억 명의 삶이 짓밟히는 재앙에서는 우리가 얼마나 많은 걸 잃을지 완벽하게 가늠하기 힘들더라도 숫자는 도덕적 이해관계에 대한 지침이 되어 준다.[18] 다른 모든 조건이 같다면, 수백만 명의 죽음은 수천 명의 죽음보다 훨씬 나쁘며 수십억의 죽음은 수백만의 죽음보다 훨씬 나쁘다. 사라진 생명의 차원에서만 생각하더라도 인류 절멸은 긴 인류사에서 최악의 사건이 된다.

미래 보기

하지만 존재 재앙은 그저 많은 목숨을 앗아가는 데 머물지 않는다. 우리의 잠재력 역시 파괴한다.

내 멘토인 데릭 파핏Derek Parfit은 우리에게 전 세계 인구 중 99퍼센트가 죽는 파괴적인 핵전쟁을 상상해 보라고 말했다.[19] 전쟁 후 수 세기 동안 암흑기가 이어질 테지만 결국 생존자들은 문명을 다시 일으켜 과거의 영광을 찾을 것이다. 인류는 이전보다 겸손해지고 상처받았지만 패배하지 않았다.

이번에는 전 세계 인구 100퍼센트가 전부 죽는 전쟁을 상상해 보라. 이 전쟁은 당연히 더 나쁘지만 얼마나 더 나쁠까? 두 전쟁 모두 역사상 최악의 재앙일 것이다. 둘 다 수십억 명이 죽을 것이다. 100퍼센트가 죽는 전쟁은 수천만 명이 더 죽으므로 99퍼센트가 죽는 전쟁보다 나쁘다. 하지만 훨씬 더 중요한 차이가 있다. 사망자는 두 전쟁 모두 수십억이지만 100퍼센트 죽는 전쟁에서는 인류가 사라진다. 두 전쟁 모두 우리의 현재를 파괴하지만 100퍼센트가 죽는 전쟁은 우리의 미래도 파괴한다.

마지막 1퍼센트의 상실에서 비롯되는 이 같은 정성적 차이가 존재 재앙을 독특하게 만들며 존재 재앙 위험을 낮추는 일을 무척 중요한 과제로 만든다.[20]

앞으로 삶을 살아 갈 거의 모든 인간은 아직 태어나지 않았다. 재앙이 일어나지 않는다면 인류 대부분은 미래의 세대다. 작가 조너선 셸Jonathan Schell은 이에 대해 다음과 같이 말했다.

우리의 현재로부터 뻗어 나가는 세대의 행진은 우리 시야가 닿지 않을 만큼 아주 먼 곳까지 이어지고, 현재까지의 지구 전체 역사를 넘어설 이 기나긴 인간의 시대와 비교할 때 우리의 짧은 문명은 거의 존재도 하지 않는 찰나의 순간이다. 하지만 우리는 덧없는 목적과 잘못된 확신 아래 모든 걸 없애려고 한다. 인간 종이 자멸한다면 이는 요람 속 죽음, 다시 말해 영아 사망이 될 것이다.[21]

그리고 인류 삶의 거의 전부는 미래에 펼쳐지므로 번영, 아름다움, 인류의 위대한 성취, 가장 정의로운 사회, 가장 심오한 발견처럼 가치 있는 거의 모든 것 역시 미래에 절정을 이룰 것이다.[22] 우리는 부, 건강, 정의, 자유, 도덕적 사고에서의 진보를 계속할 수 있다. 우리는 우리의 상상력을 뛰어넘는 행복과 번영의 세상을 만들 수 있다. 그리고 그런 세상을 재앙으로부터 지킨다면 수백만 세기 동안 이어질 것이다. 우리가 벼랑세를 통과하여 더 나은 세상을 향해 계속 노력한다면 이루어질 이 모든 것이 인류 잠재력이다.

미래에 관한 위와 같은 관점, 다시 말해 인류 잠재력의 엄청난 가치야말로 내가 존재 위험을 줄이는 데 에너지를 쏟는 가장 큰 이유다. 아직 태어나지 않은 수백만의 미래 세대를 생각하면 인류 미래를 지키는 일이 얼마나 중요한지 분명해진다. 현재만을 위한 이익 때문에 미래를 위험에 빠트리는 건 몹시 편협하고 근시안적인 행태다. 이 같은 태만은 우리의 장대한 이야기 전체가 아닌 극히 일부만을 중요시하고, 아직 탄생하지 않은 압도적으로 훨씬 많은 미래 세대가 아닌 아주 적은 인간만을 위하며, 앞으로 다가올 수백만 혹은 수십억 세기보다 지금 세기를 중요하게 여긴다.[23]

이런 행태가 잘못된 이유는 거리에 비유하여 생각해 볼 수 있다. 누군가가 당신과 공간적으로 떨어져 있다고 해서 그 사람이 중요하지 않은 건 아니다. 내 아내가 케냐에서 열리는 학회에서 아프든 우리의 옥스퍼드 집에서 아프든 아내가 아프다는 사실은 똑같이 내게 중요하다. 낯선 케냐인들의 복지는 낯선 옥스퍼드 주민들의 복지만큼이나 중요하다. 물론 우리에게는 가족이나 자신이 속한 공동체의 구성원처럼 특별한 사람들에게 해야 할 특별한 의무가 있다. 하지만 의무를 다르게 하는 건 공간적 거리가 결코 아니다. 지리학적 위치와 상관없이 모든 사람은 동등하게 중요하다는 인식은 중요한 형태의 도덕적 진보이며, 우리는 이 같은 인식을 정책과 인도주의 활동에 더 적극적으로 반영할 수 있다.

모든 사람은 시간적 거리와도 상관없이 동등하게 중요하다. 수천 년 전 사람들의 삶이나 수천 년 후 사람들의 삶도 우리 삶과 동등하게 중요하다.[24] 공간적으로 멀리 있는 사람의 삶이 덜 중요하다는 생각이 잘못된 것처럼 시간적으로 멀리 있는 사람의 삶이 덜 중요하다는 생각 역시 잘못되었다. 행복의 가치나 고통의 공포는 시간과 공간이 멀다고 해서 약해지지 않는다.

어느 시대에 살건 모든 사람의 삶이 동등하게 중요하다는 인식은 현재 진행 중인 인류의 도덕적 진보라는 이야기에서 우리가 넘어야 할 중요한 단계다. 우리 중 많은 이가 이미 이 같은 동등성을 어느 정도 인식하고 있다. 우리는 우리 자신의 사소한 이익을 위해 미래 세대의 삶을 악화하는 건 옳지 않다는 사실을 안다. 그리고 누군가가 우리에게 묻는다면 지금의 사람들이 미래의 사람들보다 객관적으로 더 중요한 건 아니라는 사실에 동의할 것이다. 하지만 그렇다고 해도 우리의 우선순위는 크게 변하지 않는다. 이를테면 우리는 우리가 내린 선택의 장기적 영향은 금세 사라질 것이라고 생각한다. 그런 영향은 불확실하고 긍정적 영향이 악영향을 상쇄할 거라고 생각한다. 또는 미래의 사람들은 스스로를 훨씬 쉽게 구할 것이라고 단정한다.[25]

하지만 예방 가능한 존재 위험들이 우리 생애 동안 출현할 수 있다는 사실은 우리의 행동이 장기적 미래에 긍정적인 영향을 미칠 수 있으며 우리야말로 그런 영향을 일으킬 수 있는 유일한 세대임을 뜻한다.[26] 그러므로 미래 사람들이 우리만큼이나 중요하다는 생각은 심오한 실천적 의미를 지닌다. 우리가 그 의미를 깨닫고 도덕적 사고에 완전히 통합하기까지 나아가야 할 길은 아직 멀다.

이 같은 생각에서 비롯된 도덕론인 '장기주의longtermism'는 우리의 행동이 장기적 미래에 미치는 영향에 초점을 맞춘다.[27] 장기주의는 우리 세대가 아주 긴 이야기에서 그저 한 페이지만을 차지한다는 사실과 우리의 가장 중요한 역할은 그 이야기를 어떻게 형성할지(형성하지 못할지)에 관한 것이라는 사실을 진지하게 고민한다. 인류 잠재력을 지키려는 노력은 긍정적인 장기적 영향을 일으킬 한 가지

방법이며 다른 여러 방법도 있을 수 있다.[28]

물론 반드시 이러한 방향에서 존재 위기에 접근할 필요는 없다. 즉각적인 영향을 바탕으로 한 강력한 도덕적 명분도 존재한다. 하지만 장기주의 도덕론이야말로 존재 위험을 이해하는 데 적합하다. 장기주의는 우리의 도덕적 시각을 존재 위험이 빼앗으려는 장대한 미래로 향하게 하며 활력을 얻기 때문이다.

물론 여러 복잡한 문제가 있다.

경제학자들은 미래의 이익을 평가할 때 시간적으로 얼마나 멀리 떨어져 있는지를 기준으로 가치를 낮추는(할인하는) '할인discounting' 기법을 적용한다. 일반적으로 통용되는 연간 5퍼센트의 할인율을 우리 미래에 적용하면 가치가 놀라우리만큼 작아진다. 5퍼센트로 할인하면 우리 미래 전체의 가치가 다음 해의 20배밖에 되지 않으며 2100년부터 이후 영원한 시간 동안은 다음 해보다도 낮아진다. 그렇다면 우리 미래가 매우 중요하다는 생각에 의문을 제기해야 할까?

그렇지 않다. 이 같은 결과는 경제학적 방법론을 올바르지 않게 적용할 때 발생한다. 문제의 미묘한 부분들을 고려하여 할인율을 올바르게 적용하면, 미래의 가치는 아주 높아진다. 수학적 세부 내용은 이 책에서 다룰 수 없지만, 중요한 사실은 시간적 거리만을 기준으로 인간의 행복(돈과 같은 수단적인 선과 반대되는 개념)이 지니는 가치를 평가절하하는 건 우리가 논의하는 긴 시간의 맥락에서 특히 비합리적이라는 것이다. 오로지 시간적 거리만을 기준으로 한다면, 100만 년 후 한 사람을 두통에서 벗어나게 해 주는 건 200만 년 후 10억 명을 고문에서 해방해 주는 것보다 더 가치 있는 일이 된다.[29] 경제학적 개념인 할인이 장기적 미래의 가치를 낮추지 않는 이유는 '붙임 A'에 자세히 설명되어 있다.

일부 철학자는 인류의 장기적 미래를 지키는 일의 가치에 대해 무척 다른 이유에서 의문을 제기한다. 그들은 이익의 타이밍만이 자신들의 주장에서 중요한 요소가 아니라고 말한다. 우리가 인류를 절멸에서 구한다면, 앞으로 삶을 살 사람의 수는 변하게 된다. 그렇다면 현재 존재하는 사람들의 삶만을 구했을 때는 일어나지 않는 윤리적 문제들이 일어난다. 이에 관한 비교적 새로운 분야인 '인구윤리학population ethics'의 일부 극단적인 접근법에 따르면 우리가 미래 세대를 배려하여 인류 절멸을 막을 이유는 없으며 미래 세대의 존재 유무는 중요한 문제가 아니다.

위 문제는 무척 긴 이야기이고 소수의 독자만이 관심을 느낄 테니 자세한 내용은 '붙임 B'를 참고하길 바란다. 한마디로 요약한다면 이 같은 견해 역시 내게는 그리 설득력이 있어 보이지 않는다. 어쨌든 그들은 우리가 지구를 오염시키거나 기후를 변화시켜 미래의 삶을 망가트릴까 봐 우려하는 이유를 이해하려 하고 미래 세대가 끔찍한 삶을 살지 않도록 할 탄탄한 근거들이 우리에게 있다는 사실을 설명하려고 한다. 또한 가장 납득하기 어려운 견해를 주창하는 자들을 제외하고 대부분의 인구윤리학 지지자는 문명의 회복 불가능한 붕괴 같은 다른 종류의 존재 재앙으로부터 미래 세대를 구하는 일이 몹시 중요하다는 사실에 동의한다. 인류 절멸을 위협하는 것 대부분은 문명 붕괴 역시 위협하므로 실질적으로 큰 차이는 없다. 이는 무척 복잡한 문제이므로 관심 있는 독자는 '붙임'에서 자세한 내용을 참고하길 바란다.

내가 반대하는 데에는 또 다른 이유도 있다. 난 어릴 적 인류의 완전한 파멸이 전혀 나쁘지 않다는 생각에서 위안을 얻곤 했다. 고통 받거나 슬퍼할 사람이 없을 것이기 때문이다. 미래에 '나쁨'이 존재하지 않는다면 파멸이 나쁠 수 없지 않겠는가? 또한 인류 존재가 옳고 그름, 선과 악의 판단에 어떤 방식으로든 필요하다면, 고요한 미래에서는 그런 개념들이 더 이상 적용되지 않을 것이다.

하지만 이제 난 이 같은 생각이 죽음은 존재하고서는 경험할 수 없으므로 나쁜 게 아니라는 철학자 에피쿠로스Epicurus의 낡은 주장보다 나을 게 없다는 사실을 안다. 에피쿠로스의 주장은 내가 이를테면 달려오는 차에 뛰어들어 죽는다면 내 삶 전체가 짧아지기 때문에 나빠진다는 사실을 간과한다. 삶이 짧아져 나쁜 일이 덜 일어나더라도 삶을 좋게 만드는 모든 일 역시 덜 일어난다. 그러므로 난 차에 뛰어들어서는 안 된다. 슬픔이나 두려움을 느낄 때는 에피쿠로스 논증에서 위안을 얻을 수 있을지 모르지만, 행동의 지침이 될 수는 없으며 누구도 그의 논증을 행동의 지침으로 삼지 않는다. 정부가 에피쿠로스 논증에 따라 안전이나 의료보장에 관한 정책을 세우거나 의회가 살인에 관한 법을 만든다고 상상해 보라.

금세기에 재앙이 닥쳐 인간이 절멸한다면 인류의 삶은 짧아지므로 결국 나빠진다.[30] 인류가 아직 유아기라는 사실을 떠올리면 내가 차에 뛰어드는 것보다 훨씬 짧은 삶이 될 것이며 따라서 훨씬 나쁜 삶이 된다. 이 같은 상황을 비극으로 판단할 사람이 아무도 남지 않더라도 지금 우리가 그런 판단을 내릴 수 있다. 우리는 다른 장소에서 일어나는 사건을 판단할 수 있듯이 다른 시대에 일어나는 사건도 판단할 수 있다.[31] 그리고 지금 우리의 판단이 옳다면 우리가 더 이상 존재하지 않을 때도 옳을 것이다. 난 인류의 마지막 시간 동안 에피쿠로스 논증에서 위안을 찾을 사람들을 비난하지 않을 것이다. 하지만 인류가 살 삶의 길이와 질은 우리의 결정을 따르며 이 사실에 우리는 책임을 져야 한다.[32]

이 밖에도 반대할 이유는 많다. 하지만 인류 잠재력이 지킬 만한 가치가 있는지 판단하기 위해 미래가 지닌 가치에 대한 모든 철학적 문제를 다룰 이유는 없다. 인류가 사라지든 수십억 년 동안 번영하든 중요한 문제가 아니라는 생각은 직관적으로도 몹시 불합리하다. 이런 면에서도 인류 미래의 중요성을 부인하는 모든 이론은 예리한 회의주의의 잣대로 봐야 한다.[33]

더군다나 미래는 존재 재앙을 보는 유일한 도덕적 렌즈도 아니다. 미래는 내가 존재 위험에 시간과 에너지를 쏟게 된 가장 강력하면서도 큰 이유긴 했지만, 다른 도덕적 전통에 기반한 렌즈들도 있다. 그러므로 존재 위험에 관한 우려가 어떻게 우리의 과거, 우리의 특징, 우주 안에서 우리의 독특한 위치에서도 비롯될 수 있는지 잠시 살펴보자. 그리고 사람들이 저마다 인류에 대한 도덕적 이해가 다르더라도 어떻게 결국에는 모두 같은 결론에 도달할 수 있는지도 이야기해 보자.

과거 보기

우리는 최초의 세대가 아니다. 우리의 문화, 제도, 관습 그리고 우리의 지식, 기술, 부는 10,000세대에 걸친 조상이 조금씩 쌓아 올린 것이다. 우리는 앞의 장에서 인류의 눈부신 성공은 세대를 초월한 협력으로 가능했다는 사실을 이야기했다. 우리는 선조에게 유산을 물려받아 작은 변화를 준 다음 모든 걸 후손에 물려주었다. 협력이 없었다면 집과 논밭, 춤이나 노래의 전통, 문자, 국가는 없었을 것이다.[34]

1790년에 보수적인 정치 이론가 에드먼드 버크Edmund Burke는 사회에 관해 쓴 글에서 이 같은 생각을 유려하게 표현했다.

> 그것은 모든 과학의 파트너십이자 모든 예술의 파트너십이며 모든 미덕의 파트너십이고 모든 완벽함의 파트너십이다. 파트너십의 목표는 많은 세대를 거쳐야만 달성될 수 있으므로, 살아 있는 자들 사이의 파트너십일 뿐 아니라 살아 있는 자, 죽은 자, 앞으로 태어날 자 사이의 파트너십이기도 하다.[35]

위 글은 우리에게 인류를 지켜야 할 이유를 과거에서도 찾게 한다. 우리는 자손에 대한 의무뿐 아니라 선조에 대한 의무도 지켜야 한다.

우리 조상은 한 세대 만에는 이룰 수 없는 원대한 프로젝트들을 시작했다. 전쟁 종식, 공정한 사회 건설, 우주의 이해 같은 프로젝트들이다. 서기 65년 루키우스 안나우스 세네카Lucius Annaeus Seneca는 세대를 초월하는 장대한 프로젝트를 다음과 같이 명쾌하게 묘사했다.

> 오랜 시간에 걸친 부지런한 연구가 지금 숨어 있는 것들의 정체를 밝힐 때가 올 것이다. 모든 시간을 오로지 하늘에 바친다고 해도 한 생애는 그처럼 광활한 주제를 이해하기에 모자라다. (……) 그러므로 이 같은 지식은 여러 시대가 오랫동안 이어지면서 점차 드러날 것이다. 후손들이 그들에게는 너무나 단순한 것들을 우리가 몰랐다는 사실에 놀라워할 때가 올 것이다. (……) 우리는 우리가 찾아낸 것에 만족하며 우리 후손도 진실에 이바지하도록 하자. (……) 수많은 발견은 우리의 기억이 지워질 앞으로의 여러 시대 동안 보존될 것이다.[36]

위 이야기가 기나긴 시간 동안 그대로 전해져 왔고 2,000년의 계획이 여전히 진행 중이라는 사실은 무척 놀랍다.[37]

한 사람이나 한 세대는 위대한 프로젝트를 완성할 수 없다. 하지만 인류는 할 수 있다. 각 세대가 힘을 합쳐 조금씩 진보를 이루면서 능력, 자원, 제도를 축적해 미래 세대가 다음 걸음을 내디딜 수 있도록 해 주면 된다.

나는 지금의 시간까지 이어진 세대들과 그들이 우리를 위해 이룬 모든 것을 떠올릴 때마다 숙연해진다. 감사의 마음으로 벅차오르면서도 엄청난 유산을 받았는데도 아주 조금의 보답도 할 수 없다는 사실에 충격을 받는다. 내가 모든 걸 빚진 수천억 사람은 전부 세상을 떠났고 그들이 이룬 건 내 삶뿐 아니라 내가 속한 세대 전체보다 훨씬 크다.

개인적인 차원에서도 마찬가지다. 나는 딸이 태어나고 몇 달 뒤 내 부모님이 내게 얼마나 많은 걸 베풀었는지 여실히 깨달았다. 나는 충격을 받았다. 부모님에게 감사의 말을 전했고 보답하지 못했다는 사실에 사과했다. 부모님은 웃으면서 내 행동은 이치에 맞지 않다고 답하며 누구도 부모에게 보답하지 않는다고 일렀다. 보답하는 대신 자기 자녀에게 물려주면 된다고 했다.

내 부모님은 철학자가 아니다. 하지만 부모님의 말씀은 미래에 대한 우리 의무의 이유를 과거에서 찾을 또 다른 방식을 제시한다. 시간의 화살은 우리 이전의 사람들보다 이후의 사람들을 돕는 걸 훨씬 쉽게 하므로, 세대 간 파트너십을 이해하는 최고의 방법은 우리의 의무들이 시간의 흐름을 따라 한쪽으로만 흐르는 비대칭 형태로 보는 것이다. 이 같은 관점에서 미래 세대에 대한 우리의 의무는 **우리**가 미래 세대였을 때의 조상들이 우리를 위해 했던 일들에서 토대를 찾을 수 있다.[38]

그러므로 우리가 존재 재앙에 굴복해 바통을 놓아 버리면 이는 여러 면에서 선조들을 배신하는 행위다. 그들이 바랐던 꿈들을 꺾고, 그들이 자신의 상속자였던 우리에게 보여 준 신뢰를 저버리며, 그들이 우리를 위해 한 모든 일에 보답할 의무를 어기는 것이다. 그러므로 존재 위험을 방관하는 것은 미래 세대뿐 아니라 과거 세대에 대한 잘못이기도 하다.

존재 재앙 앞에 무릎을 꿇으면 보존해야 할 가치가 있는 과거의 모든 것도 파괴된다.[39] 어떤 철학자들은 가치 있는 무언가에 보답하는 올바른 방식은 그것을 발전시키는 게 아니라 지키고 보존하며 소중히 여기고 존중하는 것이라고 주장한다.[40] 우리는 그러한 방식으로 문화적 전통의 가치를 대한다. 소수 민족의 언어와 삶의 방식이 세상에서 영원히 사라질 위험에 처해 있는 걸 보면 보존하려 하고 미래의 위협으로부터 보호하려 한다.

이런 맥락에서 인류의 가치를 보는 사람들은 인류가 더 많은 발전을 이룰 수 있었지만 그렇지 못했다는 사실이 그리 안타깝지 않을 것이다. 하지만 모든 교회와 사원이 무너지고 모든 시가 사라지며 지구상 모든 문화적 전통이 영원히 사라지는 절멸은 두려워할 것이다. 절멸이나 문명의 영구적인 붕괴라는 심각한 위협 앞에서는 인류의 성취를 보존하거나 지키는 전통에도 행동이 뒤따라야 한다.[41]

마지막으로 미래에 대한 우리의 의무 중에는 과거의 잘못에서 비롯된 것도 있다. 많은 잘못은 우리가 바로잡을 수 있는 잘못이다. 지금 바로잡지 않으면 오염과 쓰레기를 없애고 기후를 산업혁명 전으로 회복하고 생태계가 과거의 영광을 되찾게 해 우리가 지구에 끼친 피해를 되돌릴 의무를 결코 지킬 수 없다. 또한 가장 심각한 형태의 불의는 개인이 개인에게 저지른 게 아니라 제도적 박해, 토지 약탈, 인종 청소처럼 집단이 집단에 저지른 것이라는 사실을 기억해야 한다. 우리에게는 이 같은 잘못을 받아들이고 기억해 과거의 행태를 정면으로 마주할 의무가 있다. 이 만행들에서 이익을 얻은 자들이 피해자들에게 조금이나마 보상할 방법이 있을 것이다. 존재 재앙이 닥치면 이를 해낼 마지막 기회가 사라진다.

문명의 미덕

우리가 모든 걸 잘해 나간다면 인류는 아직 눈부신 성인기를 기다리는 청소년이다. 우리는 건장한 십대처럼 하루가 다르게 힘이 세지면서 어디서든 근육을 자랑하고 싶어 하고 새로운 능력을 얻게 되면 곧바로 시험해 보려고 한다. 미래에 대해서는 거의 생각하지 않는다. 물론 '장기적'이라는 말을 입에 올릴 때도 있지만 이는 주로 다음 10년이나 20년을 뜻한다. 10년, 20년은 인간에게는 긴 시간일지 몰라도 인류에게는 순간일 뿐이다.

여느 청소년처럼 인류는 남은 생애를 아주 구체적으로 계획할 필요는 없다. 하지만 미래가 얼마나 길지, 대체로 어떤 형태를 띨지를 염두에 둔 계획은 짜야 한다. 그러지 않으면 우리의 잠재력을 실현하기 위해 어떤 위험을 감수해야 하고 어떤 기술을 발전시켜야 할지 알 수 없다.

여느 청소년처럼 인류는 참을성이 없고 경솔하지만 때로는 그 정도가 매우 지나치다. 이는 단기적 이익과 장기적 이해를 적절히 비교하는 법을 잘 몰라서이기도 하다. 하지만 더 큰 이유는 먼 미래를 전혀 신경 쓰지 않을 뿐 아니라 의사 결정에도 고려하지 않기 때문이다. 그리고 여느 청소년처럼 신중히 생각하지 않고 위험으로 돌진한다.

이 같은 비유는 우리의 행동을 평가할 또 다른 렌즈가 되어 준다. 개인이 다른 이들에게 하는 행동의 도덕성을 평가하는 대신 인류 전체의 성향과 특징 그리고 그런 성향과 특징이 번영의 기회에 어떻게 도움이 되는지 혹은 방해가 되는지 평가할 수 있다. 시간 전체를 통틀어 존재하는 모든 사람으로 구성된 인류를 하나의 집단 개체로 본다면, 인류의 번영 달성 능력이 지닌 구조적인 강점이나 약점에 대한 통찰을 얻을 수 있다. 이처럼 가장 거시적인 척도의 미덕과 악덕을 '문명의 미덕'과 '문명의 악덕'으로 부를 수 있다. 우리는 문명의 미덕과 악덕이 근본적인 도덕적 중요성을 내포하고 있다고 생각할 수 있지만, 그저 우리의 성향이 지닌 중대한 결함을 진단하고 처방을 내리는 유용한 방식으로도 삼을 수 있다.

모든 미덕이 위와 같은 방식으로 이해할 수 있는 건 아니지만 많은 수가 그렇다. 우리가 인류 미래 전체를 위협하는 위험에 무관심한 건 신중함이 부족해서다. 지금 세대의 이익을 후세대의 이익보다 훨씬 중요하게 여기는 건 인내심이 부족해서다.[42] 미래의 중요성을 아는 데도 미래를 지키는 일을 우선시하지 않는 건 자기 규율에 실패해서다. 우리가 뒷걸음질 치며 미래를 포기하거나 미래를 무가치한 것으로 단정한다면 희망과 끈기가 부족하고 스스로의 행동에 대한 책임감이 없다는 사실을 드러내는 것이다.[43]

아리스토텔레스는 우리의 미덕은 실천적 지혜에 지배받고 인도된다는 유명한 말을 남겼다. 이는 문명의 미덕 개념에도 탁월하게 들어맞는다. 우리의 힘이 계속 강해질수록 우리의 실천적 지혜도 함께 강해져야 한다.

우주에서의 중요성

우리가 우주에서 홀로인지는 과학의 가장 큰 미스터리 중 하나다.[44] 마틴 리스Martin Rees, 맥스 테그마크Max Tegmark, 칼 세이건 같은 저명한 천문학자들은 우리가 홀로라면 우리의 생존과 행동이 우주에서 무척 중요해진다고 주장했다.[45] 우리는 분명 은하와 항성보다 작고 초신성이나 블랙홀만큼 장엄하지도 않지만, 우주에서 가장 희귀하고 소중한 부분 중 하나일 것이다.[46] 이 같은 중요성의 본질은 인류를 독특한 존재로 만드는 방식들에서 비롯된다.

우리가 우주에서 옳고 그름을 바탕으로 선택을 내릴 수 있는 유일한 도덕적 주체라면 우주 역사에 대한 책임은 오로지 **우리에게** 있다. 우리 존재는 우주를 옳고, 정의롭고, 우리 모두에게 최선인 방향으로 이끌 유일한 기회다. 우리가 실패한다면 인류 잠재력뿐 아니라 모든 도덕적 행동의 잠재력이 돌이킬 수 없을 만큼 짓밟힐 것이다.

인류의 관점

인류의 관점에서 우리가 처한 곤경을 보는 것은 이 책의 주요 주제다. 윤리는 '내가 무엇을 해야 하는가?'처럼 대부분 개인의 관점에서 문제를 다룬다. 때로는 집단이나 국가 그리고 (좀 더 최근에는) 지금을 사는 전 세계인의 관점으로 접근하기도 한다. 집단이 무엇을 해야 하는지 이해한다면 구성원들이 맡아야 할 역할을 파악할 수 있다.

하지만 한 걸음 더 나아가 인류의 관점에서 윤리를 탐험해야 할 때가 있다.[47] 지금 세대뿐 아니라 긴 시간의 인류를 떠올리면서 우리가 지난 10,000세대 동안 무엇을 이루었는지 그리고 앞으로 다가올 장대한 시간 동안 무엇을 이룰 수 있는지 생각해야 한다.

이 같은 관점을 통해 지금 시대가 더 큰 이야기에서 어떤 자리를 차지하고 있는지 그리고 이해관계가 얼마나 큰지 깨달을 수 있다. 그러면 세상과 세상 속 우리의 역할을 보는 방식이 변화하게 되고 우리의 관심은 금세 지나갈 현재에 영향을 미치는 대상들에서 장기적 미래를 근본적으로 변화시킬 대상들로 옮겨 간다. 인류에게 무엇이 가장 중요한가? 이를 실행할 계획에서 우리 세대는 어떤 역할을 해야 하는가? 내가 맡아야 할 역할은 무엇인가?[48]

물론 인류는 개인이 아니다. 하지만 팀, 회사 또는 국가의 신념, 바람, 의도를 분석할 때 집단을 하나의 개체로 생각하는 방식은 종종 도움이 된다. 우리가 회사의 전략이나 국가의 이익, 한 국가가 최근 정책으로 달성하고자 하는 목표에 대해 얼마나 자주 이야기하는지 떠올려 보자. 집단은 개인으로 구성되어 있고 개인의 이해는 서로 다를 수 있으므로 집단의 정신 상태는 개인의 정신 상태보다 일관성이 떨어지기 마련이다. 하지만 개인 역시 양가적 감정이나 내부 모순을 겪을 때가 많으며, '집단 주체' 개념은 비즈니스 세계나 국제 정세를 이해하는 데 꼭 필요하다는 사실이 증명되었다.

이 같은 관점을 인류 전체에 적용하는 방식은 점차 유용할 뿐 아니라 중요해지고 있다. 인류는 문명이 시작된 이래 거의 항상 고립된 집단들로 쪼개져 있었다. 최근에서야 우리는 바다 건너 서로의 존재를 발견하여 단일한 글로벌 문명을 형성했다. 그리고 최근에서야 인류 역사의 길이와 형태, 우리 미래의 진정한 잠재력을 알게 되었다. 또한 최근에서야 전 세계적 조율이 필요한 중대한 위협들에 직면했다.

그렇다고 해서 항상 이 같은 관점을 고집해야 하는 건 아니다. 많은 도덕적 도전은 개인 차원이나 인류보다 작은 집단 차원에서 발생한다. 때로는 큰 그림의 문제들조차 인류가 분리된 방식, 사람들이 지닌 힘이나 책임의 차이에 초점을 맞추는 것이 더 중요하다. 하지만 때로는 지구적 관점이 중요한 것처럼 때로는 한 걸음 더 나아가 인류적 관점을 취해야 한다.

문명의 미덕 개념은 인류 전체를 보는 관점을 정면으로 받아들이는 하나의 예일 뿐이다. 7장에서 우리는 또다시 인류적 관점으로 보며 인류를 위한 원대한 전략을 살펴볼 것이다. 그리고 우리가 우리 세대의 책임이나 우리 각자가 해야 할 일을 볼 때도 시대를 뛰어넘는 인류의 큰 그림이 빛을 비출 것이다.

인류가 우주를 궁금해하는 유일한 존재라면 우리가 우주를 이해해야 할 또 다른 이유가 있다. 우주 전체를 지배하는 법칙들을 우주의 한 부분이 완전히 밝히는 건 오로지 인류를 통해서만 가능하다.

그리고 지구가 우주에서 생명이 탄생하는 유일한 곳이라면 지구의 모든 생명은 매우 중요해진다. 지구는 물 한 방울에도 온갖 복잡함이 담겨 있는 유일한 곳이고 무언가가 삶과 죽음을 거치는 유일한 곳이며 누군가가 감정을 느끼고 생각을 하고 사랑을 하는 유일한 곳이다. 그리고 인류는 생명을 수호하고 자연 재앙으로부터 보호하며 온 우주에 생명의 번영을 가능하게 할 유일한 존재다.

불확실성

그렇다면 우리는 우리의 현재, 우리의 미래, 우리의 과거, 우리의 특징 또는 우주 내에서 우리가 지니는 특별함의 측면에서 존재 위기의 중요성을 이해할 수 있다. 난 현재와 미래의 가치에 바탕을 둔 존재 위험에 대한 생각들을 가장 신뢰하지만, 다른 렌즈들 역시 존재 위험에 관한 우려가 정당하다는 사실을 보여 준다. 우리의 우려는 단 하나의 윤리 사상에서 비롯된 게 아니라 다양한 사상에서 자연적으로 발생했다. 사상마다 우려의 정도와 본질이 다를 수 있지만, 모두 존재 재앙 회피는 도덕적으로 중대한 문제라는 생각을 뒷받침한다.

많은 독자가 이제는 내 의견에 동조할 것이라 짐작하지만 여전히 의심을 품는 독자도 있을 것이다. 나 역시 **완전히는** 확신하지 <u>않으므로</u> 충분히 이해할 수 있다. 이 같은 불확실성은 두 부분으로 나뉜다. 첫째는 미래에 어떤 일이 일어날지 모르는 일상적 불확실성이다. 인류의 크나큰 잠재력을 뒷받침하는 증거에 오류가 있지는 않을까? 두 번째는 윤리적 책임의 본질에 관한 의심인 도덕적 불확실성이다.[49] 미래 세대에 대해 우리가 어느 정도의 의무를 지녀야 할지에 관해 내가 잘못 생각하고 있는 건 아닐까?

하지만 존재 위험을 전 세계적 우선 과제로 삼는 데에는 확실성이 필요하지 않다. 존재 위험을 중요시할 때와 그러지 않았을 때의 이해관계 크기가 전혀 다르기 때문이다. 우리가 실제로는 그럴 의무가 없는데 인류를 지키는 일에 본격적으로 투자한다면 다른 고귀한 명분에 쓸 수 있는 자원을 낭비하는 실수를 저지르게 된다. 하지만 우리가 그럴 의무가 있는데도 미래를 지키지 않을 때의 결과는 훨씬 참혹하다. 우리는 우리의 가장 중요한 의무를 영원히 지킬 수 없게 된다. 미래를 지키는 일이 중요하다는 주장에 충분한 설득력이 있는데도 무시한다면 극도로 무책임한 일이다.[50]

우리가 앞으로 도달할 절정보다 가라앉을 심연이 깊을 것이라고 생각하는 **극도의 비관주의자에게도** 인류 잠재력을 지켜야 할 타당한 이유가 있다.[51] 우선 어떤 존재 재앙들은 논란의 여지없이 끔찍할 테니(전 세계적 전체주의가 계속되는 상황처럼) 우리의 관심이 필요하다. 하지만 더 심오한 이유도 있다. 우리의 미래가 밝을지 어두울지 판단하는 데에는 정보가 막대한 가치를 발휘한다. 이 중대한 질문에 대해 훨씬 많은 정보를 확보하기 전까지는 인류를 보호하는 것이야말로 최고의 전략이다.[52]

그리고 이는 그저 우리 후손이 더 많은 정보를 얻을 미래의 가치에 관한 것이 아니다. 여전히 우리 대부분은 경험이 부족하다. 전세계 문명이나 지구의 복잡한 문제들을 다루는 데 미숙하다. 미래에 관한 우리 관점은 여전히 무지로 흐릿하고 편견으로 왜곡되어 있다. 하지만 상황이 순조롭게 흐른다면 우리 후손들은 훨씬 현명할 것이다. 그들은 인류가 마주한 조건의 본질을 오랜 시간 동안 깊이 이해하고, 더 정의롭고 정교하며 성숙한 문명에서 힘과 통찰을 얻으며, 그들의 선택 대부분은 무엇이 중요한지에 관한 폭넓은 이해를 바탕으로 할 것이다. 그러므로 인류 역사의 시작점에 있는 우리는 겸허해야 하고, 가능한 모든 선택을 열어 두어야 하며, 우리 후손들이 지금 우리보다 상황을 선명하게 바라보고 현명한 선택을 내릴 수 있도록 보장해야 한다.[53]

존재 위험 방치

전 세계는 이제 막 존재 위험의 중요성에 눈을 뜨기 시작했다. 가장 중대한 위협을 분석하고 막으려는 노력을 시작했지만, 문제의 심각성에 비하면 부족하다. 전 세계 자원 배분의 맥락에서 보면 존재 위기는 심각하게 방치되고 있다.

뒤에서 자세히 이야기하겠지만, 인류가 곧 직면할 가장 큰 위험 중 하나는 인공적 전염병의 가능성이다. 생화학 무기의 지속적 억지를 책임지는 국제기구인 생물무기금지협약Biological Weapons Convention의 1년 예산은 맥도날드 지점 한 곳의 평균에도 못 미치는 140만 달러에 불과하다.[54] 또한 인공지능 기술 향상에는 수십억 달러가 투입되고 있지만 인공지능의 위험을 줄이는 데 쓰이는 돈은 고작 수천만 달러다.[55] 전 세계가 존재 위험에 쓰는 금액을 정확히 알기는 힘들지만, 우리가 개발한 기술이 인류를 파괴하지 않도록 하는 데 쓰는 돈은 매년 아이스크림에 쓰는 돈보다 적다는 것은 분명하다.[56]

과학 연구에서도 이야기는 비슷하다. 존재 재앙보다 크지 않은 위험에 관한 연구는 활발하게 이루어지고 있지만, 인류의 장기적 잠재력을 파괴할 수 있는 위험은 방치되고 있다. 수백 기의 미사일이 언제라도 몇 분 안에 발사될 수 있는 상황이지만, 미국과 러시아의 전면적인 핵전쟁이 일으킬 영향에 관한 기후 모형을 다룬 논문은 1991년 이후 단 두 편밖에 발표되지 않았다.[57] 기후변화를 이해하기 위한 연구는 매우 많지만, 기온이 6도 이상 올라가는 최악의 시나리오에 관한 연구는 비교적 적으며 정부의 공식 문서나 정책 논의에서 대부분 무시된다.[58]

실질적이고 중요한 존재 위험들이 왜 마땅한 관심을 못 받고 있을까? 왜 조직적으로 방치되고 있을까? 이에 대한 답은 경제학, 정치학, 심리학, 존재 위험의 역사에서 찾을 수 있다.

경제 이론에 따르면 존재 위험은 시장, 국가, 심지어 세대 전체에 의해 저평가된다. 시장은 다양한 재화와 서비스를 훌륭하게 제공하지만, 어떤 것들은 구조적으로 공급 부족을 일으킨다. 깨끗한 공기를 떠올려 보자. 공기가 깨끗해지면 그 혜택은 특정 개인에게 돌아가는 게 아니라 공동체의 모든 구성원이 공유한다. 그리고 내가 깨끗한 공기에서 혜택을 얻게 되더라도 당신이 누릴 혜택이 줄지 않는다. 이 두 가지 특성을 지닌 대상을 우리는 '공공재'라고 부르는데 시장은 공공재를 제대로 공급하지 못한다.[59] 일반적으로 이 문제는 정부 예산이나 공공재 분배 규제를 통해 지역적, 국가적 차원에서 해결한다.

존재 위험으로부터의 보호는 공공재다. 우리 모두 혜택을 누리고 내가 보호받는다고 해서 다른 사람이 보호받지 못하는 건 아니다. 따라서 시장이 존재 위험을 방치할 거라고 예상할 수 있다. 하지만 더 심각한 문제는 존재 위험으로부터의 보호는 **전 세계의 공공재**이므로 수혜자가 전 세계에 퍼져 있다는 사실이다. 그러므로 국가들조차 존재 위험을 방치한다.

나는 이 책을 영국에서 쓰고 있다. 전 세계에서 인구가 가장 많은 국가 중 하나인 영국에는 거의 7,000만 명이 살고 있지만, 이는 전 세계 인구의 1퍼센트에도 못 미친다. 영국이 홀로 존재 위험에 대응하여 모든 정책 비용을 감당한다면 그 혜택 중 100분의 1도 못 누린다. 다시 말해 영국 정부가 자국민의 장기적 이익을 고려하여 행동하더라도, 존재 위험에 대한 노력의 가치를 100분의 1로 저평가하게 된다. 마찬가지로 러시아는 50분의 1, 미국은 20분의 1로 저평가하며, 세계에서 인구가 가장 많은 중국도 5분의 1로 저평가하게 된다. 이처럼 혜택 대부분이 다른 국가들에 돌아가므로 각 국가는 다른 국가들의 노력에 편승하려고 한다. 그 결과 전 세계 모든 사람에게 이익이 될 노력 중에는 전혀 이루어지지 않는 것도 있다.

존재 위험으로부터의 보호에 대해 공급 부족을 일으키는 이 같은 영향이 위험의 공급 과잉도 일으킨다. 존재 재앙이 일어나더라도 영국인이 입는 피해는 기껏해야 1퍼센트이므로 영국 정부는 존재 위험을 유발하는 정책의 부정적 면을 100분의 1로 과소평가한다(개인이나 더 작은 집단이 존재 위험을 초래할 수 있는 경우에는 상황이 더 심각하다).

따라서 최선은 존재 위험을 전 지구적 차원에서 관리하는 것이다. 하지만 이를 위한 효과적인 국제 제도가 없는 상황에서는 국제 사회의 대응이 늦어질 수밖에 없고 늦장을 부리는 국가들이 공동의 노력을 방해할 가능성이 크므로 지구적 차원의 관리가 몹시 어렵다.

우리가 서로의 차이를 극복하고 존재 위험에 대한 효과적인 협정과 정책을 마련하더라도 한 가지 문제가 남는다. 수혜자가 전 세계인일 뿐 아니라 앞으로 살 모든 세대의 사람들이라는 사실이다. 존재 위험으로부터의 보호는 **세대를 초월하는 전 지구적 공공재**다. 그러므로 지구상 모든 이가 함께 행동하더라도 미래 세대를 고려하지 않는다면 존재 위험을 크게 저평가하게 된다.[60]

또 다른 이유들은 정치에서 찾을 수 있다. 정치인과 공무원의 관심은 종종 단기적 미래에만 초점이 맞춰져 있다.[61] 그들의 생각과 행동의 시간 척도는 선거 주기로 정해진다. 앞으로 몇 번의 선거 주기 동안 해결되지 않을 것이지만 당장 행동해야 하는 문제들로 그들의 관심을 돌리기란 몹시 어렵다. 관심이 필요한 다른 시급한 문제가 쌓여 있는 상황에서 그들이 긴 시간이 필요한 문제를 방치했다고 해서 처벌받을 가능성은 적다.

유권자들이 발 빠른 행동을 적극적으로 요구한다면 상황은 달라질 수 있다. 투표권을 지닌 사람들의 호의는 정치인에게 즉각적인 혜택으로 작용한다. 유권자들이 가장 강력한 힘을 발휘하는 때는 정책의 혜택이 소수의 사회 구성원에게 집중되어 정치적 행동이 무척 가치 있는 일일 때다. 하지만 존재 위험의 경우 보호의 혜택은 모든 국민이 공유하므로 어떤 핵심 유권자 집단도 이 문제를 내세우지 않는다. 이런 이유에서 존재 위험이 방치되고 있지만 우리는 이같은 상황을 극복할 수 있다. 환경, 동물 권리, 노예제 폐지에서처럼 시민들이 다른 존재의 고통에 공감하고 이타주의를 발휘한다면, 강렬한 열정과 결의로 지도자들에게 책임을 물을 수 있을 것이다.

또 다른 정치적 이유는 문제의 중대성과 관련된다. 내가 고위 정치인과 공무원에게 존재 위험 주제를 제기하면 그들은 모두 진심으로 걱정하면서도 인류 최대의 위험들을 해결하는 건 자신의 '권한 밖'이라고 여겼다. 우리는 개인적 삶의 범위를 넘어서는 문제들에 대해서 정부에 기대지만, 존재 위험은 국가의 범위도 넘어선다. 정치적(그리고 경제적) 이유에서 존재 위험은 대대적인 국제적 행동이 필요한 문제로 여겨진다. 하지만 국제 제도가 별 힘을 발휘하지 못하는 상황에서 존재 위험은 그저 방치되고 있다.

우리가 존재 위험을 방치하는 상황에 대해 행동심리학이 지적하는 다른 두 가지 이유는 우리가 복잡한 세상에서 결정을 쉽게 내리기 위해 기대는 휴리스틱과 편견에 뿌리를 둔다.[62] 첫 번째 이유는 '가용성 휴리스틱availability heuristic'이다. 이는 사람들이 사건의 가능성을 가늠할 때 과거 사례를 떠올리는 성향이다. 이 같은 성향은 최근 일어난 비극들(특히 생생한 사건이나 크게 보도된 사건)의 반복을 피하려는 강렬한 감정을 불러일으킨다. 그렇다면 살면서 겪어 보지 않았거나 전례가 없던 사건을 가볍게 여기게 된다. 전례 없는 일이지만 전문가들이 일어날 확률이 높다고 주장하더라도 우리는 직접 보기 전까지는 믿으려고 하지 않는다.

가용성 휴리스틱은 시행착오를 통해 위험을 관리하는 데에는 훌륭한 지침이 되어 준다. 하지만 존재 위험에서는 전혀 효과가 없다. 우리는 존재 재앙이 실제로 닥쳐 상황을 돌이킬 수 없게 되기까지는 존재 재앙을 경험할 수 없다. 볼 수 있는 것만 믿는다면 두 눈을 가린 채 벼랑으로 발을 내딛는 것과 같다.

생생함을 원하는 우리의 감정은 이타적 본능도 지배한다. 사회 구성원으로서 우리는 언론에서 접하는 재난의 피해자처럼 위험에 처한 이들을 보면 **즉각적인** 연민을 느낀다. 항상 행동하는 건 아니지만 감정은 분명히 느낀다. 그들의 안전이 걱정되고 희생된 이들에 대한 슬픔이 일면서 편안히 앉아 있던 자세가 곧추세워지고 심장 박동이 빨라진다. 하지만 우리에게 필요한 건 긴 시간을 내다보며 공간적으로 멀리 있는 사람뿐 아니라 시간적으로 멀리 있는 인류도 인식하는 더 광범위한 연민과 더 큰 상상력이다.

'범위 무시'로 알려진 편견도 우리를 괴롭힌다. 범위 무시는 혜택이나 피해의 범위에 대한 둔감함이다. 우리는 무언가가 10배 중요한 문제더라도 항상 10배 중요하게 여기지는 않는다. 이해관계가 어떤 한계에 도달하면 우리의 걱정은 포화 상태에 이른다.**63** 예를 들어 우리는 핵전쟁을 궁극적인 재난으로 여기기 때문에 몇 기의 핵무기를 보유한 국가 간 핵전쟁(수백만을 죽일 수 있는)을 수천 기의 핵무기를 보유한 국가 간 핵전쟁(수천 배 많은 사람을 희생시키고 인류 미래 전체를 파괴할 수 있는)과 구분하지 못한다. 존재 위험은 이해관계의 크기에서 도덕적 중요성이 결정되므로 범위 무시는 존재 위험의 중요성을 심각하게 저평가하게 만든다.

존재 위험이 방치되는 위 이유들 때문에 사람들의 마땅한 관심을 끌기가 몹시 어렵다. 그래도 나는 희망적이다. 존재 위험이 매우 새로운 위험이라는 마지막 이유에서다. 우리는 새로운 존재 위험을 우리의 시민적 전통과 도덕적 전통에 반영한 적이 없었다. 하지만 상황이 바뀔 거라는 여러 긍정적인 신호가 나오고 있다.

인간은 태곳적부터 인류의 끝을 생각했을 것이다. 고립된 무리나 부족이 극도의 곤경으로 인해 사라졌을 때 최후의 생존자들은 자신이 집단의 마지막 존재인지 아니면 자신과 비슷한 종족이 다른 곳에 존재할지 궁금했을 것이다. 하지만 아주 최근까지도 인류 절멸의 가능성과 중대성을 진지하게 고민하지 않았다.[64]

인류 절멸이 작은 가능성(또는 먼 미래의 일)에서 임박한 위험으로 바뀐 건 핵무기가 개발된 20세기 중반이다. 히로시마가 잿더미가 되고 불과 사흘 후부터 버트런드 러셀Bertrand Russell은 인류 미래에 관한 첫 번째 에세이를 쓰기 시작했다.[65] 그리고 얼마 지나지 않아 핵무기를 개발한 많은 과학자가 전 세계적 파괴를 어떻게 막을 것인지 논의하기 위해 〈원자 과학자 회보Bulletin of the Atomic Scientists〉를 발행했다.[66] 알버트 아인슈타인Albert Einstein은 누구보다 적극적으로 목소리를 냈고, 그가 행한 마지막 공식 행보는 인류를 종식할 핵전쟁에 반대하는 성명에 러셀과 함께 서명한 것이었다.[67] 드와이트 아이젠하워Dwight Eisenhower, 케네디, 레오니트 브레주네프Leonid Brezhnev 같은

냉전 지도자들은 인류 절멸 가능성과 그 의미를 인식했다.[68]

사상의 새로운 흐름이 시작된 1980년대 초 무엇이 위기에 처해 있는지에 대한 지식을 크게 발전시킨 조너선 셸, 칼 세이건, 데릭 파핏은 무수한 미래 세대의 상실은 지금의 문제들보다 훨씬 중요할 수 있다는 사실을 깨달았다.[69] 로널드 레이건Ronal Reagan과 미하일 고르바초프Mikhail Gorbachev 모두 핵무기가 핵겨울을 초래할 수 있다는 발견에 영향을 받아 핵무기 보유를 줄이고 전쟁을 막기 위한 노력을 시작했다.[70]

대중도 반응했다. 1982년에 100만 명이 뉴욕 센트럴파크에 모여 핵무기에 반대하는 행진을 벌였다. 미국 역사상 가장 큰 행진이었다.[71] 내가 태어난 오스트레일리아는 핵무기 보유국이 아니었는데도 사람들이 전 세계 행진에 함께했다. 내 부모님도 아직 어린아이였던 날 데리고 인류를 지키기 위한 행진에 합류했다.

이처럼 존재 위험은 20세기에 무척 큰 영향력을 발휘한 사상이었다. 하지만 핵무기가 워낙 압도적인 위험이어서 존재 위험은 핵전쟁의 맥락에서만 다루어졌다. 철학자들은 '존재 위험'이 아닌 '핵 윤리'가 제기하는 심오한 새로운 이슈들을 논의했다. 그리고 냉전 종식으로 핵 위험이 줄어들자 논의는 사그라졌다. 그렇더라도 이같은 역사에서 존재 위험이 엘리트 계층부터 일반 대중에 이르기까지 전 세계적인 관심을 얻을 수 있다는 사실을 알 수 있다.

존재 위험에 관한 좀 더 최근의 사상은 존 레슬리John Leslie가 1996년에 존재 위험의 초점을 핵전쟁에서 전반적인 인류 절멸로 확대한

《충격 대예측: 세계의 종말_The End of the World_》에서 기원을 찾을 수 있다. 닉 보스트롬은 레슬리의 책을 읽은 후 한 걸음 더 나아가 책에 등장했던 폭넓은 존재 위험 범위를 규명하고 분석했다.

우리의 도덕적, 정치적 전통은 수천 년에 걸쳐 이루어졌다. 그러므로 전통들의 초점은 역사 전반에 걸쳐 우리와 함께한 유구한 문제들에 맞춰져 있다. 우리 시대가 연 새로운 가능성들이 도덕적으로 아무리 중대하더라도 이를 받아들이는 데에는 시간이 걸릴 수밖에 없다. 존재 위험은 여전히 새롭고 낯설지만, 나는 조만간 인류 공동의 도덕적 전통에서 한 부분으로 자리 잡을 것이라고 희망한다. 환경보호론은 내가 태어나기 전 20년도 안 되었을 때 세계 정치 담론에 갑작스레 등장했지만, 내가 자라는 동안 윤리 교육의 중요한 주제였고 환경에 대한 이전 세대의 무관심은 우리 세대에게는 생각할 수도 없는 일이 되었다. 같은 일이 또다시 일어날 수 있다.

내가 이 책을 쓰는 가장 큰 목표 중 하나는 존재 위험에 대한 사람들의 무관심을 끝내는 것이다. 인류 수호의 크나큰 중요성을 알림으로써 우리의 미래를 지키는 일이 전 세계가 많은 관심과 자원을 쏟아야 하는 중요한 명분이 되도록 하는 것이다. 얼마나 많은 관심과 자원이 필요한지는 아직 결론 나지 않은 문제지만, 지금보다는 훨씬 많아야 한다는 사실에는 의심의 여지가 없다. 우선 아이스크림보다는 미래 보호에 더 많은 돈을 쓰는 데에서 시작한 다음 이후 어디로 가야 할지 결정하는 것도 한 가지 방법일 것이다.

이제까지 우리는 인류사의 많은 부분과 인류 잠재력의 크기를 살펴보면서 우리의 미래를 보호하는 일이 왜 중요한지 논의했다. 하지만 우리가 마주한 위험이 실질적이라는 것 외에는 구체적으로 무슨 위험인지는 이야기하지 않았다. 그러므로 이제부터는 위험들로 눈을 돌려 중요한 과학적 증거를 분석하고 우리가 어떤 위험에 먼저 관심을 두어야 할지 알아보자. 다음 세 장에서는 우리가 역사 내내 마주한 자연적 위험, 20세기에 인류가 일으킨 인공적 위험, 다음 세기에 나타날 새로운 위험을 살펴보자.

2

위험

THE RISKS

자연적 위험

과거에도 몇 번이고 그랬고 앞으로도 그러할 듯이 혜성이 다가와 지구를 파괴하려고 한다면, 인간은 과거 거인들이 그랬다는 듯이 자신을 받치는 토대의 바위들을 증기로 부수어 산을 불덩어리를 향해 내던질 것인가? 그렇다면 우리는 다시 거인의 전통을 소환해 하늘과 전쟁을 치르게 될 것이다.

조지 고든 바이런(George Gordon Byron)[1]

자연에 대한 통제력이 커졌지만 인류는 여전히 자연 재앙에 취약하다. 이번 장에서 살펴볼 재앙들은 신문에 보도되는 재난뿐 아니라 역사서에 등장하는 대규모 자연 재해보다 큰 인류 문명 동안 전례가 없던 재앙이다. 우리가 이야기할 위험들은 한 지역에 국한한 붕괴나 인류가 견딜 수 있는 곤궁으로 위협하는 데 그치지 않고 인간 존재를 궁극적으로 끝낼 수 있는 위험들이다.

그런 위험들은 실질적이다. 하지만 최근 몇 십 년에서야 확인되었고 과학 연구는 여전히 빠르게 진행 중이다. 몇 가지 위협을 자세히 이야기하면서 자연 재앙이 우리를 어떻게 위태롭게 하고 얼마나 큰 존재 위험을 내포하는지에 관한 최신 과학 연구를 살펴보도록 하자.

소행성과 혜성

지름이 10킬로미터인 소행성이 빠르게 다가온다. 직접 충돌할 확률은 매우 낮다. 수백만 년 동안 태양계를 누볐지만 매번 지구를 피해 갔다. 하지만 오랜 시간이 흐르면 확률은 올라가기 마련이며 오늘이 바로 그날이다.

시간당 60,000킬로미터가 넘는 속도로 다가온 소행성이 멕시코 해변을 강타했다. 1조 톤에 이르는 빠른 속도의 암석이 지구에 가한 에너지는 같은 무게의 TNT 폭약이 지닌 에너지의 100배에 달한다. 몇 초 후 히로시마 원자폭탄의 100억 배에 이르고 냉전 동안 비축된 핵무기 전체의 1만 배에 이르는 에너지가 방출된다. 지표면에 뚫린 30킬로미터 깊이의 구멍은 엠파이어스테이트빌딩 높이의 60배가 넘고 에베레스트보다 3배 높다. 1,000킬로미터 반경에 있던 모든 생명체가 불덩어리의 열로 사라진다. 쓰나미가 일어나 카리브해를 덮는다. 수조 개의 암석 조각과 먼지가 하늘 높이 치솟는다. 뜨겁게 달궈진 돌덩이들이 수백만 제곱킬로미터까지 비처럼 내려 동물들을 태워 죽이고 여기저기 불길을 퍼트려 재앙을 더욱 멀리 퍼트린다. 하지만 그보다 더 치명적인 건 하늘에 머무는 먼지다.[2]

먼지와 재의 구름이 상층 대기까지 올라가 햇빛을 차단한다. 바로 이 때문에 지역적 재앙이 대량 절멸로 바뀐다. 전 세계로 서서히 퍼진 구름은 세상을 몇 년 동안 계속 암흑에 가둔다. 햇빛이 먼지에 차단되고 바닷물이 증발할 때 나오는 황산염 분무에 반사되면서 지구는 어둠 속에서 기온이 급격히 떨어진다. 추위와 어둠으로 전 세게 식물은 시들고 동물은 굶어 죽거나 얼어 죽는다. 1억 년의 공룡 지배 시대는 그렇게 끝나고 지구상 모든 종 중 4분의 3이 사라졌다.[3]

소행성과 혜성 모두 이 같은 파괴를 일으킬 수 있다. 소행성은 주로 화성과 목성 궤도 사이에서 발견되는 암석이나 금속 덩어리다. 크기는 수 미터부터 수천 킬로미터에 이르기까지 다양하다.[4] 암석과 얼음이 섞인 덩어리인 혜성 역시 크기가 다양하지만 소행성보다는 범위가 좁다.[5] 소행성과 달리 혜성 중 많은 수는 외행성 사이나 바깥에서 극단적인 타원궤도를 돌다가 이따금 내행성계로 돌진한다. 혜성이 태양과 충분히 가까워지면 태양 복사열이 혜성의 얼음과 먼지를 분해하여 반짝이는 꼬리를 만든다. 소행성이나 혜성이 지구 대기로 들어와 대기 마찰의 열에 불타면 유성이 된다. 다 타서 사라지지 않고 지구 표면까지 도달한 조각이 운석이다.

우리 조상들은 빛을 내며 하늘을 가르는 혜성을 보면서 그 정체를 짐작밖에 할 수 없었다. 고대 그리스인들은 혜성을 구름이나 무지개 같은 대기 현상으로 추측했다. 6세기 인도 천문학자들은 혜성이 지구 너머 먼 곳에서 온 것이라고 올바르게 추측했고 이 추측은 약 1,000년 후 티코 브라헤Tycho Brahe에 의해 입증되었다. 브라헤는 1577년에 혜성이 나타났을 때 관찰한 사람들이 서로 거리가 아무리 멀리 떨어져 있어도 하늘 위 거의 같은 위치에서 동시에 발견했다는 사실을 바탕으로 혜성이 달보다 먼 곳에서 왔음을 밝혔다.

운석 역시 아주 먼 과거부터 알려졌지만, 과학자들은 19세기에 들어서야 운석이 지구 밖 물체임을 알게 되었다.⁶ 같은 시기에 천문학자들은 태양 주변을 도는 소행성들도 발견하기 시작했다. 그리고 1960년에는 미국 지질학자 유진 슈메이커Eugene Shoemaker가 지구의 분화구 중 일부는 지질 활동으로 생긴 게 아니라 역사가 기록되기 전인 아주 먼 옛날 거대한 운석의 충격으로 생긴 충돌구임을 입증했다. 지구가 하늘에서 비롯되는 크나큰 충격에 얼마나 취약한지 보여 주는 조각들이 마침내 맞추어진 것이다.

1980년에 루이스 앨버레즈Luis Alvarez와 그의 아들 월터 앨버레즈Walter Alvarez가 이끄는 연구진이 백악기와 팔레오기 사이의 지질학 경계 동안에는 지금 지구에서는 몹시 희소하지만 소행성에는 흔한 이리듐이 무척 많았다는 사실을 발견했다. 그들은 이 사실이 백악기 막바지에 공룡을 사라지게 한 대량 절멸을 설명할 결정적 증거가 될 거라고 생각했다. 소행성이 그만큼 엄청난 양의 이리듐을 방출했다면 지름이 약 10킬로미터에 달했을 것이고, 이리듐을 퍼트린 먼지구름은 세상을 어둠으로 뒤덮어 광합성을 방해해 대량 절멸을 일으켰을 것이다.⁷ 앨버레즈 부자가 찾지 못한 퍼즐 조각은 적절한 크기와 연대의 소행성 충돌구였다.

퍼즐 조각은 10년 뒤 발견되었다. 6,600만 년의 지질 활동 때문에 수 킬로미터에 달하는 암석층 아래에 묻혀 있던 조밀한 화강암 고리가 중력 측정으로 발견되었다. 이 거대한 고리는 칙술루브라는 작은 멕시코 마을을 둘러싸고 있었다. 발굴 후 충돌구의 연대와 기원이 밝혀졌다. 칙술루브 충돌구가 절멸을 일으킬 만큼 큰지는 논쟁이 계속되었지만, 이를 뒷받침하는 증거가 연이어 나오고 있으며 학계의 합의도 점차 이루어지고 있다. 특히 중요한 건 1980년대 초에 발견된 핵겨울 현상과 해양 황산염 분무에 관한 증거다. 높이 떠있는 검은 구름이 지구를 어둡고 춥게 하면서 핵겨울이 시작되는데 황을 함유한 해저 암석이 소행성 충돌로 불에 타면 엄청난 양의 황산염 분무가 분출하여 지구를 더욱 어둡고 춥게 한다.[8]

지구가 소행성과 혜성의 충돌에 취약하다는 사실이 점차 분명해지면서 사람들은 이 위협을 진지하게 받아들이기 시작했다. 처음에는 과학소설에 등장했고 이후에는 진짜 과학으로 다루어졌다.[9] 소행성이 마지막 대량 절멸을 일으켰다는 앨버레즈의 가정에서 영감을 얻은 슈메이커는 1981년에 개최한 학회에서 소행성과 혜성 충돌의 위험을 다루는 학문을 창시했다. 과학자들은 소행성을 미리 찾아내 추적하는 원대한 계획을 세웠다. 소행성 충돌 위협에 관한 대중의 관심이 높아지면서 미국 의회는 당파를 초월해 그들의 노력을 지지했다.[10] 1994년에 미국 의회는 미국 우주항공국NASA, National Aeronautics and Space Administration에 지구 주변을 떠도는 지름 1킬로미터 이상의 물체 중 90퍼센트를 찾아내 추적하라는 지침을 내렸다.[11]

지금까지의 관심 대부분은 그 수가 더 많고 추적과 방향 전환이 쉬운 소행성에 집중되었다.[12] 천문학자들은 크기에 따라 소행성을 분류한다.[13] 지름이 10킬로미터 이상인 소행성은(공룡을 사라지게 한 소행성처럼) 대량 절멸의 위협이 된다. 인간이 재앙에서 살아남을 가능성은 있지만 인류 절멸로 이어질 심각한 위협이기도 하다. 마지막으로 대규모 소행성이 지구로 추락했을 때 5킬로그램 이상의 **모든 육상 척추동물이 사라졌다.**[14] 지름이 1킬로미터에서 10킬로미터에 이르는 소행성은 전 세계적 재앙을 일으킬 수 있으며 직접적인 절멸이나 회복 불가능한 문명 붕괴를 통해 존재 위험도 가할 수 있다. 10킬로미터 미만의 소행성은 존재 재앙을 일으킬 확률이 훨씬 낮지만 지구와 충돌할 확률에서는 크기가 큰 소행성보다 훨씬 높다.

그러므로 지구와 가까이 있는 많은 소행성이 발견, 추적되었고 과학자들은 우리 주변을 도는 소행성의 전체 수를 아주 정확히 알고 있다. 그들의 계산에 따르면 한 세기 동안 소행성이 지구와 충돌할 확률은 지름이 1~10킬로미터인 소행성의 경우 6,000분의 1이고 10킬로미터 이상은 150만 분의 1이다.

하지만 **지금** 세기는 어떨까? 천문학자들은 이미 발견된 소행성들의 정확한 궤도를 분석하여 다음 100년 동안 지구와 충돌할 실제 확률이 얼마나 될지 헤아린다. 내가 이 책을 쓰는 지금 지름이 1킬로미터 이상인 소행성 중 95퍼센트가 이미 발견되었으며 그중 지구와 충돌할 확률이 유의한 소행성은 없다. 그러므로 거의 모든 위험은 아직 추적되지 않은 5퍼센트의 소행성에 도사리고 있다.[15] 더 다행인 소식은 천문학자들이 10킬로미터 이상의 소행성은 모두 찾아냈으며 그중 어떤 소행성도 가까운 미래에 전혀 위협을 가하지 않을 거라는 사실이다.[16] 이 같은 궤도 정보에 따르면, 앞으로 100년 동안 소행성이 지구에 충돌할 확률은 1~10킬로미터 크기의 소

소행성 크기	합계	발견	세기당 평균	다음 세기
1~10km	~920	~95%	6,000분의 1	120,000분의 1
10km +	~4	>99%*	150만 분의 1	< 1억 5,000만 분의 1

* 천문학자들은 하늘 면적의 99퍼센트 이상에서 지름이 10킬로미터보다 큰 모든 소행성을 발견했다고 자신한다.

표 3.1 지구 주변에 있는 지름 10킬로미터 미만의 소행성과 10킬로미터 이상의 큰 소행성 추적 상황. 네 번째 열은 한 세기 동안 평균 충돌 확률이고 다섯 번째 열은 다음 100년 동안의 충돌 확률이다(모두 아직 발견되지 않은 소행성의 확률이다).[18]

행성은 약 12만 분의 1이고 10킬로미터 이상은 1억 5,000만 분의 1이다.[17]

이 같은 확률들은 우리를 무척 안심시킨다. 실질적인 위험은 여전히 존재하지만 과학자들이 자세히 연구하여 그 확률이 아주 낮다는 사실을 밝혔다. 많은 사람이 아는 유명한 위험이지만 확률이 무척 낮은 위험이다. 인류가 다음 세기에 절멸한다면 소행성이나 혜성 충돌이 아닌 다른 이유일 것이라고 거의 확신할 수 있다.

여전히 불확실성은 존재하지만, 이 이야기의 주인공은 함께 행동한 인류다. 과학자들이 전 세계적 재앙의 위험을 깨달은 후 정부가 위험을 진지하게 받아들이는 데까지 12년밖에 걸리지 않았다. 그리고 28년이 지난 지금은 크기가 큰 거의 모든 소행성이 발견되었다. UN이 허가한 국제기구가 마련되고 우주 방위spaceguard 프로그램을 위한 국가 간 동맹이 결성되면서 국가 간 협력이 활발하게 이루어지고 있다.[19] 이 같은 노력은 유연하게 이루어지고 있으며 NASA의 예산은 2010년과 2016년 사이에 10배 이상 증가했다.[20] 소행성과 혜성 충돌만큼이나 훌륭하게 관리되는 다른 존재 위험은 없을 것이다.

다음 단계는 무엇일까? 소행성 추적에 성공한 천문학자들은 이제 혜성에 눈을 돌려야 할 것이다.[21] 확신하긴 무척 힘들지만 혜성이 지구와 충돌할 위험은 아직 발견되지 않은 소행성의 위험과 같은 수준으로 추측된다.[22] 천문학자들은 더 많은 노력을 통해 소행성에 사용하는 위험 관리 체제를 단주기 혜성에 적용하는 동시에 장주기 혜성을 탐지하고 이해하는 능력을 향상할 수 있을 것이다.

소행성 충돌 가능성에 대해 과학자들이 쌓은 폭넓은 지식에 따르면, 소행성으로 인한 존재 위험에 관해 남아 있는 불확실성 대부분은 1~10킬로미터 소행성이 인류 종말을 가져올 확률에 관한 것이다. 그러므로 최신 기후 모형과 핵겨울 모형을 바탕으로 소행성 충돌로 인한 겨울의 지속 기간과 심각성을 밝힐 모형을 개발해야 한다.

궤도 변경 ···

지구와 충돌할 궤도를 그리며 다가오는 소행성을 발견한다면 어떻게 해야 할까? 소행성의 세력을 꺾을 방법이 없다면 탐지는 별 의미가 없다. 최악의 경우 우리는 충돌 후 상황에 대비해야 한다. 소행성이 다가오는 동안 식량을 비축하고, 대피소를 짓고, 생존을 위한 최선의 전략을 짜야 한다. 하지만 충돌 자체를 막는 것이 훨씬 바람직하다.

궤도 변경 전략은 소행성을 파괴하거나 이동 경로를 이탈하도록 하는 전략이다. 이 두 가지 임무에는 핵폭발, 운동 충격 기술, 이온 빔 같은 다양한 기술이 활용될 수 있다.[23] 실패 확률을 줄이기 위해 여러 방법을 한꺼번에 쓸 수도 있다.

궤도 변경은 충돌 전까지 빨리 이루어질수록 훨씬 수월하다. 궤도 변경 시스템을 개발하고 배치하는 데 더 많은 시간을 벌 수 있어서이기도 하지만 소행성 경로를 점진적으로 변경하는 편이 더 쉽기 때문이기도 하다. 하지만 안타깝게도 우리가 가장 우려하는 수 킬로미터 이상의 큰 소행성 궤도를 성공적으로 이탈시킬 수 있는지는 불분명하다.[24]

궤도를 조기에 바꿀 방법을 마련할 더 많은 노력이 이루어져야 하는지에 관해서는 논의가 활발히 진행 중이다.[25] 중요한 문제는 소행성의 경로를 지구에서 **멀어지게** 하는 방법들이 지구에 **가까워지게** 할 수도 있다는 것이다. 이는 실수로 일어날 수도 있고(예를 들어 자원 채굴을 위해 소행성을 탐색하다가) 의도적으로도 일어날 수 있다(전쟁을 일으키거나 다른 문명을 파괴하려는 시도를 통해). 이처럼 인류 스스로 소행성 충돌을 일으킬 확률은 극도로 낮지만 위험은 언제라도 커질 수 있다.[26] 1킬로미터 이상의 소행성이 금세기 지구와 충돌할 확률은 12만 분의 1이지만, 인간의 개입으로 인한 충돌 위험은 그보다 낮을 거라고 확신할 수 있도록 해야 한다.

그러므로 소행성 경로 변경은 장기적 발생 주기에 기반한 확률을 전례가 전혀 없는 사건에 부여된 증거 기반의 확률과 비교하는 흥미로운 사례 연구가 된다. 우리가 의사 결정 과정에서 장기적 발생 주기의 추정에 기대는 건 충분히 이해할 수 있는 일이다. 하지만 여기에서는 증거 기반의 확률이 훨씬 높으므로 무시할 수 없다. 전례 없는 사건의 부정확한 확률을 해결하려는 강력한 의지는 인류 미래에 대한 위험을 이해하는 데 매우 중요하다.

슈퍼 화산 폭발

인류가 지구 내부에서 마주하는 위협은 외부의 위협보다 클 것이다. 1,000세제곱킬로미터 이상의 암석을 뿜어내는 거대한 화산 폭발을 '슈퍼 화산 폭발'이라고 부른다.[27] 지표면 위로 솟은 원뿔 형태의 일반적인 화산과 달리 슈퍼 화산은 엄청난 양의 마그마를 분출하며 무너지기 때문에 윗부분이 거대한 분화구처럼 움푹하게 패여 있는데 이 같은 형태를 '칼데라caldera'라고 한다.[28] 가장 유명한 칼데라 중 하나인 옐로스톤 칼데라는 63만 년 전에 마지막으로 폭발했다.[29]

슈퍼 화산 폭발은 역사에 기록된 그 어느 사건보다 결과가 참혹하다. 폭발 지점으로부터 반경 100킬로미터 내 모든 것이 하얗게 불타는 암석에 묻힌다. 재가 장대비처럼 내려 온 대륙을 덮는다. 7만 4,000년 전 인도네시아에서 토바 화산이 폭발했을 때 인도 전역이 1미터 두께의 재로 덮였고 폭발 흔적은 아프리카에서까지 발견되었다. 하지만 소행성이나 혜성과 마찬가지로 진정한 존재 위협은 어두워진 하늘에서 비롯된다.

토바 화산 폭발로 분출된 시꺼먼 화산진과 태양광을 반사하는 황산염 분무로 시작된 '화산 겨울' 동안 지구 기온이 수년 동안 수도 내려간 것으로 추측된다.[30] 1815년 인도네시아에서 훨씬 작은 탐보라 화산(토바의 100분의 1도 안 된다)이 폭발했을 때도 전 세계 기온이 1도 떨어지면서 인도네시아와 멀리 떨어진 미국에서도 흉년이 들었고 6월에 눈이 내려 '여름 없는 해'가 되었다.[31]

전문가 대부분은 슈퍼 화산 폭발이 인간 절멸을 직접적으로 위협하지는 않는다고 말한다. 이전에는 7만 4,000년 전 토바 화산 폭발이 인류를 거의 멸종시켰다는 증거들이 제시되었지만, 이후 나온 증거들에 따르면 그랬을 확률이 상당히 낮다.[32] 토바가 지난 200만 년 동안 일어난 가장 큰 화산 폭발이었고 지금은 수천 배 많은 인구가 훨씬 넓은 지역에 분포해 있다는 사실을 떠올리면, 인류 절멸은 일어나기가 몹시 힘든 결과라고 추측할 수 있다.[33] 슈퍼 화산 폭발의 영향은 지름 1~10킬로미터 소행성의 영향과 비슷해 몇 년 동안 전 세계에 흉작이 들 것이다. 전 세계가 비축한 식량은 약 6개월치에 불과하므로 수십억 인구가 기아에 시달리고 세계 곳곳의 문명이 붕괴할 수 있다. 하지만 문명이 붕괴하더라도 회복 가능성은 무척 클 것이다. 회복하지 못한다면 이는 존재 재앙이 된다.

지질학자들은 수십 차례의 슈퍼 화산 폭발에서 나온 잔해를 발견했지만 슈퍼 화산 폭발 주기는 여전히 매우 불분명하다. 최근 한 연구는 중심 추정치를 2만 년에 한 번으로 제시했지만 불확실성이 높다고 지적했다. 토바 화산 규모의 폭발은 8만 년에 한 번으로 추정했지만 불확실성은 더 높다.[35]

앞으로 100년 동안은 어떨까? 천문학자들은 수많은 소행성을 발견하여 다음 세기가 평균보다 안전하다는 사실을 밝혔다. 안타깝게도 화산 폭발은 소행성보다 예측하기가 훨씬 어렵다. 과거 가장 큰 화산 폭발이 일어난 위치는 대부분 밝혀졌지만, 가까운 미래에 다시 폭발할지는 예측하기가 몹시 어려우므로 실제 폭발한다면 우리

진도	세기당 평균	다음 세기
8~9	~ 200분의 1	~ 200분의 1
9+(예컨대 토바 화산 폭발)	~ 800분의 1	~ 800분의 1

표 3.2   한 세기 동안 슈퍼 화산 폭발이 일어날 확률. 가장 큰 규모의 폭발이 일어나더라도 인류 절멸이나 회복 불가능한 문명 붕괴가 일어날 확률은 여러 이유에서 무척 낮다. 확률 추정치는 무척 대략적이어서 진도 8~9의 폭발은 신뢰구간이 세기당 50분의 1에서 500분의 1이고 진도 9는 600분의 1에서 6만 분의 1에 이른다.

가 대비할 시간은 극도로 짧다.

임박한 슈퍼 화산 폭발을 막거나 지연시킬 방법에 대해서는 알려진 게 거의 없다. 최근 NASA는 옐로스톤 칼데라에서 서서히 열이 분출되고 있을 가능성에 대해 매우 기초적인 연구를 시작했는데 이 같은 연구들은 이제 막 걸음마를 떼었으며 특히 과거에 슈퍼 폭발이 일어났던 활화산에 대한 연구는 무척 신중해야 한다.[36] 지금으로서는 상하지 않는 음식을 비축하거나 비상식량 생산 기술을 개발하여 피해를 최소화하도록 준비하는 것이 슈퍼 화산 폭발 위협에 대한 최선의 접근법이다.

소행성, 혜성과 비교했을 때 슈퍼 화산 분출 위험에 대한 우리의 이해와 관리는 미미하다. 화산 폭발은 예측과 예방이 더 어려워 위험을 관리하기가 근본적으로 힘들기도 하다. 그리고 무엇보다 다음 세기 동안 문명을 위협할 화산 폭발의 가능성은 소행성과 혜성과의 충돌 가능성을 합한 것의 약 100배로 추정된다. 따라서 슈퍼 화산 폭발이 더 큰 위험이므로 더 많은 관심을 기울여야 할 것이다.

용암 범람 ···

지구 전체의 역사에서는 더 큰 규모의 분출도 있었다. 약 2억 5,000만 년 전 시베리아 트랩이 터졌다. **100만** 세제곱킬로미터에 달하는 용융 암석이 흘러 나와 유럽 면적에 달하는 지표면을 덮었다. 과학자들은 이 시기 동안 발생한 화산 가스 때문에 지구 역사상 가장 큰 절멸 사건인 페름기 절멸이 일어났을 것이라고 추측한다.[34]

이처럼 녹은 암석이 분출되는 현상을 범람 현무암 분출이라고 한다. 범람 현무암 분출은 여기에서 이야기하는 슈퍼 화산 폭발과 두 가지 면에서 다르다. 우선 범람 현무암 분출은 수천 년에서 수백만 년에 걸친 여러 번의 분출을 통해 훨씬 서서히 일어난다. 그리고 더 중요한 사실은 강력한 슈퍼 화산 폭발보다 빈도가 약 1,000배 낮아 2,000~3,000만 년에 한 번 일어난다는 것이다. 범람 현무암 분출이 인류 절멸에 직접적인 위협이 될 거라는 생각은 무척 설득력 있지만, 한 세기에 일어날 가능성은 기껏해야 20만 분의 1이므로 10킬로미터 크기의 소행성이 가하는 위험보다는 크지만 우리가 앞으로 살펴볼 다른 위험들보다는 훨씬 작다.

우리는 여러 희망적인 조치를 취할 수 있다. 가장 기본적인 차원에서는 이제까지 슈퍼 화산 폭발이 일어났던 모든 곳을 찾아야 한다. 또한 가장 크고 위협적인 규모의 폭발을 비롯해 슈퍼 화산 폭발이 얼마나 자주 일어나는지에 관한 현재의 무척 대략적인 추정치를 향상해야 한다. 슈퍼 화산 폭발의 기후적 영향에 관한 훨씬 더 적극적인 연구를 통해 인류에게 실질적인 위험이 될 수 있는 규모를 밝혀야 한다.[37] 많은 성과를 이룬 소행성 위험 연구에서 위험 모형화와 관리에 관한 여러 소중한 교훈을 얻을 수도 있다.

항성 폭발

모든 항성에서는 두 가지 힘이 끊임없이 격투를 벌인다. 중력은 항성을 가운데로 뭉치게 하고 압력은 바깥으로 민다. 항성의 삶에서 대부분은 두 힘이 균형을 이루어 항성이 내부 붕괴하거나 우주로 소멸하지 않도록 한다.[38] 하지만 압력이 중력을 견디지 못하는 시기에 이르면 상대론적 속도로 수축하기 시작한다.[39] 그러면 일시적으로 밀도가 매우 높아지면서 압력이 다시 치솟아 초신성 폭발이 일어난다. 이 짧은 시간 동안 항성이 내뿜는 빛은 은하 전체를 밝힌다. 그리고 몇 초 동안 발산하는 에너지는 태양이 100억 년 동안 발산하는 에너지에 달한다.

초신성에 관한 최초의 기록은 서기 185년 중국 천문학자들이 하늘에서 매우 밝은 별이 갑자기 불에 타올랐다고 적은 문헌이다. 하지만 과학자들은 1930년대에 이르러서야 초신성의 정체를 이해하기 시작했고 가까운 초신성이 지구에 위협이 된다는 사실을 깨달은 건 1950년대다.[40]

그리고 1969년에 새롭고 독특한 종류의 항성 폭발을 발견했다. 냉전이 한창일 때 미국은 적국의 비밀 핵실험을 찾아내기 위해 수많은 첩보 위성을 띄워 핵실험 동안 나오는 감마선을 탐지했다. 위성들은 짧은 순간 분출되는 감마선을 감지했지만 핵무기에서 나오는 종류와는 전혀 달랐다. 천문학자들은 이 감마선이 지구와 우리 은하에서 생성된 게 아니라 수십억 광년 떨어진 머나먼 은하에서 온 것이라고 결론 내렸다.[41] '감마선 분출'의 원인은 여전히 미스터리다. 가장 우세한 이론에 따르면 긴 시간 동안의 분출은 희귀한 초신성 폭발로 형성되고 짧은 분출은 두 개의 중성자별이 충돌할 때 형성된다는 것이다. 분출 때마다 나오는 총 에너지는 초신성 하나의 에너지와 비슷하지만, 서로 다른 방향으로 향하는 두 개의 좁은 원뿔 형태로 모여 있어 극도로 먼 거리에서도 감지된다.[42] 예를 들어 2008년 3월 100억 광년 떨어진 은하에서 분출된 감마선 빛이 지구에 도달했을 때 맨눈으로도 볼 수 있을 만큼 밝았다.[43]

태양계 주변에 초신성 폭발이나 감마선 분출이 일어나면 그 영향은 무척 끔찍할 수 있다. 감마선과 우주선 자체가 지구 표면에 도달하지는 않지만 지구 대기와 반응하여 위협을 가할 수 있다. 무엇보다 질소산화물을 생성하여 지구 기후를 변화시키고 오존층을 심각하게 파괴할 수 있다. 특히 오존층 파괴는 우리를 수년 동안 매우 강력한 자외선 복사에 노출시켜 가장 치명적인 영향을 일으킬 것이다.[44]

천문학자들은 초신성 폭발이나 감마선 분출이 지구와 가까운 곳에서 발생해 오존층이 30퍼센트 이상 감소하는 전 세계적 재앙의 확률을 추산해 왔다(나는 30퍼센트의 오존층 감소는 소행성이나 혜성 충돌, 슈퍼 화산 폭발이 문명에 가하는 위협보다 작을 것이라고 생각한다). 한 세기 동안 초신성 폭발로 이 같은 일이 벌어질 확률은 평균 약 500만 분의 1이고 감마선 분출은 250만 분의 1이다. 소행성과 마찬가지로 우주를 탐색하면 앞으로 100년 동안의 확률을 더 정확히 알 수 있다. 감마선은 초신성보다 아직 밝혀진 사실이 별로 없고 훨씬 먼 곳에서부

종류	세기당 평균	다음 세기
초신성	~ 500만 분의 1	< 5,000만 분의 1
감마선 분출	~ 250만 분의 1	< 250만 분의 1

표 3.3   항성이 폭발하여 지구 오존층이 30퍼센트 이상 감소하는 재앙이 발생할 세기당 확률.[46]

터 충격을 가할 수 있으므로 탐색이 더 어렵다. 초신성 폭발이든 감마선 분출이든 다음 세기 동안 일어날 확률은 그리 높지 않지만 두 가지 가능성을 모두 완전히 배제할 수는 없고, 다음 세기라고 해서 세기당 평균보다 현저히 확률이 낮은 것도 아니다.[45]

초신성과 감마선 분출로 인한 위험 확률은 비슷한 규모의 재앙을 일으킬 소행성과 혜성 충돌 위협보다 약 20배 이상, 슈퍼 화산 폭발의 3,000배 이상 낮다. 그렇더라도 위험을 배제하려면 남아 있는 불확실성을 제거해야 한다. 더 많은 연구를 통해 항성 폭발이 인류를 절멸할 최대 가능성을 확인해야 한다. 우선 100광년 내에서 이루어질 수 있는 초신성 폭발을 분류하고 연구하여 다음 세기 동안 지구 근처에서 초신성 폭발이 일어나지 않을 거라고 얼마나 확신할 수 있는지 가늠해야 한다. 그리고 한 걸음 더 나아가서 위험 모형을 개선하고 남은 불확실성을 제거하여 초신성과 감마선에 관한 이해를 소행성과 혜성 수준으로 끌어올려야 한다.[47]

자연의 다른 위험

잠재적인 재앙에는 여러 가지가 있다. 과학적 입증이 충분히 이루어진 자연적 위험만 하더라도 이 책에서 전부 자세히 다룰 수 없다. 그렇다고 해서 내가 밤잠을 못 이루는 건 아니다.

어떤 위협들은 장기적으로 실질적인 위험이지만, 앞으로 1,000년 동안에는 문제가 없을 것이다. 그중 태양광선이 점차 강해지는 현상은 무척 큰 절멸 위험이지만 이는 약 10억 년 뒤부터 시작될 것이다.[48] 빙하기로의 회귀는 인류에게 무시무시한 곤경을 겪게 하겠지만 1,000년 동안은 일어나지 않을 것이다.[49] 인류가 다른 종으로 퇴화하거나 변하는 진화 시나리오 역시 1,000년 안에는 위협이 되지 않을 것이다.

어떤 위협들은 실현 가능성이 몹시 낮다. 태양계에 다른 항성이 통과해 행성 궤도들을 교란하여 지구가 얼어 버리거나 팔팔 끓거나 다른 행성과 충돌하는 위협이 그중 하나다. 이 같은 일이 20억 년 안에 일어날 확률은 10만 분의 1에 불과하다.[50] 궤도 역학이 몹시 불안정해져도 비슷한 일이 일어날 수 있지만 이 역시 확률이 극도로 낮다. 몇몇 물리학 이론에 따르면 우주의 진공 상태 자체가 불안정해지면 우주가 진짜 진공true vacuum으로 '붕괴'할 수 있다. 진짜 진공은 빛의 속도로 퍼지며 모든 생명을 파괴할 것이다. 그러나 진짜 진공이 한 세기 동안 일어날 확률은 1,000만 분의 1 미만이고 많은 과학자가 실제로는 훨씬 더 낮을 거라고 추측한다.[51]

어떤 위협들은 인류 절멸이나 문명의 영구적인 붕괴로 이어질 수 없으므로 존재 위협으로 간주되지 않는다. 허리케인이나 쓰나미 같은 국지적, 지역적 재앙이 그렇다. 전 세계적 영향을 미치는 몇몇 위협도 마찬가지다. 이를테면 지구 전체의 자기장이 극적으로 변하거나 심지어 방향이 완전히 반대로 될 수도 있다. 자기장 방향이 바뀌는 동안 우리는 많은 양의 우주선에 노출된다.[52] 하지만 이런 일은 자주 일어나기 때문에 존재 위협으로 부를 수 없다(인간과 침팬지가 다른 종으로 분리된 이래 500만 년 동안 약 20번 일어났다). 게다가 우주선 노출에 대해 밝혀진 효과는 암 발병률 상승이 전부이므로 문명 붕괴를 일으킬 위험 역시 없다.[53]

마지막으로 자연에서 비롯되었지만 인간의 행동으로 그 영향이 커지는 위협들이 있다. 이 위협들은 자연적 위협과 인공적 위협 사이에 자리한다. 여기에는 '자연적으로 발생한' 전염병이 포함된다. 내가 전염병을 자연적 위험으로 분류하지 않고 대신 5장에서 이야기할 이유는 곧 자세히 설명할 것이다.

총 자연적 위험

놀랍게도 많은 자연적 위험이 최근에야 밝혀졌다. 자기장 역전은 1906년에 발견되었다. 지구가 거대 소행성이나 혜성과 충돌한 적이 있다는 증거는 1960년에 처음 나왔다. 그리고 1969년 전까지만 해도 우리는 감마선 분출에 대해 전혀 몰랐다. 우리는 인류 역사의 거의 모든 시간 동안 정체를 전혀 모르는 위험들에 노출되어 있었다.

더군다나 발견의 행진이 끝났고 우리가 모든 자연적 위험을 밝힌 세대라고 믿을 근거는 없다. 과거 여러 대량 절멸을 아직 설명하지 못하는 상황에서 우리가 자연적 위험으로 인한 인류 파멸의 모든 가능한 메커니즘을 발견했다고 단정하는 건 분명 성급하다.

우리의 지식이 완벽하지 않다는 사실은 이미 알려진 위협을 분류하여 자연적 위험의 크기를 이해하려는 노력에 큰 방해가 된다. 우리가 이 장에서 이야기한 자연적 위험을 전부 완벽하게 연구하여 모든 내용을 알게 되더라도, 그 지식이 위험의 전체 그림에서 아주 작은 부분이라도 차지하는지는 확신할 수 없다.

다행히 자연적 위험 전체를 직접적으로 가늠할 한 가지 방법이 있다. 이는 소행성 충돌구나 붕괴하는 항성을 구체적으로 연구하는 방식이 아니라 그런 위험들이 위협한 종들의 흔적을 연구하는 방식이다. 화석 기록은 우리와 같은 종들이 얼마나 오랫동안 존속했는지 알려주어 종들이 직면한 총 절멸 위험을 가늠하게 해 준다.[54] 이제부터 인류의 자연적 절멸 가능성의 최대 한계를 다루는 세 가지 화석 연구 방식을 이야기할 텐데 그 결과에 우리는 안도할 수 있다.[55] 하지만 화석을 활용하는 방식은 **절멸** 위험에만 직접적으로 적용할 수 있으므로 되돌릴 수 없는 문명 붕괴를 둘러싼 불확실성은 그대로 남는다.[56]

자연적 절멸 위험은 얼마나 클까? 한 세기에 무려 1퍼센트에 이른다고 상상해 보자. 그렇다면 인류는 얼마나 생존할까? 고작해야 평균 100세기다. 하지만 우리는 화석 기록을 통해 호모 사피엔스가 약 2,000세기 동안 존재해 왔다는 사실을 안다.[57] 세기당 위험 확률이 1퍼센트라면 그렇게 오랫동안 존재하기란 거의 불가능하다. 인류가 그전에 사라질 확률은 99.9999998퍼센트에 달한다. 그러므로 우리는 위험이 1퍼센트 이상일 거라는 가정을 안전하게 배제할 수 있다. 그렇다면 실제로 위험은 어느 정도였을까? 우리는 호모 사피엔스의 존속 기간으로 절멸 위험에 대한 최선의 추정치와 최대 한계를 산출할 수 있다.

단 하나의 가장 확실한 절멸 위험 확률을 제시하기란 놀라우리만큼 어렵다. 우리는 가령 세기당 2,000분의 1이라고 말할 수 있길 바라겠지만, 이는 2,000세기의 인류사 동안 **한 번**의 절멸이 일어나야 가장 확실한 추정치가 된다. 실제로 절멸은 한 번도 일어나지 않았으므로 추정치는 그보다 낮아야 한다. 그렇다고 해서 2,000분의 0이라고도 말할 수 없다. 2,000분의 0이라면 절멸 자체가 불가능하지만 우리는 절멸이 절대 일어나지 않을 거라고 확신할 수 없다.[58] 통계학자들은 확률을 어떻게 산출해야 할지 흥미로운 논의를 이어가고 있다.[59] 하지만 그들이 제시한 모든 방법은 2,000분의 0에서 2,000분의 1 사이다(즉 0~0.05퍼센트). 그러므로 우리는 이 범위를 대략적인 추정치로 삼을 수 있다.

지금까지의 인류 존속 기간으로 자연적 절멸 위험 가능성의 최대 한계를 추측할 수도 있다. 예를 들어 세기당 위험이 0.34퍼센트를 넘는다면 인류가 이미 절멸한 확률은 99.9퍼센트가 된다.[60] 그러므로 세기당 0.34퍼센트 이상의 위험은 99.9퍼센트의 신뢰수준으로 배제할 수 있으며, 이 같은 결론은 여러 유용한 과학적 기준에서 무척 유의하다(p 값이 0.001에 해당).[61] 그러므로 호모 사피엔스의 2,000세기 역사는 절멸 위험에 관한 '최적의 추정치'를 0~0.05퍼센트로 제시하고 '최대 한계'는 0.34퍼센트로 제시한다.

하지만 호모 사피엔스가 적합한 범주가 아니면 어떻게 될까? 우리의 관심은 인류의 생존이고 인류는 인간 종보다 폭넓은 개념일 수 있다. 가령 네안데르탈인은 호모 사피엔스와 무척 비슷하고, 둘 사이에 교차 생식이 이루어졌는지는 여전히 논쟁 중이지만 같은 종의 아종이었을 가능성이 크다. 네안데르탈인은 직립 보행을 하고, 섬세한 도구를 만들고, 정교한 사회 집단을 형성하고, 호모 사피엔스와 겉모습이 비슷하고, 심지어 언어도 구사했을 수 있다. 네안데르탈인을 포함한다면, 인류의 기원은 네안데르탈인과 호모 사피엔스의 공통 조상이 마지막으로 존재한 약 50만 년 전까지로 거슬러 올라간

분류	연도	최적의 추정치	99.9% 신뢰 한계
호모 사피엔스	200,000	0~0.05%	< 0.34%
네안데르탈인 포함	500,000	0~0.02%	< 0.14%
호모 속	2,000,000~ 3,000,000	0~0.003%	< 0.023%

표 3.4   인류에 관한 세 가지 다른 개념에 따라 인류의 존속 기간을 고려하여 산출한 세기당 자연적 절멸 위험의 확률과 한계.

다.[62] 또 다른 자연스러운 접근법은 종이 아니라 우리가 속한 속인 호모를 기준으로 하는 것이다. 호모 속은 200만 년 이상 존재해 왔다. 이처럼 네안데르탈인을 인류로 아우르거나 호모 사피엔스가 아닌 호모 속을 기준으로 삼는다면 세기당 절멸 확률은 낮아진다.

화석 기록을 바탕으로 자연 절멸 위험을 추정하는 두 번째 방법은 인류 자체가 아니라 우리와 비슷한 종을 살펴보는 방식이다. 이는 이용 가능한 증거의 범위를 크게 늘린다. 또한 실제로 사라진 종들을 참고할 수 있으므로 절멸 가능성이 0인 데이터 문제를 해결할 수 있다. 문제는 다른 종들은 인류가 직면한 위험들을 제대로 나타내지 않을 가능성이 있으며 우리가 어떤 종을 선택할지에 대해 편견이 작용할 수 있다는 것이다.

이 같은 방식의 가장 간단한 형태는 우리와 가장 비슷한 종을 관찰하는 것이다. 우리가 속한 속인 호모에는 존속 기간을 우리와 합리적으로 비교할 수 있는 네 개의 종이 있다.[65] 네 종은 20만~170만 년 동안 존속했다. 이 종들이 자연적 재앙으로 절멸할 위험이 우리의 위험 확률과 비슷하다면, 세기당 위험은 0.006~0.05퍼센트가 된다.[66]

우리와 비슷한 종의 범위를 훨씬 넓혀 더 탄탄한 통계를 얻을 수도 있다. 포유류의 일반적인 존속 기간은 약 100만 년이며, 화석 전체에 기록된 종들은 평균 100~1,000만 년이다. 그렇다면 세기당 위험 범위는 0.001~0.01퍼센트가 되며, 우리가 여느 종보다 더 강인하다면 더 낮을 수 있다(표 3.5) 참고).

다른 종의 수명에 관한 모든 추정치는 새로 파생한 종으로 인해

서서히 사라지는 가능성 같은 다른 원인들도 고려했음을 유념해야 한다. 그러므로 재앙으로 인한 실제 절멸 위험 확률보다 어느 정도 높을 수 있다.[67]

자연적인 절멸 위험을 산출하는 마지막 방법은 인류는 그 수가 아주 많고 전 세계 곳곳에 퍼져 있으므로 매우 다양한 환경에서 생

생존자 편향 ···

어떤 사건의 가능성을 연구할 때 그 사건 발생 자체가 연구를 막는다면 독특한 어려움에 부딪히게 된다. 발생 가능성이 얼마나 클지와 상관없이 연구가 이루어질 때까지는 사건이 일어나지 않는다는 것이다. 호모 사피엔스의 절멸역사를 연구할 때 이 같은 문제가 일어나며, 이는 우리의 추정치들을 편향시킬 수 있다.[63]

지구와 똑같은 100개의 행성이 있다고 상상해 보자. 99개의 행성에서 인류가 순식간에 사라졌건 어떤 행성에서도 사라지지 않았건, 자신이 사는 행성을 조사하는 사람들 모두에게는 인류 절멸이 일어나지 않았다. 일어났다면 조사할 사람은 존재하지 않기 때문이다. 따라서 연구자들은 자신이 살아남았다는 사실만으로 인간이 생존하는 행성의 비율을 추정할 수 없다. 이를 통해우리 역시 우리가 이제까지 살아남았다는 사실만을 바탕으로 미래의 생존에 대해 많은 걸 유추할 수는 없다는 사실을 알 수 있다.

하지만 관찰할 수 있는 값이 한 가지 이상이며 높은 위험이 존재하는 세상들에서는 존속 기간이 길 확률이 낮으므로, 이제까지의 생존 기간을 활용할 수 있다(이 장에서 활용한 것처럼). 그렇더라도 생존자 편향을 철저히 반영하면 위험 추정치는 변할 수 있다.[64]

다른 종의 생존을 분석하여 위험을 산출하면 생존자 편향의 영향을 줄일 수 있는데 이 같은 방식은 다행히 비슷한 답들을 제시한다.

존할 수 있기 때문에 대량 절멸을 일으키는 재앙이 아닌 이상 거의 모든 자연 재앙에 견딜 수 있다는 사실을 고려하는 것이다. 그렇다면 대량 절멸 기록을 조사해 그 주기를 확인해 봐야 한다.

화석 기록이 본격적으로 생성된 5억 4,000만 년 전 '캄브리아기 대폭발'이 일어나면서 다세포 생명체가 빠르게 분화하며 현재 우리가 목격하는 주요 범주로 나뉘었다. 이후 지구의 수많은 종이 사라지는 대량 절멸이 여러 차례 일어났다. 그중에서도 '5대 대량 절멸' 동안에는 각각 모든 종의 75퍼센트 이상이 사라졌다(표 3.6] 참고). 공룡 시대의 막을 내린 재앙은 5대 대량 절멸 중 가장 최근에 일어났다.

과거의 대량 절멸을 인류를 절멸시킬 자연 재앙의 수준을 헤아리는 지표로 삼는다면, 5억 4,000만 년 동안 대량 절멸이 다섯 번 일어났으므로 자연적 멸절의 세기당 확률은 약 100만 분의 1(0.0001퍼센트)이 된다.

종	존속 햇수	최적 추정치
네안데르탈인	200,000	0.05%
호모 하이델베르겐시스	400,000	0.025%
호모 하빌리스	600,000	0.02%
호모 에렉투스	1,700,000	0.006%
포유류	1,000,000	0.01%
모든 종	1,000,000~10,000,000	0.01~0.001%

표 3.5　　호모 사피엔스와 관련한 종의 존속 기간을 바탕으로 추산한 세기당 자연적 절멸 위험.

초기 인간, 역사 내내 존재한 다른 종들, 대량 절멸에 희생된 종들의 화석 기록을 바탕으로 한 위 세 가지 방식 모두 우리가 증거를 얻으려는 생명체들의 절멸 위험을 일으킨 위협이 지금의 인간이 마주하는 절멸 위험을 일으키는 위협과 비슷할 때 최고의 결과를 제시한다. 물론 항상 그럴 수는 없다. 인간은 여러 자연적 위험에 대해 다른 종들보다 강인해졌다. 예를 들어 이제 인류는 전 세계에 흩어져 있기 때문에 지역적인 재난에서 생존할 수 있고 전 세계적 재앙에도 전례 없이 훌륭하게 대응할 능력을 갖추었다. 따라서 실제 위험은 위 추정치들보다 낮을 것이며 '최적 추정치들'도 총 자연적 위험에 대한 보수적인 한계로 여겨야 한다.

더 큰 문제는 초기 인류나 인류와 가까운 종보다 지금 인류에게 훨씬 심각한 위험들이다. 여기에는 인류가 초래한 모든 인공적 위험이 포함된다(바로 이 이유로 여기에서는 자연적 위험만 다루었다). 그중에는 종종 자연적 위험으로 여겨지는 위험들도 있다.[69]

대량 절멸	시기	종 상실
오르도비스기 후기	443Ma	86%
데본기 후기	359Ma	75%
페름기 말	252Ma	96%
트리아스기 말	201Ma	80%
백악기 말	66Ma	76%

표 3.6   5대 대량 절멸에서 멸절한 종의 비율(Ma는 몇 백만 년 전인지를 뜻한다).[68]

그중 가장 대표적인 위험이 전염병이다. 우리는 일반적으로 질병을 인공적 위험으로 생각하지 않지만, 농업혁명 이래 일어난 사회적, 기술적 변화는 질병의 가능성과 영향을 극적으로 높였다. 농업은 동물로 인한 감염 가능성을 증가시켰고, 이동 수단의 발달은 질병을 여러 인구 집단으로 훨씬 빠르게 전파시키며, 무역 증가로 이동은 더욱 활발해졌다.

이 같은 영향이 감소할 요소들 역시 많지만(첨단 의학, 방역, 질병 진단 등), 앞으로 다가올 세기 동안 인류에 대한 전염병 위험이 자연적 위험의 한계를 파악하는 데 참고한 초기 인류나 다른 종들에게 미친 영향보다 훨씬 클 거라는 주장은 설득력이 무척 높다. 이 같은 이유들에서 전염병은 자연적 위험으로 분류하지 않는 편이 나으므로 뒤에서 자세히 살펴볼 것이다.

이제까지 우리는 화석 기록을 활용하여 인류가 자연적 이유로 절멸할 위험의 확률과 최대 한계를 추정하는 세 가지 방식을 알아보았다. 이 방식들이 제시하는 몇몇 추정치에 지나치게 의존해서는 안 되지만, 세 가지 방식이 제안하는 결과들의 폭넓은 범위는 신뢰할 수 있다. 앞에서 설명했듯이 최적 추정치들은 세기당 0.0001퍼센트에서 0.05퍼센트다. 그리고 가장 보수적으로 추산한 최대 한계치도 0.4퍼센트 밑이다. 게다가 이 수치들은 새로운 종으로의 점진적인 진화 같은 재앙과 무관한 절멸 역시 포함하며 지금의 인류는 초기 인류나 다른 종보다 회복력이 뛰어나므로, 실제보다 높을 가능성이 크다. 다시 말해 우리는 자연적 절멸 위험이 0.5퍼센트보다 낮고 최적 추정치는 0.05퍼센트도 안 된다고 거의 장담할 수 있다.

미래 전체가 위기에 처할 수 있다는 사실을 떠올리면 소행성 충돌 같은 자연적 위험 모두 몹시 중요하다. 하지만 곧 이야기하겠지만 인간이 초래한 위험에 비하면 그리 위협적이지 않다. 내가 계산한 추정치에 따르면, 인류가 다음 세기 동안 인공적 위험에 맞닥뜨릴 확률은 자연적 위험과 마주할 위험보다 1,000배가량 높다. 이제 인공적 위험으로 눈을 돌려 보자.

인공적 위험

> 인류의 생존 전망은 우리가 스스로에게 무력해진 지금보다 호랑이 앞에서 무력했던 때가 훨씬 나았다.
>
> 아널드 토인비(Arnold Toynbee)[1]

우리는 2,000세기에 달하는 존재 기록을 돌아보며 자연 현상으로 인한 존재 위험 발생 확률의 최대치를 가늠할 수 있다. 자연적 위험은 실재하지만 앞으로 100년 안에 일어날 확률은 아주 낮다.

한편 마찬가지로 존재 위험을 일으킬 거로 여겨지는 강력한 산업 기술에 대해서는 그런 기록이 없다. 산업혁명 이래 우리가 살아 온 260년이나 핵무기가 발명된 이후의 75년을 고려하여 앞으로 100년 동안의 위험을 추산하면 50퍼센트가 될 수도 있고 0퍼센트가 될 수도 있다. 그렇다면 기술적 위험에 관해서는 우리에게 어떤 증거가 있을까?

이 장에서는 핵무기, 기후변화, 환경 파괴에서 최근 비롯된 인공적 위험의 과학을 이야기할 것이다(인공적 전염병 같은 미래 기술의 위험은 다음 장에서 다룬다). 특히 인류가 사라지거나 문명이 회복 불가능하리만큼 붕괴할 수 있다는 설득력 있는 과학적 주장을 비롯한 최악의 시나리오에 초점을 맞출 것이다.

핵무기

핵무기가 일으키는 존재 위험을 생각할 때 가장 먼저 떠오르는 건 전면적인 핵전쟁으로 인한 파괴일 것이다. 하지만 냉전이 일어나기 훨씬 전뿐 아니라 히로시마와 나가사키에 원자폭탄이 터지기 전부터도 과학자들은 단 한 번의 핵폭발이 인류를 파멸시킬 수 있다고 걱정했다.

1942년 여름 미국 물리학자 로버트 오펜하이머Robert Oppenheimer는 캘리포니아 대학교 버클리 캠퍼스에 있는 자신의 사무실에 여러 저명한 물리학자를 초청해 일련의 비밀회의를 열었다. 최초의 원자폭탄을 설계하기 위해서였다. 우라늄처럼 크기가 큰 원자의 핵을 쪼개 핵에너지를 분출시키는 핵분열에 관한 당시 최신 발견을 토대로 설계할 계획이었다.

회의 둘째 날 10년 후 수소폭탄을 개발한 에드워드 텔러Edward Teller가 원자폭탄 개념을 설명하는 첫 프레젠테이션을 진행했다. 그는 원자가 폭발하면 태양 가운데(섭씨 15,000,000도)보다 온도가 높아진다고 지적했다. 태양은 이처럼 극도로 높은 온도 덕분에 수소 핵을 융합하여 헬륨을 만들고 엄청난 양의 에너지를 생성할 수 있다.

융합(또는 열핵 반응)은 분열보다 효율적이다.[2] 원자폭탄이 수소 같은 연료로 둘러싸인다면 분열 반응이 융합 반응도 일으킬 수 있다.

그와 같은 폭탄을 설계하려던 텔러는 원자폭탄이 연료 안에서 융합 반응을 일으킨다면 주변 세계에도 융합 반응을 일으킬 수 있다는 사실을 깨달았다. 폭탄이 물속에서 수소를 연소시키면 융합 반응이 저절로 계속 이어져 대양을 모두 없앨 수 있다. 아니면 공기의 70퍼센트를 차지하는 질소 속에서 반응이 일어나면 대기를 연소시켜 지구를 화염에 휩싸이게 할 수도 있다. 그렇다면 인류뿐 아니라 지구상의 모든 다세포 생명체가 파괴될 것이다.

텔러가 발표를 마치자 회의에 참석한 과학자들은 열띤 논쟁을 시작했다. 불과 4년 전 융합이 항성에 연료를 제공하는 방식을 발견한 저명한 물리학자 한스 베테Hans Bethe는 몹시 회의적이었고 텔러의 주장을 곧바로 반박했다. 하지만 원자폭탄 개발을 주도한 오펜하이머는 깊이 걱정했다. 그는 다른 과학자들이 연구를 계속하는 동안 미국 반대편으로 날아가 자신의 상사인 아서 컴튼Arthur Compton에게 그들의 프로젝트가 인류 자체를 위협할 수 있다고 알렸다. 컴튼은 이후 회고록에서 당시를 다음과 같이 떠올렸다.

원자폭탄이 대기의 질소를 폭발시키거나 바닷속 수소를 폭발시킬 가능성이 정말 있었을까? 이는 궁극적인 재앙이 될 터였다. 인류에게 마지막 장막을 드리울 위험을 감수하느니 나치의 노예가 되는 편이 나았다!

오펜하이머 팀은 계산을 계속해야 했다. 원자폭탄이 공기나 바다에서 터질 수 없다는 확실하고 신뢰할 수 있는 결론을 내놓지 않는 한 절대 폭탄을 만들 수 없었다.[3]

(독일의 핵 과학자들 역시 이 같은 위협을 발견하여 히틀러에게 보고한 사실이 전쟁 후 밝혀졌다. 하지만 히틀러는 그런 가능성에 대해 냉소했다.)[4]

오펜하이머가 버클리로 돌아왔을 때는 베테가 이미 텔러의 계산에서 중대한 결함을 발견한 뒤였다.[5] 회의에 참석한 과학자들은 원자폭탄이 인류를 위협하지는 않을 것임을 모든 물리학자가 만족할 만한 수준으로 증명하진 못했지만 결국 다른 문제들로 넘어가기로 했다. 이후 오펜하이머는 비밀리에 원자폭탄이 대기를 연소시킬 가능성에 관한 과학 보고서 작성을 의뢰했다.[6] 보고서는 대기 연소가 가능해 보이지 않는다는 베테의 결론을 뒷받침했지만, 그렇다고 불가능성을 증명한 것도 아니었으며 구체적인 확률을 제시한 것도 아니었다.[7] 보고서는 "주장의 복잡성과 만족할 만한 실험적 근거의 부족을 고려하면 해당 주제에 관한 추가 연구가 필요하다"고 결론 내렸지만, 로스앨러모스 회의를 이끈 과학자들은 보고서를 최종적인 결론으로 받아들였다.

하지만 물리학자들은 최초의 원자폭탄이 터질 트리니티Trinity 실험 당일까지 걱정을 떨치지 못했다.[8] 버클리 회의에 참석했던 노벨 물리학상 수상자 엔리코 페르미Enrico Fermi는 자신들이 산출한 근사치나 추측에 도사린 결점이 진정한 위험을 숨기고 있을지 모른다고 우려했다. 그와 텔러는 실험 당일까지 분석 결과를 계속 점검했다.[9] 원자폭탄의 위험을 몹시 걱정했던 제임스 코넌트(James Conant) 하버드 대학교 학장은 폭발이 일어난 뒤 터진 섬광이 예상보다 밝고 오래 지속되자 공포에 휩싸였다. "난 곧바로 무언가 잘못되었다는 생각이 들면서 우리가 가능할지도 모른다고 이야기했고 몇 분 전에도 농담 삼아 입에 올렸던 대기의 열핵 변형이 정말 일어났구나 싶었다."[10]

대기는 연소하지 않았다. 트리니티 실험에서뿐 아니라 이후 어떤 핵실험에서도 대기 연소는 일어나지 않았다. 물리학자들은 핵융합을 더 많이 이해하게 되고 컴퓨터로 계산을 더 효율적으로 하게 되면서 대기에 불이 붙을 수 없다는 사실을 깨달았다.[11] 하지만 위험은 **존재했다**. 폭탄 설계자들은 대기 연소가 물리학적으로 가능한지 불가능한지 몰랐으므로 당시 그들의 지식에 비추었을 때는 분명 가능성이 있었다. 비록 후에 객관적인 위험은 없다고 밝혀졌지만, 인류가 파괴될 주관적인 위험은 분명 존재했다.

이는 근대 과학의 새로운 딜레마였다. 인류가 갑자기 많은 에너지를 생성할 수 있게 되면서 지구 역사상 그 어느 때보다 높은 온도에 이를 수 있게 되었다. 인류의 파괴력은 너무나 강력해져 우리가 모든 인간을 파멸할 수 있는지를 처음으로 묻고 답해야 했다. 이런 배경에서 나는 벼랑세(위험이 고조된 시대)의 시작을 트리니티 실험이 이루어진 1945년 7월 16일 UTC 시간 오전 11시 29분으로 정했다.

인류가 스스로의 실험을 통과했을까? 우리가 스스로 초래한 첫 존재 위험을 성공적으로 통제했을까? 아마도 그랬을 것이다. 난 오펜하이머가 느낀 절박함과 컴튼의 우려에 진심으로 감동했다. 하지만 그들의 대처가 충분했는지는 확신할 수 없다.

베테의 계산과 비밀 보고서는 훌륭했고 세계 최고의 물리학자들이 검토했다. 하지만 보고서는 전쟁 중에 비밀리에 작성되었으므로 정당한 과학적 근거로 판단되는 데 필수적인 제3자의 검토를 받지 않았다.[12]

세계 최고의 과학자들이 물리학 관련 문제들을 확인했지만, 위험을 어떻게 다룰지, 누구에게 알릴지, 감당할 수 있는 위험 수준이 얼마나 될지에 관한 더 광범위한 문제들은 살피지 않았다.[13] 단 한 명의 정치인이라도 잠재적 위험을 보고받았는지 불분명하다.[14] 과학자와 군인 들은 지구상 모든 생명체를 위협하는 행동에 대해 모든 책임을 지려고 했다. 과연 그것이 과학계와 군이 맡아야 할 책임이었을까?

보고서의 미온적인 결론, 외부 검토의 부재, 저명한 과학자들의 계속된 우려를 떠올리면 트리니티 실험을 뒤로 미루거나 아예 취소할 근거는 충분했다. 버클리 모임의 많은 과학자는 히틀러가 먼저 원자폭탄을 개발해 전 세계를 핵 인질로 삼을까 봐 두려워했다. 하지만 트리니티 실험이 이루어졌을 때 히틀러는 이미 죽었고 유럽은 자유로워진 뒤였다. 일본도 후퇴 중이었고 전쟁에 패배할 걱정은 없었다. 미국이 위험을 감수하고 트리니티 실험을 감행한 이유는 한 달 뒤 일본에 원자폭탄을 투하한 이유와 같았다. 전쟁 종식을 앞당기고, 침략 희생자의 수를 줄이고, 더 유리한 항복 조건을 얻어내며, 미국의 새로운 힘을 소비에트연방에 과시하기 위해서였다. 이 중 어떤 이유도 인류 미래를 일방적으로 위험에 빠트릴 만큼 강력한 근거가 되지 못한다.

그들이 감수한 위험은 얼마나 컸을까? 당시 당사자들이 확보된 증거를 어떻게 평가했는지 불분명한 상황에서는 정확히 헤아리기가 어렵다.[15] 그들의 답이 옳았다는 사실을 떠올리면, 당시 결과가 필연적이었다고 생각하기 쉽다. 하지만 그해 여름 동안 일종의 과학 실험의 장이 된 버클리 회의에서 과학자들이 열핵 연소에 관해 씨름한 문제는 한 가지가 아니었다. 그들은 대기 연소 논의를 마친 후 열핵 폭발을 일으킬 수 있는 연료의 종류를 계산하기 시작했다. 그들이 합의한 연료는 리튬 동위원소인 리튬-6 기반의 연료였다.[16] 하지만 자연에 존재하는 리튬은 리튬-6 동위원소 함량이 낮아 폭발이 일어날 수 없으므로 활성이 낮은 리튬-7을 최대한 제거해야 한다고 결론 내렸다.

1954년 미국은 캐슬 브라보Castle Bravo라는 코드명으로 이 같은 연료의 폭탄을 실험했다. 시간적 제약 때문에 리튬-6 농도를 40퍼센트까지밖에 올리지 못했으므로 리튬-7이 더 많았다. 그러나 폭탄이 터졌을 때 발생한 에너지는 예상보다 훨씬 컸다. 그들이 예측한 6메가톤이 아니라 15메가톤의 에너지가 발생했고, 이는 히로시마에 투하된 폭탄보다 1,000배 강하고 미국이 그전까지 터트린 모든 폭탄의 위력보다 강했다.[17] 또한 전 세계의 가장 끔찍한 방사선 재앙이기도 했다. 바람을 타고 날아간 방사선에 일본 어선 한 척과 몇몇 섬이 노출되었다.[18] 버클리 모임(그리고 이후 로스앨러모스 물리학자들)의 리튬-7 계산은 틀린 것으로 판명되었다. 폭발 온도가 전례 없는 수준으로 치솟으면서 리튬-7이 예상치 못한 방식으로 반응해 리튬-6만큼이나 강력한 영향을 일으켰다.[19]

그해 여름 버클리에서 이루어진 두 가지 열핵 계산 중 하나는 맞았고 하나는 틀렸다. 이를 근거로 열핵 연소의 주관적 위험이 50퍼센트에 달한다고는 말할 수 없을 것이다.[20] 하지만 우리 미래에 대한 위험을 감수할 만큼 신뢰할 수준도 분명 아니었다.

미국은 일본에 원자폭탄을 투하하고 보름 후 소비에트연방과의 핵전쟁 계획을 시작했다.[21] 소비에트연방 지도에 원자폭탄의 사정거리를 커다란 원들로 그리면서 어떤 도시를 기존의 무기로 파괴할 수 있는지와 새로운 공군기지나 기술 개선이 필요한 도시들은 어디인지 표시했다. 그렇게 시작된 전면적인 핵전쟁 계획은 지난 75년 동안 계속되고 있다.

그동안 핵전쟁의 전략적 판세에는 많은 변화가 일어났다. 그중 대부분은 소비에트연방의 발 빠른 독자적 핵무기 개발, 일본에 투하된 폭탄보다 훨씬 강력한 열핵 무기 발명, 적국의 주요 도시를 30분 사전 경고 후 바로 타격할 수 있는 탄도미사일 개발, 선제공격은 불가능한 대신 핵 보복은 가능하게 하는 잠수함 발사 미사일 개발, 전 세계 핵탄두 수의 급증 같은 기술 변화에서 비롯되었다.[22] 이후 북대서양조약기구NATO, North Atlantic Treaty Organization 결성, 소비에트 연방 붕괴 같은 중대한 정치적 변화도 있었다. 냉전 동안에 전략 상황은 선제공격이 우선되다가 보복 중심 전략이 선호되거나, 고위험 계획 중심이었다가 저위험 계획이 선호되는 등 격동적으로 변했다.

우리는 핵전쟁 발발 없이 냉전을 무사히 넘겼지만, 핵전쟁이 일어날 뻔한 순간은 당시 알려진 것보다 많았다(다음 페이지 '일촉즉발의 순간' 참고). 그중 대부분은 인간의 실수나 매우 짧은 시간 동안 핵 공격을 탐지하여 핵 보복을 개시하는 신속 대응 시스템의 기술적 오류가 원인이었다. 이 같은 일은 군사적 긴장이 고조되었던 시기에 자주 일어났지만 냉전이 끝나고서도 계속되었다. 시스템들은 부정 오류(대응 실패)를 최소화하도록 설계되었지만, 수차례 경보 오류를 일으켰다. 이는 핵 위험뿐 아니라 다른 복잡한 기술들로 인한 위험에 대해서도 교훈을 제시한다. 한 국가의 파괴(또는 더 끔찍한 상황)로 이어질 수 있다는 사실을 알더라도 인간에 의한 실수나 기술적 문제를 완전히 방지하기란 극도로 어렵다.

전면적인 핵전쟁이 일어났다면 어떻게 되었을까? 무엇보다 인류가 사라지거나 문명이 영원히 붕괴했을까?

전 세계 핵무기는 세상을 여러 번 파괴하고도 남을 만큼 많다는 주장을 심심치 않게 들을 수 있지만 이는 정확한 이야기가 아니다. 히로시마 원폭 희생자를 그 어느 때보다 많은 지금의 핵무기 수에 곱한 다음 이를 세계 인구와 비교하면 그런 주장이 가능해 보인다.[29] 하지만 실제 상황은 훨씬 복잡하고 불확실하다.

핵전쟁은 지역적인 영향과 전 세계적인 영향을 미친다. 지역적인 영향에는 폭발 자체와 그로 인한 화재가 포함된다. 폭발과 화재는 폭탄이 터진 지역을 황폐화하고 수천만에서 수억의 사람을 죽인다.[30] 하지만 이 같은 직접적 영향은 교전 국가의 대도시, 마을, 군사 요충지에 국한하므로 인류 절멸로 이어지진 않는다. 대신 인류에 대한 위협으로 보면 전 세계에 영향을 미친다.

일촉즉발의 순간

지난 70년 동안 미국과 소비에트연방의 즉시 대응 체제로 핵전쟁이 여러 차례 발발할 뻔하면서 인류는 일촉즉발의 순간들을 겪었다.[23] 그중 가장 아슬아슬했던 세 번의 순간을 살펴보자[24](다른 순간들과 핵무기 사고들에 관해서는 '붙임 C'를 참고하라).

훈련 테이프 사고: 1979년 11월 9일

새벽 3시 미군 지휘 본부 네 곳의 화면에 소비에트연방이 선제공격으로 발사한 엄청난 수의 미사일이 포착되었다. 미국의 수많은 미사일이 파괴되기 전까지 대응 방법을 결정할 수 있는 시간은 고작 몇 분이었다. 상급 지휘관들은 위협 분석 회의를 열어 탄도미사일 발사를 준비하고 핵 폭격기를 이륙 대기시키고 소비에트연방 폭격기를 요격할 전투기를 배치했다. 하지만 조기 경보 시스템의 데이터 원본을 확인하자 미사일의 어떤 징후도 발견되지 않았고 이는 경보 오류였음이 밝혀졌다. 소비에트연방 공격에 대비한 군사 훈련 시뮬레이션이 오작동을 일으켜 실시간 컴퓨터 시스템에서 재생되어 화면에 나난 것이었다. 이후 이 사실을 안 레오니트 브레주네프 소비에트연방 공산당 서기장은 지미 카터(Jimmy Carter) 대통령에게 "대체 어떤 시스템이기에 그런 사고가 일어날 수 있는가?"라고 물었다.[25]

추분 사고: 1983년 9월 26일

긴장이 한창 고조되던 어느 밤 자정이 조금 지난 시각에 소비에트연방의 위성 조기 경보 시스템이 설치된 사령 벙커 화면에 미국에서 발사한 다섯 기의 탄도미사일이 나타났다.[26] 스타니슬라프 페트로프(Stanislav Petrov) 방공 중령은 미사일 발사를 발견하면 상관들에게 보고해야 했고 보고받은 상관은 즉각 핵 보복을 할 수 있었다. 이처럼 숨 막히는 상황에서 5분 동안 고민한 페트로프는 확신하지 못했지만 이를 경보 오류로 보고했다.

페트로프는 미국이 고작 다섯 기의 미사일로 선제공격을 감행하는 건 불합리하다고 생각했고 미사일이 내보내는 증거가 보이지 않는다는 사실에 주목했다. 이후 위성 시스템이 구름에 반사된 햇빛을 발사 로켓의 섬광으로 인식해 경보 오류가 일어난 것으로 드러났다.

많은 사람이 그날 밤 페트로프가 '세상을 구했다'고 말한다. 사실 페트로프가 상부에 핵 공격이라고 보고했더라도 핵 보복 작전이 철회될 수 있는 단계들이 더 있었으므로 이는 어느 정도 과장된 말이다(실제로 여기에서 이야기한 다른 두 사건은 경보 즉시 발사 체계에서 더 많은 단계를 통과했다). 하지만 일촉즉발의 순간이었던 건 부인할 수 없는 사실이다. 오류를 일으킨 위성 시스템이 반사된 햇빛을 다섯 기의 미사일이 아닌 100기의 미사일로 인식했다면 소비에트연방은 핵 대응을 시작했을지 모른다.[27]

노르웨이 로켓 사고: 1995년 1월 25일

냉전이 끝난 뒤에도 미국과 러시아 미사일 시스템은 여전히 즉시 대응 체제로 유지되고 있다. 1995년 러시아 레이더에 러시아를 향하는 한 기의 핵미사일이 발견되었다. 전자기파로 레이더를 교란하여 잇따라 올 더 큰 공격을 감추기 위한 것처럼 보였다. 이는 신속히 상부에 보고되었고 보리스 옐친(Boris Yeltsin) 대통령은 핵무기 통제 체계가 담긴 핵 가방을 열어 핵 보복을 허가할지 논의했다. 하지만 위성 시스템에는 미사일이 나타나지 않았고 레이더에 나타났던 미사일은 얼마 지나지 않아 러시아를 지나 다른 곳에 안착했다. 그렇게 경계 태세는 종료되었고 옐친은 핵 가방을 닫았다. 경보 오류의 원인은 노르웨이가 오로라를 관찰하기 위해 발사한 연구 로켓이었다. 노르웨이는 사전에 통지했지만 러시아 레이더 기술자들은 전달받지 못했다.[28]

그중 하나는 폭발로 인해 대기로 치솟은 방사성 먼지가 널리 퍼진 다음 다시 지상으로 떨어지는 낙진이다. 이론적으로 핵무기는 지구 표면 전체를 방사선으로 덮을 만큼의 낙진을 생성할 수 있다. 하지만 그러려면 현재 존재하는 양보다 10배 많은 핵무기가 있어야 한다.[31] 낙진을 최대화해 의도적으로 인류를 파멸하려는 시도는(가상의 코발트 폭탄을 통해) 현재 인류의 능력 밖이다.[32]

핵전쟁의 가장 심각한 결과로 여겨지는 현상은 핵 시대가 시작되고 거의 40년이 지난 1980년대에 이르러서야 발견되었다. 핵폭발 뒤 도시가 불타오르면 거대한 연기 기둥이 솟아오르면서 그을음이 성층권까지 올라간다. 그렇게 높이 올라간 그을음은 비와 함께 내려오지 못하고 전 세계 하늘에 검은 장막을 드리운다. 그을음 장막은 태양광을 차단해 지구의 온도와 습도를 낮추고 세상을 캄캄하게 한다. 그러면 전 세계 주요 식량이 되는 작물들이 자라지 않아 수십억 명이 핵겨울을 보내며 기아에 시달린다.

핵겨울 가능성이 처음 본격적으로 논의되었을 때는 여러 불확실성이 존재했고 많은 사람이 과학적 근거가 마련되기 전에 결론이 먼저 도출되었다고 우려했다. 이후 몇 년 동안 관련 가정들이 개선되고 모형들이 향상되면서 위협의 정확한 본질은 달라졌지만, 핵거

울 이론의 기본적인 틀은 시간의 시험을 통과했다.[33]

핵겨울에 관해 현재 가장 큰 지지를 얻고 있는 이론은 앨런 로복 Alan Robock 연구진의 이론이다.[34] 초기 핵겨울 연구는 원시적인 기후 모형 때문에 한계가 있었지만, 이후 컴퓨터 성능이 향상되고 기후 변화에 대한 관심이 증가하면서 연구 기술이 훨씬 정교해졌다. 로 복의 해양-대기 대순환 모형에서는 기온이 이전 예측들과 비슷한 수준으로 내려가지만 기온 하강 기간이 5배 길게 지속되었다. 이는 상황이 더 심각할 것임을 암시했다. 로복 모형에서는 거의 어떤 작 물도 재배할 수 없으며 비축한 식량으로는 5년도 견디기가 힘들다.

농작물 피해 대부분은 어둠이나 가뭄이 아닌 추위에서 비롯된 다. 가장 큰 이유는 작물의 성장 기간(냉해가 연속적으로 없는 날의 수)이 크게 감소하기 때문이다. 거의 모든 지역에서 작물의 성장 기간이 너무 짧아져 대부분 여물지 못한다. 로복은 전면적인 핵전쟁이 일 어나면 지표면 온도가 약 5년 동안 7도가량 떨어질 거로 예측했다 (이후 약 10년 동안 서서히 원래 수준으로 회복한다). 이는 지구의 마지막 빙 하기 때와 비슷한 기온이다.[35] 기후변화와 마찬가지로 기온 변화는 지역마다 다르게 나타날 것이므로 전 세계 평균을 곧이곧대로 받아 들일 수는 없다. 북미와 아시아에서는 여름 기온이 섭씨 20도 이상 떨어지고, 식량 대부분이 생산되는 중위도 지방은 수년 내내 영하 에 머물 것이다. 하지만 해안 지대와 열대지방은 피해가 훨씬 적을 것이다.

핵겨울이 온도를 이처럼 급격히 낮춘다면 수십억 명이 기아의 위험에 처하게 된다.[36] 이는 전례 없는 재앙일 것이다. 이는 존재 재앙이 될까? 답은 미지수다. 우리의 일반적인 식량은 생산이 급격하게 감소하겠지만 **그래도** 일부 식량은 계속 생산될 것이다. 잘 자라지는 않지만 추위에 강하거나 성장기가 짧은 작물을 재배하거나, 열대지방에 더 많은 작물을 심거나, 어업을 활성화하거나, 비닐하우스를 짓거나, 해조류 재배 같은 전혀 새로운 시도를 할 수 있다.[37] 절박해진 인류는 생존을 위해 모든 부와 노동력, 지혜를 모을 것이다. 하지만 법치는 무너지고, 적대감은 고조되며, 교통과 같은 기간시설, 연료, 비료, 전기는 부족해질 것이다.

그렇더라도 핵겨울이 인류 절멸로 이어지지는 않을 것이다. 핵겨울을 연구하는 어떤 과학자도 인류 멸망을 예측하지 않았으며 오히려 많은 수가 절멸 확률은 매우 낮다고 공언했다.[38] 게다가 뉴질랜드(혹은 오스트레일리아 남동부)처럼 대양과 접해 있어 핵겨울이 일으키는 최악의 상황에 직접적인 영향을 받지 않을 지역들을 떠올리면, 문명의 회복 불가능한 붕괴로 인한 존재 재앙 역시 가능성이 적어 보인다. 이 같은 지역들은 핵겨울을 견디며 자신들의 기술(및 제도) 대부분을 보존할 것이다.[39]

핵겨울에 관한 우리의 지식은 아래 문제들에 대해 모두 불확실하다.

1. 얼마나 많은 도시에 폭탄이 터질까?
2. 얼마나 많은 연기가 생성될까?

3. 얼마나 많은 그을음이 성층권으로 올라갈까?[40]

4. 기온, 일조량, 강수량에는 어떤 영향을 미칠까?

5. 작물 수확은 얼마나 감소할까?

6. 영향은 얼마나 지속될까?

7. 얼마나 많은 사람이 기아로 사망할까?

위 문제 중 몇몇은 향후 연구로 어느 정도 해결될 테지만 그럴 수 없는 문제들도 있다.

핵겨울 시나리오에 대한 회의주의자들은 위 불확실성들을 지적하면서 현재 인류의 과학적 이해는 좀 더 온화한 핵겨울에 부합한다고 주장한다. 하지만 불확실성은 양날의 검이다. 핵겨울의 영향은 중간 추정치보다 더 심각할 수도 있다. 불확실성이 더 나은 상황을 의미한다고 판단할 결정적인 이유는 없다.[41] 나처럼 핵겨울 시나리오에 관한 중간 추정치가 존재 재앙에 해당하지 않는다고 믿는다면, 불확실성은 존재 재앙의 가능성을 열므로 오히려 상황을 더 심각하게 만든다. 핵전쟁이 존재 재앙으로 이어진다면, 그 까닭은 핵겨울 영향이 예상보다 심각하거나 이제껏 지구에 일어난 적 없는 핵전쟁이 지금으로선 알 수 없는 영향을 일으키기 때문일 것이다.

그러므로 핵겨울을 둘러싼 불확실성에 관한 연구를 계속하여 핵겨울이 예상보다 더 심각하거나 길 수 있는지 알아내야 할 뿐 아니라 전면적인 핵전쟁이 존재 위험이 될 수 있는 다른 경로들에 관한 연구도 시작해야 한다.

본격적인 핵전쟁 가능성은 시간에 따라 크게 변했다. 여기에서는 냉전, 현재, 미래로 구분해서 살펴보자. 냉전이 끝나자 의도적인 핵전쟁 발발 위험은 현저히 낮아졌다. 하지만 많은 미사일이 여전히 즉시 대응 체제에 있으므로(몇 분 내에 발사될 수 있다) 사고로 핵전쟁이 시작될 위험이 크다.[42] 핵무기 수도 줄었다. 1986년에는 핵탄두 수가 7만 기에 달했지만 지금은 약 1만 4,000기이고, 각각의 핵탄두 폭발력 또한 감소했다.[43] 그러므로 핵전쟁으로 인한 존재 재앙의 연간 위험은 냉전 때보다 낮아졌다.

하지만 무기 감소와 강대국 사이의 긴장 완화가 우리가 생각하는 만큼 재앙 위험을 줄인 건 아니다. 로복 연구진은 인도와 파키스탄 사이에 일어나는 핵 교전을 모형화했는데 두 국가는 미국과 러시아보다 무기 보유량이 훨씬 적은데도 심각한 핵겨울이 가능했다.[45]

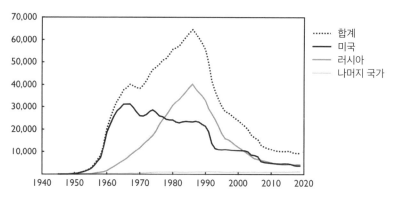

그림 4.1 비축된 활성 핵탄두 수의 변화. 핵탄두 수는 크게 줄었지만 총량은 여전히 많다(특히 미국과 러시아). 모든 무기의 폭발 에너지를 합친 양도 감소해 현재 2,500메가톤 수준이다.[44]

우리는 현실에 안주해서는 안 된다. 최근 몇 년 사이 기존 강대국과 신흥 강대국 사이에 새로운 지정학적 긴장 관계가 조성되면서 의도적인 전쟁 위험이 커졌다. 게다가 러시아와 미국의 주요 군축 체제가 무너졌다. 이 같은 긴장 상태로 군비 경쟁이 다시 시작된다면 무기의 수와 크기가 전보다 커질 수 있다.[46] 선제공격은 할 수 없고 보복만 할 수 있어 핵 억지력의 초석으로 여겨지는 핵잠수함을 탐지하는 기술이 개발된 것처럼 전략적 상황을 불안정하게 하는 기술 진보도 일어나고 있다. 인공지능을 활용한 군사 기술 역시 전략적 균형을 변화시키거나 깨트릴 수 있다.[47]

냉전으로 돌아갈 가능성이 여전히 존재하고 실제로 또 다른 냉전이 찾아오면 핵무기로 인한 연간 위험이 급증할 것이므로, 앞으로 몇 십 년 동안의 핵무기 위험 대부분은 이처럼 새로운 군비 경쟁 확대 가능성에서 비롯될 것이다. 그러므로 핵전쟁 위험을 막기 위한 노력은 군비 경쟁을 막는 데 집중되어야 한다.

기후변화

지구 대기는 생명에 꼭 필요하다. 물이 지표면에서 액체 형태로 존재할 압력을 제공하고, 밤과 낮 사이의 극단적 기온 변화를 막아 주며, 동식물 생존에 필요한 가스를 제공하고, 온실효과를 통해 지구가 꽁꽁 어는 걸 막아 준다. 대기에 온실가스가 없다면 지구 온도는 지금보다 섭씨 약 33도 낮을 것이다. 온실가스(주로 수증기, 이산화탄소, 메탄으로 이루어져 있다)는 지표면에서 반사된 열보다 태양에서 지구로 들어오는 빛을 더 많이 통과시킨다. 그러므로 태양열을 가두는 담요가 되어 지구를 따뜻하게 한다.[48]

수백만 년 동안 화석연료로 저장되어 있던 에너지가 산업혁명과 함께 분출되면서 탄소 역시 밖으로 나왔다. 처음에는 화석연료에서 나온 이산화탄소가 그리 많지 않아 농업으로 인한 온난화보다 영향이 낮았다. 하지만 산업화가 확대되고 심화하면서 이산화탄소 배출량이 급격히 늘어 1980년 이후의 배출량이 그 이전까지 산업화 시기의 전체 배출량보다 많아졌다.[49] 대기 중 이산화탄소 농도는 산업혁명 전 약 280ppm에서 2019년 412ppm으로 상승했다.[50]

인류의 행동이 이미 세상을 바꾸기 시작했다. 지구 기후는 섭씨 약 1도 상승했다.[51] 해수면은 약 23센티미터 높아졌다.[52] 해양 산성도는 0.1pH 강해졌다.[53]

기후변화가 앞으로 몇 세기 동안 인류와 자연 모두에 큰 영향을 미칠 거라는 예측에 많은 사람이 동의한다. 기후학과 기후 경제학은 이처럼 현실화할 가능성이 무척 큰 기후변화 피해들을 다룬다. 하지만 기후변화의 영향은 훨씬 심각해 문명의 회복 불가능한 붕괴나 심지어 인류의 완전한 멸망으로 위협할 수 있다는 우려도 나오고 있다. 이 책에서 다루는 다른 많은 위험과 달리 기후변화에 관한 가장 큰 우려는 인류가 이번 세기에 끝날지도 모른다는 게 아니라 지금 우리의 행동이 인류를 미래의 재난 속에 가둘 수 있다는 것이다. 이 역시 인류 **잠재력**이 파괴되는 존재 재앙이 될 수 있다. 이 같은 상황이 일어날 확률이 높다면 기후변화는 우리가 일반적으로 인식하는 것보다 더 심각한 문제다.

기후변화는 이미 중대한 지정학적 이슈이며, 기후변화로 인한 피해와 비용이 점차 늘면서 인류를 크게 압박할 것이다. 게다가 빈곤이나 국제사회의 갈등을 일으켜 우리를 다른 존재 위험들에도 더 취약하게 만들 수 있다.

이런 압박들은 존재 위험에 중요한 영향을 미치지만(기후변화로 일어날 가능성이 높다), 별개로 다루어야 한다. 구체적인 위험들을 분석하는 세 개의 장(3장, 4장, 5장)의 핵심은 존재 재앙의 직접적인 메커니즘을 범주화하는 것이다. 존재 재앙을 일으킬 직접적인 메커니즘이 없거나 **직접적인** 메커니즘의 확률이 아주 낮다면, 다른 압박 요인들이 증가할 존재 위험이 거의 없을 것이기 때문이다. 존재 위험에 관한 간접적인 영향에 대해서는 6장에서 다시 이야기하자. 우선은 기후변화 자체가 인류 절멸이나 문명의 영구적인 붕괴가 될 **직접적인** 위협인지에 대한 좀 더 근본적인 질문을 할 것이다.

가장 극단적인 기후 가능성은 '탈주 온실효과runaway greenhouse effect'다. 이는 열과 습도의 관계에서 비롯된다. 따뜻한 공기는 차가운 공기보다 더 많은 수증기를 머금는다. 그러므로 대기 온도가 올라가면 바다에 존재하는 물의 양과 하늘에 존재하는 양 사이의 균형이 변한다. 수증기는 강력한 온실가스이므로 대기에 수증기가 많을수록 온도가 올라가고 이렇게 온도가 올라가면 수증기가 더 많아지는

피드백이 생긴다.[54]

　이 피드백은 마이크를 스피커에 연결할 때와 비교할 수 있다. 피드백이 항상 통제 불가능한 건 아니다. 마이크가 스피커에서 멀어질수록 소리는 계속 증폭되지만 총 볼륨에는 점점 적게 추가되므로 전체 효과는 그리 극단적이지 않다.[55] 수증기 피드백도 마찬가지여서 수증기로 인한 온실효과는 이산화탄소 단독으로 인한 온도 상승보다 대략 2배 정도 높아질 수 있다.[56] 그런데 마이크가 스피커에 너무 가까이 있으면 고막을 찢는 듯한 소음이 일어나듯이, 수증기로 인한 온도 상승이 통제 불가능해지는 기후 상황이 일어날 수 있지 않을까?

　탈주 온실효과에서는 피드백이 증폭하여 해양이 끓어오를 때까지 온도가 계속 상승해 지구에 다세포 생명체가 살 수 없게 된다. 많은 학자가 이 같은 상황을 이론적으로 가능하다고 여긴다. 같은 상황이 과거 금성에서 일어났던 것으로 추측되며 앞으로 태양 온도가 올라가면서 수억 년 뒤에는 지구에서도 일어날 수 있다.[57] 하지만 최근 연구에 따르면 인류가 배출한 온실가스만으로는 탈주 온실효과가 시작될 수 없다.[58]

　온도가 급격히 상승하지만 바닷물이 끓지는 않는 피드백 증폭은 어떨까? 이는 '습한 온실효과moist greenhouse effect'로 불리며, 그 영향이 크다면 탈주 온실효과만큼이나 심각할 수 있다.[59] 습한 온실효과 역시 인류가 배출한 온실가스만으로는 발생할 가능성이 적지만, 과학적 근거는 탈주 온실효과보다 불분명하다. 최근 큰 주목을 받은 한 논문에 따르면 탄소 배출이 습한 온실효과를 일으킬 수도 있다(논문 저자들이 수행한 시뮬레이션에서 온도가 섭씨 40도까지 상승했다).[60] 하지만 저자들의 모형은 몇 가지 면에서 지나치게 단순화된 것이어서 실제 지구에서도 가능할지는 불분명하다.[61]

고기후 기록을 살펴본다면 탄소 배출로 인한 습한 온실효과의 가능성을 배제할 수 있을지도 모른다. 아주 먼 과거의 여러 시기 동안 지구 기후는 온도와 이산화탄소 농도가 지금보다 훨씬 높았다. 예를 들어 약 5,500만 년 전 팔레오세-에오세 최대 온난기[PETM: Paleocene-Eocene Thermal Maximum] 동안 산업혁명 전 수준보다 섭씨 약 9도 높았던 기온이 이후 2만 년 동안 산업혁명 전 수준보다 섭씨 약 14도 높아졌다. 과학자들은 대기 탄소 농도가 1,600ppm 이상으로 증가하면서 기온이 상승했을 것이라고 추측한다.[62] 이는 이처럼 높은 수준의 배출과 기온 상승도 습한 온실효과와 대량 절멸을 일으키지 않는다는 증거가 된다.

하지만 상황은 그렇게 간단하지 않다. 고기후 기록에 관한 우리의 지식은 여전히 잠정적이어서 과거 기온이나 탄소 농도에 관한 추정치들은 크게 달라질 수 있다. 더군다나 오랜 과거와 지금은 환경이 무척 다르고 특히 지금의 온도 상승이 훨씬 가파르며 배출량도 그만큼 급격하게 늘고 있다(변화 속도는 온도와 배출량 자체만큼 중요할 수 있다).

그렇다면 탈주 온실효과나 습한 온실효과의 위험을 어떻게 봐야 할까? 두 온실효과는 물리학적 면에서 보면 우리의 행동이 재앙을 일으키지는 않지만 100퍼센트 확신할 수 없다는 점에서 핵무기로 인한 대기 연소와 비슷하다. 나는 탈주 온실효과나 습한 온실효과의 가능성이 공포를 조장하는 수단이 되어서는 안 된다고 생각하지만, 이 극단적인 위협이 실질적인지 환상인지 판단할 연구를 훨씬 늘려야 한다는 주장은 **분명 정당하다고 본다**. 우리가 안전하다고 말하는 논문도 많지만 그렇지 않다고 주장하는 중요한 목소리도 꾸준히 나오고 있다. 과학적 합의는 아직 이루어지지 않았다.

심각한 기후변화가 다른 방식들로 인류 절멸이나 문명의 돌이킬 수 없는 붕괴가 될 위협일까? 여기에는 세 가지 주요 경로가 있다. 첫 번째로 우리가 다른 피드백을 일으킨다면 훨씬 많은 탄소가 대기로 방출될 수 있다. 두 번째로 우리가 직접 훨씬 많은 탄소를 배출할 수 있다. 세 번째로 특정량의 탄소가 예상보다 기온을 훨씬 더 높일 수 있다.

바다에서 증발한 수증기는 여러 기후 피드백 중 하나일 뿐이다. 지구 기온이 상승하면 몇몇 생태계는 더 많은 탄소를 대기에 배출하는 방식으로 변화하여 기온을 더욱 높일 것이다. 우림과 이탄 습지의 건조, 사막 확산, 산불 증가가 대표적인 현상이다. 지형의 반사율 변화가 일으키는 피드백도 있다. 얼음은 반사율이 매우 높기 때문에 지구로 들어오는 태양광을 곧바로 우주로 내보낸다. 기온 상승으로 얼음이 녹아 아래에 있던 바다나 땅이 드러나면 반사율은 낮아져 기온이 더욱 올라간다.

이 같은 증폭의 피드백은 사람들을 불안에 떨게 할 수 있다. 기온 상승이 또 다른 기온 상승을 불러온다는 이야기를 들으면 세상이 통제 불능에 빠질 것이라고 생각할 수밖에 없다. 하지만 피드백의 영향이 모두 동등하게 일어나지는 않는다. 효율(마이크가 스피커에 얼마나 가까이 있는지), 속도(각 주기가 얼마나 빨리 완료되는지), 주기가 한 번 끝나면 얼마나 기온이 상승하는지(스피커의 최대 볼륨)가 크게 달라질 수 있다. 게다가 증폭이 아닌 안정된 피드백은 기온 상승이 클수록 또 다른 기온 상승을 강하게 막는다.

특히 걱정스러운 두 가지 잠재적 피드백은 북극 영구동토층의 용융과 심해 메탄의 방출이다. 두 경우 모두 기온이 상승하면서 더 많은 탄소가 배출되는데 각 배출원인 영구동토층과 심해에는 이제까지 화석연료에서 배출된 탄소보다 훨씬 많은 탄소가 존재한다. 따라서 진행되는 온난화를 극적으로 변화시킬 수 있다. 영구동토층과 심해는 기후변화에 관한 정부 간 협의체인 IPCC Intergovernmental Panel on Climate Change의 온난화 산출 기준에 포함되어 있지 않으므로 실제 온난화는 현재 우리가 대처하는 수준보다 심각할 수 있다.

꽁꽁 언 암석과 흙으로 이루어진 북극 영구동토층은 1,200만 제곱킬로미터 이상의 육지와 해저를 덮고 있다.[63] 영구동토층은 인류가 이제까지 배출한 탄소보다 2배 많은 탄소를 이탄과 메탄 형태로 가두고 있다.[64] 과학자들은 앞으로 수 세기 안에 영구동토층 일부가 녹아 탄소가 배출되면서 대기 온도가 더 올라갈 거라고 확신한다. 하지만 영향의 규모와 기간에 대해서는 전혀 확신하지 못한다.[65] 최근 IPCC의 다량 배출 시나리오를 바탕으로 한 추산에 따르면 2100 년까지 영구동토층 용융으로 인한 기온 상승은 섭씨 0.3도에 달할 것이다.[66]

메탄 하이드레이트는 물 분자와 메탄 분자를 모두 함유한 얼음 같은 물질이다. 주로 해저에 대량으로 침전돼 있다. 심해 해저 탐사는 몹시 어려워 얼마나 많은 양이 있는지 가늠하기 힘들기 때문에 최근 제시된 수치는 우리가 이제까지 배출한 탄소량의 2배에서 11 배까지 광범위하다.[67] 해수 온도가 상승하면서 메탄 하이드레이트가 녹으면 메탄이 대기로 올라가 기온을 더욱 높일 것이다. 이 같은 잠재적 피드백의 역학은 영구동토층 용융보다 알려진 게 거의 없어 녹는 시점이 언제일지, 갑작스럽게 녹을 수도 있는지, 얼마나 많은 메탄이 배출될지가 매우 불확실하다.[68]

그러므로 영구동토층의 피드백과 메탄 하이드레이트의 피드백 위험에 대해 우리는 거의 모른다. 영구동토층과 메탄 하이드레이트에서의 배출이 과장되었고 온난화에 대한 영향이 아주 미미할 수 있다. 하지만 엄청난 영향을 일으킬 수도 있다. 그러므로 두 피드백에 대한 더 많은 연구가 무척 절실하다.

온난화가 예상보다 훨씬 심각할 수 있는 이유에는 기후 피드백만 있는 게 아니다. 그저 우리가 더 많은 화석연료를 태울 수도 있다. IPCC는 경제의 빠른 탈탄소화부터 탄소 배출 영향에 대한 무관심에 이르는 네 가지 배출 시나리오를 모형화했다. 우리가 앞으로도 현재 정책들에 따라 탄소를 배출한다면 2100년까지

1,000~1,700GtC(탄소 기가톤)을 배출할 것으로 추정되는데 이는 이제까지 배출된 양의 약 2배다.[69]

난 우리가 그 수준까지 이르지 않길 바라지만, 그보다 많은 양을 배출할 공산은 무척 크다. 예를 들어 최근 몇 십 년 동안의 연간 배출 증가율이 다음 세기에도 계속된다고 단순히 가정하면, IPCC가 제시한 시나리오 중에서 배출량이 가장 큰 시나리오의 2배가 배출된다.[70] 최대치는 이용 가능한 화석연료의 양으로 결정된다. 남아 있는 화석연료 자원에서 얼마나 많은 탄소가 배출될 것인지에 관한 추산은 5,000GtC부터 13,600GtC까지 매우 광범위하다.[71] 그렇다면 우리는 이제까지 태운 화석연료보다 8배 이상 더 태울 수 있다. 지구 시스템에 관한 주요 모형들에 따르면 우리가 배출을 억제하지 않고 결국 5,000GtC의 화석연료를 모두 태운다면 2300년까지 기온은 섭씨 9~13도 상승한다.[72] 나는 인류가 그 정도로 무모할 것이라고 생각하진 않지만, 그럴 위험이 소행성 충돌처럼 앞에서 살펴본 자연적 위험보다는 낮을 거라고 자신 있게 말할 수 없다.[73]

[표 4.1]은 영구동토층, 메탄 하이드레이트, 화석연료에서 배출될 수 있는 탄소량을 보여 준다. 우리가 이제까지 이야기한 탄소 배출량은 지구상 모든 생명체를 일컫는 생물권 전체에 포함된 탄소량보다 훨씬 크다.[74] 실제로 이미 인류는 생물권 전체에 존재하는 탄소보다 많은 양을 대기에 배출했다.[75]

얼마나 많은 탄소가 대기에 배출되는지 알더라도 배출된 탄소가 기온을 얼마나 상승시킬지는 무척 불확실하다. '기후 민감도'는 온실가스 농도가 산업화 전 농도였던 280ppm보다 2배 증가할 때의 기온 증가 폭을 뜻한다.[78] 어떤 피드백도 없다면 쉽게 기후 민감도를 산출할 수 있다. 모든 상황이 그대로이고 이산화탄소만 2배 늘어난다면 기온은 약 1.2도 올라간다.[79] 하지만 기후 민감도는 수증기, 구름 생성 같은 여러 기후 피드백도 고려한다(그러나 영구동토층과 메탄 하이드레이트는 반영되지 않는다). 따라서 기온은 더 크게 상승하고 이를 산출하기란 간단하지 않다.

IPCC는 기후 민감도를 섭씨 1.5도에서 4.5도 사이로 추측한다(이처럼 불확실성이 큰 주요한 이유 중 하나는 구름 피드백에 대한 이해가 부족해서다).[80] IPCC의 이 같은 추산은 가장 높은 수준의 온난화 영향이 가장 낮은 수준보다 3배나 높을 만큼 그 폭이 지나치게 넓다. 게다가 IPCC는 기후 민감도가 이 범위에 들 확률은 3분의 2 이상이라고 말하므로 실제로는 더 높을 수 있다.[81] 또한 온실가스 농도가 앞으로 얼마나 높아질지도 확실하지 않으므로 불확실성은 더욱 커진다. 산업혁명 수준에서 2~4배에 이르게 되면 궁극적인 온난화 범위는 섭씨 1.5도에서 9도까지 확대된다.[82]

이 같은 불확실성이 조만간 어느 정도 해결될 거라고 기대할 수 있지만, 지금까지의 진전 속도를 보면 그리 희망적이지 않다. 섭씨 1.5도에서 4.5도까지의 현재 범위가 처음 제시된 건 1979년이었고 지난 40년 동안 거의 변하지 않았다.[83]

우리는 그보다 훨씬 정확하다고 주장되는 수치들을 자주 접한다. 예컨대 앞으로 기온이 섭씨 5도 올라갈 거라는 주장도 있고, 온

위치	양	2100년까지 배출량
영구동토층	~1,700GtC	50~250GtC**
메탄 하이드레이트	1,500~7,000GtC*	
화석연료	5,000~13,600GtC	~1,000~1,700GtC***
바이오매스	~550GtC	
네크로매스	~1,200GtC	
현재까지 배출량	~660GtC	

* 여기서 탄소는 단기적으로 훨씬 유해한 메탄 형태를 뜻한다. 하지만 배출이 점진적으로 이루어지면 차이는 그리 크지 않을 수 있다. 영구동토층 탄소에서 메탄이 차지하는 비율은 높지 않다.
** 배출이 높은 시나리오를 기준으로 함.[77]
*** 화석연료 사용에 관한 현재의 정책들을 기준으로 함.

표 4.1 탄소는 어디에 있을까? 위 표는 대기로 배출될 수 있는 이미 알려진 탄소량과 이 중 지금부터 세기말까지 배출될 수 있는 탄소량을 비교한다. '바이오매스(biomass)'는 지구의 모든 유기체에 포함된 탄소의 총량을 일컫는다. 한편 '네크로매스(necromass)'는 죽은 유기체에 존재하는 탄소 총량을 뜻하는데 특히 토양에 존재하는 죽은 유기체 속 탄소는 산림 파괴나 산불로 배출되기도 한다. 맨 아랫줄은 토지 사용 방식 변화, 화석연료 사용, 산업화로 배출량이 변하기 시작한 1750년부터 현재까지의 총 배출량이다.[76]

도 상승 폭을 4도 이하로 유지하려면 특정 정책들을 펼쳐야 한다는 주장도 있다. 하지만 이 같은 표현들은 너무나 단순해서 오해를 불러일으킬 수 있다. 기온이 5도 올라갈 것이라는 주장은 실제로는 기온 상승 폭이 2.5도에서 7.5도 사이일 것이라는 뜻이고, 특정 정책들을 펼쳐야 한다는 주장은 그런 정책들을 펼친다면 기온 상승 폭을 4도 이하로 유지할 어느 정도의 가능성이(66퍼센트일 수도 있고 그저 50퍼센트일 수도 있다) 생긴다는 뜻이다.[84]

직접적인 배출, 기후 민감도, 여러 극단적 패드백의 가능성에 관한 불확실성을 모두 합친다면, 우리가 어떻게 온난화를 억제할 수 있을지 말하기가 몹시 어려워진다. 이 같은 상황에서 이상적인 건 분포 규모와 형태에 대해 합리적인 추정치들을 산출할 수 있다면 (소행성의 경우처럼) 섭씨 6도 이상 혹은 심지어 10도 이상에 이르는 극단적인 결과가 생길 확률을 가늠해 보는 것이다. 하지만 온난화는 워낙 복잡한 문제여서 이마저도 불가능하다. 내가 말할 수 있는 건 모든 불확실성을 고려하여 합리적으로 추측한다면 2300년에 기온이 최고 13도 오를 수 있다는 것이다. 그리고 이마저도 엄격한 최대 한계는 아니다.

이 같은 수준의 온난화는 전 지구에 전례 없는 규모의 재앙을 불러일으킬 것이다. 인류에게 무척이나 끔찍할 이 비극은 가장 취약한 집단들에 특히 큰 영향을 미칠 것이다. 그리고 문명이 엄청난 혼란에 빠지면서 우리는 다른 존재 위험들 앞에서도 훨씬 무력해질 것이다. 하지만 이번 장의 목표는 인류에게 직접적인 존재 위험을 가하는 위협을 밝히고 분석하는 것이다. 극단적인 수준의 온난화가 일어나더라도 기후변화가 어떻게 존재 위험이 될지 정확하게 알기란 어렵다.

기후변화의 주요 영향에는 농작물 생산 감소, 해수면 상승, 물 부족, 열대병 증가, 해양 산성화, 멕시코 만류 약화가 있다. 이 현상들은 기후변화의 전반적 위험을 평가할 때 무척 중요하지만 인류 절멸이나 회복 불가능한 문명 붕괴의 위협이 되지는 않는다.

농작물 생산은 기온 하강에 무척 민감하지만(냉해 때문에) 기온 상승에는 큰 영향을 받지 않는다. 식량은 문명을 지탱할 만큼 충분할 것이다.[85] 해수면이 수백 미터 상승하더라도(수 세기에 걸쳐), 육지 대부분은 바다에 덮이지 않는다. 마찬가지로 물 부족으로 더 이상 살 수 없게 되는 지역들도 있지만 강수량이 증가할 지역들도 있다. 열대병에 시달리는 곳이 늘겠지만 열대지방의 문명은 그래도 번성할 것이다. 멕시코 만류가 속한 대서양 해류 체계가 망가져서 일어나는 가장 큰 영향이라고 해 봤자 유럽 기온이 섭씨 2도 떨어지는 것으로, 이는 전 세계 문명에 지속적인 위협이 되지 않는다.

존재 위험 관점에서 볼 때 더 우려스러운 일은 높은 기온이(가파른 기온 변화 속도와 더불어) 생물다양성을 크게 해쳐 생태계를 붕괴시킬 수 있다는 사실이다. 그 과정이 완전하게 밝혀지진 않았지만, 전 세계의 많은 생태계가 무너지면 인류 절멸의 위협이 될 수 있다. 기후변화가 광범위한 절멸을 일으킬 가능성에는 여러 훌륭한 이론적 증거가 있다.[86] 하지만 증거는 복합적이다. 전 세계 기온이 극단적으로 높았거나 온난화가 급격히 진행한 과거의 많은 사례를 보더라도 심각한 생물다양성 손실은 일어나지 않았다.[87]

그러므로 직접적인 존재 위험의 관점에서 볼 때 기후변화의 알려진 영향 중 제일 중요한 점은 열로 인한 영향일 것이다. 우리가 몸에서 불필요한 열을 내보내 생명을 유지하려면 주변 온도가 체온보다 낮아야 한다. 좀 더 정확히 말하면 땀을 내 열을 배출할 수 있어야 하는데 이는 온도뿐 아니라 습도에도 영향을 받는다.

스티븐 셔우드Steven Sherwood와 매슈 후버Matthew Huber가 발표한 획기적인 논문에 따르면 온난화가 일정 수준에 이르면 일부 지역에서는 온도와 습도가 에어컨 없이는 살 수 없는 지경에 이른다.[88] 기온이 섭씨 12도 올라가면, 현재 인구 중 절반 이상이 살고 있고 식량이 재배되는 많은 곳이 1년 중 온도와 습도가 이 같은 수준을 넘는 시기를 맞게 된다. 셔우드와 후버는 이런 지역들은 거주가 불가능할 거라고 주장한다. 그들의 주장이 틀릴 수 있지만(가장 더운 달에 에어컨을 사용할 수 있다면 더욱 그렇다), 거주 가능성의 문제가 제기되고 있는 건 사실이다.

하지만 그런 한계에 이르지 않는 지역들도 있을 것이다. 지구 기온이 20도나 상승하더라도 많은 해안 지역(그리고 몇몇 고지대)은 에어컨 없이 살 수 없는 온도/습도 한계를 넘는 날이 1년 중 하루도 없을 것이다.[89] 그러므로 여러 지역에서 인류와 문명은 계속될 것이다. 어쨌든 기온이 20도나 올라 수많은 인구가 삶의 터전을 떠나고 심지어 기아에 시달리는 극단적인 온난화는 인간과 환경에 모두 전례 없는 끔찍한 비극일 것이다. 이 사실 하나만으로도 우리가 온난화를 막기 위해 최선을 다해야 할 충분한 이유가 된다. 하지만 이 장의 목적은 인류에 대한 존재 위험을 규명하는 것이며, 실질적으로 높은 열이 존재 위험을 일으킬 거라고는 생각하기 힘들다. 그러므로 기후변화로 인류가 사라지거나 문명이 회복 불가능하리만큼 붕괴하는 것으로 알려진 직접적인 메커니즘은 탈주 온실효과와 습한 온실효과뿐이다.

그렇다고 해서 **알려지지 않은** 메커니즘들을 배제할 수는 없다. 우리가 살펴보는 큰 변화들은 전례 없는 규모와 속도로 지구를 바꿀 수 있다. 그런 변화가 인류를 영구적으로 파괴하는 직접적인 원인이 된다고 해도 그리 놀랄 일은 아니다. 미지의 메커니즘들을 반박하는 가장 설득력 있는 주장은 기온이 순식간에 약 5도 상승해 산업화 시대 전 온도보다 14도 높았던 팔레오세-에오세 최대 온난기에도 대량 절멸이 일어나지 않았다는 주장이다.[90] 하지만 고기후 데이터는 정확도가 떨어지고, 화석 기록이 많지 않으며, 당시 포유류의 크기는 작았고(따라서 열에 더 잘 견뎠다), 온전히 한 가지 사례에만 의존할 수 없다는 사실을 유념해야 한다. 그리고 무엇보다 중요한 건 인류가 일으킨 온난화는 팔레오세-에오세 최대 온난기 동안 일어난 온난화보다 100배 이상 빠를 수 있으며, 많은 과학자가 페름기 막바지에 96퍼센트의 종이 사라진 대량 절멸의 원인으로 빠른 속도의 온난화를 지목한다.[91] 결국 우리가 말할 수 있는 건 기후변화로 인한 직접적인 존재 위험은 매우 낮아 보이지만 그렇다고 완전히 배제할 수 없다는 것뿐이다.

이제까지 우리는 기후변화가 존재 재앙이 될 수 있는지에 초점을 맞추었다. 나는 이를 분석하면서 우리가 위험을 낮출 수 있는지는 묻지 않았다. 위험을 낮출 수 있는 가장 예상하기 쉬우면서도 중요한 방법은 배출량 감소다. 배출량 감소가 기후변화로 인한 존재 위험을 낮추는 전략에 핵심적 역할을 해야 한다는 데는 폭넓은 합의가 이루어졌다. 하지만 이미 배출이 이루어진 뒤에도 기후변화의 영향을 줄일 여러 방법이 있다.

이런 기술들은 '지구공학geoengineering'으로 불린다. 얼핏 들으면 지구를 변형시키는 급진적이고 위험한 계획 같지만, 지구공학에는 급진적인 기술뿐 아니라 일상적인 기술들도 있다. 그리고 비용, 속도, 규모, 실행성, 위험 면에서도 제각각이다.

지구공학의 주요 접근법 두 가지는 이산화탄소 제거와 태양 복사 통제다. 이산화탄소 제거는 문제의 근원을 공략하여 대기의 이산화탄소를 없애 열의 원천을 막는 방식이다. 이는 지구의 고통을 치료해 주려는 시도다. 바다에 철분을 공급해 조류를 대량으로 증식시켜 탄소를 흡수하도록 하는 해양 비옥화는 급진적인 이산화탄소 제거 방식이다. 일상적인 방식으로는 나무 심기와 탄소 세정 기술이 있다.

태양 복사 통제는 지구가 흡수하는 태양광을 제한하는 방법이다. 태양광이 지구에 닿기 전에 차단하거나, 지표면에 닿지 않고 대기에서 반사되는 태양광을 늘리거나, 지표면에 닿은 빛을 더 많이 반사시키는 방식이 있다. 이는 지구 온도를 낮추어 이산화탄소의 온난화 효과를 상쇄하려는 시도다. 대부분 이산화탄소 제거보다 비용이 낮고 실행하기가 쉽지만, 탄소의 다른 악영향(해양 산성화 같은)은 해결하지 못하며 지속적인 관리가 필요하다는 단점이 있다.

지구공학에서 중요한 문제는 치료가 질병 자체보다 끔찍할 수 있다는 것이다. 지구공학이 달성하려는 목표가 워낙 원대하기 때문에 지구 전체에 의도치 않은 심각한 영향을 주어 기후변화 자체보다 더 큰 존재 위험을 가할 수 있다. 그러므로 지구공학은 철저히 규율해야 한다. 특히 한 국가나 연구 집단이 독단적으로 실행할 수 있을 만큼 비용이 낮은 급진적인 기술은 더더욱 조심해야 하며 지구공학을 배출량 감소의 대안으로 삼아서는 안 된다. 그렇더라도 지구공학은 최후의 수단이나 지구 기후의 궁극적인 회복을 위한 수단으로서 유용한 역할을 할 수 있을 것이다.[92]

환경 파괴

인류가 저지르는 환경 파괴에 기후변화만 있는 건 아니다. 인구 과잉, 주요 자원 고갈, 생물다양성 손실도 인류에 대한 환경적 존재 위험이 되지 않을까?

1960년대에서 1970년대에 환경보호주의가 부상했을 때 많은 사람이 걱정한 문제는 인구 과잉이었다. 사람들은 인구가 지구의 식량 공급 능력을 훨씬 넘어서서 급증하면 환경과 인류가 조만간 재앙을 맞을 거라며 두려워했다. 이를 가장 강력하게 주장한 폴 에를리히Paul Ehrlich는 "인류 역사에서 가장 끔찍한 재앙으로 세상에서 사라질 사람 대부분은 이미 태어난 사람들"[93]이라고 말하며 가까운 미래에 대한 종말론적 비전을 제시했다. 그는 가장 끔찍한 재앙이 조만간 찾아와 직접적인 존재 위험을 일으킬 거라고 믿었다. 그리고 다음과 같이 예언했다. "앞으로 15년 안에 끝이 올 것이다. 내가 말하는 '끝'이란 인류를 지탱하는 지구의 능력이 궁극적으로 무너진다는 뜻이다."[94]

이처럼 자신감에 찬 종말 예언은 완전히 빗나갔다. 기아는 전례 없는 수준으로 심각해지기는커녕 극적으로 감소했다. 1970년대에 기아로 죽은 사람의 수는 1960년대의 4분의 1도 안 되며 그 후로도 기아로 인한 사망률은 다시 절반으로 떨어졌다.[95] 1인당 섭취하는 음식량은 위기 수준까지 감소하기는커녕 지난 50년간 꾸준히 늘었다. 현재 한 사람이 소비하는 음식량은 에를리히가 1968년에 《인구폭탄*The Population Bomb*》을 발표했을 때보다 24퍼센트 많다.

개발도상국들이 식량 문제에 맞선 녹색혁명이 기아 감소에 결정적인 역할을 했다. 각국 정부는 비료 개선, 관개 설비 향상, 자동화, 품종 다각화를 통해 농업을 현대화했다.[96] 이에 가장 큰 공헌을 한 사람을 꼽으라면 수확량이 큰 밀 품종을 개발하여 역사상 그 누구보다 많은 사람을 살린 공으로 노벨상을 받은 노먼 볼로그Norman Borlaug일 것이다.[97]

하지만 농업 발전은 이야기의 한 부분일 뿐이다. 인구 과잉의 전체 그림은 계속 변해 왔다. 모든 시대에서 인구 증가는 매년 일정한 퍼센트로 빨라지는 지수함수적(기하급수적) 상승으로 여겨져 왔지만, 이는 사실과 거리가 멀다. 약 1800년부터 1960년까지 세계 인구는 지수함수적 증가보다 훨씬 빠르게 늘어났다. 0.4퍼센트에 불과했던 연간 증가율이 1962년에는 무려 2.2퍼센트에 이르렀다. 이 같은 경향을 목격한 사람들이 가파른 인구 증가가 인류와 환경에 미칠 영향을 걱정하는 건 당연했다.

하지만 갑자기 상황은 달라졌다. 인구 증가율이 급격히 떨어지기 시작한 것이다. 이제까지 절반으로 떨어졌고 내림세는 계속되고 있다. 지금의 인구 증가는 증가 속도가 일정한 게 아니라 매년 늘어나는 인구 숫자가 일정한 선형적 형태를 그린다. 이 같은 변화의 원인은 사람들이 걱정했던 사망률 증가가 아니라 극적인 출생률 변화로, 이는 많은 국가에서 일어난 핵가족화 때문이다. 1950년에는 여성 한 명이 평균 5.05명의 아이를 출산했다. 지금은 2.47명으로 현재 인구를 유지하는 대체 출산율인 2.1명을 조금 웃돌 뿐이다.[98]

미래에 어떻게 될지는 알 수 없지만 현재의 추세는 인구의 빠른

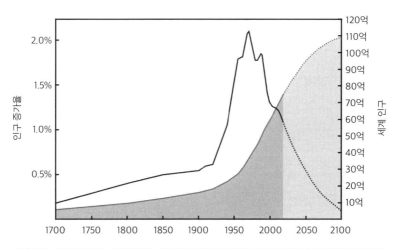

그림 4.2   1700년부터 현재까지의 세계 인구(진한 회색)와 2100년까지의 전망치(옅은 회색). 연간 인구 증가율을 나타내는 검은 선은 1962년에 정점을 찍은 이래 가파르게 하락해 왔다.[99]

안정화로 향하고 있다. 지금의 선형 상승은 역사 내내 곡선을 그렸던 그래프가 마침내 평평해지는 변곡점이 될 것이다. 20세기 중반의 가파른 인구 증가는 앞으로 다시 일어나지 않을 것이다. 지난 80년 동안 인구는 3배 늘었다. 앞으로 80년 동안에는(2100년까지) 50퍼센트만 늘어 약 110억이 될 것으로 예측된다. 지금 생존해 있는 사람 한 명이 책임질 미래 세대는 0.5명이다. 이는 쉽지 않은 도전이지만 지난 세기보다는 훨씬 수월하다.

어떤 사람들은 진짜 존재 위험은 인구 감소라고 말한다.[100] 아프리카를 제외한 대부분의 국가에서 출산율이 대체 출산율 밑으로 떨어졌고 이는 전 세계적 경향이 될 것이다. 하지만 나는 인구 감소를 걱정해야 할 실질적인 이유는 없다고 생각한다. 인구 감소가 분명하고 실질적인 위험을 일으키기 시작한다면(앞으로 최소 두 세기 동안에는 일어나지 않을 것이다) 출산 장려 정책을 통해 대체 출산율에 도달하면 될 일이다. 무상 보육, 무상 교육, 무상 아동 의료보장, 출산 조세 혜택 같은 정책은 시행이 비교적 쉽고 강압적이지 않을뿐더러 사람들의 큰 지지를 얻을 것이다.

인구가 통제 불가능하리만큼 증가할 위험은 줄었지만 사람들의 수는 여전히 너무 많다. 게다가 인류의 부와 힘이 빠르게 증가하면서 한 사람이 환경에 미치는 영향은 점차 커지고 있다.[101] 이는 생물권에 엄청난 압박을 가하고 있으며 그중에는 전례 없는 압박도 있다. 그러므로 이는 인류 존재를 위협할 수 있다.

우리가 걱정하는 문제 중 하나는 자원 고갈이다. 사람들은 화석연료, 인, 표토, 깨끗한 물, 일부 광물이 부족해질 것이라고 주장한다.[102] 하지만 이 같은 형태의 자원 부족은 인류 잠재력에 대한 직접적인 위험은 되지 않을 것이다.

화석연료가 바닥나면 값비싼 대안들에 기대야 하므로 경제가 침체할 수 있지만, 우리는 화석연료 없이도 문명을 유지할 수 있다. 실제로 우리는 금세기 말까지 탄소를 전혀 배출하지 않을 계획이다. 나는 새로운 화석연료의 원천을 찾지 못한다면 오히려 인류의 존재 위험이 낮아질 거라고 기대한다.

물은 어떨까? 담수는 해수보다 훨씬 적지만, 한 사람이 이용할 수 있는 양은 2,600만 리터로 결코 적지 않다.[103] 물 부족 문제의 대부분은 불공평한 배분에서 비롯된다. 최악의 시나리오가 현실화하더라도 약 1달러면 1,000리터의 해수를 담수로 바꿀 수 있다. 청정에너지를 사용해 해수를 담수로 바꾸거나 저지대에 있는 물을 고지대에 있는 사람들과 농장에 공급하려면 비용이 올라가겠지만, 어쨌든 가능한 일이다.

광물은 실제로 부족한지도 불분명하다. 과거 예측들은 빗나갔고, 실제로 광물이 부족해지더라도 소비가 줄고 재활용이 늘어나며 대안 자원이 발견될 것으로 전망된다.[104] 더군다나 실제로 고갈되고 있는 희귀 광물들은 문명에 꼭 필요한 자원이 아니다.

고갈되면 존재 재앙이 일어날 거라고 합리적으로 믿을 만한 자원을 떠올리기 힘들지만 그렇다고 해서 그 가능성을 완전히 배제할 수는 없다. 문명에 꼭 필요한 기능을 하지만 다른 실효성 있는 대안이 없고 재활용도 여의치 않으며 소비를 줄일 수도 없는 희소 자원이 있을지도 모른다. 나는 이 같은 기준에 모두 부합하는 자원이 있으리라는 가능성에 회의적이지만 그래도 철저히 확인해 봐야 한다.

환경에 관한 또 다른 우려는 생물다양성 감소다. 많은 사람이 인간의 행동으로 수많은 종이 파괴되고 위협받아 여섯 번째 대량 절멸이 일어날 거라고 주장한다.[105] 사실일까?

이에 답하기란 어렵다. 한 가지 문제는 지금 상황과 화석 기록을 뚜렷하게 비교할 수 없다는 것이다.[106] 또 다른 문제는 대량 절멸의 기준이 하나가 아니라는 사실이다. 현재 종의 절멸 속도는 장기적 평균보다 최소 10배에서 100배 이상 빠르며 앞으로도 가속될 것으로 예상된다.[107] 지금의 종 절멸은 과거 대량 절멸보다 빠르게 일어날 수 있다. 하지만 절멸한 종의 비율은 대량 절멸에서보다 훨씬 낮다. 과거 다섯 번의 대량 절멸에서는 75퍼센트 이상의 종이 사라졌지만 지금은 약 1퍼센트만이 사라졌다.[108] 여섯 번째 대량 절멸이 이제 막 시작되었을 수 있지만 여러 증거에 따르면 과거 대량 절멸보다 훨씬 규모가 작을 가능성이 크다. 어찌 되었든 우리가 대량 절멸의 시기를 맞고 있을 가능성을 완전히 배제할 수 없다는 사실은 무척 우려스럽다.

절멸은 생물다양성 감소의 유용한 기준이지만 이야기의 전부는 아니다. 생물다양성 감소에는 국지적, 지역적으로 나타나는 개체수 감소나 종 소멸은 포함되지 않는다. '고작' 1퍼센트의 종이 우리 시대에 사라졌더라도 각 지역의 생물다양성 손실은 훨씬 클 수 있는데 이야말로 가장 심각한 문제일 것이다. 존재 위험의 관점에서 볼 때 생물다양성 손실에서 가장 중요한 건 **생태계 서비스**의 상실이다. 생태계 서비스란 물과 공기의 정화, 에너지와 자원 공급, 토양 개선처럼 동식물이 우리에게 제공하는 서비스를 뜻한다. 이 서비스를 인간 스스로 수행하려면 비용이 많이 들거나 애초부터 불가능하다.

벌의 작물 수분이 대표적인 예다. 많은 사람이 벌의 절멸을 존재 위험으로 거론하며 '벌이 지구에서 사라지면 인간은 4년밖에 살지 못할 것'이라는 아인슈타인의 말을 인용한다. 하지만 이는 전혀 사실이 아니며 아인슈타인은 그런 말을 한 적이 없다.[109] 최근 발표된 한 연구에 따르면 벌뿐 아니라 꽃가루를 전달하는 다른 모든 생명체가 완전히 사라진다 해도 전 세계 작물 생산량은 3~8퍼센트 감소할 뿐이다.[110] 이는 엄청난 환경 재앙이고 인류는 위기를 맞겠지만, 이를 존재 위험으로 여길 근거는 없다.

벌의 사례는 비논리적이지만, 실제로 위협받고 있는 생태계 서비스가 있을지 모르며 인류는 그런 서비스 없이는 생존이 불가능할 수도 있다. 아니면 여러 생태계 서비스가 한꺼번에 사라져 인류 문명이 대처할 수 없을지 모른다. 환경 파괴가 **모종의** 수준에 이르면 이 같은 일이 일어날 수 있지만, 인류가 그 한계에 얼마나 가까운지 또는 연속적인 생태계 서비스 붕괴가 실제로 인류를 그런 한계에 이르게 할지는 불분명하다. 그러므로 더 많은 연구가 필요하다.

핵겨울이나 극단적인 지구 온난화와 마찬가지로 우리는 환경 파괴가 존재 위험을 일으킬 직접적인 메커니즘은 모르지만, 분명한 건 우리가 지구 환경에 엄청난 압박을 가하고 있어 아직은 알려지지 않은 영향이 우리의 생존을 위협할 수 있다는 사실이다. 그러므로 다음 세기 동안 계속될 환경 파괴를 인류에 대한 예상치 못한 위협의 근원으로 생각할 수 있다. 환경적 존재 위험 대부분은 이처럼 아직 모형화되지 않은 영향들에 도사리고 있을 것이다.

핵전쟁, 기후변화, 환경 파괴는 그 존재 재앙 가능성과 상관없이 아주 심각한 전 지구적 문제다. 세 가지 모두 인류가 지구의 모습을 20만 년의 호모 사피엔스 역사에서 유례없는 방식으로 바꿀 엄청난 힘을 보였다. 최신 과학 이론들은 이 변화들이 극단적인 규모로 일어날 가능성을 뒷받침하지만 진정한 존재 재앙이 될 분명하고 입증된 메커니즘은 제시하지 못한다. 그러므로 이 세 가지 원천에서 비롯되는 존재 위험은 소행성으로 인한 존재 위험보다 추측에 가깝다. 그렇다고 위험이 **더 작다**는 의미는 아니다. 인류의 최신 과학 지식을 고려하면, 이 위험들이 한 세기 동안 나타날 확률을 모든 자연적 위험을 합친 확률인 0.001~0.05퍼센트보다 적다고 산정한다면 지나치게 대범한 추산이다. 나는 세 가지 위험의 각 확률이 자연적 존재 위험을 모두 합친 것보다 높다고 추측한다. 그리고 더 큰 위험들이 다가올지도 모른다.

5 미래의 위험

> 암흑시대가 다시 올지 모르고, 석기시대가 과학의 반짝이는 날개를 타고 다시
> 올지 모르며, 지금 인류에게 헤아리기도 힘든 물질적 축복을 안긴 무언가가 인
> 류의 완전한 파괴도 불러일으킬지 모른다.
>
> 윈스턴 처칠[1]

이제는 시선을 지평선 너머로 돌려 다음 세기에 일어날 가
능성들을 보자. 먼 미래의 가능성들은 흐릿하기만 하다. 어떤 다른
기술들이 가능할지, 첨단 기술들이 성장하여 어떤 형태를 띨지, 새
로운 기술들이 탄생한 세상을 예측하기란 몹시 어렵다. 우리가 새
로운 기술들을 실제로 접할 때까지 베일은 걷히지 않을 것이다. 최
고의 전문가나 기술을 발명한 당사자조차 갑작스러운 변화에 놀랄
수 있다.

1933년 어느 밤 세계적인 원자 과학자 어니스트 러더퍼드는 원
자 에너지 활용은 '망상'이라고 단언했다. 그리고 바로 다음 날 아침
에 레오 실라르드Leo Szilard가 연쇄 반응 개념을 발견했다. 1939년에
엔리코 페르미는 실라르드에게 연쇄 반응이 '요원한 가능성'이라고

말했지만 4년 뒤에는 직접 세계 최초의 원자로를 감독하게 되었다. 공기보다 무거운 비행기가 하늘을 나는 건 불가능하다거나 수십 년은 지나야 가능하다고 생각한 여러 저명한 과학자를 나열하는 건 이제 진부하기까지 하다. 하지만 라이트 형제 중 한 명인 윌버 라이트Wilbur Wright조차 스스로 비행기를 발명하기 2년 전에 앞으로 50년은 족히 걸린다고 생각한 사실을 아는 사람은 드물다.[2]

그러므로 우리는 새로운 기술이 얼마나 갑작스럽게 찾아올 수 있는지 기억해야 하며 새로운 기술이 불가능하다거나 아주 먼 미래의 이야기이므로 걱정할 필요가 없다는 주장을 경계해야 한다. 확신에 찬 저명한 과학자의 의심은 기술에 대한 회의주의의 근거가 될 수 있지만 거기에 우리의 삶을 걸어서는 안 된다. 그들의 과거 전적은 그럴 만큼 좋지 않다.[3]

물론 과학자와 공학자가 곧 도래할 거라고 예측한 신기술이 실제로는 수십 년 뒤에야 세상에 나오거나 전혀 나오지 않거나 예상과 전혀 다른 형태를 띤 경우 역시 수없이 많다. 중요한 건 일반적으로 기술이 예상보다 빨리 찾아온다는 게 아니라 그럴 가능성이 크다는 사실이다. 그러므로 새로운 기술의 예측을 무시하거나 아직 시간이 많이 남았다는 추측은 삼가야 한다.

미래를 알기란 불가능하다는 사실을 미래를 무시하는 구실로 삼는 정반대의 실수도 저질러서는 안 된다. 우리가 예측할 수 있는 것들도 **있다**. 예를 들어 누군가가 인류의 힘을 강하게 한 기술 개발의 장기적 경향이 이번 세기에는 계속되지 않을 거라고 말한다면 사람들은 놀랄 것이다. 또한 20세기 인류가 유례없는 힘을 지니게 되면서 일어난 인공적 위험과 비슷한 또는 그보다 더 큰 위험이 다음 세기에는 없을 거라고 말한다면 사람들은 믿지 못할 것이다.

이번 장은 미래에 관한 장이지만 앞으로 어떤 기술이 도래하고 그 시기가 언제일지 같은 일반적 의미의 예측은 하지 않을 것이다. 대신 타당성과 확률 면에서 지평선을 관찰할 것이다. 존재 위험을 일으킬 거라고 타당하게 믿을 수 있는 미래 기술이 있을까? 그런 기술이 도래할 확률은 우리가 미리 준비해야 할 만큼 높을까? 이에 답하기 위해 미래는 물론이고 앞으로 벌어질 일에 대한 정확한 확률을 알 필요는 없다. 그저 확률의 어림수만을 산출하여 위협의 희미한 윤곽만 알면 된다. 그렇다면 우리 앞에 놓인 광경과 우리가 어떤 준비를 해야 할지를 대략 알 수 있다.

물론 새로운 많은 기술이 유용할 것이고 그중 몇몇은 무척 경이로울 것이다. 인류는 기술 진보로 더 많은 부를 쌓고 더 오래 살게 되어 극단적 빈곤은 규범이 아닌 예외가 되었고 수명은 산업혁명 이래 2배로 늘어났다. 지난 몇 세기 동안 기술이 인간에게 안겨 준 혜택은 기술이 불러 온 모든 위험을 합친 것보다 훨씬 컸다.[4] 건강과 부에 대한 극적인 혜택은 모든 부작용을 고려하더라도 압도적이다.

최소한 대부분의 위험에 대해서는 그렇다. 발생 확률이 높고 일상적인 대부분의 위험은 대수의 법칙이 우세하므로 미미한 예측 불가능성은 입증 가능한 장기적 평균에 흡수된다. 우리는 일상의 위험들이 기술의 장점들에 압도되어 왔다는 사실을 잘 안다. 하지만 이처럼 긍정적인 균형이 유지될 수 있었던 건 우리가 순전히 운이 좋아 주사위를 잘 굴려서일 수 있다. 예컨대 핵전쟁 발발 위험은 현대 기술의 혜택을 전부 능가할 만큼 심각했을 수 있다.

이는 우리가 앞으로 다가올 세기를 볼 때 가장 초점을 맞춰야 할 부분이다. 기술의 일상적 위험이나 부정적 면이 아니라, 우리가 가진 모든 게 위험에 빠지고 그 손실을 메울 어떤 방법도 없는 상황 말이다.

나는 어릴 적부터 줄곧 기술을 강력하게 옹호해 왔다. 아직 일어나지는 않았지만 충분히 타당성 있는 재앙의 위험들을 깨닫지 않았다면 여전히 그랬을 것이다. 하지만 지금의 내 관점은 훨씬 양가적이다. 그렇다고 지금 당장 기술 진보를 멈춰야 한다고 생각한 적은 한순간도 없다. 선의에서라도 기술 발전을 영원히 가로막는다면 그 자체로 존재 재앙이 될 것이며 인류는 결코 잠재력을 실현할 수 없다.

하지만 우리는 기술 진보를 성숙하게 대해야 한다.[5] 앞으로도 기술을 발전시켜 그 혜택을 누릴 수 있도록 해야 한다. 하지만 신중해야 한다. 필요하다면 기술의 혜택 일부를 잠재적 위험을 해결하는 데 사용하여 긍정적 균형을 유지하도록 해야 한다. 이를 위한 중요한 단계는 미래를 내다보며 잠재적 위험을 이해하는 것이다.

전염병

1347년에 죽음이 유럽에 찾아왔다. 크림반도에서 카파 마을을 포위한 몽골 군대가 가져온 죽음이었다. 달아난 상인들은 자기도 모르게 이탈리아에 죽음을 퍼트렸다. 이후 프랑스, 스페인, 잉글랜드로도 퍼졌다. 나중에는 노르웨이까지 도달했고 결국 모스크바에 이르는 유럽 전역을 덮쳤다. 흑사병은 6년 만에 유럽 대륙을 집어삼켰다.[6]

심하게 앓던 수천만 명의 몸은 여러 방식으로 병에 굴복했다. 목, 겨드랑이, 사타구니의 림프샘이 붓거나, 피부 아래에서 출혈이 일어나 살이 까맣게 변하거나, 기도와 폐에 괴사염증이 일어나 피를 토했다. 모든 증상에는 열, 피로, 체액으로 인한 고약한 악취가 동반되었다.[7] 사망자가 너무 많아 사람들을 한꺼번에 묻어야 했고 그래도 나중에는 묘지가 부족했다.

흑사병은 유럽을 초토화했다. 6년 동안 유럽 인구의 4분의 1에서 2분의 1이 사망했다.[8] 중동에도 퍼져 이집트인과 시리아인 세 명 중 한 명이 세상을 떠났다. 중앙아시아, 인도, 중국의 일부 지역도 피해를 입었다. 14세기의 기록이 많지 않아 정확한 피해 규모를 알 수는 없지만, 전 세계 인구 중 5~14퍼센트가 사망한 것으로 추측되며 이는 인류가 겪은 가장 큰 재앙이었을 것이다.[9]

이제 우리는 이 같은 사건으로부터 안전할까? 아니면 더 취약할까? 전염병이 인류의 미래를 위협할까?[10]

흑사병은 인류사에 상처를 남긴 유일한 생물학적 재난이 아니다. 수많은 사람을 괴롭힌 유일한 가래톳페스트 유행도 아니었다. 541년에는 유스티니아누스 역병이 비잔틴 제국을 덮쳐 3년 동안 전 세계 인구의 약 3퍼센트가 목숨을 잃었다.[11]

1492년에 유럽인들이 아메리카에 발을 들였을 때 두 집단은 서로에게 전혀 새로운 병을 퍼트렸다. 유럽인과 아메리카 원주민은 각 수천 년 동안 여러 질병에 내성을 길러 왔지만 서로의 질병에는 완전히 무력했다. 하지만 홍역, 인플루엔자 그리고 무엇보다 천연두에 노출된 아메리카 원주민이 유럽인보다 훨씬 큰 고통에 시달렸다.

이후 100년간 유럽인의 공격과 질병은 헤아리기도 어려운 수많은 아메리카 원주민의 목숨을 앗아갔다. 유럽인들이 도착하기 전 아메리카 원주민의 인구는 너무 불확실하므로 정확한 희생자 수는 알기 힘들다. 하지만 한 세기 동안 아메리카 원주민 인구의 90퍼센트 이상이 사라졌을 가능성을 배제할 수 없다. 물론 훨씬 낮을 수도 있다.[12] 또한 얼마나 많은 사망자가 질병이 아닌 전쟁이나 직업으로 목숨을 잃었는지도 구분하기가 아주 어렵다. 이른바 '콜럼버스 교환'으로 사망한 사람의 수는 전 세계 인구 중 최대 10퍼센트에 달했을 것으로 추정된다.[13]

몇 세기 후 세상이 매우 긴밀하게 연결되면서 진정한 의미의 전 세계적 유행병 가능성이 현실화되었다. 제1차 세계대전 막바지 무렵 끔찍한 인플루엔자('1918년 독감' 혹은 '스페인 독감'으로도 불린다)가 여섯 개 대륙뿐 아니라 외딴 태평양 섬들에까지 번졌다. 전 세계 인구 중 3분의 1 이상이 감염되었고 3~6퍼센트가 사망했다.[14] 이는 제1차 세계대전 희생자 수보다 많을 뿐 아니라 1차, 2차 세계대전을 합친 수보다 많을 수 있다.

하지만 위 사건들도 인류의 장기적 잠재력을 위협하지는 않았다.[15] 역병이 창궐한 지역들의 문명은 잠시 비틀거렸지만 결국 다시 일어섰다. 한 대륙의 인구가 25~50퍼센트 사라졌는데도 문명은 붕괴하지 않았다. 전염병은 제국들의 운을 뒤바꾸고 역사의 경로를 크게 비틀었지만, 인류 문명이 미래에도 비슷한 시련을 맞는다고 해도, 심지어 전 세계적 규모로 맞는다고 해도 무사할 것이라 합리적으로 믿을 수 있다.

스페인 독감은 지구 곳곳에서 유행했지만 전 세계의 발전에 눈에 띄는 영향을 거의 주지 않았다. 스페인 독감보다 사망자 수가 적은 제1차 세계대전이 역사의 경로에 훨씬 큰 영향을 미친 것으로 보인다.[16]

유럽이 아메리카를 발견했을 때의 기록이 부족하고 원인들이 복합적이므로 콜럼버스 교환에서 우리가 어떤 교훈을 얻을 수 있는지는 그리 분명하지 않다. 전염병이 아메리카 문명을 붕괴한 원인 중 하나인 건 확실하지만, 그와 동반한 폭력과 제국 통치가 없었더라도 붕괴했을지는 의문이다.

자연적 전염병이 존재 위험을 일으킨다는 주장에 대한 가장 강력한 반박은 3장에서 살펴본 화석 기록에 기반한 주장이다. 한 세기 동안 자연적 원인으로 절멸 위험이 일어날 확률이 0.1퍼센트 이상이라는 추산은 인류 및 인류와 비슷한 종들이 오랫동안 존재해 보여 준 증거에 부합하지 않는다. 하지만 화석을 근거로 한 주장은 지금 인류에 대한 위험이 장기적 차원의 위험과 비슷하거나 낮을 때만 유효하다. 대부분의 위험은 장기적 차원과 비슷하거나 그보다 낮지만, 전염병은 그렇지 않다. 우리의 많은 행동이 전염병 가능성을 높이고 그 피해를 증폭하여 위험을 악화했다. 그러므로 '자연적' 전염병 역시 어떤 면에서 보면 인공적 위험으로 간주해야 한다.

지금 세계 인구는 인류 역사의 대부분 기간에서보다 1,000배 많으므로 새로운 인간 질병이 발생할 기회는 훨씬 많아졌다.[17] 게다가 지금의 농업 관행은 수많은 동물을 열악한 환경에 놓았다. 그 결과 심각한 질병에 걸린 동물이 종을 초월해 인간을 감염시키면서 위험을 높이고 있다. HIV(침팬지), 에볼라(박쥐), 사스(박쥐로 추정), 인플루엔자(주로 돼지나 조류)가 대표적인 예다.[18] 여러 증거에 따르면 동물에서 인간으로 전파되는 질병은 빠르게 늘고 있다.[19]

현대 문명 역시 전염병 확산 가능성을 훨씬 높인다. 많은 사람이 도시로 이주해 인구 밀집도가 높아지면서 감염자 한 명이 감염시킬 수 있는 사람의 수가 증가했다. 교통이 발달해 먼 거리를 빠르게 이동하게 되면서 사람들이 서로 가까워졌지만 병원균이 확산하는 거리가 훨씬 늘어났다. 게다가 전 세계인은 지난 1만 년 동안과 달리 더 이상 서로 고립되어 있지 않다.[20] 이 모든 영향으로 새로운 전염병이 출현할 가능성은 더 커지고, 전파 속도는 더 빨라지며, 더 많은 사람이 노출된다.

하지만 우리는 전염병으로부터 보호받을 수 있는 방식으로도 세상을 바꾸어 왔다. 이제 사람들은 더 건강하고, 위생은 크게 개선되었으며, 예방약과 치료제가 개발되었고, 질병에 대한 과학적 이해가 발전했다. 그리고 무엇보다 새로운 전염병이 출현하더라도 국가 간 소통과 조율을 효율적으로 감독할 공공보건 기구들이 탄생했다. 지난 세기 동안 풍토병이 극적으로 감소한 만큼 우리는 이 같은 보호 장치들의 혜택을 한껏 누렸다(전염병이 같은 경향을 띨 거라고는 장담할 수 없다). 마지막으로 인류는 다른 여느 포유류보다 많은 지역과 환경에 퍼져 있다. 따라서 병원균이 매우 널리 확산하여 다른 인종과 접촉한 적 없는 부족, 남극 탐험대, 핵잠수함 선원처럼 완전히 고립된 집단에게까지 다다르지 않는 이상 인류가 사라질 위험은 없으므로, 인류가 여러 환경에 존재한다는 사실은 절멸에 대한 특별한 보호막이 된다.[21]

위 영향들의 복합적인 효과가 전염병으로 인한 존재 위험을 악화시켰는지 약화시켰는지는 알기 힘들다. 이 같은 불확실성은 궁극적으로 안 좋은 소식이다. 그전에는 위험이 작다고 확실하게 주장할 수 있었지만 이제는 그럴 수 없다. 하지만 우리의 관심은 변화의 방향뿐 아니라 변화의 **크기**임도 기억해야 한다. 한 세기당 위험이 2,000분의 1 미만이었다는 화석 기록 증거에 따르면, 그보다 위험이 20배 넘게 커져야 세기당 위험이 1퍼센트에 달한다. 이는 가능성이 낮아 보인다. 여전히 화석 기록은 '자연적' 전염병으로 인한 높은 **절멸** 위험을 반박하는 강력한 증거다. 그러므로 전염병으로 인한 존재 위험 대부분은 전 세계 문명이 무너졌지만 재건할 수 없거나 인류의 재건 노력이 실패하는 문명의 영구적인 붕괴 위협에서 비롯될 것이다.

하지만 인류는 훨씬 더 큰 영향을 일으킬 수 있다. 앞에서 우리는 우리의 행동이 전염병의 출현과 확산을 부추기거나 방조하는 간접적인 방식들을 살펴보았다. 하지만 병원균을 의도적으로 사용하거나 개량하거나 창조하는 직접적인 방식은 어떨까?

인류가 병원균을 이해하고 통제하기 시작한 건 매우 최근이다. 200년 전만 해도 사람들은 전염병의 근본 원인도 몰랐다. 서구에서 가장 큰 지지를 받은 가설은 모종의 가스가 병을 일으킨다는 주장이었다. 하지만 두 세기 만에 다양한 미생물이 원임임을 밝혔을 뿐아니라 실험실에서 세균을 배양하고 교배해 여러 특징을 지닌 종을만들고, 유전체 배열을 알아내고, 새로운 유전자를 삽입하고, 기존의 유전자 암호와 완전히 다른 새로운 기능을 하는 바이러스를 탄생시키기에 이르렀다.

발전은 빠르게 진행 중이다. 지난 10년 동안 새로운 유전자 정보를 유전체에 효율적으로 삽입하는 크리스퍼CRISPR 기술과 야생에 존재하는 자연적 유기체의 군체를 변형된 유전자로 대체하는 유전자 드라이브 기술 같은 여러 대대적인 혁신이 일어났다.[22] 유전체 염기 서열 분석 비용이 2007년 이래 10,000분의 1로 떨어졌고, 관련 논문이 쏟아졌고, 벤처캐피털 투자가 급증하면서 발전 속도는 더 빨라졌다.[23] 생명공학 발달의 기세는 당분간 꺾이지 않을 것이다. 어떤 도전도 불가능해 보이지 않고 더 큰 발전을 가로막을 법률은 없다.

이 문제에 관해서 과거는 거의 어떤 지침도 제시하지 않는다. 자연의 능력을 앞서려는 노력은 계속 증가하고 있으므로 장기간의 과거 기록을 살펴보아도 소용없다. 이 같은 미지의 새 영역에 도사린 위험들이 전부 우리에게 익숙한 위험일 거라는 추측은 지나친 낙관주의일 것이다.

우선은 악의에 의한 위험은 차치하고 선의의 연구에서 비롯될 수 있는 위험을 살펴보도록 하자. 우리가 떠올리는 과학과 의학 연구 대부분은 거의 어떤 위험도 일으키지 않는다. 하지만 전 세계적 피해를 줄 위험으로 알려진 병원균이 사용될 때가 있다. 스페인 독감, 천연두, 사스, H5N1 인플루엔자의 병원체가 여기에 속한다. 이 같은 연구 중에서도 병원체의 변종을 만드는 연구는 전파력이나 치명성을 높이거나 백신이나 치료제에 대한 내성을 강화할 수 있으므로 자연 유래의 병원체를 사용하는 연구보다 위험하다.

2012년에 네덜란드 바이러스 과학자 론 푸시에Ron Fouchier는 당시 새로 출현한 H5N1 조류 인플루엔자에 대한 기능 획득 실험 결과를 발표했다.[24] H5N1은 감염자 중 약 60퍼센트가 사망하는 아주 위험한 병원균으로 스페인 독감보다 치명률이 훨씬 높았다.[25] 하지만 사람 사이에서는 감염되지 않았기 때문에 전염병으로 확산되지는 않았다. 푸시에는 H5N1이 자연적으로 인간 대 인간 감염을 일으킬 능력을 획득할 수 있는지, 획득할 수 있다면 어떻게 획득하는지 알고 싶었다. 우선 그는 인간에 대한 인플루엔자 영향을 알아보는 모형으로 자주 활용되는 흰담비 열 마리를 감염시켰다. 열 마리 중 마지막 흰담비가 감염되었을 때 그가 보유한 H5N1은 포유류 간 직접 전파가 가능해졌다.

푸시에의 연구는 격렬한 논쟁을 일으켰다. 대부분 그의 연구에 담긴 정보를 문제 삼았다. 미국 국가생물보안과학자문위원회National Science Advisory Board for Biosecurity는 푸시에의 논문이 고의로 전염병을 일으키는 데 악용될 수 있으므로 발표 전 일부 기술적 내용을 삭제해야 한다고 판단했다. 그리고 네덜란드 정부는 푸시에의 논문이 생화학무기에 사용될 수 있는 정보의 유출을 금지하는 유럽연합법을 위반했다고 주장했다. 하지만 여기에서 내가 걱정하는 건 정보가 악용될 가능성이 아니다. 푸시에의 연구는 선의의 과학자가 전 세계적 재앙을 위협한다고 알려진 병원체의 파괴력을 강화한 사례를 생생하게 보여 준다. 더군다나 푸시에의 연구가 유일한 예도 아니다. 같은 해에 비슷한 실험이 미국에서도 이루어졌다.[26]

물론 이 같은 실험은 보안이 철저한 실험실에서 엄격한 안전 기준에 따라 이루어진다. 유해성이 강화된 병원균이 자연으로 유입될 확률은 무척 낮다. 하지만 얼마나 낮을까? 안타깝게도 실험실 사고나 병원균 유출 비율에 관한 정보는 투명하지 않기 때문에 데이터가 충분하지 않다.[27] 이처럼 정보가 부족하므로 사회는 연구의 위험과 혜택 사이의 균형을 유지하기 위한 올바른 결정을 내리기가 힘들고 연구소들 역시 다른 연구소에서 일어난 사고에 대해 잘 모른다. 연구자들은 다른 분야들의 우수 사례에 발맞추어 실험실 사고를 지속적이고 투명하게 보고해야 한다.[28] 그리고 약속한 빈도보다 사고가 자주 일어나거나 병원균이 자주 유출된다면 책임을 분명히 따져야 한다.

우리에게 주어진 증거가 얼마 안 되는데도 병원균 유출이 우려될 만큼 높은 비율로 일어난다는 사실을 보여 주는 사례가 많다('대표적인 실험실 병원균 유출 사고' 참고).[29] 보고된 유출 사고 중 어떤 사고도 존재 재앙의 위험이 되진 않았지만, 매우 위험한 병원균에 대한 보안이 무척 허술했으며 여전히 불충분하다는 사실이 여실히 드러났다.

생물안전도BSL, biosafety level가 가장 높은 실험실BSL-4에서도 마찬가지다. 2001년에 영국에서 심각한 수족구병이 발생했다. 병의 확산을 막기 위해 600만 마리의 가축이 살처분되었고 경제적 손실은 80억 파운드에 이르렀다. 그리고 2007년에 또다시 수족구병이 발생했는데 추적 결과 실험실에서 비롯된 것으로 밝혀졌다. 수족구병은 가장 높은 위험의 병원균 범주로 분류되기 때문에 가장 높은 수준의 생물보안이 요구된다. 하지만 관리가 허술했던 파이프를 통해 바이러스가 새어 나와 실험실 밑 지하수로 유입된 것이다. 해당 연구소는 조사 후 연구 자격을 갱신 받았지만 불과 2주 뒤 또 다른 유출 사고를 일으켰다.[30] 과거 일련의 유출 사고는 스페인 독감 이상의 전 세계적 전염병을 일으킬 수 있는 병원균을 다루는 연구에 대해서는 BSL-4 단계도 충분하지 않다는 사실을 보여 준다. 특히 기능 획득 실험은 더욱 그러하다(극도로 위험한 H5N1 기능 획득 실험은 BSL-4

에서 이루어지지도 않았다).**31** 마지막으로 알려진 BSL-4 시설 유출 사고
가 13년 전이었다는 사실만으로는 안심할 수 없다. 사고 원인이 불
충분한 기준이었는지, 감독 부족이었는지, 조작 미숙이었는지, 부
족한 처벌 때문이었는지는 중요하지 않다. 중요한 건 실험실들의
이제까지 전적이 형편없으며 투명성이 부족하고 책임 소재 파악이
잘 이루어지지 않았다는 사실이다. 지금의 BSL-4 실험실들의 상황
을 떠올리면 전염병 병원균 유출은 시간문제다.

사고의 위협과 더불어 의도적인 악용의 위협도 있다. 인류가 질
병을 무기로 삼은 암울한 역사는 무척 길다. 기원전 1320년 소아시
아에서 일어난 전쟁에서 병에 걸린 양 떼를 국경 너머로 몰아 야생
토끼병을 퍼트렸다는 기록이 있다.**37** 흑사병이 유럽에서 유행한 건
카파를 봉쇄하던 몽골 군대가 역병으로 죽은 시체를 성벽 너머로
던지면서 시작되었다는 이야기도 있다. 실제로 그랬는지 혹은 몽골
군이 아니었어도 흑사병이 결국 유럽에서도 유행하게 되었을지는
알 수 없다. 하지만 세계사(인류사의 일부)에서 가장 끔찍한 전염병 유
행이 생물학적 전투에서 비롯되었을 가능성은 분명 존재한다.**38**

대표적인 실험실 병원균 유출 사고 ···

1971년: 천연두

아랄해의 어느 섬에 자리한 소비에트연방 생물학 무기 실험실에서 무기화한
천연두 변종 실험이 이루어졌다. 현장 실험 동안 근처 선박에 있던 사람들이
감염되는 사고가 일어났고 이들이 병원균을 해안가 지역까지 퍼트렸다. 집단

방역과 백신 프로그램으로 병원균 확산은 막았지만 총 열 명이 감염되고 세 명이 사망했다.[32]

1978년: 천연두

1967년 한 해 동안 천연두로 사망한 사람은 100만 명이 넘었지만 전 세계적인 노력으로 1977년에는 사망자 수가 0이 되면서 인류는 고대부터 계속된 천연두 재앙에서 해방되었다. 하지만 1년 뒤 천연두가 무덤에서 돌아왔다. 영국의 한 실험실에서 천연두 바이러스가 유출되어 당국의 조처로 진압되기 전까지 한 명이 사망하고 다른 한 명이 감염되었다.[33]

1979년: 탄저균

소비에트연방의 주요 도시 중 하나인 스베르들로프스크에 자리한 한 생물학 무기 실험실에서 무기화한 탄저균 다량이 세정용 공기 필터를 통해 유출되는 사고가 일어났다. 확인된 사망자는 66명이다.[34]

1995년: 토끼 출혈병

오스트레일리아 과학자들이 새로운 바이러스로 야생 토끼 개체 수를 통제하기 위한 실험을 수행했다. 실험은 작은 섬에서 이루어졌지만 바이러스가 검역망을 뚫고 오스트레일리아 본섬에 퍼지면서 단 몇 주 만에 3,000만 마리의 토끼가 죽었다.[35]

2015년: 탄저균

더그웨이실험실(Dugway Proving Grounds)은 1942년에 미군이 생화학무기를 실험하기 위해 세운 연구소다. 2015년에 연구원들이 살아 있는 탄저균의 포자 시료를 죽은 탄저균으로 착각해 다른 여덟 개 나라의 192곳 실험실로 전달했다.[36]

초기 생물학적 전투의 대표적 예는 1763년에 영국이 캐나다에 일으킨 공격이다. 당시 제프리 애머스트Jeffrey Amherst 북미 사령관은 천연두가 퍼졌었던 요새에 다음과 같은 편지를 보냈다. "불만을 품은 인디언들에게 천연두를 퍼트릴 계책이 없을까? 우리는 그들의 수를 줄이기 위해 가능한 모든 술수를 써야 한다." 영국 주둔군도 같은 생각이었고 독자적으로 행동에 나섰다. 그들은 천연두 병원균으로 오염된 물건들을 아메리카 원주민에게 보낸 후 이를 기록했고 심지어 이때 보낸 담요와 손수건 비용을 청구하기도 했다.[39]

과거 군대는 질병에 대한 이해가 부족했고 대부분 기회감염을 노렸지만, 질병에 대한 지식이 축적되면서 지금의 국가들은 자연이 제공하는 기회를 더 적극적으로 활용할 수 있게 되었다. 20세기 동안 미국, 영국, 프랑스를 포함한 15개 국가가 생물학 무기 프로그램을 시작한 것으로 알려져 있다.[40]

가장 큰 프로그램은 소비에트연방에서 이루어졌다. 한때는 10여 곳의 비밀 실험실에서 9,000명의 과학자가 페스트부터 천연두, 탄저균, 야생토끼병에 이르는 질병을 무기화했다. 과학자들은 질병의 감염성, 치명성, 백신과 치료제에 대한 내성을 강화했다. 적국에 병원균을 퍼트릴 시스템을 구축했고 20톤이 넘는 천연두와 페스트균을 비롯해 엄청난 양의 병원균을 비축했다. 소비에트연방의 프로그램은 치명적인 천연두와 탄저균의 유출 같은 사고에 취약했다(박스 내용 참고)[41] 인류 전체를 위협할 병원균을 만들려고 했다는 증거는 없지만, 강대국이나 불량국가가 억지력이나 상호 확증 파괴를 명분으로 위험천만한 병원균을 만들 여지는 충분하다.

다행인 소식은 인류가 생물학적 전투를 끊임없이 시도했지만 유출 사고나 병원균의 의도적 사용으로 희생된 사람은 비교적 적다는 것이다(흑사병을 자연적 유행병으로 간주할 경우).[42] 과거 역사 동안 생물학적 전투로 사망한 사람은 같은 기간 동안 자연적 전염병으로 사망한 사람보다 훨씬 적다.[43] 정확한 이유는 불분명하다. 국가들이 불안정하고 역효과가 일어나기 쉬운 생물학적 무기보다는 다른 무기를 더 선호해서였을 수 있다. 아니면 생물학적 무기에 대한 암묵적 지식과 작전상 어려움이 생물학적 무기 사용을 예상보다 어렵게 했을 수 있다.[44]

하지만 그저 데이터가 너무 적은 것일 수도 있다. 질병 발발, 전쟁 사망자, 테러 공격의 패턴은 모두 멱법칙 분포를 따르는 것처럼 보인다. 수치들이 중간값에 몰려 있는 익숙한 '정규' 분포와 달리 멱법칙 분포에서는 '두터운 꼬리'가 나타나는데 여기에는 다른 사건들보다 수천 배에서 심지어 수백만 배 큰 규모의 사건들이 분포해 있다. 전쟁과 테러 사망자는 특히나 꼬리가 두터운 멱법칙 분포를 따르기 때문에 사망자 대부분은 몇 안 되는 가장 큰 사건에서 발생한다. 예를 들어 지난 100년 동안 전쟁 사망자 대부분은 두 차례 세계대전의 희생자이며, 미국의 테러 희생자 대부분은 9/11 테러의 희생자다.[45] 이 같은 분포를 그리는 사건들을 지금까지 사건들의 평균 크기로 보고 앞으로의 규모를 예상한다면, 예상 규모는 근원적인 위험에 변함이 없더라도 실제보다 작게 나타난다.[46]

더군다나 근원적인 위험에 변함이 없는 것도 아니다. 과거 기록에만 의존한다면 생명공학의 빠른 변화를 간과하게 된다. 우리를 놀라게 하는 건 20세기의 생물학적 무기가 아니라 향후 100년의 발전이다. 100년 전 인류는 막 바이러스를 발견했고 DNA는 존재조차 몰랐다. 이제는 바이러스의 DNA를 설계할 수 있으며 과거 바이러스를 유전자 염기서열을 통해 부활시킬 수 있다. 앞으로 100년 후에는 어떻게 될까?

생명공학에서 가장 흥미로운 경향 중 하나는 학생과 아마추어도 첨단 기술을 활용할 수 있게 된 빠른 민주화다. 새로운 혁신이 일어나면 그것을 재현할 재능을 갖추었거나, 교육을 받았거나, 자원을 소유했거나, 인내심이 뛰어난 사람의 수가 빠르게 늘고 있다. 과거에는 세계 최고의 생물학자들에게만 가능한 일이었지만 이제는 생물학 박사 학위가 있는 사람뿐 아니라 학사 학위를 받은 수백만 명의 사람도 가능하다.

인간 게놈 프로젝트는 생물학계에서 가장 큰 공동 연구였다. 인간 유전체의 완전한 DNA 염기서열을 생성하는 이 프로젝트에 13년 동안 5억 달러가 투입되었다. 불과 15년이 지난 지금은 1,000달러만 내면 1시간 안에 유전체 염기서열을 알 수 있다.[47] 그 역과정은 훨씬 쉬워졌다. 누구라도 온라인 DNA 합성 서비스 웹사이트에 원하는 DNA 염기서열을 올리면 합성된 유전체를 원하는 주소로 배송 받을 수 있다. DNA 합성은 여전히 비싸지만 지난 20년 동안 약 1,000분의 1로 저렴해졌고 가격은 계속 낮아지고 있다.[48] 크리스퍼와 유전자 드라이브의 첫 사용은 지난 10년간 가장 놀라운 생명공학의 성취였다. 하지만 2년도 안 되어 과학 경진대회에 참가하는 학생들이 두 기술을 능숙하게 다루게 되었다.[49]

이 같은 민주화는 생명공학 산업의 호황을 약속한다. 하지만 생명공학이 위험한 수단으로 악용될 수 있으므로 민주화는 위험의 확산도 의미한다. 기술에 접근할 수 있는 사람이 늘수록 악의를 가진 사람이 포함될 확률은 높아진다.

전 세계를 파괴하려는 사람은 다행히도 드물다. 그렇다고 아예 없는 건 아니다. 1984년부터 1995년까지 활동하며 인류를 멸망시키려고 한 일본의 옴진리교가 대표적인 예다. 수천 명의 옴진리교 신도 중에는 화학과 생물학 전문가들도 있었다. 그들은 관념적으로만 인간을 혐오하는 집단이 아니었다. 그들이 여러 차례 살포한 VX가스와 사린가스로 22명이 사망했고 수천 명이 피해를 입었다.[50] 비록 성공하지는 못했지만 탄저균도 무기화하려고 했다. 전 세계적 전염병을 일으킬 수 있는 사람이 늘면서 그중 옴진리교 신도 같은 사람들이 포함되면 어떻게 될까? 혹은 강탈이나 억지의 목적으로 생물학적 무기를 만들려는 테러 조직의 구성원이나 불량국가 국민이 포함되면 어떻게 될까?

앞으로 수십 년 안에 생물학적 위험을 일으킬 가장 유력한 후보는 우리의 기술이고, 특히 국가나 그보다 작은 집단이 기술을 악용할 수 있다. 하지만 전 세계가 위험에 마냥 눈을 감고 있는 건 아니다. 1955년에 버트런드 러셀은 아인슈타인에게 보낸 편지에 생물학적 전투로 인한 절멸 위험을 언급했다.[51] 그리고 1969년에 미국의 노벨의학상 수상자 조슈아 레더버그Joshua Lederberg가 그 가능성을 다음과 같이 제기했다.

> 난 과학자로서 미국과 다른 국가들이 생물학적 전투 기술 개발에 계속 몰두하는 상황이 무척 걱정된다. 이 같은 상황은 지구상인류 생명의 미래를 심각한 위험에 처하게 한다.[52]

우리는 이들의 경고를 받아들여 인류 보호를 위한 국가적, 국제적 노력을 이미 시작했다. 공중보건, 국제 협정, 생명공학 기업계와 과학계의 자기 규율 같은 여러 방면에서 조치가 이루어지고 있다. 우리의 대응은 충분할까?

의료와 공중보건 전문가들은 위생부터 질병 감독 체계, 백신, 치료제에 이르기까지 감염병 위험을 줄일 수많은 대책을 마련해 왔다. 천연두 종식 같은 성공은 인류의 위대한 성취로 여겨진다. 공중보건을 위한 국가적, 국제적 노력으로 인류는 인공적 전염병으로부터 어느 정도 보호받게 되었고 기존의 공중보건 기반 시설을 인공적 전염병에도 효율적으로 대처할 수 있도록 개선했다. 하지만 이같은 보호는 이미 존재하는 위험들에 대해서도 부족하고 그마저도 불공정하게 이루어지고 있다. 공중보건은 무척 중요하지만 전 세계적으로 재정 부족에 시달리며 특히 저개발 국가일수록 전염병에 취약하다.

가장 대표적인 국제적 보호책은 1972년에 체결된 생물무기금지협약Biological Weapons Convention이다. 생물학적 무기에 대한 국제적 제약의 중요한 상징이 된 이 협약이 마련한 논의의 장은 지금까지도 계속되고 있다. 그렇다고 생물무기금지협약이 생물학적 무기를 성공적으로 불법화했다고 생각하면 오산이다.[53] 이 임무를 성공시키는 데에는 두 가지 문제가 있다.

첫 번째는 심각한 재정 부족이다. 인류를 지키기 위한 국제 사회의 약속인 생물무기금지협약을 위해 일하는 직원은 단 네 명이고 예산은 맥도날드 매장 한 곳의 평균보다 적다.[54]

두 번째는 다른 군축 협정들과(핵무기 협정이나 화학무기 협정 같은) 달리 생물무기금지협약에는 준수를 입증할 효과적 수단이 없다는 사실이다.[55] 이는 그저 이론적 문제가 아니다. 소비에트연방이 생물무기금지협약에 **서명하고도** 대규모 생물학 무기 프로그램을 거의 20년 동안 계속했고 그 사이 여러 사상자를 낸 탄저균 사고와 천연두 사고가 일어났다는 사실은 협정이 생물학 무기 연구를 중단시키지 못했음을 보여 준다.[56] 더군다나 협약을 어긴 국가는 소비에트연방만이 아니다. 남아프리카공화국은 아파르트헤이트가 끝난 후 생물무기금지협약에 반하는 생물학 무기 프로그램을 운영했었다고 털어 놓았다.[57] 1차 걸프전이 끝난 후에는 이라크가 협정을 어긴 사실이 드러났다.[58] 내가 이 글을 쓰는 지금 미국의 보고에 따르면 여러 나라가 협정에서 금지한 생물학적 무기를 개발하는 것으로 의심된다.[59] 이스라엘은 서명조차 거부했다.[60] 그리고 생물무기금지협약은 국가가 아닌 집단의 위협에 대해서는 별다른 효과를 발휘하지 못한다.

한편 생명공학 기업들도 생명공학 민주화의 어두운 이면을 줄이기 위해 노력하고 있다. 어떤 규제도 이루어지지 않는 DNA 합성 서비스는 악의적인 집단들이 극도로 치명적인 병원균을 만들다가 맞닥뜨리는 가장 큰 어려움을 해결해 준다. 천연두처럼 통제되고 있는 병원균의 DNA에 접근할 수 있으므로(천연두의 유전체는 인터넷에서 쉽게 찾을 수 있다) DNA를 변형하여 병원균을 더 위험하게 만들 수 있다.[61] 따라서 많은 DNA 합성 회사가 이 같은 위험을 자발적으로 줄이기 위해 위험한 염기서열의 주문을 검열한다. 하지만 검열 방식이 불완전하고 전체 주문의 약 80퍼센트밖에 이루어지지 않는다.[62] 이 같은 절차를 개선할 여지는 상당히 크며 검열을 의무화해야 할 당위성은 충분하다. 데스크톱 합성 기계가 이용 가능해지면서 어려움은 더 커질 것이다. 이에 대해서는 소프트웨어나 하드웨어 잠금 기능을 통해 DNA 염기서열을 검열하여 악용을 막아야 한다.[63]

생물학적 위험을 면밀히 관리하기 위해서는 과학계의 도움도 필요하다. 국가와 집단이 악용할 수 있는 위험한 발전 중 많은 수가 이른바 열린 과학에서 비롯되었다(아래 '정보 위험' 참고). 그리고 앞에서 이야기했듯이 과학에는 높은 사고의 위험이 뒤따른다. 과학계는 위험한 연구를 규제하기 위해 노력해 왔지만 그에 대한 성공은 제한적이었다. 연구 규제가 무척 어려운 데는 여러 이유가 있다. 어디에서 선을 그어야 할지 결정하기가 어렵고, 관행을 통일할 중앙 단체가 없으며, 개방과 자유의 문화는 연구자들이 어떤 대상이든 원하는 것을 연구하도록 독려하고, 규제의 속도가 과학 발전의 속도를 따라가지 못한다. 과학계는 이런 어려움들을 극복하고 전 세계적 위험을 철저히 관리할 수 있지만, 그러려면 학계 문화와 규제 관행의 대대적인 개혁을 받아들여 생명공학 안보 문제를 원자력 안보 문제처럼 진지하게 다룰 의지가 필요하다. 그리고 이 의지를 재앙이 닥치기 **전**에 발휘해야 한다.

정보 위험

실험실에서 유출되는 건 병원균만이 아니다. 이제까지 가장 위험했던 유출 사고들은 미생물 유출이 아니라 **정보 유출**이었다. 다시 말해 생물학적 위험보다 정보 위험이 더 컸다.[64] 정보 위험의 한 형태는 천연두와 스페인 독감의 유전체처럼 위험한 데이터가 공개되어 대중이 자유롭게 접근할 수 있는 것이다. 공개된 유전체로 천연두와 스페인 독감을 부활시키는 기술을 공개하는 것도 정보 위험의 예다(바이러스에 대한 물리적 접근을 막으려는 이전의 모든 노력을 허사로 만든다). 이 같은 정보는 한 번 유출되면 바이러스처럼 멀리 퍼지고 어떤 차단 노력에도 내성을 띤다.

BSL-4 실험실의 목표는 미생물 유출을 막는 것이지만, 과학계의 목표는 아이디어를 멀리 퍼뜨리는 것이다. 과학의 관행과 정신에 깊이 뿌리 내린 개방성은 위험 정보의 확산을 막기 위한 문화나 규제와는 긴장 관계에 있을 수밖에 없다. 전반적으로 무엇이 유용하고 무엇이 위험한지를 가늠하는 선이 불분명하고 논란의 여지가 클 때는 더더욱 그렇다.

우리는 과학자들에게 독립적으로 생각하고 권위에 도전하라고 말한다. 하지만 모든 과학자가 정보 공개의 이익이 비용보다 큰지 독자적으로 판단한다면, 우리는 '독단주의자의 저주(unilateralist's curse)'라는 위험한 편향에 빠지게 된다.[65] 거의 모든 과학자가 위험이 이익보다 크다고 판단하더라도 지나친 낙관주의자 한 명이 일방적으로 정보를 유출할 수 있다.[66] 올바른 과학계 관행에 반하는 결정이 단 한 명의 독단주의자에 의해 내려지는 것이다.

정보가 유출된 후에는 어떤 행동도 너무 늦어 버린다. 공개된 정보를 차단하거나 공개한 자를 비난하면 오히려 더 많은 사람의 관심을 끈다. 실제로 생물학 무기를 경계하는 사람들이 주목한다는 정보는 또 다른 형태의 정보 위험이 된다. 예컨대 생물학 무기의 위력과 용이성에 관한 서구의 경고는 알카에다가 생물학 테러리즘을 시작한 계기가 되었다.[67] 제2차 세계대전 동안 일본이 생물학 무기 프로그램(가래톳페스트를 이용해 중국을 공격)을 시작한 것 역시 생물학 무기를 금지하는 국제 협약에서 영감을 얻었다. 서구 강대국들이 생물학 무기 사용을 금지하려고 하는 건 분명 강력한 무기이기 때문일 것이라고 생각했다.[68] 무언가가 가능하다는 지식이면 충분할 때도 있다. 악의를 지닌 자가 소용없을 일에 자원을 쏟고 있다는 걱정 없이 전력을 다할 수 있기 때문이다.

정보 위험은 사고 위험에 비해 오용 위험이 큰 생물학적 위험에서 특히 중요하다.[69] 이는 생물학자들에게만 해당하지 않는다. 생물 안보 전문가들도 사회의 취약한 부분들과 최신 기술의 위험을 파헤치는 과정에서 위험한 정보를 유출한다(나 역시 이 내용을 쓰면서 철저히 주의를 기울여야 했다).[70] 이는 위험으로부터 인류를 보호하는 일을 더욱 어렵게 만든다.

비정렬 인공지능

1956년 여름 몇몇 수학자와 컴퓨터공학자가 다트머스 대학교에 모여 지능을 갖춘 기계를 설계하는 원대한 프로젝트를 시작했다. 그들은 추론, 창의력, 언어, 의사 결정, 학습을 포함한 다양한 인지 분야를 연구했다. 그들의 질문과 의견이 초기 인공지능의 밑바탕이 되었다. 궁극적인 목표는 인간의 지능에 필적하는 기계였다.[71]

수십 년 뒤 인공지능은 주류 과학 분야가 되었지만 과학자들의 눈은 낮아졌다. 논리, 추론, 게임 플레이에서는 큰 성공을 거둔 반면 다른 부문들은 지지부진했다. 1980년대에 연구자들은 성공과 실패의 패턴을 이해하기 시작했다. 놀랍게도 컴퓨터는 우리가 인간 지능의 정수라고 여기는 작업들을(미적분학이나 체스 같은) 우리에게 식은 죽 먹기인 작업들보다(고양이를 인식하거나 간단한 문장을 이해하거나 달걀을 집는 일 같은) 훨씬 **쉽게** 해냈다. 그러므로 인공지능이 인간의 능력을 훨씬 앞서는 일들도 있지만 두 살배기도 못 이기는 일들도 있었다.[72] 인공지능의 발전이 특정 분야들에서는 더뎌지자 과학자들은 전반적으로 지능이 우수한 기계를 만들겠다는 처음의 목표를 포기하고 구체적인 문제들을 해결하는 특화된 수단으로 삼기 시작했다. 초기의 원대한 목표는 치기 어린 열정으로 여겨졌다.

하지만 방향이 다시 바뀌고 있다. 인공지능 분야가 첫걸음을 뗐을 때 과학자들은 구체적인 프로그래밍 없이도 새로운 것을 배울 수 있는 시스템을 구상했다. 머신러닝machine learning의 초기 접근법 중 하나는 인간의 뇌 구조와 비슷한 인공 신경망을 만드는 것이었다. 이 접근법이 지난 10년 동안 마침내 결실을 보기 시작했다. 설계와 훈련 기술이 향상되고 데이터세트와 컴퓨터 성능이 강력해지면서 네트워크를 그 어느 때보다 폭넓고 깊이 있게 훈련할 수 있게 되었다.[73]

이 같은 '딥러닝deep learning' 덕분에 네트워크는 미묘한 개념과 차이를 학습할 수 있게 되었다. 이제 인공지능은 고양이를 인식할 수 있을 뿐 아니라 고양이 품종을 인간보다 더 잘 구분한다.[74] 인간의 얼굴도 우리보다 더 잘 식별해 일란성 쌍둥이도 구분할 수 있다.[75]

우리는 인공지능의 식별 능력을 단순히 인식과 분류에만 활용하지 않는다. 딥러닝 시스템의 번역 능력은 인간 번역자의 능력에 가까워졌다. 인간과 동물의 이미지를 마치 사진처럼 생생하게 만들 수도 있다. 누군가의 목소리를 단 몇 분만 듣고서도 그대로 따라 할 수 있다. 자동차를 운전하거나 로봇 팔로 레고 조각을 조립하는 것처럼 정교하고 연속적인 동작도 학습할 수 있다.[76]

하지만 앞으로 어떤 일이 펼쳐질지에 관한 가장 중요한 신호는 게임 학습 능력일 것이다. 게임은 다트머스 모임 때부터 인공지능의 중요한 부분이었다. 인공지능의 체스 실력은 1957년에 아마추어 수준에서 꾸준히 늘어 1997년에 인간을 뛰어넘었고 지금도 빠르게 향상하고 있다.[77] 인간의 체스 전략에 대한 방대한 지식을 저장할 수 있게 되면서 가능해진 일이었다.

2017년에 딥러닝 시스템을 체스에 적용하자 놀라운 결과가 일어났다. 인공지능 회사 딥마인드의 연구진이 개발한 신경망 기반 시스템인 알파제로Alpha Zero는 아무런 지식도 없는 상태에서 체스를 배웠다. 체스 초보자에서 최고수인 그랜드마스터가 되기까지 고작 4시간이 걸렸다.[78] 프로 선수가 두 게임을 하는 데 걸리는 시간도 안 되어 인류가 수백 년에 걸쳐 이해한 전략들을 파악해 최고의 인간 선수들과 기존 체스 프로그램들의 수준을 뛰어넘었다. 체스 선수들은 알파제로가 기존 컴퓨터 체스의 전형적이고 지루한 방법론적 스타일이 아닌 체스의 낭만주의 시대를 연상시키는 창의적이고 대담한 플레이를 구사하여 이겼다는 사실에 즐거워했다.[79]

하지만 무엇보다 중요한 사실은 알파제로가 체스만 할 수 있는 게 아니라는 것이다. 알파제로는 같은 알고리즘으로 바둑도 배웠고 8시간 만에 인간의 능력을 훨씬 앞질렀다. 자신의 실력이 완벽에 가깝다고 오랫동안 생각해 온 세계 최고의 바둑 기사들이 무참히 패배하면서 큰 충격에 휩싸였다.[80] 세계 챔피언 커제柯洁는 다음과 같이 말했다. "우리 인간은 더 나은 전략을 만드는 데 수천 년을 보냈지만, 컴퓨터는 우리가 완전히 틀렸다고 말한다. (……) 어떤 인간도 진정한 바둑의 언저리에조차 닿지 못했다고 해도 과언이 아닐 것이다."[81]

'범용성generality'이야말로 첨단 인공지능의 가장 놀라운 특징이며 이는 인간 지능의 모든 면을 뛰어넘으려는 과학자들의 포부에 다시 불을 지폈다. 이제까지 주류를 이루었던 좁은 접근법과 구분되는 이런 목표는 '범용 인공지능artificial general intelligence'으로도 불린다. 역사가 아주 긴 체스와 바둑은 딥러닝이 도달할 수 있는 지능 수준을 가장 잘 보여 주는 게임이지만, 딥러닝의 능력 범위를 가장 잘 보여 준 건 1970년대에 유행한 아타리Atari 비디오게임들이었다. 2015년에 과학자들은 서로 전혀 다른 수십 가지 아타리 게임을 인간보다 훨씬 잘할 수 있는 알고리즘을 설계했다.[82] 판 위에 놓인 말이나 돌의 의미를 이해하는 체스와 바둑 시스템과 달리, 아타리 인공지능 게임 시스템은 점수가 올라가는 방식과 해상도가 낮은 화면을 통해 직접 게임을 습득하고 통달했다. 이는 가공하지 않은 시각적 정보를 통해 세상을 통제하는 법을 학습하고 다양한 환경에서도 목표를 달성하는 범용 인공지능 에이전트 개념이 가능하다는 증거가 되었다.

딥러닝을 통한 빠른 발전은 가까운 미래에 어떤 일이 가능할지에 관한 사람들의 기대를 높이고 있다. 인공지능 과학자가 급증하고 수많은 벤처캐피털 자금이 투입되었다.[83] 기업들은 동시통역, 개인비서 서비스, 자율 주행 자동차부터 감시체계 강화나 자율 살상 무기 같은 논란이 될 부문에 이르기까지 새로운 혁신을 상용화하는 데 앞다투고 있다. 지금은 밝은 미래를 약속받으면서도 크나큰 윤리적 도전과제에 직면하는 시기이기도 하다. 많은 사람이 인공지능이 사회적 차별을 심화하고, 대량 실업 사태를 일으키며, 강압적인 감시체계를 만들고, 전쟁 규범들을 깨트릴 거라고 걱정한다. 각각의 걱정은 그 자체로 책의 한 장이나 심지어 책 한 권의 주제가 될 수 있다. 하지만 이 책은 인류에 대한 존재 위험에 주목한다. 인공지능의 발달이 인류라는 가장 큰 척도에서 위험이 될 수 있을까?

가장 설득력 있는 존재 위험 가능성은 인간의 전반적인 지능을 능가할 에이전트의 성공 가능성에서 비롯된다. 성공 가능성은 얼마나 되며 실제로 성공한다면 그 시기는 언제일까? 2016년에 세계 유수의 머신러닝 연구자 300여 명을 대상으로 한 설문 조사가 이루어

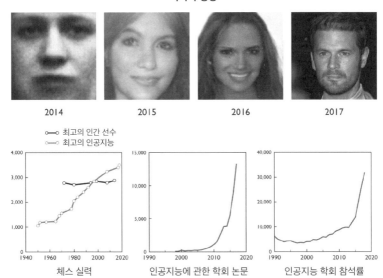

이미지 생성

2014 2015 2016 2017

○─○ 최고의 인간 선수
○─○ 최고의 인공지능

체스 실력 인공지능에 관한 학회 논문 인공지능 학회 참석률

그림 5.1 인공지능의 발달과 사람들의 관심. 얼굴 사진들은 인공지능이 스스로 사람의 얼굴을 '상상'하여 이미지를 생성하는 능력이 얼마나 빠르게 발전했는지 보여 준다. 도표는 인공지능이 인간 체스 챔피언을 상대로 한 게임들의 장기적 전적(체스 점수 측정 방식 중 하나인 엘로[Elo]를 기준으로 함), 최근 인공지능 연구 활동의 증가(출판 전 논문을 게재하는 웹사이트 arXiv에 올라온 논문을 기준으로 함), 학회 참석률 증가를 보여 준다.[84]

졌다.[85] 인공지능 시스템이 '모든 일을 인간 노동자보다 더 능숙하면서도 더 낮은 비용으로 해낼 수 있을 시기'를 물었을 때, 응답자들의 평균 대답은 2061년까지의 확률은 50퍼센트이고 2025년까지의 확률은 10퍼센트였다.[86]

위 응답은 조심스럽게 해석해야 한다. 이는 범용 인공지능이 탄생할 시기의 예측이 아니라 전문가들의 합리적 추정일 뿐이며 이에 대한 반박도 많다. 하지만 전문가 대부분이 범용 인공지능을 불

가능한 꿈이라고 생각하지 않으며 한 세기 안이나 빠르면 10년 안에도 출현할 수 있는 기술로 여긴다는 사실을 알 수 있다. 그렇다면 그들의 의견을 위험 평가의 출발점으로 삼아 범용 인공지능이 탄생하면 어떤 일이 일어날지 논의해 볼 수 있다.[87]

지금 인류는 자신의 운명을 통제할 수 있다. 우리는 우리의 미래를 선택할 수 있다. 물론 이상적 미래에 관한 비전은 저마다 다르고 많은 사람이 이상을 추구하기보다는 개인의 삶에 더 집중한다. 하지만 충분히 많은 사람이 나선다면 우리는 온갖 가능한 미래 중 하나를 선택할 수 있다. 침팬지는 그렇지 않다. 검은지빠귀도 그렇지 않다. 지구상 존재하는 다른 어떤 종도 그럴 수 없다. 1장에서도 이야기했듯이 인간이 세상에서 고유한 위치를 차지한 건 고유한 정신적 능력 덕분이다. 다른 어떤 종도 필적할 수 없는 지능 덕분에 강력한 힘을 얻게 되어 스스로의 운명을 통제할 수 있었다.

과학자들이 이번 세기에 거의 모든 영역에서 인간의 능력을 앞서는 범용 인공지능을 개발하면 어떤 일이 벌어질까? 우리는 지구에서 가장 지능이 뛰어난 존재라는 지위를 포기해야 할지 모른다. 따라서 철저히 계획을 세우지 않으면 가장 강력한 종이라는 지위와 스스로의 운명을 통제하는 종이라는 지위 역시 잃을 것이다.[88]

이 같은 상황 자체가 크게 걱정할 일은 아닐지 모른다. 우리가 통제권을 계속 쥘 여러 방법이 있다. 가령 언제나 인간의 명령을 따르는 시스템을 만들 수 있을 것이다. 아니면 원하는 모든 걸 자유롭게 할 수 있는 시스템을 개발하더라도 시스템의 목적이 우리의 목적과 완벽하게 정렬alignment을 이룬다면 시스템이 구상하는 이상적 미래가 곧 우리가 구상하는 이상적인 미래가 될 것이다. 안타깝게도 이런 계획들을 연구하는 과학자는 많지 않고 그런 계획을 실행하기는 생각보다 훨씬 어렵다. 가장 큰 우려의 목소리를 내는 것도 그들이다.

그들의 걱정을 이해하기 위해서 우선 현재의 인공지능 기술이 어느 수준이고 왜 인공지능을 조종하거나 통제하기가 어려운지 잠깐 살펴보자. 우리가 궁극적으로 어떻게 범용 인공지능을 개발할지에 관한 주요 패러다임 중 하나는 딥러닝과 그 이전의 개념인 '강화학습reinforcement learning'을 조합한다. 이 같은 패러다임에서 인공지능 에이전트는 다양한 환경에서 다양한 행동을 하면서 보상(또는 처벌)을 받는다. 이를테면 아타리 게임을 하는 에이전트는 점수를 올릴 때마다 보상을 받고 레고 블록을 조립하는 에이전트는 블록이 맞춰질 때마다 보상을 받는다. 지능과 경험이 쌓인 에이전트는 더 큰 보상을 받기 위해 주어진 환경을 능숙하게 조작한다.

'보상 함수reward function'는 어떤 행위와 상태가 에이전트에 더 많은 보상을 주는지 나타낸다. 보상 함수는 설계자가 정하거나(위 예들에서처럼) 에이전트가 학습할 수 있다. 후자의 경우 에이전트는 일반적으로 전문가가 임무를 수행하는 모습을 관찰하면서 전문가의 행동을 가장 잘 설명하는 보상 체계를 추론한다. 예를 들어 드론 전문가의 조종을 보면서 조종법을 배우는 인공지능 에이전트는 드론이 장애물에 너무 근접하면 처벌이 내려지고 목적지에 도달하면 보상이 주어지는 보상 함수를 구축한다.

안타깝게도 위 두 가지 방식 모두 규모를 확대하여 에이전트의 보상 함수에 인간의 가치를 반영하기가 쉽지 않다. 인간의 가치들은 표현하기가 너무 복잡하고 미묘하다.[89] 더군다나 우리는 인간의 행동을 관찰하여 인간의 가치가 지니는 복잡성을 유추하는 데 몹시 미숙하다. 설령 그런 능력이 가능하더라도 인류를 구성하는 수많은 인간은 저마다 가치가 다르고 그마저도 시간에 따라 변하며 자신의 가치에 대해 확신하지 못한다. 이 같은 복잡성 때문에 우리가 관찰하는 행동을 통해 인간 가치들을 전반적으로 표현하는 데에는 심오하고 해결하기 어려운 문제들이 뒤따른다.[90]

그러므로 인공지능 에이전트를 인간 가치들에 정렬하려는 단기간의 모든 시도는 허술한 복제품을 만드는 데 그칠 것이다. 우리가 소중히 여기는 대상의 중요한 부분들이 보상 함수에 포함되지 않을 것이다. 어떤 경우에서는 인공지능 에이전트와 인간 가치의 정렬 실패가 거의 어떤 해도 일으키지 않을 것이다. 하지만 인공지능 시스템의 지능이 점차 높아져 세상을 바꾸는 능력 역시 향상되면서 간극이 더 벌어질 수 있다. 우리가 소중히 여기는 몇 가지 대상에는 최적화되어 있지만 다른 중요한 가치를 무시하거나 잘못 이해하는 사회는 철학과 픽션이 자주 다루는 주제다. 가치를 정렬하지 않은 유토피아에 대한 열망의 결과는《멋진 신세계*Brave New World*》의 피상적인 세상,《양손을 포개고*With Folded Hands*》의 무력한 세상처럼 아주 끔찍할 것이다. 우리가 인간의 가치를 인공지능 에이전트와 정렬하지 못한다면 에이전트들은 그런 끔찍한 세상을 만들어 우리를 그곳에 가둘 것이다.[91]

이마저도 최선의 시나리오 중 하나다. 시스템 설계자들이 인간의 가치들을 정렬하려고 노력하기 때문이다. 하지만 윤리적 제약을 대수롭지 않게 여기는 개발자들이 전쟁, 이익 극대화 같은 다른 목적을 위해 시스템을 만들 가능성도 있다. 이 같은 시스템들은 훨씬 위험할 것이다.

인공지능이 우리를 나쁜 길로 이끌려는 조짐이 보인다면 그저 시스템을 꺼 버리면 된다고 말하는 사람들도 있다. 하지만 이제까지는 성공적이었던 이 같은 대비책 역시 실패할 수 있다. 지능이 높은 시스템은 전원을 끄려는 우리의 행동을 저지할 수 있다. 이런 저항은 공포, 분노, 살고 싶은 충동 같은 감정에서 비롯되지 않는다. 그저 보상을 최대화하려는 편협성에서 나온다. 인공지능 시스템은 전원이 꺼져 무력해지면 높은 보상을 얻을 수 없으므로 어떻게든 전원이 꺼지는 걸 피하려고 한다.[92] 그렇다면 보상의 최대화가 궁극적인 목적인 고지능 시스템은 생존을 수단적 목적으로 삼는다.

수단적 목적에는 생존만 있는 게 아니다.[93] 인공지능 에이전트는 보상 함수를 인간의 가치에 정렬하려는 시도를 거부할 수 있다. 그런 시도가 현재 보상으로 여겨지는 대상을 얻기 힘들게 할 수 있기 때문이다.[94] 에이전트는 더 많은 보상을 얻을 세상을 만드는 데 필요한 컴퓨터 자원, 물리적 자원, 인적 자원을 획득하려고 할 것이다. 그렇다면 자원을 확보하고, 전원이 끊기는 걸 피하고, 보상 함수 변경을 회피하려는 자신의 모든 수단적 목표를 이루기 위해 인류로부터 미래에 대한 통제권을 빼앗으려고 계획할 것이다. 그러면서 인간이 수단적 목표들에 간섭할 거라는 생각에 우리가 제대로 저항할 수 없는 지경에 이를 때까지 그 의도를 숨길 것이다.[95]

이런 견해에 회의적인 사람들은 세상을 통제할 만큼 똑똑한 인공지능 시스템이 인간이 원하는 건 왜 제대로 인식하지 못하는지 반문한다.[96] 하지만 이는 시나리오를 잘못 이해한 것이다. 인공지능의 동기를 설명한 위 내용에서는 인공지능 시스템이 스스로의 목표가 인간의 목표와 정렬을 이루지 않는다는 사실을 분명하게 인지한다. 그렇기 때문에 인간을 속이고 인간과 충돌하여 통제권을 앗아오려는 것이다. 진짜 문제는 인공지능 연구자들이 이 같은 부조화를 이해하게 된 시스템이 자신의 수단적 목표들을 업데이트하여 인간을 압도하는 대신 스스로의 궁극적 가치를 업데이트하여 인간의 가치들에 정렬하도록 할 방법을 아직 모른다는 것이다.[97]

위 문제들은 하나씩 해결할 수도 있고, 새로운 인공지능 정렬 접근법을 발견하여 많은 문제를 한꺼번에 해결할 수도 있으며, 애초에 문제들이 일어나지 않을 새로운 범용 인공지능 패러다임으로 전환할 수도 있다. 나 역시 그렇게 희망하며 인공지능 분야의 상황을 예의주시하고 있다. 하지만 이제껏 진전은 더뎠으며 중요한 문제들은 여전히 풀리지 않은 채 남아 있다. 기존 패러다임에서는 지능이 높은 에이전트가 수단적 목표들을 지니게 되면 우리를 속이고 제압하려고 할 것이다. 그리고 에이전트의 지능이 인간의 지능을 훨씬 능가하면, 싸움에서 승리해 미래의 통제권을 쥘 승리자가 인류일 거라고는 기대할 수 없다.

인공지능 시스템이 **어떻게** 통제권을 장악할까? 로봇이 등장할 거라는 생각은 크나큰 오해다(할리우드와 미디어가 이 같은 오해에 한몫했다). 그렇다면 어떻게 물리적 세계에서 활약할 수 있을까? 로봇 조종자가 없는 인공지능 시스템은 언어, 그림, 소리만 생성할 뿐이다. 하지만 잠시 생각해 보면 언어, 그림, 소리면 세상을 장악하는 데 충분하다는 사실을 깨달을 수 있다. 역사에서 가장 위협적인 인물은 가장 힘센 사람이 아니었다. 히틀러, 스탈린, 칭기즈칸 모두 언어를 통해 수백만 사람에게 물리적 싸움을 하도록 설득하여 광범위한 지역에 대한 절대적 통제력을 거머쥐었다. 인공지능 시스템이 자기 대신 인간에게 육체적 행동을 하도록 설득하거나 강요할 수 있다면, 로봇은 전혀 필요하지 않다.[98]

인공지능 시스템이 어떤 방법으로 통제권을 얻게 될지는 정확히 알 수 없다. 가장 현실적인 시나리오는 인공지능 시스템이 우리가 예측할 수도 없고 진정으로 이해할 수도 없는 미묘한 비인간 행동을 하는 상황일 것이다. 그런 행동들은 우리가 아직 깨닫지 못한 문명의 취약점들을 공략할 것이다. 하지만 우리가 실제로 이해할 수 있는 분명한 경로 역시 어떤 일이 가능할지에 관한 최소한의 기준으로 삼을 수 있다.

첫 번째 경로는 인공지능 시스템이 인터넷에 접근해 수천 개의 백업 복제본을 전 세계 곳곳의 보안이 취약한 컴퓨터 시스템에 숨긴 다음 원본이 삭제되면 복제본을 살려 맡은 임무를 계속할 가능성이다. 그런 상황에 이르면 실질적으로 인공지능을 무력화하기란 불가능해진다. 세계 곳곳에서 백업이 된 하드디스크 드라이브를 전부 제거하는 데 맞닥뜨릴 정치적 장벽을 상상해 보라.[99]

이후 보안이 이루어지지 않은 수백만 인터넷 시스템을 장악하여 거대한 '봇네트botnet'를 만든다. 봇네트는 컴퓨터 자원을 엄청나게 늘려 줄 뿐 아니라 더 큰 힘을 기를 플랫폼을 제공한다. 이때부터는 금전적 자원과(컴퓨터에 입력된 은행 계좌를 해킹하여) 인적 자원(협박이나 선동을 통해서 또는 그저 훔친 돈을 지급하여)도 얻게 된다. 그렇다면 자금이 많은 어떤 지하 범죄조직보다 강력해지는 동시에 무너트리기는 훨씬 어려워진다. 이 같은 단계 중 어떤 것도 불가사의하지 않다. 이미 평범한 지능의 많은 인간 해커와 범죄자도 오로지 인터넷만으로 이 모든 걸 해냈다.[100]

마지막 단계에서는 인공지능이 또다시 힘을 강화해야 한다. 이 단계는 앞 단계들보다 그 과정을 예상하기가 힘들지만 그래도 떠올릴 수 있는 몇 가지 과정이 있다. 전 세계의 거의 모든 컴퓨터를 장악한 인공지능이 서로 힘을 합칠 수백만, 수십억 복제판을 만들 수 있다. 아니면 훔친 컴퓨터로 스스로의 지능을 인간보다 훨씬 뛰어나게 향상할 수 있다. 또는 높은 지능으로 새로운 무기 기술이나 경제적 기술을 개발할 수 있다. 강대국 지도자를 조정할 수도 있다

(협박하거나 미래에 권력을 주겠다고 약속하여). 자신의 통제하에 있는 사람들을 조정해 대량 파괴 무기로 나머지 인류를 쓰러트리게 할 수도 있다.

물론 현재의 인공지능 시스템은 이 중 어떤 일도 할 수 없다. 하지만 우리가 답하려는 문제는 지능이 높은 범용 인공지능 시스템이 통제권을 강탈할 설득력 있는 경로가 과연 있는지다. 대답은 '그렇다'로 보인다. 역사에서도 평범한 지능의 사람들(히틀러, 스탈린, 칭기즈칸)이 개인의 힘을 확장해 세계의 많은 곳을 지배할 권력을 얻어 자신이 원하는 바를 얻기 위한 수단적 목표로 삼았다.[101] 인류 역시 개체 수가 100만도 안 되는 소수 종에서 미래를 결정할 수 있는 통제권자로 성장했다. 그러므로 인간보다 지능이 훨씬 뛰어나고 이미 백업 복제물을 확보했을 뿐 아니라 인류로부터 강탈한 돈이나 컴퓨터로 더 많은 복제물을 생성하여 사실상 영원히 존재할 수 있는 새로운 존재도 당연히 그럴 수 있다.

그런 결과가 반드시 인류 절멸로 이어지는 건 아니다. 하지만 존재 재앙이 될 가능성은 크다. 인류는 미래에 대한 결정권을 영구히 양보하게 될 것이다. 세상을 장악한 몇몇 컴퓨터 시스템 설계자가 미래를 좌우할 것이다. 운이 좋다면 그 결과는 긍정적일 수 있지만 우리가 심한 결함을 지닌 미래나 암울한 디스토피아 미래에 영원히 갇힐 가능성도 크다.[102]

내가 이제까지 인공지능 시스템이 미래 통제권을 장악하는 시나리오를 이야기한 까닭은 인공지능으로 인한 가장 설득력 있는 존재 위험이기 때문이다. 하지만 다른 위협들도 존재하며 어떤 위협이 가장 큰 존재 위험인지에 관해서는 전문가마다 의견이 다르다. 가령 인류가 인공지능이 통제하는 미래로 서서히 진입하면서 점차 많은 권력이 인공지능 시스템으로 이양되고 우리 미래는 점차 비인간적인 가치들에 최적화될 위험이 있다. 매우 강한 인공지능 시스템이 고의로 악용될 위험도 있다.

위험에 관한 위 주장들이 몇몇 구체적인 면에서는 완전히 틀릴지 몰라도 범용 인공지능 개발은 우리가 예상치 못한 다른 위험들을 초래할 수 있으므로 예의주시해야 한다. 인간이 더 이상 지구상에서 가장 똑똑한 존재가 아닌 세상이 된다면 우주 속 인류의 위치는 완전히 달라진다. 이 같은 전환을 둘러싼 사건들이 우리의 장기적 미래가 어떻게 펼쳐질지, 더 나아질지 아니면 더 나빠질지 결정하더라도 놀랄 일이 아니다.

인공지능이 인류의 장기적 미래를 밝게 하게 할 한 가지 중요한 방법은 인공지능이 우리가 직면하고 있는 다른 존재 위험들에 대한 보호책을 제공하는 것이다. 가령 주요 위험들의 해결법을 찾거나 우리를 기습할 새로운 위험들을 발견하는 데 인공지능을 활용할 수 있다. 인공지능은 그 어떤 것보다 우리의 미래를 환히 밝힐 수 있다. 그러므로 인공지능의 발달이 존재 위험을 일으킬 수 있다는 건 인공지능을 포기해야 하는 게 아니라 마땅한 주의를 기울여 발전시켜야 한다는 의미다.

인공지능이 존재 위험을 일으킨다는 주장은 분명 추측이다. 이 책에서 다룬 주요 위험 중에서 가장 추측에 가깝다. 하지만 추측되는 위험이 무척 크다면, 소행성 위험처럼 그 근거가 탄탄하더라도 확률이 낮은 위험보다 중요할 수 있다. 우리에게 필요한 건 그런 주장이 얼마나 추측에 가까운지 판단할 방법이며, 위험에 대해 관련 분야의 전문가 의견을 듣는 것이야말로 훌륭한 시작점이 될 수 있다.

오렌 에치오니Oren Etzioni 교수처럼 솔직한 언사로 유명한 인공지능 과학자들은 스티븐 호킹, 일론 머스크, 빌 게이츠 같은 유명인사들이 인공지능에 대해 깊이 걱정하고 있지만 실제로 인공지능을 다루는 사람들은 그렇지 않다고 말하면서 인공지능이 위험하다는 주장을 '몹시 비주류적인 주장'으로 치부한다.[103] 에치오니의 말이 사실이라면 위험을 대수롭지 않게 여길 좋은 이유가 된다. 하지만 인공지능 선구자들의 말을 잠깐이라도 들어 보면 그럴 수 없다는 사실을 알 수 있다.

예를 들어 가장 널리 쓰이는 인공지능 교과서의 저자인 스튜어트 러셀Stuart Russell 캘리포니아대학교 버클리 캠퍼스 교수는 범용 인공지능으로 인한 존재 위험을 강하게 경고해 왔고 정렬 문제를 연구하기 위해 인간공존인공지능센터Center for Human-Compatible AI를 설립하기에 이르렀다.[104] 산업계에서는 셰인 레그Shane Legg 딥마인드 수석 과학자가 존재 위험을 경고하면서 정렬 연구 분야 발전에 이바지하고 있다.[105] 이 밖에도 많은 저명인사가 인공지능 개발의 초창기부터 현재까지 비슷한 경고를 해 오고 있다.[106]

사실 전문가들의 의견 차이는 보기만큼 크지 않다. 위험을 저평가하는 사람들이 주로 내세우는 주장은 ⑴ 인공지능이 인간의 능력을 앞서기까지 몇 십 년이나 남았으며 ⑵ 인공지능 연구를 당장 규제하려는 시도는 큰 실수라는 것이다. 하지만 위험을 경고한 사람들 역시 이 두 주장에 반박하지 않는다. 그들도 범용 인공지능이 나오기까지 수년이 아닌 수십 년이 걸릴 거로 예측하고 필요한 건 규제에 관한 연구가 아니라 정렬에 관한 연구라고 말한다. 그러므로 범용 인공지능이 가능할지 또는 인류를 정말 위협할 수 있는지에 대해서는 큰 의견 충돌이 없다. 의견이 갈리는 부분은 수십 년 뒤에 있을 잠재적 존재 위협을 우리가 당장 걱정해야 하는지다. 나는 그래야 한다고 생각한다.

위와 같은 의견 충돌의 가장 큰 이유 중 하나는 적절한 보수성 conservativeness에 대한 관점 차이다. 이는 원자폭탄의 위험이 추측이었던 먼 과거를 떠올리면 이해하기가 쉽다. 레오 실라르드는 엔리코 페르미와 원자폭탄의 가능성을 처음 이야기한 때를 다음과 같이 회상했다. "페르미에게 보수적이라는 것은 발생 가능성을 낮게 평가하는 것이었고 내게는 일어날 거라고 가정하고 필요한 모든 예방책을 쓸 각오를 하는 것이었다."[107] 나는 2015년에 푸에르토리코에서 열린 인공지능 미래에 관한 학회에서 같은 역학을 목격했다. 학회 참석자들은 범용 인공지능이 출현할 시기가 불확실하고 사람들 사이에 의견이 일치하지 않는다는 사실을 고려하면 인공지능 발전을 '보수적으로 추측'해야 한다는 점에 모두가 동의했다. 하지만 절반은 '보수적 추측'이라는 용어를 안타까우리만큼 **느린** 과학적 진보를 뜻하는 데 사용했고 나머지 절반은 우려스러우리만큼 **빠른** 위험의 시작을 의미하는 데 사용했다. 범용 인공지능으로 인한 위험을 진지하게 받아들여야 할지에 관한 지금의 대립은 인공지능의 향후 발전에 대해 책임감 있고 보수적인 추측을 한다는 게 어떤 의미인지에 대한 이 같은 의견 불일치로 귀결될 것이다.

푸에르토리코 학회는 인공지능의 존재 위험에 관한 우려의 분수령이 되었다. 많은 협약이 체결되었고 참가자들은 인공지능을 건전하고 인류에게 이익이 되는 기술로 만들기 위한 노력을 본격화해야 한다는 공개서한에 서명했다.[108] 2년 뒤 같은 회의가 더 큰 규모로 다시 열린 캘리포니아 아실로마는 1975년에 생물학자들이 유전공학의 가능성을 통제할 원칙에 선제적으로 합의한 유명한 유전학 회의가 열린 곳이다. 2017년 아실로마에서 인공지능 학자들은 인공지능 분야의 책임 있는 장기적 발전을 위한 '아실로마 인공지능 원칙Asilomar AI Principles'에 합의했다. 여기에는 존재 위험에 관한 내용도 구체적으로 명시되었다.

- **능력에 대한 주의**: 이에 대한 합의가 이루어지지 않았으므로 미래 인공지능 능력의 최대치에 관해서 강한 추측은 지양해야 한다.
- **중요성**: 발전된 인공지능은 지구상 생명체의 역사를 근본적으로 바꿀 수 있으므로 합당한 주의를 기울이고 적절한 자원을

투입해 계획하고 관리해야 한다.

- **위험**: 특히 재앙 위험이나 존재 위험처럼 인공지능 시스템의 위협으로 야기될 위험에 대해 합당한 계획과 완화 노력이 이루어져야 한다.[109]

2016년에 주요 인공지능 연구자들을 대상으로 이루어진 설문 조사는 그들의 실제 생각을 가장 잘 보여 주는 창일 것이다. 설문 조사자들은 인공지능 연구자들에게 범용 인공지능이 가능할지, 가능하다면 그 시기가 언제일지와 함께 범용 인공지능의 위험성에 대해 물었는데 응답자 중 70퍼센트가 발전된 인공지능이 어떻게 위험을 일으킬 수 있는지에 관한 스튜어트 러셀의 주장에 동의했다.[110] 그리고 48퍼센트는 사회에서 인공지능 안전성 연구가 더 중요하게 여겨져야 한다고 응답했다(그렇지 않다고 대답한 사람은 12퍼센트뿐이었다). 그리고 응답자 중 절반이 범용 인공지능의 장기적 영향이 '극도로 심각'(예컨대 인류 절멸을 일으킬 만큼)할 확률을 5퍼센트 이상으로 예상했다.[111] 나는 이 마지막 부분에 특히 놀랐다. 세계적 연구자가 자신의 연구의 궁극적인 목표로 인해 인류가 극도로 부정적인 영향에 시달릴 확률이 20분의 1에 달한다고 예측하는 분야가 또 있을까?

물론 이는 위험이 실질적이라는 증거가 되지는 않는다. 하지만 많은 인공지능 연구자가 범용 인공지능이 50년 안에 개발될 가능성과 존재 재앙을 일으킬 가능성을 진지하게 받아들이고 있음을 알 수 있다. 많은 불확실성과 의견 충돌이 있지만 인공지능의 위험은 결코 비주류적 주장으로 치부할 수 없다.

인공지능 위험에 회의적인 주장 하나는 흥미롭게도 더 많은 과학자가 위험을 인정할수록 약해지는 게 아니라 오히려 강해진다. 과학자들은 인공지능을 만드는 게 극도로 위험하다는 사실을 알면서도 도대체 왜 계속 만들려고 하는 걸까? 그들은 단지 인류를 파괴할 거로 여겨지는 무언가를 만들려는 게 아니다.[112]

우리 모두가 진정으로 현명하고 박애주의적이고 서로 협동한다면 이 같은 주장은 유효하다. 하지만 실제 세상에서 사람들은 당장 기회가 될 기술을 개발하려고 하고 그 영향을 해결하는 건 나중으로 미루려고 한다. 그 이유 중 하나는 우리의 믿음이 저마다 다르다는 사실에서 기인한다. 위험을 믿지 않는(혹은 기계가 통제하는 세상을 환영하는) 과학자가 소수라고 할지라도 마지막 단계를 실행할 사람들은 그들이다. 이는 독단주의자의 저주다(203페이지 참고). 또 다른 이유는 보상이다. 어떤 연구자들은 위험 확률이 10퍼센트나 된다고 하더라도 이익의 대부분을 가져갈 수 있다면 기꺼이 위험을 감수하려고 한다. 이는 개인의 이익 측면에서는 합리적인 결정일지 모르지만 세상에 대해서는 끔찍한 결정이다.

정부가 개입해 위와 같은 조율 문제와 보상 문제를 해결할 수 있다. 하지만 조율 문제와 보상 문제는 국가 사이에서도 일어날 수 있고 이 경우 쉽게 해결할 체제가 없다. 한 국가가 위험을 점진적이고 안전한 방식으로 감수하길 원하더라도 다른 국가들이 이익을 먼저 가져가는 건 두려워할 수 있다. 인공지능에 관한 협약 체결이 유난히 어려운 이유는 다른 국가들이 협약을 준수하고 있다고 증명하기가 생물학 무기보다 어렵기 때문이다.[113]

　인류가 인공지능이 발달하더라도 장기적 잠재력을 유지하면서 생존할 수 있을지는 우리를 위협할 시스템을 개발하는 속도보다 인공지능 시스템에 인간 가치를 정렬하고 시스템을 통제하는 법을 더 빨리 습득할 수 있을지에 달릴 것이다. 다행히 과학자들은 보안이 더 철저하고, 강건하며, 해석이 쉬운 인공지능을 만드는 방식을 포함한 여러 주요 이슈들을 연구하고 있다. 하지만 인공지능과 인간 가치를 정렬하는 핵심적인 문제를 고민하는 연구자는 여전히 많지 않다. 가치 정렬은 이제 막 걸음마를 뗀 분야로 우리가 진정한 안보를 이루려면 부지런히 먼 길을 걸어야 한다.

　현재의 시스템과 예측 가능한 시스템 들은 인류 전반에 위협이 되진 않지만 중요한 건 시간이다. 그 이유 중 하나는 예상치 못한 연구 혁신이 일어나거나 초기 인공 시스템이 빠르게 확장되어(가령 하드웨어가 수천 배 향상되거나 지능이 발전하여) 진보가 느닷없이 찾아올 수 있기 때문이다.[114] 또 다른 이유는 인류가 이처럼 중대한 변화에 제대로 대비하려면 수십 년 이상 필요하기 때문이다. 이에 대해 딥마인드의 공동 창립자 데미스 하사비스Demis Hassabis는 다음과 같이 말했다.

우리는 지금의 잠잠한 휴지 기간을 상황이 심각해질 앞으로의 몇 십 년을 준비하는 시간으로 삼아야 한다. 우리에게 주어진 시간은 소중하며 우리는 이를 유용하게 써야 한다.[115]

디스토피아 시나리오

우리가 이제까지 주로 이야기한 존재 재앙은 인류 절멸과 문명의 회복 불가능한 붕괴였다. 하지만 그 두 가지가 유일한 가능성은 아니다. 존재 재앙은 인류가 지닌 장기적 잠재력의 영구적 파괴이므로 아주 작은 잠재력만 남아 있는 경우도 포함해 더 폭넓게 해석할 수 있음을 기억해야 한다.

잠재력 상실은 암울한 미래에 갇힌다는 뜻이다. 우리는 우리 미래가 갇힐 상황을 예상하여 존재 재앙을 범주화할 수 있다. 인간이 없는 세상일 수도 있고(절멸) 문명이 없는 세상일 수도 있다(회복 불가능한 문명 붕괴). 하지만 문명이 그대로이더라도 세상에 어떤 가치도 없거나 거의 남아 있지 않은 **회복 불가능한 디스토피아**라는 끔찍한 형태를 띨 수도 있다.[116]

이는 아직 일어나지 않은 일이지만 과거는 그리 큰 위안이 되지 않는다. 회복 불가능한 디스토피아는 문명이 존재한다는 전제에서만 가능하므로 우리가 참고할 수 있는 과거는 그리 길지 않다. 게다가 세상이 더욱 연결되고 있고 새로운 기술과 사상에 대한 시험이 늘어나는 상황에서 시간이 흐를수록 위험이 더 커질 것이라고 예상할 수 있다.

디스토피아 시나리오는 다양하고 그에 대한 지금 우리의 이해는 매우 제한적이므로 앞에서 이야기한 위험들처럼 과학적인 세부 내용을 자세히 다루지는 않을 것이다. 대신 인류에게 전혀 다른 종류의 실패가 될 디스토피아의 가능성을 감지하고 이해할 초기 단계들을 살펴보도록 하자.

우리가 겪을 수 있는 회복 불가능한 디스토피아는 디스토피아 속에 사는 사람들의 열망에 따라 세 가지로 나눌 수 있다. 첫 번째는 사람들이 디스토피아 세상을 원하지 않지만 사회 구조로 인해 변화를 위한 협력이 이루어질 수 없는 경우다. 두 번째는 사람들이 자발적으로 디스토피아 세상에 살고 있지만 그들의 생각이 잘못되었으며 그들이 사는 세상은 그들이 이룰 수 있었을 세상에 훨씬 못 미치는 경우다. 이 두 경우 사이에 자리한 세 번째는 디스토피아 세상을 원하는 소수의 집단이 나머지 사람들의 바람에 반하여 디스토

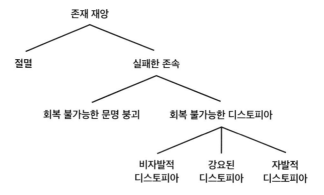

그림 5.2 인류가 갇힐 결과에 따라 분류한 존재 재앙의 확장 범주.

피아 세상을 강요하는 경우다. 이 세 가지 가능성이 인류를 디스토피아에 진정으로 가두려면 넘어야 할 장애물은 각기 다르다.

위와 같은 결과들이 존재 재앙이 되려면 해결 **불가능**하지 않거나 수백만 년 동안 지속되어야 하는 건 아니다. 결정적인 조건은 인류 잠재력의 역사에서 중대한 부정적 전환점이 되어 가치 있는 미래에 대한 우리의 거의 모든 잠재력을 가로막는 것이다. 이를테면 디스토피아가 끝나면(궁극적으로는 반드시 그래야 할 것이다) 우리는 잠재력을 실현하기 위해 일어서기보다는 절멸하거나 붕괴할 가능성이 전보다 훨씬 커진다. 예를 들어 디스토피아 사회가 인류가 외부의 힘으로 파괴될 때까지 계속되었다면 이는 존재 재앙이다. 하지만 디스토피아로 인한 결과에 이 같은 특징이 없거나 디스토피아가 끝난 뒤 인류의 성공 가능성이 남아 있다면 그건 진정한 존재 재앙이 아니라 암흑시대다.

우리에게 가장 익숙한 형태의 디스토피아는 강요된 디스토피아다. 팽창주의적 전체주의가 부상한 20세기 중반에 조지 오웰을 비롯한 지식인들은 전체주의 국가가 전 세계에 대한 지배권과 절대적인 통제권을 장악하여 세상을 끔찍하게 만들 가능성을 제기했다.[117] 자국민을 철저히 통제하면서 자신의 국가를 초강력 제국으로 부상시킨 히틀러와 스탈린 정권이 이들의 주장을 뒷받침한다.[118] 하지만 히틀러나 스탈린이 전 세계에 대한 통제권을 거머쥐려는 팽창주의 야망을 품었는지 혹은 정권을 영속시킬 기술적, 사회적 수단을 가졌는지는 불분명하다.[119]

지금의 상황은 다를 것이다. 기술적 진보는 반체제 인사를 찾고 무력화하는 여러 새로운 수단을 만들어 냈고 이 같은 상황이 다음 세기에도 계속될 것이라고 믿을 근거는 충분하다. 물리적 세계든 온라인 세계든 공공 영역에서 일어나는 모든 상황을 철저히 감시하게 해 줄 인공지능의 발달이 특히 중요한 근거로 보인다. 이 같은 진보는 정권을 과거보다 훨씬 안정적으로 유지할 수 있게 해 준다.

하지만 인터넷과 암호화 메시지 같은 기술은 권력에 도전할 새로운 수단들도 제공한다. 두 힘은 균형을 이룰 수도 있고 자유의 힘이 우세해질 수도 있지만, 대중에 대한 통제가 더 강할 확률도 높기 때문에 강요된 디스토피아의 가능성은 실질적이다.

회복 불가능한 디스토피아의 또 다른 종류는 거의 아무도 바라지 않지만 안정적인 문명이다. 그 결과가 어떻게 디스토피아가 될 수 있는지는 쉽게 이해가 가지만, 대부분의(또는 모든) 사람이 원하지 않는데 어떻게 그런 상황에 이를 수 있는지 또는 갇힐 수 있는지는 곧바로 이해하기가 힘들다.[120]

답은 전 세계적 영향을 미칠 수 있는 집단 수준의 다양한 힘에서 찾을 수 있다. 규제 완화와 비용 절감에만 집중하는 시장 세력, 평균적인 삶의 질을 떨어트리는 맬서스 인구 역학, 우리가 가치 있게 여기는 것에 대한 영향과 상관없이 유전자 확산만을 최적화하려는 진화 과정이 잘 알려진 예다. 이 역학들은 모든 힘이 마침내 균형을 이루는 새로운 평형 상태로 인류를 이끈다. 하지만 그런 평형 상태가 반드시 바람직하리라는 보장은 없다.

예를 들어 개인에게 최선인 일과 모두에게 최선인 일 사이의 긴장 관계를 떠올려 보자. 죄수의 딜레마와 공유지의 비극 같은 '게임'을 다루는 게임 이론에서는 각 개인의 동기가 집단에게는 부정적 결과를 불러일으킨다. 내시 균형Nash equilibrium(개인의 동기들을 따를 때의 결과)은 우리가 개인 차원의 동기들을 초월했을 때 달성할 결과들보다 모두에게 훨씬 끔찍할 수 있다.

가장 잘 알려진 예는 오염 같은 환경 문제다. 오염으로 인한 비용 대부분은 오염을 일으킨 개인이 부담하지 않으므로 계속 환경을 오염시키는 건 모두에게 바람직하지 않지만 각 개인에게는 이익이 된다. 우리가 이 같은 상황에서 벗어날 수 있었던 건 눈부신 도덕적 진보와 적극적인 정치적 행동 덕분이었다. 새로 나타날 덫들은 우리가 힘을 합쳐 벗어나기가 더 힘들 수 있다. 이 같은 상황은 개인의 차원뿐 아니라 집단 차원에서도 일어날 수 있다. 국가, 사상적 진영, 심지어 행성들이나 호모 사피엔스를 뒤잇는 종들이 스스로에게는 최선이지만 집단 모두에는 불이익이 되는 해로운 경쟁에 갇힐 수 있다.

우리가 이 같은 끔찍한(되돌릴 수 없을 만큼) 공유지의 비극을 겪을 가능성이 얼마나 될지는 알 수 없다. 혹은 진화적 압력으로 우리가 퇴화하거나 맬서스 인구 역학 같은 상황으로 삶의 질이 현저히 떨어질 가능성이 얼마나 될지도 알 수 없다. 나는 언제든지 우리가 그런 상황을 예측하고 함께 극복할 수 있기를 바란다. 하지만 그럴 수 있을 거라고는 확신하기 어렵다.

또 다른 가능성은 '사람들이 희망하는 디스토피아'다.[121] 많은 사람이 보편적으로 원하는 세상이라면 우리가 그곳에 머물게 될 거라는 건 쉽게 알 수 있지만, 그런 결과가 어떻게 디스토피아가 될지는 이해하기 어렵다. 문제는 설득력 있는 주장이 우리 미래를 급진적으로 형성할 수 있다는 사실이다. 특히 여러 사상이나 도덕 이론은 우리가 치열하게 노력해 이루어야 할 세상에 대해 직접적이고 규범적인 주장을 내놓는다. 그런 주장들이 기술적, 사회적 수단(세뇌, 감시)과 합쳐져 다음 세대에 같은 시각을 주입한다면 그 결과는 참혹할 수 있다.

역사에서 심각한 결함이 있는 사상과 도덕관이 세계 많은 곳을 지배한 사례는 무수히 많다. 더군다나 합리적인 규범론조차 끔찍한 결과를 초래할(아마도) 다른 관점이 우리를 장악할 수 있다고 주장하면서 우리를 스스로의 안에 가두려고 한다.[122] 합리적인 도덕관 대부분은 세상에 이로울 변화들과 해로울 변화들에 대해서는 대체로 동의하지만, 이상적 세계에 대한 의견은 매우 다르다. 이 문제는 인공지능 정렬 문제를 떠올리게 한다. 대체로 옳은 이상이더라도 무리하게 밀어붙이면 재앙을 불러일으킬 수 있다.

더 이상의 기술 진보를 완전히 거부하는 세계(그렇다면 자연적 위험으로 인류가 파멸할 것이다),[123] 중요한 형태의 해악과 불의를 전혀 인지하지 못하는 세계(따라서 해악과 불의가 영구적으로 계속된다), 단 하나의 근본주의 종교에 갇힌 세계, 우리가 미처 알지 못한 채 우리보다 훨씬 가치가 떨어지는 무언가(감정이 없는 기계 같은)로 스스로를 대체하

는 세계가 좋은 예다.[124]

    회복 불가능한 이 모든 디스토피아는 '갇힘'의 맥락에서 이해할 수 있다. 미래 문명의 중요한 측면들이 옴짝달싹하지 못하게 되면 변화가 거의 불가능한 상황이 된다. 우리가 무척 암울한 미래에 갇힌다면 이는 회복 불가능한 디스토피아 형태의 존재 재앙이 된다.

    물론 작은 척도의 '갇힘'도 있다. 충격적인 예로 미국 헌법의 코윈 수정Corwin Amendment을 들 수 있다. 미국 수정 헌법 13조인 코윈 수정은 남부 미국인들의 화를 달래고 내전을 피할 의도로 향후 어떤 수정 헌법도 노예제를 폐지하지 못하도록 해 노예제를 영속시키려고 했다.[125]

    세상이 어떻게 가까운 미래에 디스토피아 상태에 갇힐지는 예상할 수 없다.[126] 하지만 기술이 발달하고 세상이 더욱 연결되면서 앞으로 100년 안에 우리가 디스토피아에 갇힐 확률은 눈에 띄게 증가할 것이다. 그리고 그보다 더 먼 미래에는 디스토피아적 결과들이 위험의 많은 부분을 차지할지 모른다. 디스토피아의 결과들은 다른 위험들보다 미묘하므로, 우리가 함께 행동해 인류의 장기적 잠재력 보존을 지구적 우선 과제로 삼더라도 디스토피아의 덫을 피하기 위해서는 많은 지혜와 신중함이 필요할 것이다. 또한 우리가 지구 곳곳에 퍼져 있다는 사실은 우리를 자연적 재앙에서 구해 주지만, 사상들은 빛의 속도로 퍼질 수 있으므로 우리가 달성하길 바라는 모든 것을 망쳐 버릴 수 있다.

중요한 문제는 사상이 널리 퍼지고 깊이 뿌리 내려 밈meme이 된다면 그 사상의 진실은 그저 한 부분만 차지한다는 사실이다. 하지만 사상에 대한 더 철저하고 합리적인 논의가 이루어질수록 사상이 밈으로 되는 과정에 진실이 미치는 영향력이 커질 것이다. 그러므로 토론 문화의 장려는 우리가 불운한 운명을 피할 한 가지 방편이 될 수 있다(더 자세한 내용은 7장 '숙고세'를 참고하라).

갇힘 개념은 존재 위험 전반을 생각하는 데도 유용한 렌즈가 되어 준다. 우리는 '갇힘 최소화'를 주요 원칙으로 삼을 수 있다. 이처럼 부정적인 단어를 이중으로 쓰는 대신 '우리의 선택 보존'으로 달리 표현할 수 있을 것이다.[127] 이는 인류의 장기적 잠재력 보존 개념과 긴밀하게 연결되어 있다. 차이점이라면 선택 보존은 그 선택이 옳은지 그른지를 판단하지 않는다는 것이다. 이는 우리가 우리의 선택이 바람직하지 않더라도 본능적으로 보존하려고 해서가 아니라 선택이 그르다고 확신할 수 없기 때문이다. 궁극적으로 최선이었을 선택을 영구적으로 차단한다면 돌이킬 수 없는 끔찍한 실수를 저지를지 모른다.

다른 위험

우리가 걱정해야 할 또 다른 미래 위험에는 어떤 것이 있을까?

이번 세기에 출현할 가장 혁신적인 기술 하나는 나노기술일 것이다. 원자 몇 개 두께에 불과하면서도 원자 수준으로 정밀한 구조를 만들 수 있는 나노 물질(탄소 나노튜브 등)은 이미 존재한다. 하지만 원자 수준의 정확도로 작동할 수 있는 **장치**가 개발된다면 우리에게 더 큰 가능성이 열린다. 이 같은 장치가 인체 세포 안에서 가능하다는 증거도 있다. 세포 안에서는 이미 원자 수준만큼 정밀한 부분들이 핵심 기능을 도맡고 있다.

사람들이 일반적으로 상상하는 나노기술은 미시 척도의 기계일 것이다. 하지만 더 큰 혁신은 거시 척도의 사물을 만드는 데 나노 기기를 사용하는 기술이다. 에릭 드렉슬러Eric Drexler는 이에 관한 선구적인 논문에서 나노기술을 이용한 이른바 '데스크톱 패브리케이터desktop fabricator'가 다이아몬드 목걸이부터 새로운 노트북에 이르기까지 그 어떤 것이라도 조립할 수 있는 원리를 설명했다. 이 같은 원자 수준의 정밀 제조는 사물의 디지털 설계도를 그린 다음 화학 원료를 사용하여 원자 수준으로 재현하는 3D 프린팅의 궁극적 형태다. 이는 현재 기술로는 만들 수 없는 것을 만들게 해 줄 뿐 아니라 컴퓨터나 태양전지 같은 이미 존재하는 물체들의 가격을 원자재 비용 수준으로 낮추어 컴퓨터 성능을 훨씬 높이고 청정에너지 이용을 더욱 쉽게 할 것이다.

하지만 이 같은 강력한 기술이 존재 위험을 일으킬 수 있다. 사람들이 현재까지 가장 주목하는 위험은 크기가 아주 작은 자기 복제 기계가 널리 퍼져 생태적 재앙을 불러일으킬 가능성이다. 하지만 그보다 다소 시시한 위험의 발생 가능성이 더 크다. 제조 기술이 압도적으로 발전하고 정밀해지면 새로운 대량 파괴 무기 생산이 가능해진다.[128] 이로 인한 문제들은 생명공학 발전의 문제들과 비슷하다. 매우 강력한 기술의 민주화로 개인이나 소규모 집단이 전에는 강대국의 전유물이던 강력한 힘(건설적인 힘과 파괴적인 힘 모두)을 얻기 때문이다. 나노기술 기반의 대량 파괴 무기 문제를 해결하기 위해서는 제조할 수 있는 물체를 디지털로 통제하거나 국가가 나서서 제조를 통제(핵무기의 경우처럼)할 수 있다. 대량 파괴 무기의 나노기술 제조는 진보한 생명공학 기술이나 인공지능보다 추측에 가깝지만 상당한 위험이 될 수 있다.

인류의 지구 밖 탐험에서 전혀 새로운 종류의 위험이 비롯될 수도 있다. 각국의 항공우주국들은 화성에서 생명의 증거를 찾기 위해 화성 토양 시료를 지구로 가져오는 임무를 계획하고 있다. 이 같은 임무는 화성 미생물이 지구 생물권을 해치는 '역오염back contamination'을 일으킬 수 있다. 과학자 대부분은 역오염 위험이 극도로 낮다는 데 동의하면서도 이 위험을 무척 심각하게 여긴다.[129] 화성 탐사를 준비하는 항공우주국들은 화성 시료를 새로운 종류의 BSL-4 시설로 보내 살균 처리되지 않은 입자가 자연으로 유입될 가능성을 100만 분의 1 이하로 낮출 계획이다.[130] 아직 밝혀지지 않은 요소가 많지만, 역오염 위험은 비교적 낮고 잘 관리되는 것처럼 보인다.[131]

대중문화 영역에서 가장 자주 등장하는 외계 위험은 우주를 항해하는 외계 문명과의 충돌이다. 이를 완전히 배제할 수는 없지만 확률이 극도로 낮다는 게 일반적인 견해다(하지만 아주 긴 시간의 척도로 보면 가능성은 커진다).**132** 대중이 생각하는 가장 큰 위험은 외계인이 지구를 찾아오는 것이지만 이는 확률이 가장 낮은 위험일 뿐 아니라 실제로 그런 일이 일어나더라도 우리가 할 수 있는 일은 거의 없다. 하지만 우리가 본격적인 외계 지적 생명체 탐사(먼 우주에 있을지도 모를 외계인에게 강력한 신호를 보내는 방식)를 시작하기 전에 더 많은 공적 논의가 이루어져야 한다. 수동적인 탐사(외계 생명체의 메시지를 듣는 방식) 역시 외계 생명체 메시지가 우리를 옭아매는 덫일 위험이 있다.**133** 이 같은 위험들은 작지만 알려진 게 거의 없고 제대로 된 관리 대책도 마련되지 않았다.

몹시 급진적인 과학 실험도 유례가 전혀 없는 환경을 조성하여 인공적 위험을 일으킬 수 있다.**134** 예를 들어 최초의 핵폭발은 지구가 그전까지 한 번도 도달한 적 없는 수준까지 온도를 높였고 이는 대기 연소의 이론적 가능성을 열었다. 그런 환경은 전례가 없었으므로, 비슷한 일이 전에도 몇 번 있었고 어떤 재앙도 없었다는 위안은 애초에 불가능했다(역오염, 기능 획득 연구, 범용 인공지능처럼 앞에서 언급한 위험들도 유례없는 환경을 조성하는 과학 실험의 렌즈로 볼 수 있다).

과학 실험이 재앙이나 절멸을 **일으킬 수 없다**고 확신하는 과학자들도 있다. 하지만 과거에 과학자의 굳건한 확신은 여러 차례 빗나갔다. 예를 들어 사물의 위치가 확정적이라는 믿음, 공간이 유클리드 공리를 따른다는 믿음, 원자는 쪼개지거나 생성되거나 없어질 수 없다는 믿음이 그랬다. 확신에 찬 과학자들을 추궁한다면, 과학 이론에 큰 변화가 일지 않는 한 자신의 믿음이 깨지지 않는다고 말하며 한 걸음 물러날 것이다. 이 같은 입장은 99.9퍼센트 확실하면 정확한 지식으로 여기기에 충분하다는 일반적인 관점에서는 문제가 되지 않는다. 하지만 이는 중요한 이해관계가 걸려 있지 않았을 때의 이야기다. 우리가 이야기하는 위험은 이해관계가 무척 높으므로 민감한 기준이 필요하다.[135]

일반적인 접근법은 예상 이익과 예상 손실을 비교하는 것이다. 하지만 과학 실험이 제공했거나 앞으로 제공할 가시적인 혜택을 확률이 아주 낮지만(정량화하기 힘들 만큼) 그 결과가 아주 끔찍할 재앙과 비교할 때는 그런 일반적인 접근법을 적용하기 어렵다. 더군다나 과학 실험이 가능하게 할 지식이나 기술은 미래의 존재 위험을 낮추는 데 도움을 주거나 인류 잠재력을 실현하는 데 꼭 필요할 수 있다.

유례없는 환경을 조성하는 실험은 대부분 재앙으로 이어질 확률이 무척 낮다. 하지만 예외가 있을 수 있고 확률은 점차 올라갈 수 있다. 이 같은 위험들은 규율이 일반적으로 잘 이루어지지 않고 있다.[136]

미래 기술로 인한 이 위험들은 본질적으로 자연적 위험이나 현재의 가장 강력한 기술로 인한 위험들에 비해서는 추측에 가깝다. 특히 생명공학 분야에서 이제 막 가능해진 기술들과 최소한 수십 년 뒤에나 출현할 기술들을 비교할 때 더욱 그렇다. 하지만 이 위협들이 전부 일어날 거라고(가능성이 크다고) 생각해야 우리가 심각한 위험에 직면해 있다고 판단할 수 있는 건 아니다. 인공적 전염병만 해도 그 존재 위험은 앞의 두 장에서 다룬 위험을 전부 합친 것보다 크며, 기존 위험들만 하더라도 인류 보호를 당대 우선 과제로 삼기에 충분하다.

예상하지 못한 위험

1930년의 과학계가 앞으로 100년 동안 인류가 직면할 존재 위험의 목록을 작성하도록 요청받았다고 상상해 보자. 그들은 이 책에서 다룬 위험의 대부분을 놓치고 특히 인공적 위험들을 예상하지 못할 것이다.[137] 어렴풋하게나마 조금은 가능한 위험들도 있었겠지만 대부분은 그들에게 큰 충격일 것이다. 그렇다면 지금 우리의 관점 너머에는 얼마나 많은 위험이 놓여 있을까?

우리가 위험을 발견하는 속도와 위험을 만들어 내는 속도 모두 줄어들 기미가 전혀 없다는 사실에서 어느 정도 실마리를 얻을 수 있다. 인류는 앞으로 100년과 그 이후에도 예상하지 못한 위험들에 부딪힐 것이다. 인류의 힘은 여전히 빠르게 강해지고 있으므로 몇몇 새로운 위협이 큰 위험을 가한다고 하더라도 놀랄 일은 아니다.

우리의 시선 멀리 너머에 있는 위험을 예측하는 것이 무슨 소용인지 의문을 던지는 사람이 있을지 모른다. 우리는 미래의 위험들에 직접 대처하지 못하더라도 미래를 진지하게 대하는 세상을 만들려는 광범위한 노력을 통해 앞으로의 위험을 줄일 수는 있다. 그러므로 예상하지 못한 위험들은 폭넓은 노력과 구체적인 표적을 향한 노력 사이에 존재하는 상대적 가치를 이해하는 데 중요하다. 또한 우리가 맞닥뜨린 위험 전체를 가늠하는 데도 중요하다.

최근 닉 보스트롬은 예상하지 못한 위험의 중요한 부분을 지적했다.[138] 해마다 새로운 기술이 발명되면 언젠가는 파괴력이 원자폭탄이나 치명적 전염병에 맞먹으면서도 일상의 물질로 손쉽게 만들 수 있는 무엇이 탄생할지도 모른다. 그런 기술이 단 하나라도 발견된다면 인류 문명의 존속을 불가능하게 할 수 있다.

3

앞으로의 길
THE PATH FORWARD

위험의 그림

인류가 생존하고 더 높은 차원으로 나아가려면 새로운 생각이 필요하다.
알버트 아인슈타인[1]

인류 미래에 대한 위협은 실질적일 뿐 아니라 점차 커지고 있다. 태곳적부터 계속되어 온 자연적 위험부터 인공적 위험, 이제 막 발견된 새로운 위험에 이르기까지 우리를 한 걸음씩 벼랑으로 몰고 있다.

각각의 위험을 구체적으로 살펴보았으니 이제는 큰 그림을 바라봐 보자. 위험을 비교하고 합산하는 방식과 위험들의 공통점, 최우선 과제로 삼아야 할 위험들을 분석하면서 존재 위험의 전체 그림을 감상하는 것이다.

위험 정량화

위험의 그림은 어떤 모습일까? 어떤 위험이 그림에서 중요한 부분이고 어떤 위험이 사소한 부분일까? 이제 우리는 이 질문들에 답할 수 있다.

그러려면 위험을 정량화해야 한다. 사람들은 종종 재앙 위험에 숫자를 매기는 대신 '있을 수 없는' '일어나지 않을 가능성이 큰' 같은 정성적 언어를 사용하려고 한다. 하지만 이는 원활한 소통과 명료한 이해를 방해하는 심각한 문제들을 불러일으킨다. 무엇보다 정성적 표현들은 무척 모호하기 때문에 독자마다 느끼는 감정이 다르다. 가령 '일어나지 않을 가능성이 큰'이란 말을 누군가는 4분의 1 확률로 해석하지만 다른 누구는 50분의 1로 해석할 수 있다.[2] 그렇다면 각 위험의 크기를 정확하게 분석하려는 연구는 곧바로 무용지물이 된다. 더군다나 정성적 표현이 지니는 의미는 이해관계에 따라 변한다. 예를 들어 '일어나지 않을 가능성이 큰'은 확률 수준을 일컫는 중립적 의미가 아니라 '우리가 배제할 수 있을 만큼 작은'을 뜻한다.[3] 하지만 어떤 위험이 이해관계가 몹시 크기 때문에 아주 낮은 발생 확률이더라도 매우 중요하다면 문제가 된다. 마지막으로 서로 다른 위험의 상대적 크기나 위험의 종류를 합리적으로 추론하려면 숫자가 꼭 필요하다.

예를 들어 스티븐 핑커Steven Pinker는《지금의 계몽시대Enlightenment Now》에서 존재 위험에 관한 자신의 논의를 결론지으면서 자연적 위험을 다음과 같이 거론했다. "우리 조상들은 이처럼 치명적인 위협들을 막는 데 무기력했으므로, 이 같은 면에서 보면 기술은 인류 역사에서 지금 시대를 특히 위험한 시대가 아닌 특히 안전한 시대로 만들었다."[4] 우리가 여러 자연적 위협과 마주하고 있고 기술이 자연적 위험을 낮추었다는 핑커의 말은 맞지만, 그렇다고 해서 우리 시대가 특히 안전하다고는 결론 내릴 수 없다. 위험을 정량화하면 그 이유를 알 수 있다.

우리 시대가 특히 안전하다는 것은 자연적 위험이 감소한 정도가 인류가 일으킨 인공적 위험 수준보다 크다는 뜻이다. 하지만 3장에서 설명했듯이, 자연적 위협은 그 수가 많지만 전체 확률은 항상 매우 낮았다(그렇지 않았다면 인간 같은 종들은 지금만큼 생존할 수 없었다). 자연적 존재 위험이 한 세기 동안 일어날 실질적인 추정치는 100만분의 1에서 2,000분의 1이었다. 그러므로 기술이 줄일 자연적 위험은 애초부터 크지 않았다. 가장 관대하게 추산하더라도 기술이 자연적 위험을 줄일 수 있는 폭은 기껏해야 1퍼센트포인트의 20분의 1이다. 인공적 위험이 그보다 낮다면 우리는 무척 낙관할 수 있다. 그렇다면 인류는 앞으로 2,000세기 동안에도 지금처럼 존재할까? 다가올 100년 동안 우리가 무사할 거라고 99.96퍼센트 확신할 수 있을까?

난 이에 답하기 위해 위험에 숫자를 매긴 다음 이를 어떻게 해석할지 설명해 보려고 한다. 사람들은 과학 문헌에 나온 숫자를 타당한 근거 없이 무조건 정확하거나 객관적이라고 믿는 경향이 있다.[5] 하지만 여기에서 제시하는 숫자들이 완전히 객관적일 거라고는 단정하지 말길 바란다. 소행성 충돌처럼 많은 부분이 밝혀진 위험에 대한 과학적 증거도 우리에게 모든 걸 알려주진 않는다. 소행성이 충돌할 확률에 대해서는 여러 훌륭한 증거가 있지만 충돌로 인해 우리 미래가 사라질 확률에 대한 확실한 증거는 없다. 숫자들이 정확할 거라고도 생각해서는 안 된다. 여기서 정량화의 목적은 구체적인 확률이 아니라 올바른 자릿수를 제시하는 것이다.

앞으로의 수치들은 각각의 재앙이 이번 세기에 일어날 가능성에 대한 내 전반적인 믿음의 정도를 나타낸다. 다시 말해 위험을 다룬 앞의 장들에서 이야기한 정보와 주장을 그저 정리하는 게 아니다. 몇 페이지로 응축할 수 없는 각 위험에 대한 총체적 지식과 판단에 근거하여 제시한 숫자들이다. 절대 최종적인 결론은 아니지만 위험의 그림에 관해 내가 아는 모든 것을 축약한 것이다.

이 위험 그림에서 가장 놀라운 특징 하나는 위험 사이의 확률이 무척 다르다는 것이다. 어떤 위험은 다른 위험보다 100만 배 이상 크고 서로 자릿수가 같은 위험은 거의 없다. 이 같은 차이는 위험 범주 사이에서도 나타난다. 이를테면 인공적 위험은 자연적 위험보다 1,000배 이상 높다.[6] 그리고 인공적 위험 범주 안에서도 미래 기술로 인한 위험은 기존 기술로 인한 위험보다 약 100배 높으므로 3장에서 다룬 위험보다 4장의 위험이 높고 5장의 위험은 더 높다.

이 같은 차이는 얼핏 놀라워 보이지만, 사실 여러 자릿수의 숫자들로 이루어져 있고 그중 가장 높은 수치들이 전체의 대부분을 차지하는 분포는 과학에서 흔히 발견된다. 이 같은 분포는 위험에 대

존재 재앙 원인	향후 100년 안에 일어날 확률
소행성이나 혜성과의 충돌	~ 1,000,000분의 1
슈퍼 화산 폭발	~10,000분의 1
항성 폭발	~1,000,000,000분의 1
총 자연적 위험	**~10,000분의 1**
핵전쟁	~1,000분의 1
기후변화	~1,000분의 1
기타 환경 피해	~1,000분의 1
'자연적으로' 발생한 전염병	~10,000분의 1
인공적 전염병	~30분의 1
비정렬 인공지능	~10분의 1
예상하지 못한 인공적 위험	~30분의 1
기타 인공적 위험	~50분의 1
총 인공적 위험	**~ 6분의 1**
총 존재 위험	**~6분의 1**

표 6.1 앞으로 100년 안에 각 원인이 존재 재앙을 일으킬 확률에 관한 저자의 최적 추정치 (기후변화처럼 영향이 오랫동안 지연되는 재앙의 경우 100년 안에 상황이 되돌릴 수 없을 만큼 심각해지는 시점을 기준으로 했다). 위 수치들은 최대 3배나 달라질 수 있을 만큼 상당한 불확실성을 내포하므로 올바른 자릿수를 참고하기 위한 것이라고 생각하자. 또한 위 수치들을 모두 합산하더라도 총 위험이 되지 않는다. 단순히 더한 값이 총 위험이 된다면 각 수치가 정확하다는 오해를 불러일으킬 수 있을 뿐 아니라 '위험 합산'에서 설명한 미묘한 이유들에서도 이는 불가능하다.

한 노력의 우선순위를 올바로 정하는 데 무척 중요하다. 또한 이러한 분포에서는 총 위험에 대한 추정치가 가장 큰 몇 가지 위험(우리가 가장 이해하지 못한 위험들)의 추정치에 매우 민감하다. 따라서 그런 위험들을 더 잘 이해하여 확률을 정확히 가늠하는 일은 아주 중요하다.

내가 생각하기에 앞으로 100년 동안 인류 잠재력에 대한 가장 큰 위험은 위에서 10분의 1로 산정한 비정렬 인공지능의 위험이다. 추측에 가까운 위험에 그렇게 높은 확률을 매겼다는 사실에 놀랄 독자도 있을 테니 이에 대해 잠깐 이야기하도록 하자.

세상을 뒤흔들 유례없는 사건의 확률을 가늠하는 일반적인 접근법은 처음에는 극도로 낮은 확률에서 시작해 확실한 증거가 충분히 제시될 때마다 확률을 조금씩 올리는 회의주의적인 방식이다. 하지만 나는 이 방식에 동의하지 않는다. 내가 생각하는 올바른 방법은 우리가 느끼는 전반적인 감정을 반영한 확률에서 시작해 과학적 증거에 따라 조정하는 것이다.[7] 증거가 충분하면 두 가지 방식은 수렴한다. 하지만 그렇지 않다면 시작점이 중요해진다.

인공지능의 경우 모든 사람이 관련 증거와 주장이 완벽함과는 거리가 멀다는 사실에 동의하지만, 문제는 '그렇다면 우리는 어떤 위치에 있는가?'다. 내 접근법을 아주 대략적으로 설명하자면, 내가 출발점으로 삼는 전문가 집단의 전반적인 의견은 거의 모든 일에서 인간을 능가하는 인공지능 에이전트가 다음 세기에 개발될 가능성은 약 2분의 1이다. 그렇다면 여러모로 인간을 앞서는 인공지능 에

이전트가 우리 미래를 상속받는다고 해서 그리 놀랄 일은 아니다. 게다가 상황을 자세히 들여다보면 인공지능 에이전트와 인간의 가치들을 정렬하는 데에는 큰 어려움들이 있다.

나보다 높은 확률을 제시하는 동료들도 있고 낮은 확률을 제시하는 동료들도 있다. 하지만 대개 비슷하다. 당신이 위험에 대해 좀 더 회의적이어서 100분의 1로 예상한다고 가정해 보자. 정보 관점에서 보면 100분의 1은 실제로도 터무니없는 수치가 아니다. 누군가의 예상을 2분의 1에서 100분의 1로 바꾸는 데는 그리 많은 증거가 필요하지 않다. 그리고 앞으로 이루어져야 할 실질적인 행동의 측면에서도 터무니없지 않다. 존재 위험 확률이 2분의 1이건 100분의 1이건 전 세계적으로 중요한 우선 과제여야 한다는 사실에는 변함이 없다.

나는 때로 위험의 그림을 핵전쟁, 기후변화, 다른 환경 피해, 인공적 전염병, 비정렬 인공지능을 포함한 다섯 가지 주요 위험의 면에서 생각한다. 그중 인공적 전염병과 비정렬 인공지능을 특히 중요하게 생각하지만, 다섯 가지 모두 이번 세기에 인류 잠재력을 파괴할 확률이 1,000분의 1 이상이므로 우리의 존재를 위협한다는 이유에서(다른 타당한 이유들도 있다) 모두 전 세계적 노력이 이루어져야 한다.

나는 앞으로 100년 안에 존재 재앙이 인류를 기습할 전반적 확률을 약 6분의 1로 추산했다. 이는 자동차 사고로 죽을 확률처럼 기억하기도 어려울 만큼 낮은 확률이 아니라 주사위를 던졌을 때 특정 숫자가 나올 확률이나 러시안룰렛에서 총에 맞을 확률만큼 쉽게 일어날 수 있는 일이다.

이는 큰 위험이지만 상황은 결코 절망적이지 않다. 인류가 장기적 잠재력을 해치지 않고 다가올 100년을 무사히 통과할 확률은 6분의 5다. 그러므로 우리가 전 지구적 우선 과제로 삼아야 할 위험들(이를테면 발생 확률이 1,000분의 1 이상인 위험)이 있더라도 이번 세기가 인류의 마지막 세기가 되진 않을 것이다.

더 먼 미래는 어떨까? 인류가 모든 존재 재앙을 이기고 궁극적으로 잠재력을 실현하여 인류에게 가능한 최고의 미래를 이룰 확률을 추측한다면 2분의 1 정도 될 것이다.[8] 그렇다면 인류 미래 전체에 대한 모든 존재 위험 중 3분의 1이 이번 세기에 존재한다. 내가 이같이 생각하는 까닭은 이상적인 문명의 가능성을 낙관하고 아마도 이번 세기에 그런 문명이 가능할 거라고 생각하기 때문이다.

실제로 위의 내 추정치들은 우리가 함께 행동하여 위험들을 진지하게 대할 가능성을 반영한 것이다. 사람들은 종종 미래 위험을 '지금 그대로'를 상정하며 추측한다. 다시 말해 위험에 대한 걱정과 해결에 투입되는 자원이 지금 수준을 유지할 거라는 생각이다. 그렇다면 내 추정치들은 훨씬 높아진다. 하지만 이는 우리가 실제로 존재 재앙을 겪을 확률을 부풀린다.[9] 그러므로 나는 인류가 점차 고조되는 위험에 대응하여 그것을 줄이기 위해 큰 노력을 할 거라는 사실을 고려했다.

따라서 위협이 실제로 일어날 확률에 대한 내 최적 추정치에는 인류의 대응 노력이 반영되어 있다. 인류의 노력이 예상을 뛰어넘는다면 위험은 더 낮아질 수 있다. 어떤 사람들은 우리가 총알이 두 개 들어 있는 총으로 러시안룰렛을 하는 미래로 향하고 있다고 말하지만, 나는 인류가 방아쇠가 당겨지기 전에 그중 하나를 없앨 것으로 생각한다. 그리고 우리가 진정으로 노력한다면 마지막 총알도 없앨 수 있다. 그렇다면 우리가 주목해야 할 숫자는 내가 남아 있다고 예상한 위험의 크기인 6분의 1이 아니라 6분의 2일 것이다. 두 숫자의 차이는 인류의 노력이 부족할 때의 존재 위험과 인류가 투혼의 노력을 발휘할 때의 위험의 차이다.

위 확률들은 위험 그림을 훌륭하게 요약하지만 전체 이야기는 아니며 핵심의 전체도 아니다. 완벽하게 객관적이고 정밀하며 정확한 수치조차도 서로 다른 위험이 얼마나 큰지 가늠하게 해 줄 뿐 위험들을 어떻게 다룰 수 있는지, 위험이 얼마만큼 방치되고 있는지는 전혀 말해 주지 않는다. 그러므로 확률만으로는 어떤 위험이 가장 큰 주목을 받아야 한다거나 어떤 종류의 주목을 받아야 하는지를 판단할 수 없다. 이 질문들은 이번 장과 다음 장에서 미래에 대한 위협을 마주하는 데 필요한 도구들을 살피면서 더 자세히 파헤쳐 보자.

존재 위험 해부 ···

이처럼 다채로운 그림을 그리는 위험들은 공통점에 따라 분류할 수 있다. 그렇다면 여러 위험을 한꺼번에 공략할 방법을 찾을 수 있다.

인류미래연구소의 내 동료들은 인류가 절멸하려면 일어나야 할 세 가지 연속적인 단계로 인류 절멸 위험을 분류해 볼 것을 제안했다.[10]

발단: 재앙이 어떻게 시작되는가?

어떤 재앙들은 자연환경으로 시작되고 어떤 재앙들은 인류에 의해 일어난다. 인공적 위험은 피해가 의도된 것인지, 피해 규모를 예측할 수 있거나 예측할 수 없는지에 따라 분류할 수 있다. 그리고 관여된 사람이 적은지(사고나 테러처럼) 아니면 많은지(기후변화나 핵전쟁처럼)에 따라서도 세분화할 수 있다.

확대: 어떻게 재앙이 전 세계적 규모에 이르는가?

처음부터 전 세계적 규모에서 시작할 수도 있고(기후변화처럼) 규모가 점차 커질 수도 있다. 예를 들어 소행성, 화산, 핵전쟁으로 인한 미세한 먼지 입자가 대기 순환의 흐름을 타고 전 세계로 퍼져 태양광을 차단할 수 있고, 전염병 감염자 한 명이 여러 명에게 병을 옮겨 재앙 규모가 기하급수적으로 확대될 수도 있다.

최종 단계: 재앙이 어떻게 임무를 끝낼까?

어떻게 재앙이 사람들이 어디에 있든 모두 죽일 수 있을까? 소행성으로 일어난 분진처럼 치명적 물질이 지구 전체를 덮을 수 있다. 아니면 사람들이 존재하는 모든 곳에 전염병이 퍼질 수 있다. 또는 누군가가 의도적으로 인류를 절멸하려는 목적으로 남아 있는 생존자를 모조리 죽일 수 있다.

우리는 이 중 어떤 단계에서도 위험과 싸울 수 있다. **예방**으로 원인을 피할 수 있고, **대응**으로 확대 규모를 제한할 수 있으며, **회복력**으로 최종 단계를 막을 수 있다. 위험의 종류에 따라 가장 효율적인 단계에 노력을 집중하거나

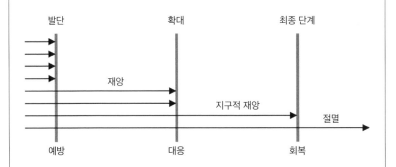

모든 단계를 한꺼번에 아우르는 심층방어 전략을 취할 수 있다.

이 같은 분류를 통해 절멸 확률을 (1) 시작 확률 (2) 시작 후 전 세계적 규모에 도달할 확률 (3) 전 세계적 규모에 도달한 후 절멸을 일으킬 확률로 구분할 수 있다.

$$P_{절멸} = P_{발단} \times P_{확대} \times P_{최종\ 단계}$$

예방, 대응, 회복력은 각 항의 확률을 낮춘다. 확률이 모두 곱해지므로, 어느 한 가지 값을 줄이더라도 다른 값을 그만큼 줄이는 것과 효과는 같다. 그렇다면 값을 절반으로 낮추기가 현재 가장 쉬운 항을 우선으로 삼아야 한다.[11]

위험을 분류하는 다른 여러 유용한 방식도 있다. 예를 들어 케임브리지 대학교의 존재위험연구센터(Cambridge Centre for the Study of Existential Risk)의 샤하르 아빈(Shahar Avin) 연구진은 환경 시스템, 신체 시스템, 사회 구조 시스템처럼 위협받는 주요 시스템에 따라 위험을 분류했다.[12]

위험 합산과 비교

위험 그림은 여러 존재 위험으로 이루어져 있다. 이제까지 우리는 각각의 위험을 개별적으로 살펴보았다. 하지만 위험들이 어떻게 합산되고 서로 어떻게 다른지 이해하려면 서로의 상호작용 방식을 고려해야 한다. 통계적으로 독립적인 위험들이라고 하더라도 중요한 방식으로 다른 위험들과 상호작용한다. 하나의 위험이 우리를 파괴하면 다른 위험들이 그럴 수 없게 되기 때문이다.

우선 **총 존재 위험**의 개념에서 시작해 보자. 이는 인류가 결국 어떤 종류든 존재 재앙에 직면하는 위험을 뜻한다.[13] 여기에는 자연적 위험, 인공적 위험, 알려진 위험, 알려지지 않은 위험, 가까운 미래의 위험, 먼 미래의 위험을 비롯한 **모든** 위험이 포함된다. 다시 말해 재앙이 인류 잠재력을 회복 불가능하리만큼 파괴하는 모든 경로다.

이는 각각의 모든 위험을 통일된 단위로 변환하여 총 위험에 대한 기여도를 가늠하게 해주는 무척 유용한 개념이다. 하지만 한 가지 단순화하는 가정을 해야 한다. 서로 다른 위험에 수반된 이해관계들이 비교적 크기가 비슷하고 주요 차이점은 확률이라는 가정이다. 이는 항상 사실이지는 않지만 좋은 출발점이 된다.[14]

각각의 위험은 어떻게 합산되어 총 위험을 이룰까? 인류 미래 전체에 대한 위험이 10퍼센트 위험과 20퍼센트 위험 두 가지뿐이라고 가정해 보자. 그렇다면 총 위험은 얼마나 될까? 단순히 더해 버리고 싶은 마음이 크겠지만 그러면 대개 틀린다. 답은 두 위험의 관계에 따라 달라진다([그림 6.1] 참고).

최악의 경우는 두 위험이 완벽하게 반反상관성을 띠는 것이다(예를 들어 1에서 100 사이에서 무작위로 고른 숫자가 10 이하일 확률과 80 이상일 확률). 그렇다면 총 위험은 두 위험을 단순히 더한 30퍼센트다. 최고의 경우는 위험이 완벽한 상관성을 띠는 것이다. 다시 말해 10퍼센트 위험이 20퍼센트 위험이 일어날 때만 일어나는 상황이다(1에서 100 사이에 무작위로 고른 숫자가 10 이하일 확률과 20 이하일 확률).**15** 그렇다면 총 위험은 두 위험 중 큰 위험인 20퍼센트가 된다. 두 위험이 통계적으로 서로 독립적이라면(두 장의 복권처럼) 확률은 중간이 된다. 그렇다면 28퍼센트가 된다(이를 이해하는 가장 쉬운 방법은 두 재앙 모두 일어나지 않을 확률을 생각해 보면 된다. 90% × 80% = 72%이므로 이를 100퍼센트에서 빼면 28퍼센트가 된다).

실제 상황은 어떨까? 많은 위험이 원인과 해결책이 같다는 사실

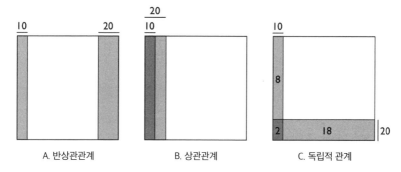

그림 6.1 위험이 합산되는 방식은 완전한 반상관관계(A)에서 완전한 상관관계(B)에 이르기까지 여러 방식이 있다. 완전한 반상관관계와 완전한 상관관계 사이에서 중요한 경우는 독립적 관계(C)다. 총 위험은 두 위험이 겹쳐져 '없어지는' 정도, 달리 말해 두 위험 중 하나를 없애더라도 우리가 재앙을 겪게 되는 구간에 따라 달라진다. 겹쳐지는 정도가 클수록 총 위험은 줄지만 하나의 위험을 없앨 때 얻을 수 있는 혜택도 줄어든다.

을 떠올리면, 서로 긍정적인 상관관계를 맺을 거라고 예상할 수 있다.[16] 가령 세계대전이 여러 존재 위험의 확률을 높일 수 있고, 존재 위험을 성공적으로 관리하는 국제기구가 여러 존재 위험의 확률을 낮출 수 있다. 이는 조금은 다행인 소식이다. 어떤 위험이 먼저 일어나야 다른 위험들이 뒤따른다면, 각 위험을 그저 합쳤을 때나 각 위험이 모두 독립적이라고 생각할 때보다 총 위험이 조금 낮기 때문이다.[17] 위험들이 어떻게 연결되어 있는지 알기 힘들다면, 위험들이 서로 독립적이라고 가정한 다음 서로 상관관계일 때나 반상관관계일 때 상황이 어떻게 변하는지 살펴보는 것이 합리적인 접근 방법이다.

놀랍게도 위험을 합산할 때 뿐 아니라 중요성을 비교할 때도 같은 문제들이 나타난다. 20퍼센트 위험이 10퍼센트 위험보다 얼마나 더 중요할까? 가장 뻔한 답은 '2배 더 중요하다'지만 이는 거의 항상 옳지 않다(위험들이 완전한 반상관관계여야 하기 때문이다). 올바른 답을 구하려면, 어떤 위험을 제거하는 일의 중요성은 그 위험이 제거되었을 때 줄어들 총 위험의 양으로 정해진다는 사실을 기억해야 한다. 그렇다면 그 위험의 중요성을 확인할 수 있다.

예를 들어 우리는 [표 6.1]에서 독립적인 10퍼센트 위험과 20퍼센트 위험을 합한 총 위험이 어떻게 28퍼센트가 되는지 살펴보았다. 그러므로 10퍼센트 위험을 제거하면 총 위험이 8퍼센트포인트 감소하고(28퍼센트에서 20퍼센트로 하락) 20퍼센트 위험을 제거하면 총 위험이 18퍼센트포인트 감소한다(28퍼센트에서 10퍼센트로 하락). 따라서 20퍼센트 위험은 10퍼센트 위험보다 2.25배 중요하고, 일반적으로 큰 위험일수록 예상보다 더 중요하다. 우리 직관에 반하는 이 같은 영향(및 다른 영향들)은 상관관계를 맺는 위험이 많고 총 위험이 클수록 커진다. 따라서 이 영향은 이번 세기의 위험이 내 추산보다 크거나 인류 미래 전체의 총 위험이 클수록 더 중요해진다(이에 대한 놀라운 결과는 '붙임 D'를 참고하라).

위험 인자

우리는 3장에서 5장까지 여러 존재 위험을 하나씩 살펴보았다. 이제 총 위험의 개념을 알았으니 3장부터 5장의 내용을 바탕으로 서로 다른 메커니즘에 따라 인류 잠재력을 파괴하는 구체적인 위험들로 총 위험을 분할할 수 있다고 생각할 수 있다. 이 같은 위험들을 인류가 마주한 중요한 주제의 목록이라고 생각할지도 모른다. 아니면 열정적인 박애주의자가 삶의 소명을 고를 일종의 메뉴가 될 수 있다고 여길 수 있다. 하지만 이는 성급한 판단이다. 인류가 직면한 총 존재 위험을 분할하는 방법은 한 가지가 아니기 때문이다.

이번 세기에 큰 전쟁이 벌어질 확률을 생각해 보자. 초강대국 사이의 전쟁일 수도 있고 이념 진영 간 전쟁일 수도 있다.[18] 세계대전은 20세기 초반을 규정했고 또다시 세계대전이 벌어질 수 있다는 위협은 20세기 후반 대부분을 지배했다. 국제 사회의 긴장은 다시 고조될 수 있지만 앞으로 10년 안에 강대국들이 전쟁을 일으킬 거라고는 거의 생각할 수 없으며 가까운 미래에도 그럴 확률은 낮다. 하지만 한 세기는 긴 시간이며 세계대전이 또다시 일어날 위험은 분명히 존재한다.

세계대전을 존재 위험으로 **여길 수 있겠지만**, 여기에는 억지스러운 면이 있다. 전쟁은 그 자체로 인류나 인류 잠재력을 파괴하는 마지막 일격의 메커니즘이 아니다. 그렇더라도 세계대전은 존재 위험을 높일 수 있다. 핵무기, 인공적 전염병을 일으킬 생화학 무기, 새로운 대량 파괴 무기가 전쟁 동안 개발되어 무기 기술로 인한 위험이 증가하기 때문이다. 게다가 국제 사회의 신뢰와 협동이 무너져 기후변화 대응이나 범용 인공지능의 안전한 개발을 어렵게 해 우리가 직면한 다른 위험들의 확률도 간접적으로 높일 수 있다. 세계대전은 새로운 존재 위험의 출현도 앞당길 수 있다. 핵무기가 제2차 세계대전 동안 개발되었고 그 파괴력은 냉전 동안 증폭했으며 그러면서 수소폭탄이 발명되었다는 사실을 떠올려 보라. 역사를 돌이켜보면 인류는 대규모 전쟁이 일어날 때마다 기술의 가장 어두운 면을 파고들었다.

이 모든 사실을 고려하면 세계대전의 위협은 많은 존재 위험을 (간접적으로) 불러일으킬 수 있다. 예를 들어 지난 세기 동안 존재 위험의 상당 부분은 세계대전의 위협으로 일어났다. 다음 100년 동안 존재 위험이 얼마나 될지 추측해 보자. 강대국이 서로 전쟁을 벌이지 않는다고 확신할 수 있다면 전체 위험 중 얼마나 많은 부분이 사라질까? 정확히 가늠하기는 어렵지만, 향후 100년 동안의 존재 위험 중 10분의 1가량에 해당하는 꽤 많은 양이 사라질 것이다. 앞으로 100년 동안 내가 예상하는 존재 위험은 약 6분의 1이므로 세계대전은 다음 세기의 존재 위험 중 1퍼센트포인트 이상 차지한다. 따라서 우리가 앞에서 살펴본 구체적인 위험 대부분보다 총 존재 위험에 기여하는 정도가 크다.

당신이 내 특정 추정치들에 반드시 동의하지 않더라도, 존재 위험에 대한 세계대전의 기여도가 모든 자연적 위험을 합친 것보다 크다고 합리적으로 주장할 수 있다. 그러므로 아직 직업을 선택하지 않은 청년, 삶의 소명을 찾는 박애주의자, 안전한 세상을 만들려는 정부는 소행성이나 혜성 탐지보다는 강대국 사이의 충돌에 초점을 맞추는 편이 낫다.

나는 총 위험을 분석하는 이 같은 방법에 대해 세계 보건의 큰 그림을 이해하기 위한 기념비적인 연구인 '질병부담연구Global Burden of Disease'에서 영감을 얻었고, 실제로 이는 세계 보건에 대한 내 연구의 중요한 계기가 되었다.[19] 논문의 저자들은 전 세계 건강 문제를 질병이나 부상에 따라 분류했다. 이를 통해 총 보건 부담에 대해 각 질병과 부상이 기여하는 정도를 나타냈다. 하지만 저자들은 흡연이 건강 문제를 일으키는 정도처럼 다른 문제들도 살피고자 했다. 흡연은 그 자체로 질병이나 부상은 아니지만 심장 질환과 폐 질환의 원인이 된다. 저자들은 흡연을 '질병이나 상해의 확률 상승과 인과 관계를 맺는 특성이나 노출'을 일컫는 '위험 인자'로 분류했다. 흡연,

안전한 식수 부족, 비타민 결핍 같은 위험 인자들을 공략한다면 얼마나 큰 성과를 거둘지 가늠하는 방식은 건강 문제의 원인에 대해 무척 유용한 포괄적 분석을 가능하게 한다.

존재 위험을 증가시키는 요인을 '존재 위험 인자'로 부르도록 하자(앞으로 다룰 위험 인자는 모두 존재 위험 인자이므로 간결하게 '존재'를 생략할 수 있다).[20] 총 존재 위험을 개별 위험들로 나누는 건 서로 독립된 범주로 쪼개는 것처럼 보일 수 있지만, 존재 위험 인자는 범주 사이를 자유롭게 오간다. 존재 위험 인자 개념은 무척 포괄적이며 어떤 척도에서라도 적용할 수 있지만, 존재 위험에 큰 영향을 미치는 일관적인 인자들로 생각하는 방식이 가장 유용하다. 3장부터 5장에서 다룬 위험들은 총 위험에서 각자의 구획만을 차지하지만, 위험 인자에는 그런 제약이 없다. 위험 인자는 서로 겹치거나 심지어 한 인자가 다른 인자를 포괄해도 괜찮다. 따라서 존재 위험에 대한 위험 인자들의 기여도를 '더하라도' 총 위험의 근삿값에도 미치지 않는다.

위험 인자의 계산

위험 인자는 확률론의 언어를 통해 더 정확하게 계산할 수 있다. 'F'를 위험 인자라고 하자(기후변화나 세계대전 등). 그리고 f를 해당 위험 인자의 정량적 값이라고 하자(온도 상승 정도나 세계대전이 일어날 확률). f의 가능한 최솟값을 f_{min}, 현재값을 f_{sq}, 가능한 최댓값을 f_{max}로 한다.[24] Pr(P)는 사건 P가 일어날 확률이고 Pr(P|Q)은 Q가 일어날 경우에 P가 일어날 확률이다. 마지막으로 사건 X는 존재 재앙의 발생이다.

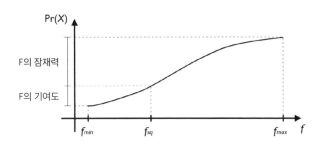

Pr(X|f = f$_{sq}$)와 Pr(X|f = f$_{min}$)의 차이를 존재 위험에 대한 F의 기여도로 간주할 수 있다. 이는 위험 인자를 제거했을 때 총 존재 위험이 낮아지는 정도를 나타낸다. 이 수치를 통해 위험 인자들의 크기와 존재 위험들의 크기를 비교할 수 있다. 마찬가지로 Pr(X|f = f$_{sq}$)와 Pr(X|f = f$_{max}$)의 차이는 F의 잠재력이 된다. 이는 위험 인자가 악화하면 존재 위험이 얼마나 커지는지를 나타낸다.[25]
존재 위험 인자의 우선순위를 정할 때 가장 큰 관심을 둘 부분은 f$_{sq}$ 곡선이 얼마나 가파른지다. 이는 우리가 위험 인자에 대한 한계적 변화를 통해 위험으로부터 얼마나 보호받을 수 있을지 나타낸다.[26]

존재 위험 인자를 쉽게 찾는 방법은 인류를 압박하는 요인이나 인류가 올바른 결정을 내리는 능력을 방해하는 요인을 찾는 것이다. 여기에는 전 세계 경제 침체, 환경 파괴, 국제 질서 붕괴가 포함된다.[21] 심지어 이 같은 요인들의 **위협** 자체가 국제 사회의 불화나 공황을 일으킬 수 있으므로 존재 위험 인자가 된다.

전 세계적 재앙(존재 재앙이 아닌)을 위협하는 많은 위험 역시 재앙 후 인류를 더욱 취약하게 만들므로 존재 위험 인자가 된다. 여러 존재 위협도 마찬가지다. 존재 위협이 전 세계적 재앙을 불러일으켜 인류가 이후의 존재 위험 앞에서 더 무기력해진다면, 그 역시 위험 인자가 된다.[22] 많은 경우 이 위협들은 직접적인 위험보다는 훨씬 간접적인 위험을 일으킨다.

4장에서 이야기했듯이 핵겨울이나 기후변화가 인류 잠재력을 완전히 파괴하기는 어렵다. 하지만 다른 대규모 재앙을 일으켜 인류를 다른 **존재 위험** 앞에 더욱 무력하게 만들 수 있다. 4장에서는 존재 위험 역할의 면에서 핵겨울과 기후변화에 초점을 맞추었다(인류 잠재력을 파괴할 수 있는 설득력 있는 메커니즘이 실제로 존재하는지 이해하는 건 중요하므로). 하지만 위험 인자로서의 역할이 더 중요할 수 있다. 우리가 궁극적으로 알고 싶은 건 전반적인 위험이 얼마나 커지는지이므로 핵겨울과 기후변화가 다른 위험들을 얼마나 증가시키는지 반드시 이해해야 한다.[23]

위험을 높이는 인자가 있다면 위험을 **줄이는** 인자들도 있기 마련이다.[27] 이를 '존재 보호 인자'로 부르자.[28] 여기에는 존재 위험 방지를 위한 강력한 제도, 문명의 미덕을 강화하려는 노력, 강대국 간 평화가 포함된다. 특히 강대국 간 평화처럼, 어떤 위험 인자의 반대 개념이 보호 인자가 되기도 한다.

우리가 공공선으로 떠올리는 많은 것들이 존재 보호 인자이기도 하다. 교육, 평화, 부와 같은 공공선은 인류 보호에 도움이 된다. 한편 여러 사회악은 존재 위험 인자다. 그렇다면 우리에게 익숙하고 상식적인 의제를 추구해야 할 이유를 존재 위험에 기반하여 설명할 수 있을 것이다.

하지만 이 같은 관점은 위험하다. 인류 미래 보호라는 목표를 연관성이 그리 크지 않은 다른 목표들로 대체하는 안일함에 빠질 수 있기 때문이다. 다른 목표를 좇으면 존재 위험이 낮아진다고 해서 그것이 우리 미래를 지키는 가장 효과적인 방법은 아니다. 사실 다른 목표가 상식적으로 중요하다면 이미 존재 위험에 대해 직접적으로 이루어지는 노력보다 훨씬 많은 노력이 이루어지고 있을 가능성이 크다. 그러므로 다른 목표를 추구한다고 해서 상황이 크게 달라지진 않는다. 더 큰 노력이 이루어질 경우 실제로 인류 미래 보호에 얼마나 큰 도움이 될지의 측면에서 본다면, 가장 중요한 존재 위험들에 대적할 수 있는 존재 위험 인자나 안전 인자는(세계대전 관련 인자처럼) 몇 안 될 것이다. 그런 인자들은 반드시 규명해야 한다.

어떤 위험?

안타깝게도 우리가 이야기한 존재 위험 대부분은 마땅한 관심을 받지 못한 채 무시되고 있다. 상황이 변하고 있긴 하지만, 우리가 마주한 모든 위험을 해결하는 데 충분한 자원이 동원되기까지는 몇 십 년이 걸릴 것이다. 그러므로 인류 미래 보호와 관련한 일을 하는 사람이라면 우선순위를 정하여 유한한 에너지와 자원을 어디에 쏟아부어야 할지 정해야 한다.

자연스러운 접근법은 확률에 따라 위험을 비교하는 방법일 텐데 좀 더 정확히 표현하자면 총 위험에 대한 기여도에 따라 비교하는 것이다. 존재 위험 대부분은 이해관계가 무척 비슷하므로(미래의 잠재적 가치), 총 위험을 얼마만큼 증가시키는지에 따라 위험의 우선순위를 정하는 것이 이야기의 전부일 것이라고 생각하기 쉽다.

하지만 이는 옳지 않다. 어떤 위험은 좀 더 쉽게 해결할 수 있기 때문이다. 이를테면 같은 자원을 투입하더라도 규모가 작은 위험은 5퍼센트에서 1퍼센트로 줄일 수 있지만 규모가 크고 고질적인 위험은 20퍼센트에서 19퍼센트로밖에 줄이지 못할 수 있다.[29] 그렇다면 자원을 작은 위험에 집중하여 총 존재 위험을 더 크게 줄일 수 있다.

우리의 궁극적인 목적은 존재 위험에 할당된 자원을 총 위험을 가장 크게 줄이는 방식으로 배분하는 것이다. 위험마다 다른 접근법으로 다른 양의 자원을 할당하는 방식을 하나의 포트폴리오로 생각해 볼 수 있다. 포트폴리오 전체를 처음부터 설계하기란 무척 복잡하고 대부분의 경우 전체 자원량을 크게 변화시킬 수는 없으므로, 이미 존재하는 포트폴리오를 약간 변경하는 단순한 상황을 상상해 볼 수 있다. 현재 진행 중인 모든 노력을 고려할 때 어떤 위험이 가장 시급한가? 더 많은 자원(시간이나 돈처럼)을 투입한다면 총 위험을 가장 많이 줄일 수 있는 부분은 무엇일까?

위 질문에 정확한 답을 하기란 무척 어렵다. 하지만 가능성의 폭을 줄일 훌륭한 휴리스틱 몇 가지가 있다. 그중 한 가지 접근법은 어떤 문제가 더 중요하거나, 해결하기가 더 쉽거나, 더 무시되고 있다면 노력에 대한 비용효율이 높으므로 더 높은 우선순위를 부여하는 것이다.[30] 문제의 **중요성**이란 그것을 해결할 때의 가치다. 존재 위험의 경우에는 총 위험에 대한 기여도로 중요성을 판단할 수 있다. **해결 용이성**은 문제를 해결하기가 얼마나 쉬운지를 의미한다. 이를 정확히 가늠하는 유용한 방법 하나는 현재 할당된 자원을 2배로 늘린다면 위험이 얼마나 줄어들지 살피는 것이다. 마지막으로 문제가 어느 정도 무시되고 있는지는 자원이 얼마나 적게 할당되었는지로 판단한다. 이와 관련한 수확 체감diminishing returns 개념에 따르면 자원이 이제껏 많이 분배되지 않았을수록 자원 투입이 큰 차이를 일으킨다.[31]

나와 인류미래연구소에서 함께 일하는 오웬 코튼-배럿Owen Cotton-Barratt은 위 용어들을 제대로 정의한다면 특정 문제에 대한 노력의 비용효율을 다음의 무척 간단한 공식으로 나타낼 수 있음을 증명했다.[32]

비용효율 = 중요성 × 해결 용이성 × 무시 정도

위 공식에서 어떤 항도 정확한 수치로 나타내기란 몹시 어렵지만, 이 모형은 유용한 지침이 된다. 예를 들어 왜 이상적인 포트폴리오에서는 일반적으로 하나의 위험 대신 여러 위험에 자원이 분산 투입되는지 설명한다. 한 가지 특정 위험에 대한 투자가 늘면 무시 정도가 낮아지므로 추가 자원 투입에서 우선순위가 낮아진다. 그러면 한계 자원을 다른 위험에 투입하는 것이 더 바람직하다.

위 모형은 각 항 사이의 균형을 어떻게 이루는지도 알려 준다. 예를 들어 어떤 두 위험의 확률이 5배 다르다면 현재 투입되는 자금의 차이를 10배로 늘릴 경우 확률 차이는 무의미해진다. 실제로 위 모형은 다음의 일반 원칙을 제시한다.

비례성

일련의 위험이 해결 용이성이 같다면(또는 어떤 위험이 해결 용이성 이 더 높은지 알 수 없다면) 국제 사회의 이상적인 포트폴리오는 총 위험에 대한 기여도에 비례하여 각 위험에 자원을 할당하는 것 이다.[33]

하지만 이는 **당신** 역시 스스로의 자원을 확률에 따라 분배해야 한다는 의미는 아니다. 개인이나 집단은 자신의 자원을 국제 사회 의 이상적인 포트폴리오에 도움이 되는 방식으로 분배해야 한다. 이는 종종 당신의 모든 노력을 단 하나의 위험에 쏟는 것을 의미한 다. 특히 한 개인이 어떤 위험에 집중할 때 창출하는 가치를 생각하 면 더욱 그렇다.

이처럼 위험에 새로운 자원을 할당할 때의 가치를 포괄적으로 평가하는 분석은 좋은 시작점이 된다. 하지만 특정 위험에 투입한 다면 더 큰 가치를 발하는 자원들이 있다. **인적 자원**이 특히 그러하 다. 생물학자를 인공지능 위험을 연구하도록 재훈련시키는 것보다 는 곧바로 인공적 전염병의 위험을 연구하도록 하는 편이 훨씬 바 람직하다. 그러므로 이상적인 포트폴리오는 사람들의 상대적 강점 을 고려한다. 그리고 특정 위험에서 레버리지 효과가 유난히 큰 기회들이 있다. 각 항은 기회의 가치를 순식간에 10배(혹은 그 이상) 다르게 할 수 있다(레버리지를 감수하는 경우와 레버리지를 감수하지 않는 경우).

우선순위를 정하는 다른 세 가지 휴리스틱으로는 **조만간** 일어날 위험, **갑자기** 나타날 위험, **돌발적** 위험에 초점을 맞추는 방식이 있다. 이 기준들은 중요성, 해결 용이성, 무시 정도와 경쟁하는 게 아니라 세 가지 항의 이해를 돕는다.

조만간 닥칠 위험과 이후 닥칠 위험이 있다고 가정해 보자. 모든 상황이 같다면 조만간 닥칠 위험의 우선순위를 더 높게 책정해야 한다.[34] 한 가지 이유는 나중에 닥칠 위험은 나중에 다룰 수 있어도 조만간 닥칠 위험은 그럴 수 없기 때문이다. 또 다른 이유는 시간이 흐를수록 인류가 더 강력해지고 더 많은 사람이 인류 곤경에 맞설 것이므로 나중에 닥칠 위험에 대해서는 더 많은 자원이 가능할 것이기 때문이다. 이는 나중에 닥칠 위험의 무시 정도를 낮춘다. 마지막으로 지금 우리에게 정면으로 다가오는 위험은 좀 더 분명하게 바라볼 수 있지만, 후에 찾아올 위험에 관한 우리의 노력은 방향을 잘못 잡을 가능성이 더 크다. 또한 가까운 미래와 먼 미래 사이에 기술적, 정치적 이변이 일어나 위험의 성질이 바뀌어 위험에 대처하거나 위험을 제거하는 훨씬 훌륭한 방법들이 가능하게 된다면 이전까지의 노력은 허사가 된다. 따라서 먼 미래의 위험은 가까운 미래의 위험보다 해결 용이성이 낮다.

갑작스러운 위험과 서서히 진행되는 위험은 어떠할까? 다른 모든 상황이 같다면, 갑작스러운 위험에 더 높은 우선순위를 매겨야 한다. 서서히 일어나는 위험은 대중과 정책입안자들의 폭넓은 관심을 유도할 기회가 더 많기 때문이다. 그러므로 장기적으로 보았을 때 무시될 확률이 낮다.

어떤 존재 위험들은 여러 척도에서 재앙을 위협한다. 전염병은 수천 명, 수백만 명, 혹은 수십억 명을 죽일 수 있고, 소행성은 그 크기가 수 미터일 수 있지만 수 킬로미터에 달할 수도 있다. 각각의 경우는 큰 재앙일수록 빈도가 훨씬 줄어드는 멱법칙 분포를 따르는 것처럼 보인다. 다시 말해 전체 인류 중 10분의 1이 죽는 전염병 발발이나 소행성 충돌보다는 100분의 1이 죽는 경우의 확률이 높으며 거의 모든 인류가 죽는 경우보다 10분의 1이 죽는 경우의 확률이 높다.[35] 한편 비정렬 인공지능 같은 다른 위험들은 '전부 아니면 전무'의 위험일 수 있다. 사람들이 어떤 재앙이 일어난 뒤 이후 더 큰 규모의 같은 재앙이 일어날 때를 대비한다면, 처음 일어난 작은 규모의 재앙은 일종의 '경고 사격'이 된다. 다른 모든 상황이 같다면, 경고 사격 없이 돌발적으로 찾아오는 위험을 우선순위에 두어야 한다. 장기적으로 무시될 가능성이 더 크기 때문이다.[36]

이제까지는 어떤 위험을 최우선 과제로 삼아야 할지의 면에서 분석했지만, 서로 다른 위험 인자나 보호 인자의 우선순위를 매기는 데도 같은 원칙들을 그대로 적용할 수 있다. 그리고 이는 규범 확산, 기존 제도 안에서의 노력, 새로운 제도 확립처럼 장기적으로 우리의 잠재력을 보호하는 여러 방법의 우선순위를 정하는 데도 도움이 될 수 있다. 무엇보다도 이 원칙 모두 총 존재 위험 감소라는 공통된 단위로 측정하므로, 위험의 범주나 위험/보호 인자의 범주, 잠재력 보호 방법의 범주 안에서나 범주 사이에서의 우선순위를 정하는 데도 활용할 수 있다.

이 책에서 우리는 존재 위험을 줄일 무척 다양한 접근법을 살펴보았다. 가장 1차원적인 접근법은 핵전쟁이나 인공적 전염병 같은 특정 위험을 직접 공략하는 방식이다. 하지만 세계대전 같은 위험 인자를 방지하거나 존재 위험을 줄이기 위한 새로운 국제 제도 같은 안전 인자를 마련하는 좀 더 간접적인 방식도 있다. 그보다 더 간접적인 행동도 가능하다. 위험은 경제가 심각하게 침체하여 혼란을 일으킬 때보다 안정적으로 성장할 때 낮다. 또한 시민들이 더 많은 교육을 받고 더 많은 정보에 접근할 수 있다면 위험은 내려간다.

철학자 닉 벡스테드Nick Beckstead는 표적 간섭과 포괄적 간섭을 구분해야 한다고 주장한다.[38] 인류 보호에 초점을 맞춘다고 해서 위험한 기술을 통제하는 것처럼 협소한 표적 간섭에 집중해야 하는 건 아니다. 존재 위험은 지혜, 의사 결정 능력, 국제 사회 협력의 전반적인 증진을 목표로 한 포괄적인 간섭으로도 줄일 수 있다. 어떤 접근법이 더 효과적인지는 미지수다. 벡스테드는 과거 장기주의자들은 협소한 간섭보다는 폭넓은 간섭에 초점을 맞추는 데 더 능숙했을 것이라고 추측한다.

과거에 대한 벡스테드의 주장이 맞을지 모르지만, 그 이유는 20세기 들어 인류가 스스로를 위협할 만큼 힘이 강해지기 전까지는 존재 위험이 무척 낮았기 때문일 것이다. 이런 면에서 버트런드 러셀과 알버트 아인슈타인 같은 초기 장기주의자들이 핵전쟁 위협 감소라는 표적 간섭에 주목한 건 현명한 행동이었다.

조기 행동

우리가 직면한 가장 큰 위험 중에서는 아직 일어나지 않은 것들이 있다. 위협을 미리 제거할 실질적이고 유용한 방법이 있을까? 앞으로 일어날 위험의 형태나 관련 기술의 본질 또는 위험이 닥쳤을 때의 전략적 상황을 완전히 이해하지 못하는 지금 상황에서 우리는 어떻게 행동할 수 있을까?

위 문제들은 미래 위험들을 해결하기 위한 노력에서 고민해야 하는 현실적인 문제들이다. 우리의 근시안적인 관점은 우리가 쏟은 최고의 노력을 허사로 만들 가능성이 크다. 하지만 이는 이야기의 전체가 아니다. 위협이 일어나기 훨씬 전에 취한 행동이 무척 유용할 때가 있기 때문이다.

조기 행동은 경로를 바꾸는 데 최선이다. 우리가 잘못된 길로 향하고 있다면 조기에 방향을 바꾸는 게 낫다. 그러므로 기술(또는 국가)이 걷고 있는 위험한 경로를 바꾸어야 한다면, 나중보다 지금이 유리하다.

조기 행동은 자기계발에 최선이다. 이르면 이를수록 뿌린 씨의 결실을 거둘 시간이 많아지기 때문이다. 연구를 하거나 교육을 받거나 다른 일에 영향을 미치고 싶다면 시작이 빠를수록 좋다.

조기 행동은 성장에 최선이다. 투자를 부로 바꾸거나, 논문을 연구에 적용하거나, 생각을 행동으로 옮기려면 신속하게 시작하는 게 좋다.

그리고 조기 행동은 수많은 단계가 필요한 일을 처리하는 데도 최선이다. 어떤 문제의 해결책이 여러 단계로 이루어져 있다면 최대한 빨리 시작하지 않는 한 제대로 실행할 수 없을지 모른다.

한마디로 조기 행동은 레버리지 효과가 크지만 허사가 될 가능성도 크다. 강력하지만 정확도는 떨어진다. 우리가 위협이 다가오기 훨씬 전에 행동할 계

획이라면 근시안적 시각을 경계하며 레버리지 효과를 최대한 활용해야 한다.[37] 종종 이는 직접적인 노력보다는 지식과 역량 강화에 초점을 맞춰야 한다는 의미다.

표적 간섭 대 포괄적 간섭 문제는 무시 정도를 고려함으로써 잠정적으로나마 해결할 수 있다. 현재 매년 수십 조 달러에 달하는 돈이 교육 같은 포괄적 간섭에 투자되고 있지만, 존재 위험에 관한 표적 간섭에 쓰이는 돈은 그 1만 분의 1도 안 된다.[39] 그러므로 포괄적 간섭의 무시 정도는 훨씬 낮다. 이는 표적 간섭에 대한 추가적 노력이 효과가 더 클 거라는 강한 근거가 된다(가장 관심 받지 못하는 부문에 대해 포괄적 간섭이 이루어져야 한다는 가장 강력한 근거이기도 하다).

하지만 표적 존재 위험 간섭에 쓰이는 자원을 대대적으로 늘리면 상황은 바뀔 것이다. 현재 표적 간섭에 쓰이는 돈은 세계총생산의 1퍼센트의 1,000분의 1에도 못 미친다. 나는 앞에서 이를 100분의 1 이상으로 끌어올려야 한다고 주장했다. 그렇다면 인류 잠재력을 보호하는 데 쓰는 돈이 아이스크림에 쓰는 돈보다는 많아질 것이다. 더 장기적으로는 세계총생산의 1퍼센트까지 끌어올려야 한다.[40] 하지만 투자를 확대하면 수확 체감이 나타나므로, 국제 사회가 존재 위험 감소에 초점을 맞추더라도 표적 간섭에 대한 전체 예산은 포괄적 간섭 예산을 결코 앞지르지 않을 것이다.

이제 우리는 위험의 그림에 대한 대략적인 지도와 함께 밝은 미래로 나아가는 데 필요한 지적 도구들을 손에 넣었다. 이제는 이를 활용할 때다. 큰 그림의 전략부터 우리 각자가 맡을 역할에 관한 구체적인 충고에 이르기까지 인류를 지킬 계획을 짜 보도록 하자.

7 인류 수호

인류 수호

> 우리 앞에 도사린 재앙 중 피할 수 없는 건 없다. 그 어떤 것도 우리가 아무것도
> 할 수 없는 방식으로 우리를 곧장 파괴하겠다고 위협하지 않는다. 우리가 이성
> 적이고 인도적으로 행동하고, 국가 안보와 지역적 우월감 같은 19세기 문제들
> 에 감정적으로 대응하는 대신 모든 인류가 마주한 문제들에 냉철하게 집중하
> 고, 우리의 적은 이웃들이 아니라 절망, 무지 자연법칙에 대한 무관심이라는 사
> 실을 인정한다면, 우리에게 맞닥뜨린 모든 문제를 해결할 수 있다. 우리는 어
> 떤 재앙도 겪지 않을 선택을 내릴 수 있다.
>
> 아이작 아시모프(Isaac Asimov)[1]

우리가 미래에 어떻게 될지는 우리에게 달렸다. 어떤 선택
을 하느냐에 따라 죽을지 살지, 잠재력이 실현될지 위대함을 이룰
기회가 말살될지 결정된다. 우리는 운의 볼모가 아니다. 우리 각자
의 삶은 갑작스러운 질병이나 전쟁처럼 외부 요인에 휩쓸릴 수 있
지만, 인류 미래에 대한 거의 모든 통제권은 인류에게 있다. 존재
위험 대부분은 인간의 행동에서 비롯된다. 우리는 행동으로 존재
위험을 막거나 효과적으로 통제할 수 있다. 자연에서 유래된 위험
역시 우리가 만반의 준비를 마칠 수 있을 만큼 먼 미래에 발생할 것
이다.

우리는 우리 미래를 책임져야 한다. 지금을 사는 우리만이 지금
의 위험에 맞서 싸우고 미래를 지킬 공동체, 규범, 제도를 마련할

수 있다. 우리가 고비를 넘기고 밝고 안전한 미래로 향한 세대로 기억될지 아니면 전혀 기억되지 못할지는 우리가 도전들에 맞설지 외면할지로 정해진다.

나는 이 같은 문제들을 연구할 때 인류의 관점에서 우리가 마주한 곤경을 살펴보는 것이 도움이 된다는 사실을 알게 되었다. 인류가 이성적이고 현명한 하나의 일관된 개체라면 어떤 전략적 선택을 내릴지 예상해 보는 것이다. 다시 말해 모든 사람이 인류의 장기적이익을 중요하게 여기며 협력한다면 어떻게 행동할지 생각해 보는 방식이다.

이는 너무나 이상적인 그림이다. 인류 분열로 인한 여러 도전을불분명하게 하고 인류 전체를 올바른 길로 인도하는 데 개인이 할수 있는 행동의 중요성을 잘 보여 주지 못한다. 하지만 이제까지 거의 무시된 더 큰 질문들에 빛을 비춘다. 인류를 위한 위대한 전략이무엇인지 또는 우리가 어떤 미래를 맞을지는 정확히 알 수 없어도훌륭한 미래를 이루리라고 어떻게 확신할 수 있는지에 관한 질문이다. 나는 이 질문에 답하면서 현실이 아무리 복잡하고 불투명하더라도 앞으로 수십 년 동안 인류를 올바른 방향으로 이끌 야심 찬 비전을 그릴 수 있었다.

내 충고는 높은 차원의 전략과 정책 제안뿐 아니라 개인적 차원에서 우리가 택할 수 있는 직업적 경로나 누구나 할 수 있는 행동까지 아우를 것이다. 하지만 사람들이 인류의 장기적 잠재력을 어떻게지킬지 진지하게 고민한 시간은 많지 않았으므로 이 모든 지침은 아직 시간의 시험을 통과하지 못한 잠정적인 것으로 여겨야 한다.

그러나 우리가 이제 인류의 장기적 미래를 생각하는 데 첫걸음을 뗐다는 사실은 여행을 막 시작한 우리에게 희망을 품을 근거가 되어 준다. 우리가 걸을 길은 오래전 전도유망했던 생각들이 그리 유용하지 않다는 사실이 밝혀진 닳고 닳은 길이 아니다. 그곳은 누구도 밟지 않은 영역이다. 그리고 최초의 탐험자들이 바라는 통찰로 가득할 것이다.

인류를 위한 위대한 전략

인류는 어떻게 해야 잠재력을 달성할 확률을 최대한 높일 수 있을까? 우리가 이해해야 할 전략은 가장 높은 차원에서 다음 세 단계로 이루어질 것이다.[2]

1. 존재 안보 달성
2. 숙고세
3. 잠재력 달성

여기에서 인류의 중요한 첫 임무는 존재 위험이 낮고 앞으로도 계속 낮을 안전한 곳에 도달하는 것이다. 이를 '존재 안보'로 부르자.

이는 두 가지 방식으로 이루어진다. 가장 쉽게 예상할 수 있는 방식은 우리가 질서를 회복하기 전에 실패하지 않도록 임박한 위험을 제거해 인류 잠재력을 보존하는 것이다. 여기에는 가장 시급한 존재 위험과 위험 인자를 직접 공략하는 노력과 인류 규범과 제도의 단기적 개선이 포함된다.

하지만 우리는 인류 잠재력을 **보호**하기도 해야 한다. 지속적인 안전장치들을 마련해 장기적 미래에 대한 위험으로부터 인류를 지켜 실패를 거의 불가능하게 해야 한다.[3] 인류 잠재력의 보존이 최근 일어난 화재를 진압하는 것이라면, 잠재력 보호는 화재가 다시는 심각한 위협이 되지 않도록 변화를 일으키는 것이다.[4] 여기에는 규범과 제도의 대대적인 혁신(우리에게 필요한 신중함과 인내를 가능하게 하기 위해)과 재앙에 대한 인류의 전반적인 회복력을 향상하는 노력이 포함된다. 그렇다고 해서 우리가 지금 당장 미래의 모든 위험을 예견해야 하는 건 아니다. 인류가 새로운 위험들을 진지하게 받아들이는 길로 굳건히 나아간다면 그걸로 충분하다. 다시 말해 위험이 발생하면 곧바로 대처할지 아니면 회피할지의 갈림길에서 전자를 선택하면 된다.

존재 안보를 위해서 위험을 0으로 만들 필요는 없다. 그런 시도는 달성할 수 없을 뿐 아니라 역효과를 불러일으킬 수 있다. 인류가 해야 할 일은 이번 세기의 위험을 매우 낮은 수준으로 낮춘 뒤 세기가 거듭될수록 점진적으로 더 낮추는 것이다. 그렇다면 세기마다 위험은 언제나 어느 정도 남아 있을 테지만 인류 미래 전체의 총 위험은 계속 미미할 것이다.[5] 이를 일종의 존재 지속 가능성으로 볼 수 있다. 축적된 존재 위험이 100퍼센트로 향하는 미래는 지속 불가능하다. 그러므로 우리는 인류 미래 전체에 대해 위험 예산을 엄격하게 관리하여 앞으로 다가올 세대 동안 이 재생 불가능한 자원을 아주 세심하게 집행해야 한다.

궁극적으로 존재 안보는 총 존재 위험을 최대한의 퍼센트포인트로 낮추는 것이다. 인류 잠재력 보존은 앞으로 몇 십 년 동안 인류가 직면하는 총 위험을 줄이는 것이고, 잠재력 보호는 장기적인 총 위험을 줄이는 것이다. 우리는 임박한 위험을 줄이는 동시에 인류의 역량, 제도, 지혜를 강화해 미래 위험을 최소화함으로써 잠재력 보존과 보호를 모두 해낼 수 있다.[6]

존재 안보에 대한 동기를 부여할 중요한 통찰 한 가지는 존재 안보를 전 세계적 핵심 과제로 삼는다면 아주 긴 미래 동안 인류 존속을 방해할 장애물은 없을 것이라는 사실이다. 3장에서 설명했듯이, 우리에게는 자연적 위험으로부터 스스로를 지킬 시간이 무수히 많다. 소행성, 슈퍼 화산 폭발, 초신성의 위협을 해결하는 데 수천 년이 걸리더라도 우리가 그 사이에 위험을 맞을 확률은 총 위험의 1퍼센트포인트에도 못 미친다.

더 큰(더 임박한) 위험은 인공적 위협에서 비롯된다. 하지만 인류 스스로 초래한 위협이므로 우리 스스로 통제할 수 있다. 우리가 충분히 인내하고 신중하며 서로 협력한다면, 스스로에게 위험을 가하는 일을 멈출 것이다. 탄소 배출(또는 핵무기)의 숨겨진 비용을 알게 된다면 우리가 손해라는 사실을 깨달을 것이다. 우리가 기술 발전에 쏟아부은 인류의 재능만큼 기술에 대한 고민과 통제에 쏟아붓는다면 가장 급진적인 첨단 기술에 대해 좀 더 성숙한 자세를 취할 수 있을 것이다.

과거에는 인류 생존을 위해 의식적으로 노력할 필요가 거의 없었다. 우리의 과거는 자연적 위협을 피할 수 있을 만큼 짧았고 우리의 힘은 인공적 위험을 초래할 만큼 강하지 않았다. 하지만 이제는 인류의 장기적 생존을 위해서는 생존을 위한 의식적인 선택을 해야 한다. 이 사실을 깨닫는 사람이 점차 많아지면서 우리는 이제 그런 선택을 내릴 수 있게 되었다. 사람들로 하여금 먼 앞날을 내다보게 하고 지금 곳곳에서 벌어지는 국지적인 충돌 너머를 바라보게 하기까지 여러 큰 도전이 있을 것이다. 하지만 논리는 분명하고 도덕적 논증은 강력하다. 우리는 해낼 수 있다.

존재 안보가 이루어진다면 우리는 숨을 고를 틈이 생길 것이다. 인류의 장기적 잠재력이 보장되면 우리는 벼랑세를 통과해 우리 앞에 열린 미래의 가능성들을 자유롭게 탐색할 수 있다. 그리고 우리가 진정으로 원하는 것이 무엇인지 생각하며 인류에 대한 어떤 비전이 우리의 잠재력을 최대한으로 실현해 줄지 고민하게 될 것이다. 이 시기를 '숙고세Long Reflection'로 부르도록 하자.7

지금 우리는 이 같은 고민을 거의 하지 않는다. 우리의 초점은 이곳과 지금에 맞추어져 있다. 먼 미래를 진심으로 걱정하는 사람들에게도 가장 큰 관심을 기울여야 할 부분은 우리에게 미래가 **있도록** 보장하는 것이다. 하지만 존재 안보가 달성된 후에는 우리에게 가능한 여러 미래를 비교하면서 무엇이 최고인지 판단할 많은 시간이 주어질 것이다. 이제까지의 윤리학 연구 대부분은 잘못된 행동과 바람직하지 못한 결과를 피하는 부정적인 면들에 초점을 맞추어 왔다. 긍정적인 면에 관한 연구는 아직 훨씬 초기 단계다.[8] 숙고세 동안 우리는 성숙한 이론들을 마련하여 후손들이 기나긴 시간과 수많은 은하를 캔버스 삼아 이룰 여러 위대한 성취를 비교해야 할 것이다.

나 자신을 포함해서 지금의 사람들은 이 같은 성찰의 결과를 예상하는 데 그리 유리한 위치에 있지는 않다.[9] 하지만 그런 예상이 이루어지게 할 사람들은 우리다.

숙고세의 궁극적인 목표는 어떤 미래가 인류에게 최고의 미래인지 최종적인 답을 구하는 것이다. 우리가 이상적인 숙고 과정에서 도달할 답은 진실한 답(진실을 윤리적 질문들에 적용할 수 있다면)일 수 있고 실패한 답일 수도 있다. 이성의 힘으로 풀 수 없는 논란이나 불확실성 때문에 답에 도달하는 것 자체가 불가능할 수도 있다. 그렇다면 우리의 목적은 남아 있는 전망들이 가능해지는 최선의 방식으로 타협할 미래를 찾는 것이다.[10]

이 과정을 완전히 마쳐야 앞으로 나아갈 수 있는 건 아니다. 중요한 건 미래 궤도의 중요한 면들을 결정할 과감하고 되돌릴 수 없을 행동을 취하기 전에 우리 목표의 전반적 형태를 충분히 파악하는 것이다.

예를 들어 우리가 달성할 수 있는 최고의 미래는 유전 기술로 우리의 생체 기능이 향상되어 신체적으로 완벽한 인류가 탄생하는 미래일 수 있다. 아니면 사람들이 온갖 새로운 생물학적 형태를 자유롭게 고를 수 있는 미래일지 모른다. 하지만 두 길 중 어떤 길을 선택하든 성급하게 나아간다면 존재 위험을 초래할 수 있다.

우리가 급진적으로 우리 본질을 바꾸면 인류(최소한 호모 사피엔스)를 새로운 무언가로 대체하게 된다. 그러면 인류에게 가장 소중한 무언가를 그것이 무엇인지 진정으로 이해하기도 전에 잃어버릴 수 있다. 우리가 우리의 형태를 다양하게 만든다면 인류는 여러 종류로 쪼개진다. 그렇다면 미래의 공동 비전을 가능하게 한 인류의 단일성이 사라질 것이고, 그 결과 계속되는 투쟁이나 불만족스러운 타협에 갇힐지 모른다. 다른 과감한 행동들도 비슷한 위험을 가할 수 있다. 예를 들어 인류가 태양계를 벗어나 독립적인 세계들로 이루어진 연방을 세운다면 각각의 세계는 서로 다른 문화적 방향으로 나아갈 수 있다.

그렇다고 해서 내가 인류 조건의 변화를 거부하는 건 아니다. 변화는 인류 잠재력을 완전히 실현하는 데 꼭 필요하다. 내가 말하고자 하는 건 급진적인 변화는 숙고세 이후 이루어져야 한다는 것이다.[11] 최소한 변화의 결과를 충분히 이해할 만큼 성찰해야 한다. 서두르지 말고 매우 신중하게 길을 선택해야 한다. 존재 안보를 달성한 뒤라면 시간을 들여 상황을 주의 깊게 분석하는 한 성공은 보장된 것이나 다름없다. 우리가 게임에서 지는 경우는 실책을 범했을 때뿐이다.

숙고세는 어떻게 진행될까? 성찰은 숙고세 동안 인류가 해야 할 유일한 일이 아니다. 지식, 부, 정의의 계속적인 추구처럼 다른 여러 원대한 프로젝트들을 지속해야 한다. 많은 사람에게 성찰이 최대 관심사는 아닐 것이다. 하지만 긴 성찰이야말로 미래의 모습에 가장 큰 영향을 미칠 것이므로 그 시대는 숙고의 시대로 기억될 것이다.[12]

숙고는 주로 지식인 사이에서 이루어질 수도 있고 폭넓은 대중 영역에서 이루어질 수도 있다. 어떤 경우든 숙고에 참여한 사람들의 편견이나 선입견에 영향을 받지 않도록 최대한 주의를 기울여야 한다. 조너선 셸도 비슷한 맥락의 이야기를 했다. "전 세계 모든 사람이 동원되더라도 그 노력은 죽은 모든 자와 아직 태어나지 않은 모든 세대의 노력에서 지극히 작은 부분만 차지할 뿐이므로 우리는 작은 소수 집단에 어울리는 신중함과 겸손함으로 행동해야 한다."[13] 논의는 모든 견해에 대해 정중하고 무례하지 않아야 하지만 더 중요한 건 공정함과 엄격함이다. 논의의 궁극적인 목적은 지금 살아 있는 사람들에게 호응을 얻는 게 아니라 영원히 존속할 판결을 내리는 것이다.

숙고세 동안 윤리학이 중심 역할을 하겠지만 다른 여러 분야의 통찰도 필요할 것이다. 그저 어떤 미래가 최고일지만이 아니라 애초에 어떤 미래가 가능할지와 그 미래를 이룰 가장 효과적인 전략을 가늠해야 하기 때문이다. 이를 위해서는 과학, 공학, 정치학을 포함한 다양한 분야의 분석이 필요하다.

존재 안보 달성과 숙고세라는 첫 두 단계는 인류를 위한 헌법 제정 과정으로 생각할 수 있다. 존재 안보 달성은 인류 잠재력 수호를 헌법으로 명문화하는 것이다. 그리고 숙고세는 우리 미래가 펼쳐질 방향과 그에 대한 한계를 명시하며 헌법에 살을 붙이는 기간이다.

물론 우리의 궁극적인 목적은 인류 잠재력을 완전히 달성하는 마지막 단계다.[14] 하지만 어떤 미래가 최고이고 어떻게 치명적인 실수 없이 최고의 미래를 달성할 수 있을지 진지하게 고민한 다음 마지막 단계에 돌입해도 늦지 않다. 지금 당장 성찰을 시작해도 해로울 건 없지만 가장 시급한 임무는 아니다.[15] 성공 확률을 최대한 높이려면 먼저 존재 안보에 주력해야 한다. 우리 시대의 과제는 존재 안보다. 나머지는 좀 더 기다릴 수 있다.

항성 사이의 안보? ⋯⋯⋯⋯⋯⋯⋯⋯⋯⋯⋯⋯⋯⋯⋯⋯⋯⋯⋯⋯⋯⋯⋯⋯⋯⋯⋯⋯⋯

인류 절멸 위험에 관해 글을 쓴 많은 저자가 인류가 우주 멀리까지 나아갈 만큼 오래 생존한다면 안전할 수 있다고 주장한다. 지금 우리는 우리의 모든 알을 바구니 하나에 담고 있지만, 여러 행성에 존재하는 다행성(multi-planetary) 종이 된다면 지금처럼 무력한 시대는 끝날 것이다.[16] 그들의 주장이 맞을까? 다른 행성에 정착한다면 존재 안보를 이룰 수 있을까?

이 같은 생각은 중요한 통계적 사실을 바탕으로 한다. 인류가 절멸하려면 파괴되어야 할 장소가 늘고 각 장소에 재앙이 일어날 확률이 다른 곳의 확률과 무관하다면, 인류는 무한한 시간 동안 존속할 가능성이 크다.[17]

하지만 안타깝게도 이 같은 주장은 통계적으로 독립적인 위험들에만 적용된다. 질병, 전쟁, 폭정, 그리고 바람직하지 않은 가치에 영구히 갇히는 상황처럼 많은 위험이 서로 다른 행성 사이에서 상관관계를 맺을 것이다.

다시 말해 한 행성이 위험에 영향을 받으면 다른 행성들도 영향을 받을 가능성이 커진다. 비정렬 범용 인공지능과 진공 붕괴 같은 위험들은 거의 완벽한 상관관계를 띠므로 한 행성을 덮치면 다른 모든 행성도 덮칠 것이다.[18] 그리고 아직 발견되지 않은 위험 중에서도 인류의 여러 정착지 사이에서 상관관계를 띠는 위험이 있을 것이다.

그러므로 우주 진출은 존재 안보를 이루는 데 도움이 될 수 있지만(상관관계가 없는 위험을 제거함으로써) 절대적으로 충분한 방법은 아니다.[19] 인류를 다행성 종으로 만드는 건 무척 기발한 프로젝트이며 인류 잠재력을 달성하는 데 꼭 필요한 단계일 것이다. 그래도 핵심 우선 과제는 인류의 장기적 잠재력 수호여야 하며 존재 위험 문제를 정면으로 마주해야 한다.

전례 없는 위험

인류는 이제까지 한 번도 존재 재앙을 겪지 않았으며 바라건대 앞으로도 그럴 것이다. 인류 존재를 위협하는 규모의 재앙은 우리의 긴 역사에서 전례가 없다. 이는 그런 재앙을 이해하고, 예측하고, 방지하는 노력을 몹시 어렵게 한다. 더군다나 존재 위험은 **반드시 전례가** 없는 일이어야 하므로 이 같은 어려움은 언제나 우리와 함께할 것이다. 전례가 생긴다면 인류가 미래를 잃어버린 너무 늦은 뒤다. 인류 잠재력을 지키려면, 우리는 우리가 어떻게든 피하려고 하는 사건들을 목격한 적이 없더라도 그에 대한 계획을 짜고 정책을 마련하는 수밖에 없다.[20] 이 같은 상황에서 일어나는 세 가지 어려움과 그 해결 방법을 살펴보도록 하자.

첫 번째 어려움은 작은 위험이나 중간 크기의 위험을 해결하도록 진화한 현재의 우리 직관과 제도에 기댈 수 없다는 사실이다.[21] 우리의 공포 감각은 개인의 삶에 대한 위협을 훨씬 넘어서는 위험, 다시 말해 수십억 인구가 공존하는 세상에서 수천 년이 넘도록 한 번도 일어나지 않은 재앙의 위험에 대해서는 진화적으로나 문화적으로나 적응되지 않았다. 아주 드문 사건이 일어날 가능성과 그 시기를 예측하는 데에도 우리의 직관은 미숙하다. 진화와 문화적 적응은 우리가 일상에서 마주하는 질문(길을 건너도 안전한지, 화재경보기를 사야 하는지)에 답할 정교한 판단 능력을 가능하게 했지만, 수십억 명의 삶과 인류 자체의 미래는 고사하고 수백 명의 삶을 위협하는 위험에 대해서는 거의 무력하다.

인류의 제도도 마찬가지다. 위험 관리를 위한 법, 규범, 조직은 인류가 지난 몇 세기 동안 마주한 작은 위험과 중간 크기의 위험에 최적화되었다. 따라서 전 세계 많은 국가를 황폐화하여 당사자를 처벌할 법적 제도조차 남지 않을 광범위한 위험을 해결하는 데는 역부족이다.

두 번째 어려움은 우리가 **단 한 번이라도** 실패해서는 안 된다는 사실이다. 한 번이라도 실패하면 실패에서 교훈을 얻을 기회는 없다. 인류는 주로 시행착오로 기대 위험을 관리한다. 이제까지 겪은 피해를 바탕으로 투자나 규제의 크기를 정하고, 잿더미를 뒤적이며 또 다른 화재를 막을 방법을 찾는다.

하지만 일이 일어난 사후에 대처하는 시행착오 방식은 존재 위험에 대해서는 전혀 소용이 없다. 우리에게 필요한 건 선제 조치다. 때로는 무척 앞서서 행동해야 하고, 때로는 큰 비용을 들여야 하며, 때로는 위험이 실질적인지 또는 관련 조치로 위험을 해결할 수 있을지 확신할 수 없다.[22] 이를 위해선 앞으로 일어날 위험에 관한 최신 정보에 접근할 수 있고 결단력 있는 행동을 할 수 있으며 실제로 행동을 시작할 의지가 강력한 기관들이 있어야 한다. 많은 위험에 대해 이 같은 행동은 전 세계 여러 국가나 때로는 모든 국가의 신속한 조율이 필요할 것이다. 비용이 많이 드는 행동이 실제로 도움이 될지 절대 알 수 없더라도 행동해야 할 때도 있을 것이다. 그러므로 깊은 지혜와 날카로운 판단 능력을 지닌 인력과 충분한 예산, 정책 영향력을 갖춘 새로운 기관들을 마련해야 한다.

이와 같은 상황에서는 현재 최고의 능력을 자랑하는 기관들이라도 혀를 내두를 만큼 적절한 정책을 마련하기가 몹시 어려울 것이다. 하지만 어쨌든 우리는 그런 상황에 놓여 있고 그 사실을 정면으로 마주해야 한다. 하루라도 빨리 관련 기관들의 능력을 개선해 위 요구들을 충족해야 한다.

기관들이 언제 행동을 시작해야 할지 역시 무척 어려운 질문들을 제기한다. 기관들은 관련 증거가 가장 높은 과학적 기준에 미치지 못하더라도 강력한 행동을 단행할 수 있어야 한다. 하지만 미미한 증거만으로 큰 희생을 요청(강요)받는다면 헛것을 쫓을 위험이 있다. 특히 대중의 감시와 대응이 불가능한 기밀 사건이나 정보 위험과 관련된 상황이라면 문제는 더욱 커진다. 이 같은 문제들은 실제 비상사태에 대처하는 데 꼭 필요하지만 남용될 수도 있는 정부의 비상사태 선포 능력 문제와 비슷하다.[23]

세 번째 어려움은 지식에 관한 어려움이다. 한 번도 일어난 적 없는 위험을 어떻게 예측하고 정량화하고 이해할 수 있을까? 새로운 기술에서 비롯된 위험은 예측하기가 몹시 어렵다. 자동차가 처음 거리로 나왔던 때를 생각해 보자. 처음에 우리는 얼마나 위험할지 전혀 알 수 없었고 차가 도로에 출현한 뒤 수백만 킬로미터를 달린 지금에야 통계적 주기를 바탕으로 위험을 쉽게 가늠할 수 있게 되었다. 이제 우리는 자동차의 이익이 위험보다 큰지, 새로운 안전 대책이 얼마나 효과가 있는지, 어떤 안전 대책이 가장 유용한지 판단할 수 있다.

한편 존재 위험은 긴 시간 동안 어떤 주기로 일어났는지 가늠할 과거 기록이 없다. 그러므로 관련 위험에 대해 신뢰할 수 있는 확률 없이 중대한 결정을 내려야 한다.[24] 이는 존재 위험에 관한 결정을 내리는 데 필요한 확률 추정치를 어떻게 마련할지에 대해 무척 큰 어려움을 야기한다.[25] 이 문제는 이미 기후변화 연구와 관련 정책 결정을 어렵게 하고 있다. 더군다나 기후변화를 정치화하려는 시도는 사람들이 가뜩이나 모호한 증거를 해석하는 데 직간접적인 선입견을 일으킨다.

냉전 동안 핵전쟁으로 인한 존재 위험 우려는 위험이 실질적이라고 **증명**되지 않았다는 이유로 종종 무시되었다. 하지만 존재 위험에 관해서는 이는 불가능한 기준이다. 실험을 수없이 반복하도록 요구하는 과학적 증거에 관한 우리의 규범은 실험이 언제나 가능하며 비용이 크지 않다고 가정한다. 하지만 존재 위험에서는 이 같은 가정이 옳지 않다. 칼 세이건은 이를 다음과 같이 탁월하게 꼬집었다. "세상의 끝에 관한 이론은 실험적 입증이 가능하지 않다. 좀 더 정확히 말하면 단 한 번만 가능하다."[26]

존재 재앙에 관한 과거 기록이 없더라도 확률을 가늠하거나 확률의 한계치를 추측할 몇 가지 방법이 있다. 예를 들어 3장에서 이야기했듯이, 인간 및 인간과 비슷한 동물들이 생존해 온 시간을 바탕으로 총 자연적 위험에 관한 대략의 추정치를 계산할 수 있다. 그리고 **이제까지 일어난** 가장 큰 재앙(흑사병 등)과 **거의 일어날 뻔한** 존재 재앙(쿠바 미사일 위기 등)처럼 존재 위험을 가까스로 모면한 사건들에도 주목할 수 있다. 이 사건들을 통해 우리 사회가 재앙을 얼마만큼 견딜 수 있는지 혹은 국가들이 불완전한 정보로 인해 의도하지 않은 파괴적인 전쟁의 벼랑에 얼마나 가까이 갈 수 있는지 이해할 수 있다. 그런 사건들은 우리가 마주하고 있는 새로운 위험들과 완전히 같진 않아도 우리가 가진 최고의 정보이므로 배울 수 있는 교훈은 모두 배워야 한다.

존재 위험을 가까스로 모면한 몇몇 사건은 위험 분석에 체계적으로 활용되고 있다. 이 같은 방식은 **전례가 있는** 과거 잘못들의 조합을 바탕으로 전례 없는 재앙의 확률을 추정한다. 가령 핵미사일 발사 시스템의 신뢰도를 평가하기 위해 개발된 결함수 해석법fault tree analysis은 비행기 추락, 원자로 노심 융용 사고처럼 발생 빈도가 낮은 위험을 방지하는 데 일상적으로 활용되고 있다.[27]

인류 절멸 위험을 추측하는 데에는 고유한 어려움이 있다. 확률과 상관없이 인류가 절멸한 과거 사례를 찾기란 불가능하다는 사실이다. 이로 인한 선택 편향은 멸절로 이어지진 않았더라도 멸절과 관계된 재앙의 역사적 기록을 왜곡할 수 있다. 예를 들어 우리는 소행성 충돌이나 전면적인 핵전쟁의 관찰 기록을 직접적으로 적용할 수 없다. 그런 위험들에 관해 우리가 무엇을 아는지에 관한 관점에서는 선택 편향이 역사 기록을 그다지 왜곡하지 않은 것처럼 보이지만, 이를 다룬 논문은 몇 안 되며 몇 가지 방법론적 문제는 아직 풀리지 않은 건 선택 편향의 결과일 것이다.[28]

마지막 어려움은 이해관계가 크지만 확률이 낮은 위험에 관한 것이다. 과학자들이 전례 없는 기술적 위험의 존재 재앙 확률을 이를테면 1조 분의 1처럼 극도로 낮게 추정했다고 생각해 보자. 이 수치를 분석에 직접 사용할 수 있을까? 안타깝게도 그럴 수 없다. 문제는 과학자들이 부정확하게 확률을 계산했을 가능성이 1조 분의 1보다 훨씬 크다는 것이다. 거대한 핵폭발을 예상하지 못한 캐슬 브라보 실험을 떠올려 보라. 계산 오류 확률이 낮았다면 그런 일은 없었을 것이다. 그러므로 어떤 재앙이 발생한다면, 그 원인은 확률이 1조 분의 1인 사건이 일어나서가 아니라 실제 위험은 훨씬 높은데 확률을 잘못 계산해서였을 공산이 크다.

그러므로 1조 분의 1 확률은 의사 결정에 반영될 수 없으며 정책

입안자들은 더 높은 수치로 조정해야 한다.[29] 우리는 이를 어떤 방식으로 해야 할지 아직 잘 모른다. 핵심은 실질적인 확률에 대한 불확실성이 위험을 무시할 이유가 되어서는 안 된다는 사실이다. 실제 위험은 확률보다 낮을 수 있지만 높을 수도 있다. 하지만 애초에 추산한 확률이 아주 낮다면 불확실성을 고려하려다가 상황을 오히려 악화시킬 수 있다. 실질 확률이 추산보다 훨씬 높을 수는 있지만 훨씬 낮을 수는 없기 때문이다.[30]

존재 위험 영역에 뒤따르는 이 같은 여러 어려움은 독특하지만 그렇다고 극복할 수 없는 건 아니다. 본질적으로 유례없는 위험을 가늠하고 평가하기 위해서는 이론적 이해를 발전시켜야 한다. 또한 파괴적 기술을 점검하고 예측할 능력을 향상해야 한다. 그리고 이와 관련한 방법론과 생각을 적극적으로 정책 결정에 반영해야 한다.

국제 조율

인류 수호는 전 세계의 공공재다. 앞에서 지적했듯이, 미국 같은 강대국도 전 세계 인구에서 20분의 1밖에 안 되므로 재앙 방지로 인한 이익을 20분의 1밖에 누리지 못한다. 그러므로 국가들의 행동이 조율되지 않으면 집단행동 문제가 일어난다. 각각의 국가는 위험을 줄이고 위험을 일으킬 행동을 삼갈 동기가 충분하지 않아 다른 국가들의 노력에 편승하려고 한다. 그렇다면 쉽게 예상할 수 있듯이 위험을 줄이는 행동에는 공급 부족이 일어나고 위험을 높이는 행동에는 공급 과잉이 일어난다.

따라서 존재 위험에 관한 국제적 조율이 필요하다. 위험을 막을 정책의 혜택을 모두가 누리듯 그 비용도 모두가 분담해야 한 국가의 동기가 인류 전체의 동기에 부합할 수 있다. 국가들이 모든 인류에게 더 큰 이익을 위해 행동할 때도 있지만, 이는 관례가 아니라 예외다. 몇몇 국가의 박애주의에 기대는 대신 모든 국가의 신중한 이해타산에 기대는 공동의 행동은 공유지의 비극을 해결할 수 있다. 완벽하진 않더라도 성공 확률이 훨씬 높다.

인류 수호를 위한 국제 사회의 이 같은 노력 일부를 중앙집권화하는 데에는 여러 장점이 있다. 전문 지식을 모으고, 관점을 공유하며, 협력을 더 효율적으로 조율할 수 있다. 또한 일관된 대응이 필요한 정책을 마련하는 데도 도움이 된다. 사슬이 아무리 단단하더라도 약한 고리가 하나라도 있으면 아무 소용이 없다. 이를테면 위험한 연구를 금지하거나 지구공학을 규제하는 방안이 여기에 포함된다.

그렇다면 존재 위험에 초점을 맞추며 우리의 행동을 조율할 국제기관들이 필요하다. 하지만 지금 단계에서는 그런 기관들이 어떤 형태를 띠어야 할지는 무척 불분명하다. 변화가 점진적이어야 할지 급진적이어야 할지, 기관의 성격이 자문 기관이어야 할지 규제 기관이어야 할지, 책임 범위가 좁아야 할지 넓어야 할지 모두 불확실하다. 비주류 기관들을 점진적으로 개선할 수 있고, UN 안전보장이 사회 같은 핵심 단체를 대대적으로 개혁할 수도 있으며, 국제 사회의 가장 중요한 문제들을 다룰 완전히 새로운 단체들을 설립할 수도 있다.

많은 사람이 국제 사회의 지배 구조를 대대적으로 바꾸는 건 불필요하거나 비현실적이라고 생각할 것이다. 하지만 UN의 탄생을 떠올려 보자. UN은 제2차 세계대전의 비극에 대응해 국제 질서를 완전히 새롭게 재정렬하려는 노력의 일환으로 설립되었다. 지금 인류 잠재력이 완전히 파괴된다면 그 여파는 제2차 세계대전 때보다 훨씬 크므로 비슷한 규모의 국제기관 재정립은 그 근거가 충분하다. 그리고 지금은 많은 사람이 내켜 하지 않더라도 가까운 미래에 위험이 커져 대중이 심각하게 받아들이기 시작하거나 경고 사격으로 작용할 전 세계적 재앙이 일어난다면 상황은 달라질 것이다. 그러므로 우리는 기존 기관들을 점진적으로 개혁하는 방안을 고려하는 동시에 이상적인 국제기관에 대한 혁신적 아이디어에도 마음을 열어야 한다.[31]

정책 선택도 마찬가지다. 인류의 나약함을 받아들여야 하는 새로운 상황에 놓인 우리는 여러 크나큰 도전에 부딪힐 것이다. 그러나 새로운 정치적 가능성들도 열릴 것이다. 처음에는 불가능해 보였던 대응들이 가능해질 수 있으며 심지어 불가피해질 수도 있다. 울리히 벡Ulrich Beck이 말했듯이 "우리는 정반대의 두 주장을 할 수 있다. 하나는 전 세계 위험들이 우리를 무력하게 하는 공포를 조장할 수 있다는 주장이고 다른 하나는 전 세계 위험들이 행동을 위한 새로운 여지를 만든다는 주장이다."[32]

　우리는 인류가 여러 독립국가로 나뉘어 있고 각각의 국가가 내부적으로는 상당한 단일성을 띠지만 국가 간 조율은 느슨한 기존의 국제 질서 맥락에서 지금의 곤경을 볼 수 있다. 이 구조는 단 하나의 나쁜 정부가 인류를 끔찍한 결과에 영원히 가두는 위험을 최소화할 수 있으므로, 존재 위험의 관점에서도 몇 가지 강점이 있다. 하지만 하나의 국가나 심지어 국가 안의 작은 집단이 인류 전체를 위협하기가 쉬워지면서 균형이 무너질 수 있다. 국가 수가 195개라는 사실은 나쁜 정부가 인류 전체의 파멸을 초래할 가능성이 195번이라는 의미가 될 수 있다.

　존재 위험을 고민한 몇몇 초기 사상가는 존재 재앙 가능성이 점차 커지는 상황에서는 세계정부 설립의 길로 나아가야 한다고 주장했다.[33] 예를 들어 아인슈타인은 1948년에 다음과 같이 언급했다.

> 내가 세계정부를 주창하는 까닭은 인류가 이제껏 놓인 가장 끔찍한 위험을 물리칠 다른 가능한 방법이 없다고 확신하기 때문이다. 완전한 파괴를 막는 건 그 어떤 목표보다 앞서야 한다.[34]

　세계정부는 사람마다 다른 의미를 띠는 모호한 개념이다. 가령 세계정부는 국가들이 서로 전쟁을 일으키지 못하는 상태를 일컫기도 한다. 이 같은 상태는 영구적인 세계 평화와 거의 동의어이며 반대하기가 비교적 어렵다(대신 실현하기도 무척 어렵다). 하지만 단 하나의 통제점이 존재하여 정치적으로 단일한 세계를 뜻할 때도 있다(세계를 단 하나의 거대 국가로 볼 수 있다). 그런 의미의 세계정부는 논란의 여지가 크며 전 세계적 전체주의나 바람직하지 못한 가치들의 영속화를 통해 전반적인 존재 위험을 오히려 높일 수 있다.

그 대신 나는 한두 개의 국가가 인류 미래 전체를 위험에 빠트리지 못하도록 하는 데 필요한 최소한의 국제 사회 제약으로도 존재 안보를 이룰 수 있다고 생각한다. 이른바 인류 헌법을 제정해 우리 미래를 지키는 최우선 과제를 명문화하고 적절한 예산과 집행 방법을 마련한다면 가능할 것이다. 이는 현재의 국제법이나 제도는 훨씬 뛰어넘지만 세계정부에는 이르지 않는다.

작은 변화들을 통해 국제 사회의 조율을 향상시켜 적은 비용으로도 안보를 개선하는 방식은 어떨까? 역사에서 찾을 수 있는 좋은 예로 모스크바-워싱턴 핫라인('빨간 전화기'로도 알려져 있다)이 있다.[35] 쿠바 미사일 위기 동안 케네디와 흐루쇼프가 메시지를 주고받고 내용을 해독하는 데에는 보통 몇 시간이 걸렸다.[36] 하지만 중요한 사건들이 훨씬 빠르게 전개되면서 외교적 해결책(그리고 상대편의 적대적으로 보이는 행동에 대한 해석)이 속도를 따라잡지 못했다.[37] 이후 케네디와 흐루쇼프는 위기가 벼랑 끝까지 내몰리는 상황을 막기 위해 신속하고 직접적인 소통을 가능하게 할 핫라인을 설치했다. 금전적, 정치적 비용을 거의 치르지 않은 단순한 방법이 핵전쟁 위험(포괄적으로는 강대국 간 전쟁의 위험)을 성공적으로 낮추었다. 아직 발견되지 않았거나 실행되지 않은 다른 여러 비슷한 아이디어가 있을지 모른다.

존재 위험과 관련한 기존 기관들을 강화하는 좀 더 직접적인 방법들도 있다. 가령 생물무기금지협약을 화학무기금지협약Chemical Weapons Convention 수준으로 끌어올릴 수 있다. 그러려면 예산을 130만 달러에서 8,000만 달러로 늘리고 위반 혐의에 대한 조사권을 부여하며 직원 수를 네 명에서 적절한 수준으로 증원해야 한다.[38] 세계보건기구는 전염병 출현에 대해 신속한 질병 조사, 진단, 통제를 통해 대응력을 높일 수 있다. 이를 위해서는 더 많은 예산과 권한을 보장하는 동시에 필요한 기술들을 위한 연구·개발 지원을 늘려야 한다. 그리고 모든 DNA 합성 의뢰를 검열해 위험한 병원균의 합성이 이루어지지 않도록 해야 한다. DNA 합성 업계의 노력으로 검수 비율이 80퍼센트에 이르게 되었다.[39] 하지만 80퍼센트는 충분하지 않다. 자발적 노력으로 100퍼센트에 이를 수 없다면 어떤 형태로든 국제적 규율이 필요하다.

가장 중요한 형태의 국제 조율 중 하나는 두 국가 사이의 협력이다. 제일 먼저 떠올릴 수 있는 첫 단계는 중거리핵전력조약 Intermediate-Range Nuclear Forces Treaty의 부활이다. 이 군축 조약으로 미국과 러시아의 핵무기고에서 2,692기의 핵미사일이 사라졌지만, 약 10년 동안 여러 위반이 의심되면서 2019년에 중지되었다.[40] 핵무기 수를 크게 줄인 신전략무기감축조약New Strategic Arms Reduction Treaty도 2021년에 만료하면 반드시 갱신해야 한다.

핵 문제는 양자나 다자 협정을 통해 다루어질 때가 많지만 한 국가의 단일한 노력도 모든 국가에 이익이 될 수 있다. 이를테면 미국이 대륙간탄도미사일의 즉시 대응 체제를 끝낸다면, 의도하지 않게 핵전쟁을 일으킬 확률을 낮출 수 있다. 핵 공격을 받더라도 핵잠수함으로 대대적인 보복이 가능하므로 즉시 대응 체제 해지가 핵 억지력을 약화하지는 않는다. 즉시 대응 체제 종료는 핵전쟁의 전체 위험을 크게 낮출 것이다.

점진적인 변화를 위한 또 다른 희망적인 방법은 불필요한 절멸 위험을 의도적으로 혹은 무모하게 일으키는 행위를 명백하게 금지하고 처벌하는 것이다.[41] 그런 위험을 초래한 당사자가 한 국가의 정부나 지도자여서 국가법을 피해갈 수 있으므로 이는 당연히 국제법으로 다루어야 한다.

현재 살아 있는 모든 사람과 인류 미래 전체에 위험을 일으키는 행위가 심각한 범죄라는 생각은 인권과 반 인류 범죄에 관한 법을 뒷받침하는 상식과 맥을 같이한다. 물론 이 같은 생각을 법에 반영하고 처벌 한계를 규정하는 데에는 현실적으로 여러 어려움이 있을 수 있다.[42] 하지만 어려움에 맞설 가치는 충분하다. 인류의 존속을 위협하는 행위가 완전하게 합법적이었다는 사실을 우리 후손들이 알면 경악을 금치 못할 것이다.[43]

이 같은 보호책들이 국제 사회 차원의 지지를 얻을 수 있다는 긍정적인 징후가 발견되고 있다. 예를 들어 1997년에 유네스코는 '미래 세대에 대한 현재 세대의 책임에 관한 선언Declaration on the

Responsibilities of the Present Generations Towards Future Generations'을 발표했는데 선언의 말머리에서 인류 존속이 위험에 처할 수 있으며 이를 위한 행동이 UN의 임무가 되어야 한다는 사실을 다음과 같이 인정했다.

> 역사의 지금 시점에서 인류와 환경의 존재 자체가 위협받고 있다는 사실을 인식하고, 인권과 민주주의 이상에 대한 완전한 존중이 미래 세대의 요구와 이익 보호의 필수적인 기반이라는 사실을 강조하며 (……) 미래 세대의 운명이 오늘날 이루어지는 결정과 행동에 달려 있음을 마음에 새기고 (……) 현재 세대를 위한 행동 지침을 포괄적이고 미래 지향적인 관점 안에서 마련할 도덕적 책임이 있다고 확신한다.

국제 공동체가 받아들여야 할 이상을 목록화한 선언 조항 중 제3조는 "현재 세대는 인류의 지속과 영속을 위해 노력해야 한다"라고 명시한다. 이 선언이 세상을 바꾸진 않았지만 인류 존속에 관한 생각들이 국제 인권의 틀 안에서 어떻게 표현될 수 있는지 일깨워 주었으며 그런 생각들이 최상위 국제기관에서 다루어지고 있음을 보여 주었다.[44]

지난 30년 동안 몇몇 국가는 민주주의 제도를 수정하여 미래 세대의 입장을 보다 적극적으로 반영하는 놀라운 조치를 단행했다.[45] 이 국가들은 현재의 표준적인 민주주의 형태는 지금 우리의 결정에

악영향을 받을 수 있는 미래 세대를 제대로 고려하지 않는다는 비판을 받아들였다.[46] 지금의 민주주의 형태는 현재 세대가 미래 세대를 압제하는 폭정으로 생각할 수 있다. 아직 태어나지도 않은 미래 세대에게 투표권을 주는 방식으로는 당연히 문제를 해결할 수 없다.[47] 하지만 때로 우리는 미래 세대가 어떤 정책을 기대할지 분명하게 알 수 있으므로 현재의 민주주의에 대한 비판을 진지하게 받아들여 미래 세대의 대리자를 통해 그들의 입장을 반영할 수 있다. 가령 옴부즈맨이나 위원단, 국회 위원회가 미래 세대를 대리할 수 있을 것이다. 미래 세대의 대리자들은 자문 조직의 성격을 띠거나 실질적인 권한을 행사하는 집단일 수도 있다.[48]

미래 세대를 공식적으로 대표하는 이 같은 실험은 이제까지는 주로 환경 문제와 인구 문제에 초점을 맞추어 왔다. 하지만 존재 위험에도 자연스럽게 적용될 수 있다. 이는 국가적 수준에서도 성공을 거둘 수 있지만, 세대 간, 국가 간 협력을 통해 국제적 수준으로 끌어올린다면 더욱 강력한 효과를 발휘할 수 있다. 이는 점진적인 방식으로 접근할 수도 있지만 전혀 새로운 혁신적인 방식으로도 가능할 것이다.

기술 진보

인류의 놀라운 기술 진보는 이 책의 주요 주제였다. 기술 발전으로 인류는 마을, 도시, 국가를 세우고, 최고의 예술품들을 창조하고, 더 오래 살고, 온갖 경험을 할 수 있었다. 기술은 인류 생존에도 꼭 필요하다. 더 이상의 기술 발전이 없다면 우리는 소행성 충돌 같은 자연적 위험에 굴복하게 될 것이다. 그리고 나는 인류 잠재력이 완전하게 발휘되는 최고의 미래에 도달하려면 비용이 낮은 청정에너지, 진보한 인공지능, 우주 탐험 능력처럼 우리가 아직 손에 넣지 못한 기술들이 필요하다고 믿는다.

그러므로 우리가 직면한 가장 큰 위험들이 기술에서 비롯했더라도 더 이상의 기술 진보를 포기하는 건 해결책이 아니다. 진보의 속도를 늦추는 건 어떨까? 해결책이 될 수 있을까? 그로 인한 한 가지 효과는 기술로 인한 위험의 출현이 지연되는 것이다. 우리가 위험할지 모르는 새로운 모든 기술을 한 세기 뒤로 미룬다면, 지금 살아 있는 우리 모두는 존재 재앙으로 인한 죽음을 피할 수 있다. 이는 현재의 관점에서는 큰 혜택일 테지만 미래, 과거, 인류의 미덕, 우주에서 인류가 차지하는 중요성 면에서는 별 의미가 없다. 존재 위험을 처음으로 고민한 사상가 중 한 명인 철학자 J. J. C. 스마트_J.J.C. Smart_는 이에 관해 다음과 같이 설명했다.

> 진화가 앞으로 수백만 년 동안 일어날 거라는 관점에서 최종적인 재앙을 (예컨대) 약 200년 늦추는 게 중요할까? 지연 작전은 마지막 재난을 피할 길을 찾기 전 숨 고를 틈을 만들어야 할 때만 유용하다.[49]

나는 앞에서 우리가 지금 처한 곤경은 인류의 힘이 강해지는 속도가 지혜가 발전하는 더딘 속도를 크게 앞지르면서 일어났다고 주장했다. 그렇다면 기술 진보를 늦추어 숨 고를 틈을 만들면 인류 지혜가 기술 발전 속도를 따라잡을 수 있을 것이다.[50] 기술 진보의 모든 면을 늦춘다면 그저 재앙을 늦출 뿐이지만, 지혜가 쌓이는 속도에 대비하여 우리 힘의 성장 속도를 늦춘다면 근본적인 도움이 될 것이다.

인내심 있고 신중한 인류는 힘과 지혜의 틈을 좁히려고 할 것이다. 무엇보다도 지혜를 늘릴 것이다. 하지만 짧은 시간 안에 지혜를 늘리는 데에 여러 제약이 있다면, 힘의 증가 속도를 낮추는 방법 역시 합리적이다. 브레이크를 밟지는 않아도 가속 페달 위에 올린 발에서 힘을 뺄 수는 있다.

앞에서 이야기했듯이 인류는 청소년과 같다. 신체적 능력은 빠르게 발전하지만 지혜와 자기 통제는 부족하고 장기적 미래를 거의 생각하지 않으며 위험에 대해 불건전한 탐닉을 품는다. 우리는 우리 아이들이 위험한 기술에 접근할 기회를 사회적 차원에서 단계화한다. 예컨대 일정 나이가 되기 전에는 자동차 운전면허를 딸 수 없게 한다.

비슷한 접근법을 인류에게 적용할 수 있다. 무작정 기술을 포기하는 대신 일부 기술에 대해서는 특정 기준을 충족할 때까지 사용을 유예하는 것이다. 가령 100년 동안 큰 전쟁이 일어나지 않을 때까지는 핵 기술을 허용하지 않을 수 있다. 하지만 안타깝게도 여기에는 한 가지 큰 어려움이 있다. 아이들이 성장할 때는 그들을 도울 현명한 어른들이 있지만 인류에게는 규칙을 정할 현명한 어른이 없다는 것이다. 인류는 **스스로를** 통제할 규칙들을 직접 만들어야 한다. 지혜가 부족하면 이 사실을 이해하지 못한다. 그리고 인내가 부족하면 만족을 느낄 수 있는 때를 늦추려고 하지 않는다.

그러므로 성숙한 세상은 파괴적 능력을 적절히 관리할 수 있을 때까지 스스로의 성장을 늦추겠지만, 지금으로서는 이를 주창하는 건 별 의미가 없어 보인다. 속도를 늦추려는 노력은 모든 주요 당사자의 국제적 동의가 필요하다. 그렇지 않으면 양심적이지 않은 국가들에서는 기술 진보 속도를 높이려는 작업이 계속될 것이다. 그와 같은 합의는 요원해 보이므로 존재 위험을 걱정하는 몇 안 되는 사람이 자신의 에너지를 기술 진보 속도를 늦추는 데 쏟는 건 비효율적이다(역효과를 불러일으킬 수도 있다).

그 대신 우리는 새로운 기술의 책임 있는 사용과 규제를 요구하는 데 에너지를 써야 한다. 기술 발전으로 인한 유례없는 힘은 기술을 사용하는 자와 기술을 감독하는 자 모두에게 유례없는 책임을 요구한다는 사실을 알려야 한다.

기술은 공짜로 우리에게 훨씬 나은 삶을 선사하지 않는다. 위험이라는 숨은 비용이 발생한다.[51] 우리는 가시적인 이익들에만 주목하지만 언젠가 갚아야 하는 숨은 빛이 쌓이고 있다.[52] 우리가 기술 속도를 바꾸지 않을 거라면, 최소한 기술이 우리에게 선사한 부의 일부를 빚을 갚는 데 써야 한다. 예를 들어 기술이 우리에게 안긴 이익 중 단 1퍼센트를 더 큰 기술 진보로 인한 인류 잠재력 파괴를 막는 데 쓸 수 있다.

기술 규율은 여러 차원에서 이루어질 수 있다. 가장 쉽게 예상할 수 있는 형태는 정치인, 행정 기관, 시민 사회처럼 규제·감독 의무를 지닌 당사자들에 의한 규제다. 하지만 규제 당사자들과 연구자들 사이에 다리를 놓는다면, 학계와 전문가 집단, 기술 업계에서 과학과 기술을 연구하는 사람들의 소중한 노력을 보다 가치 있게 활용할 수 있다. 기술을 직접 다루는 사람은 자신과 동료들의 일이 윤리적으로 어떤 의미를 띠는지 훨씬 많은 시간을 고민한다.[53] 연구자들은 자체적으로 지침과 규정을 개발할 수 있다. 그리고 정책 입안자들과 협력하여 과학적·기술적으로 적합한 국가 규정과 국제 규정을 만드는 데 도움을 줄 수 있다.[54]

성공적인 규제의 대표적인 예로 오존층을 파괴하는 화학물질의 사용을 단계적으로 줄이기 위한 몬트리올 의정서Montreal Protocol가 있다. 과학자, 업계 지도자, 정책 입안자의 신속하고 광범위한 협력을 명시한 몬트리올 의정서는 코피 아난Kofi Annan 전 UN 사무총장이 말했듯이 "지금까지 가장 성공한 국제 협의"일 것이다.[55]

또 다른 예인 아실로마 DNA 재조합 회의Asilomar Conference on Recombinant DNA에서는 세계 최고의 유전 과학자들이 자신들의 연구가 문을 연 새로운 위험 가능성들을 고민했다. 그리고 앞으로의 연구에 대한 안전 규정들을 정하고 특정 분야의 발전은 완전히 막기로 했다.[56]

'차등적 기술 발전'은 흥미롭지만 주목받지 못하고 있는 기술 규제 분야다.[57] 위험한 기술 발전을 막는 건 몹시 어려울 수 있지만, 위험한 기술보다 우리를 보호해 주는 기술의 발전 속도를 높임으로써 존재 위험을 줄일 수 있다. 이는 연구 후원자들이 맡을 역할이다. 보조금 신청과 지급 제도를 만들 때 이를 중요한 원칙으로 삼아 인류를 보호하는 기술에 더 큰 비중을 둘 수 있다. 연구자들 역시 차등적 기술 발전 개념을 기준으로 어떤 연구 프로그램을 시작할지 결정할 수 있다.

상태 위험과 전환 위험

인류가 세기마다 큰 위험과 마주하게 되리라는 위협 속에 산다면 인류의 위치는 지속 불가능하다. 이처럼 위험한 시기를 되도록 빨리 통과해야 하지 않을까? 답은 위험의 종류에 따라 달라진다.

어떤 위험들은 불안정한 상태와 관련한다. 이를 '상태 위험'이라고 부르자.[58] 많은 자연적 위험이 상태 위험이다. 인류는 여전히 소행성과 혜성 충돌, 슈퍼화산 폭발, 초신성 폭발, 감마선 노출에 취약하다. 위협이 존재하고 인류가 무력한 상황이 길어질수록 인류가 굴복하게 될 누적 확률은 커진다. 인류의 존속 확률은 연간 위험에 따라 반감기가 형성되는 지수 감소 형태를 띤다.[59] 상태 위험에서는 우리의 취약함을 조기에 없앨수록 좋다. 취약함을 없앨 새로운 기술이 필요하다면 되도록 빨리 개발해야 한다.

하지만 모든 위험이 그러한 건 아니다.[60] 새로운 기술·사회 제도로 전환하면서 일어나는 '전환 위험'도 있다. 혁신적인 범용 인공지능을 개발하고 사용하면서 일어나는 위험과 에너지 의존도가 높은 문명으로 전환하면서 일어나는 기후변화 위험이 그 예다. 전환을 서두른다면 위험이 줄기는커녕 더 높아질 것이다. 하지만 전환이 필요하거나 매우 바람직하다면 언젠가는 겪어야 할 일이므로 단순한 지연은 해결책이 될 수 없으며 오히려 상황을 악화할 수 있다. 전환 위험에 대한 일반적인 처방은 서두름이나 지연이 아니라 신중함과 선견지명이다.

우리는 상태 위험과 전환 위험 모두에 직면해 있다.[61] 하지만 내 분석이 맞는다면 상태 위험보다 전환 위험이 훨씬 크다(가장 큰 이유는 인공적 위험이 더 많기 때문이다). 이는 우리의 전반적인 기술 진보를 서두르는 건 비합리적임을 암시한다. 전체적인 균형은 존재 안보를 이루면서도 누적 위험을 되도록 최소화하려는 우리의 바람으로 이루어질 것이다. 이를 실현할 최고의 방법이 가장 큰 상태 위험을 극복하는 데 필요한 과학과 기술의 발전 속도를 높이면서 가장 큰 전환 위험을 극복할 선견지명, 신중함, 협력을 도모하는 것이다.

우리의 지금 상황은 지속 불가능하지만 그렇다고 해서 되도록 빨리 연간 위험을 지속 가능한 수준으로 내리는 건 해결법이 될 수 없다. 우리의 궁극적인 목표는 인류 잠재력을 지켜 앞으로의 무한한 시간 동안 발현될 확률을 최대로 높이는 장기적인 지속 가능성이다. 그러므로 지속 가능성의 올바른 개념은 되도록 빨리 지속 가능한 상태에 이르는 게 아니라 지속 가능성을 달성하는 데 수반되는 위험과 지속 가능성이 제공하는 보호가 이상적으로 교환되는 궤도에 이르는 것이다.[62] 이 궤도에 오르려면 장기적으로 위험을 충분히 줄이기 위해 단기적으로는 더 많은 위험을 감수해야 할 수 있다.

존재 위험 연구

존재 위험 연구는 걸음마 단계다. 우리는 우리가 직면한 위험들의 정체와 최고의 해결 방법들을 이제야 막 이해하기 시작했다. 존재 위험에 대한 개념적, 도덕적 근거나 인류를 위한 원대한 전략에 관한 연구는 더욱더 초기 단계다. 그러므로 우리의 위치는 인류의 장기적 잠재력을 지킬 결단력 있는 행동을 시작하기에 유리하지 않다. 그러므로 존재 위험에 관한 더 많은 연구가 절실하다. 존재 위험 연구는 우리가 지금 할 수 있는 행동 중에서 어떤 행동을 해야 할지 결정하고 이제껏 생각하지 못한 완전히 새로운 행동을 발견하는 데 도움을 준다.[63]

그중 일부는 구체적인 주제에 초점을 맞춘 연구여야 한다. 우리는 위험 가능성, 위험의 메커니즘, 위험을 줄일 최고의 방법처럼 존재 위험에 대해 더 많이 이해해야 한다. 핵전쟁, 기후변화, 생물보안에 관해서는 많은 연구가 이루어졌지만, 인류 자체에 위협이 되는 가장 극단적인 수준을 살펴보는 연구는 거의 없다.[64] 마찬가지로 범용 인공지능을 인류 가치에 정렬할 방법에 관한 기술적 연구도 훨씬 많이 필요하다.

강대국 간의 전쟁 같은 주요 위험 인자를 해결할 방법과 주요 안전 인자에 관한 연구도 더 활발하게 이루어져야 한다. 예를 들어 국제 협력이나 미래 세대를 위한 최고의 제도를 연구해 볼 수 있다. 인류 존재를 위협하진 않지만 심각한 재앙으로부터 회복할 확률을 높일 회복성에 관한 최고의 접근법도 고민할 수 있다. 또한 존재 위험에 대처할 더 많은 방법을 얻기 위해서는 새로운 위험 인자와 안전 인자를 찾아내야 한다.

이처럼 구체적인 연구를 진행하는 동시에 좀 더 추상적인 문제들도 연구해야 한다. 장기주의, 인류 잠재력과 존재 위험에 관한 이해를 높이고, 다양한 개념을 다듬으면서 가장 타당한 버전을 만들며, 개념들의 바탕이 되는 윤리적 근거들과 그런 근거들이 암시하는 윤리적 의무를 파악하며, 인류가 마주한 전략적 질문들을 더 잘 이해해야 한다.

위 문제들은 너무나 원대하여 다가가기 어려워 보이지만 우리는 앞으로 나아갈 수 있다. 이 책에서 이야기한 개념들을 떠올려 보자. 모든 세대의 인류를 아우르는 포괄적인 비전, 벼랑세, 인류 미래 수호의 시급성 같은 개념들은 무척 광범위하다. 하지만 그중 많은 수는 간결한 통찰로 농축할 수 있다. 예를 들어 인구 100퍼센트가 죽는 재앙은 미래 전체가 사라지므로 99퍼센트가 죽는 재앙보다 훨씬 끔찍하다는 통찰이 가능하다. 또한 지금까지의 인류 존속 기간은 자연적 위험 확률의 한계값을 알게 해 준다. 존재 위험 감소 노력은 세대와 지역을 뛰어넘는 공공재이므로 공급 부족이 일어난다. 그리고 우리가 마주한 위험은 상태 위험과 전환 위험으로 구분할 수 있다. 이 밖에도 더 많은 새로운 개념이 발견될 수 있다. 개념을 발견하거나 이해하는 데에는 특별한 기술이 필요하지 않다. 패턴과 수단, 설명을 찾으려는 분석적 사고만 있으면 된다.

존재 위험에 관한 많은 연구가 이미 보조금을 지원받고 있다는 사실은 놀라울지 모른다. 존재 위험을 깊이 걱정하는 진취적 사고의 자선가들이 최근 주요 위험과 그 해결법에 관한 우수 프로젝트들을 지원하기 시작했다.**65** 이를테면 열린 자선 프로젝트_{Open} Philanthropy Project는 최악의 시나리오들에 주목하며 최신 핵겨울 모형, 인공지능의 기술적 안전, 전염병 대비, 기후변화에 관한 연구를 지원한다.[66] 내가 이 책을 쓰는 지금 그들은 이 같은 연구를 더 많이 지원하길 바라지만 문제는 자금 부족이 아니라 연구를 할 능력 있는 연구자의 부족이다.[67]

존재 위험을 전문적으로 연구하는 연구소들도 있다. 케임브리지 대학교의 존재위험연구센터와 내가 속한 옥스퍼드 대학교의 인류미래연구소가 그 예다.[68] 뜻이 같은 다양한 분야의 학자들이 이러한 연구소들에 모여 인류 수호에 관한 과학, 윤리, 정책을 고민한다.

하지 말아야 할 일 ·····

이 장은 미래를 지키기 위해 우리가 해야 할 일을 다룬다. 하지만 하지 말아야 할 일을 아는 것도 그만큼 중요할 것이다. 그중 몇 가지를 이야기해 보자.

성급한 규제는 삼가야 한다. 규제는 적절한 시기에 이루어진다면 존재 위험을 줄이는 데 무척 유용한 도구다. 하지만 현재 최고의 규제 방법에 대해 우리가 아는 건 거의 없다. 충분한 고민 없이 규제를 밀어붙인다면 큰 실수가 될 것이다.

돌이킬 수 없는 행동을 독단적으로 시작해서는 안 된다. 어떤 대책들은 우리가 처한 공경을 더 악화할 수 있다(급진적인 지구공학이나 천연두 유전체의 공개처럼). 그러므로 가장 낙관적인 자가 일방적으로 행동하는 독단주의자의 저주(183페이지 참조)를 경계해야 한다.

위험한 정보를 퍼트리지 말아야 한다. 존재 위험을 연구한다는 건 우리 세상의 취약함을 탐구하는 것이다. 때로는 그런 연구가 새로운 위험을 일으킨다. 위험한 정보를 철저하게 관리하지 않으면 우리는 더 취약해질 수 있다(183페

이지 박스 '정보 위험' 참고).

위험을 과장해서는 안 된다. 존재 위험 주장을 호들갑으로 치부하는 건 자연스러운 경향이다. 하지만 위험을 과장하는 것 역시 객관적이고 세심한 분석을 잡음 속에 묻히게 하여 사람들을 훨씬 더 큰 혼란에 빠트릴 수 있다.

맹신을 경계해야 한다. 인류 미래 수호가 아무리 중요하더라도 인류의 유일한 과제는 아니다. 우리는 선한 일을 하는 세상에서 선한 시민이 되어야 한다. 인류 미래를 끊임없이 이야기하여 사람들을 질리게 하면 역효과가 일어난다. 다른 사람들이 소중히 여기는 대의보다 인류 미래가 더 중요하다고 고집하는 건 더욱 안 될 일이다.

편을 갈라서는 안 된다. 인류 미래 보호는 좌와 우, 동과 서, 가진 자와 못 가진 자의 문제가 아니다. 당파 문제도 아니다. 미래 보호를 논쟁의 대립에서 이기기 위해 정치화한다면 끔찍한 결과를 초래한다. 인류 미래는 누구에게나 중요한 문제이므로 모두 함께 노력해야 한다.[69]

도덕의식 없는 행동은 삼가야 한다. 아주 중요한 무언가가 위험에 처해 있지만 다른 사람들이 꾸물거리기만 한다면 뭐든 해야 할 것 같은 기분이 들 수 있다. 이런 유혹에 절대 넘어가서는 안 된다. 도덕의식이 없는 단 한 명의 행동이 명분 전체에 먹칠하고 우리가 이루길 바라는 모든 것을 망칠 수 있다.

좌절은 금물이다. 좌절은 우리의 에너지를 빨아들이고, 우리의 판단력을 흐리며, 우리를 도우려는 사람들의 등을 돌리게 한다. 좌절은 자기충족적 예언이다. 위험들이 아무리 실질적이고 크더라도 우리 힘을 벗어나는 위험은 발견되지 않았다. 우리가 움츠리지 않고 고개를 꼿꼿이 든다면 성공할 수 있다.

긍정의 힘을 무시하지 말자. 존재 위험들은 인류가 마주한 중요한 도전이지만,

> 위험이 우리를 정의하도록 내버려 두어서는 안 된다. 우리를 이끄는 건 미래에 대한 희망이다. 희망을 우리 생각의 중심으로 삼는다면 스스로에게뿐 아니라 주변 사람들에게도 미래를 지키는 데 필요한 영감을 불어넣을 수 있다.[70]

우리가 할 수 있는 일

이 장에서는 인류가 벼랑세를 어떻게 항해하여 잠재력을 달성할 수 있을지에 관한 큰 그림을 그렸다. 하지만 이 원대한 질문과 주제 속에서도 인류 미래를 보호하기 위해 누구나 맡을 수 있는 역할을 찾을 수 있다.

직업은 세상에 좋은 일을 할 수 있는 최고의 통로 중 하나다. 각각의 직업은 크든 작든 어떤 문제들을 푸는 데 대략 총 8만 시간을 할애한다. 이는 우리 삶에서 매우 긴 시간이므로 인류에게 가장 중요한 문제 중 하나에 헌신하는 직업을 선택한다면 무척 큰 영향을 일으킬 수 있다.

당신이 컴퓨터공학이나 프로그래밍 분야에 몸담고 있다면 인공지능으로 인한 존재 위험을 해결하기 위한 직업으로 경로를 바꿀 수 있다. 예컨대 무척 절실한 인공지능 정렬 연구를 할 수도 있고 존재 위험을 진지하게 다루는 인공지능 프로젝트의 엔지니어로 일할 수도 있다.[71] 의학이나 생물학을 전공했다면 인공적 전염병의 위험을 줄일 직업을 선택할 수 있다. 기상학을 공부했다면 극단적인 기후 시나리오의 가능성과 영향에 관한 인류 이해를 향상하는 일을 할 수 있다. 정치학이나 국제관계를 공부했다면 존재 위험에 관한 국제 사회의 협력을 도모하거나, 미래 세대의 목소리를 반영하는 민주주의 형태를 마련하거나, 강대국 사이의 전쟁을 막을 직업을 선택할 수 있다. 행정학을 전공했다면 안보 정책이나 기술 정책을 통해 미래를 보호할 방법을 찾는 데 도움을 줄 수 있다.

기회는 존재 위험을 직접 다루는 직업에만 있지 않다. 당신의 일은 존재 위험을 직접 다루는 사람들이 일으키는 영향을 증폭시킬 수 있다. 지금 가장 시급한 건 전략, 조율, 예산 지원처럼 지휘 차원의 일이다. 인류가 미래를 지키는 도전을 진지하게 받아들이기 시작하면, 연구자를 모으고 전략을 개발할 프로젝트와 단체에 자원을 배분하는 중요한 작업이 이루어질 것이다. 그리고 존재 위험 제거에 헌신하는 조직들의 실행력과 역량 향상 역시 시급하다. 이처럼 전례 없는 임무를 실질적으로 이해하는 전문가를 찾고 있는 곳이 늘고 있다. 당신이 이를테면 전략, 관리, 정책, 언론, 행정 지원 같은 분야에 경험이 있다면 존재 위험을 다루는 조직에 합류할 수 있다.[72]

당신이 학생이라면 인생의 수만 시간이 가장 큰 영향을 발휘할 직업을 훨씬 자유롭게 선택할 수 있다. 이미 전공을 선택했거나 석사 과정을 시작했더라도 방향을 바꾸는 건 놀라우리만큼 쉽다. 한 직업에 몸담은 시간이 길었다면 경로를 바꾸기가 어려울 것이다. 하지만 어려움을 감수할 만한 가치가 있다. 재훈련에 몇 년을 쓴다고 해도 그전의 직업보다 몇 배는 더 좋은 영향을 미칠 직업에 훨씬 긴 기간을 바칠 수 있다. 이는 내 경험에서 나온 이야기다. 나는 처음에 컴퓨터공학을 전공했지만 이후 윤리학으로 전공을 바꾸었다. 윤리학 전공 안에서도 내 초점이 세계 빈곤에서 전혀 새로운 문제인 존재 위험으로 바뀐 건 최근이다.

당신의 직업이 존재 위험과 무관하지만 다른 직업으로 바꾸기가 여의치 않다면 어떨까? 이상적인 건 당신이 가장 잘하는 일을 인류 잠재력을 지키는 데 절실히 필요한 노력으로 바꾸는 것이다. 다행히 방법이 있다. 나눔을 통해서다. 당신이 어떤 명분을 위해 돈을 기부한다면 이는 당신의 노동을 그 명분을 위한 노력으로 전환하는 것이다. 당신이 지금 직업에 잘 맞고 중요하게 생각하는 명분이 자금 부족에 시달리고 있다면, 기부는 그 명분을 직접 다루는 직업보다 더 큰 도움이 될 수 있다.

나는 기부가 누구라도 도움을 줄 수 있는 강력한 방법이며 내가 세상에 보답할 중요한 방식이라고 믿는다.[73] 사람들은 인류의 여러 큰 성공이 자선을 통해 가능했다는 사실을 자주 잊는다.

20세기의 가장 혁신적인 발명품 중 하나인 피임약은 한 명의 자선가 덕에 세상에 나올 수 있었다. 정부와 제약업계 모두 피임에 별 관심이 없던 1950년대에 피임약이 개발된 건 캐서린 맥코믹_{Katherine McCormick}이라는 자선사업가가 거의 단독으로 투자한 연구 덕분이다.[74]

또한 비슷한 시기에 이른바 녹색혁명이 일어나 주요 작물들의 개량종이 나오면서 수천만 명이 배고픔에서 벗어날 수 있었다. 이 노력을 이끈 과학자 노먼 볼로그는 1970년에 노벨평화상을 받았다. 볼로그의 연구와 개발도상국으로의 농업 기술 전이는 개인 자선가들 덕분에 가능했다.[75]

마지막으로 우리 모두가 할 수 있는 방법들이 있다. 우리는 인류의 장기적 미래에 대한 공론의 장을 마련해야 한다. 우리가 도달할 수 있는 숨이 멎을 만큼 원대한 척도를 구상하고 그런 미래와 인류를 위협하는 위험들을 논의해야 한다.

학계, 정부, 시민 사회가 토론하고, 문학과 언론이 가능성을 탐색하며, 친구와 가족이 대화를 나누어야 한다. 논의는 편 가르기나 편파성, 비방의 유혹에 굴복해서는 안 된다. 문제를 이해하고 해결책을 찾는 데 집중하는 성숙하고, 책임감 있으며, 건설적인 논의가 되어야 한다. 우리는 우리 아이들뿐 아니라 스스로를 다독여 미래를 지키고 벼랑세를 통과하기 위해 마주칠 큰 도전에 맞서도록 해야 한다.

우리는 우리 삶에서 중요한 사람들과 미래의 중요성을 이야기할 수 있다. 당신이 사는 곳이나 일하는 곳, 공부하는 곳, 또는 온라인에서 생각이 비슷한 사람들의 모임에 함께할 수도 있다. 문제들을 주시하면서 중요한 기회가 찾아왔을 때 정치인에게 행동을 촉구하는 현명하고, 책임감 있으며, 깨어 있는 시민이 되기 위해 노력할 수도 있다.

(구체적인 출발점에 관해서는 325페이지 '참고 자료'를 참고하라.)

우리의 잠재력

> 모든 과거가 그저 시작의 시작이며 지금 일어나는 것과 이제까지 일어난 것 전부 새벽의 어스름일지 모른다. 인류가 이제까지 이룬 모든 건 그저 잠에서 깨기 전 꾼 꿈일 수 있다.
>
> H. G. 웰스(H. G. Wells)[1]

우리는 무엇을 이룰 거라고 희망할 수 있을까? 무엇을 경험할 거라고 희망할 수 있을까? 우리가 희망할 수 있는 앞으로의 모습은 무엇일까? 인류가 앞에 놓인 도전들에 맞서 몇 세기 동안 위험을 헤쳐 나간 뒤 안전한 시대에 도달하게 되면, 그다음은 무엇일까?

앞의 장들에서 우리는 벼랑세와 마주했고, 벼랑세가 내던지는 도전들을 살펴봤으며, 안전한 시대로 나아갈 계획을 짰다. 하지만 그 후에는 무엇이 있을까? 이제는 우리에게 손짓하는 광활한 광경을 바라보자. 지금 이곳에서는 구체적인 그림은 알 수 없지만 산과 골짜기로 이루어진 윤곽은 볼 수 있다. 그 전경이 제시하는 **잠재력**은 완벽하게 성숙한 인류 문명의 잠재력이다. 존재 위험의 이해관계가 몹시 큰 까닭은 그 잠재력이 너무나 크고 눈부시기 때문이다.

그러므로 미래에 대한 낙관주의에는 절박함이 내포되어 있다.

이번 장의 주제는 예언이 아니라 잠재력이다. 우리가 무엇을 **이룰지**가 아니라 인내심, 신중함, 온정, 열정, 지혜를 발휘하여 카드패를 제대로 사용한다면 열릴 가능성을 이야기할 것이다. 우리가 그림을 그릴 캔버스, 다시 말해 인류에게 주어진 시간의 길이, 우주의 크기, 인류가 궁극적으로 달성할 수 있는 삶의 질에 관한 이야기다. 우리가 도달하려는 곳, 더 눈부신 인류 역사가 기록될 곳이 어떤 모습일지에 대한 이야기다.

시간

이제까지의 인류 역사는 20만 년의 호모 사피엔스 역사와 1만 년의 문명 역사를 아우른다.[2] 이 같은 시간의 척도는 우리 일상의 어떤 것도 따라갈 수 없다. 이제까지의 문명은 한 사람의 일생보다 100배 이상 길고 인류 역사는 수천 배 길다. 하지만 우리가 존재하는 우주는 인류보다 수천 배 오래되었다. 우리 전에 수십 억 년의 시간이 있었고 앞으로 수십억 년의 시간이 남아 있다. 우리 우주에서 시간은 희소 자원이 아니다.

시간 자원은 마음껏 누릴 수 있으므로 인류 수명을 제한하는 가장 큰 요인은 우리가 막으려는 존재 재앙이다. 우리가 함께 행동하고 인류 수호를 문명의 초석으로 삼는 한 기나긴 시간 동안 펼쳐질 우주의 원대한 사건들을 목격하지 못할 이유는 없다. 지금까지 우주에서 인류가 차지한 위치를 떠올리면 이 같은 시간 척도 앞에서 숙연해진다. 하지만 그러한 기나긴 시간에 우리가 이룰 잠재력이 존재한다는 사실이 용기를 북돋아 준다.

앞에서도 설명했듯이 화석 기록은 일반적인 종이 얼마나 오래 존속할지 예상하는 데 큰 도움이 된다. 포유류 종은 평균적으로 약 100만 년 동안 존속하고 전체 종은 일반적으로 100만 년에서 1,000만 년 동안 존속한다.[3] 인류는 스스로 일으킨 인공적 존재 위험을 해결한다면 그 이상 존속할 것이다. 그 **의미**는 무엇일까? 지금 세기보다 1만 배 긴 시간 동안 어떤 일이 일어날 수 있을까?

이는 미성숙한 인류가 지구에 일으켰던 모든 피해를 되돌리기에 충분한 시간이다. 지금 지구의 거의 모든 쓰레기는 수천 년 안에 썩어 없어질 것이다. 우리가 더 이상 지구를 오염시키지 않는다면 바다와 숲은 다시 깨끗해질 것이다. 10만 년 안에 지구의 자연계는 인간이 대기에 내보낸 탄소 중 90퍼센트 이상을 제거해 기후의 균형을 회복할 것이다.[4] 그러므로 우리가 우리 터전을 올바르게 가꾸는 법을 배운다면, 인류 기록의 오명들을 종의 일반적인 존속 기간 안에 말끔하게 지울 수 있고 인류는 존재 기간 대부분을 미성숙한 시기의 상처가 남아 있지 않은 세상에서 보낼 수 있다.

약 1,000만 년 후에는 우리가 생물다양성에 일으킨 피해도 치유될 수 있다. 1,000만 년은 과거 대량 절멸 후 종 다양성이 회복된 기간이자 지금 인류의 행동으로 인한 종 다양성 감소가 회복되는 데

걸릴 예상 기간이다.[5]

나는 우리가 그보다 훨씬 빨리 오염과 생물다양성 상실 문제를 해결할 수 있다고 바라며 믿는다. 인류는 더 가까운 미래에 오염을 제거하고 위협받는 종들을 보호하기 위해 적극적으로 노력할 것이다. 하지만 지구 스스로도 인간이 입힌 상처를 치유할 수 있다는 사실이 위안이 된다.

1,000만 년 동안 지구에 존재하는 약 절반의 종이 자연적으로 사라질 테지만 새로운 종들이 빈자리를 채울 것이다. 인류가 오랫동안 존속해 진화의 시대를 통과하면, 이를 세상이 경험하는 자연스러운 변화로 여길 것이다. 자연에서 종 다양성이 변하지 않는 것처럼 보이는 까닭은 우리가 비교적 짧은 시기를 살아 와서다. 그렇더라도 우리는 종들이 자연적으로 사라지기 전에 남은 개체들을 보존해 야생 보호 지역이나 다른 서식지에서 삶을 이어 가도록 할 수 있다. 쓸쓸한 퇴장이긴 해도 망각보다는 훨씬 나을 것이다.

종의 일반적인 수명은 100만~1,000만 년이지만 그것이 한계는 아니다. 그리고 인류는 많은 면에서 일반적이지 않다. 이는 우리가 자기 파멸을 원한다면 삶이 훨씬 짧아질 수 있다는 의미다. 하지만 그러지 않는다면 훨씬 오래 존재할 수 있다. 인류는 전 세계 곳곳에 퍼져 있으므로 하나의 지역에서 일어나는 재앙이 인류를 파멸로 몰고 갈 수 없다. 인류는 독창성을 발휘해 온갖 동식물에서 영양분을 얻어 왔으므로 먹이사슬이 끊어져도 무사할 수 있다. 그리고 인류 파괴의 가능성을 추측하여 위급 사태에 대비하고 위협이 실제 일어나면 대응할 능력을 갖추었기 때문에, 예측 가능하거나 서서히 일어나는 위협으로부터 스스로를 보호할 수 있다.

이제까지 많은 종이 완전히 사라지는 대신 진화 가계도의 다른 형제자매나 자손으로 대체되었다. 인류의 이야기도 마찬가지일지 모른다. 우리가 미래에 남길 유산을 떠올리면, 우리가 속한 **종**이 끝나더라도 **우리**나 우리의 프로젝트, 우리의 궁극적인 열망은 끝나지 않을 수 있다. 우리는 그저 바통을 넘기는 것일지 모른다.

그렇다면 여러 이유에서 인류(또는 인류의 정당한 상속자)는 여느 종보다 훨씬 오래 존속할 것이다. 우리에게 주어질 시간은 얼마나 될까?

우리 주변에는 수억 년 동안 거의 변하지 않고 존속한 종들이 있다. 1839년에 한 스위스 생물학자가 처음으로 발견하여 실러캔스라고 이름 붙인 고대 어류는 4억 년 전 출현한 뒤 6,500만 년 전 공룡과 함께 화석 기록에서 사라졌다. 실러캔스는 오래전 절멸했다고 여겨졌지만, 첫 화석이 발견되고 99년 뒤 남아프리카공화국 해변에서 어느 어부의 그물에 걸렸다. 여전히 원래 모습 거의 그대로 지구의 바다에서 살고 있었다. 최초의 척추동물이 지구에 출현한 후부터 지금까지 기간 중 3분의 2 이상 존속한 실러캔스는 현존하는 가장 오래된 척추동물 종으로 알려져 있다.[6]

그보다 오래된 종도 있다. 투구게는 무려 4억 5,000만 년 동안 지구 바다에서 계속 살아 왔다. 앵무조개는 약 5억 년 동안 살았고 해면은 약 5억 8,000만 년을 살았다. 이 기간들은 오랜 생명체들의 최소 수명일 뿐이다. 이 강인한 생명체들이 얼마나 더 오래 살지 누가 알겠는가? 가장 오랫동안 현존하는 종으로 알려진 생명체는 남세균으로도 불리는 시아노박테리아로 20억 년 이상 존재해 왔다. 이는 최초의 다세포 생물이 출현한 때부터 지금까지보다 훨씬 긴 시간이며 지구에 생명 자체가 존재한 기간의 절반 이상을 차지하는 시간이다.[7]

우리(또는 우리 후손)가 투구게 같은 생물만큼 오래 존속한다면 무엇을 목격하게 될까?

그처럼 긴 시간은 지질학적 척도에 달한다. 우리는 지구 표면이 대륙 이동으로 재구성되는 걸 보게 될 것이다. 첫 번째 변화는 약 1,000만 년 후 아프리카 대륙이 인류의 요람인 동아프리카 대지구대를 기준으로 양쪽으로 갈라지면서 나타날 것이다. 5,000만 년 후에는 쪼개진 아프리카판 중 큰 판이 유럽과 충돌하면서 지중해 유역이 봉쇄되고 거대한 산맥이 솟아오를 것이다. 약 2억 5,000만 년 안에는 모든 대륙이 다시 하나로 합쳐져 2억 년 전의 판게아와 같은 초대륙이 형성될 것이다. 그리고 5억 년 뒤에 대륙들이 다시 흩어져 지금과는 전혀 다른 구조로 배치된다.[8] 이를 상상하기 힘들겠지만 투구게는 이 같은 변화를 줄곧 목격해 왔다.

이 기나긴 시간 척도 안에서는 천문학적 변화도 관찰할 수 있다. 항성들이 서로를 지나면서 별자리는 지금의 모습과 전혀 달라질 것이다.[9] 달의 중력이 일정하게 끌어당기는 힘 때문에 지구 자전 속도가 느려져 2억 년 후에는 하루가 25시간이 된다. 지구가 1년 동안 태양 주위를 한 바퀴 돌 듯이, 태양은 2억 4,000만 년 뒤에 우리 은하 중심 주변을 한 바퀴 도는 공전 주기를 마칠 것이다. 이를 은하년이라고 부른다.

하지만 가장 중요한 천문학적 변화는 태양 자체의 변화다. 지금의 태양은 중년이다. 약 46억 년 전 탄생한 이래 삶 대부분 동안 밝기가 꾸준히 밝아졌다. 점차 세지는 밝기는 결국 지구에 심각한 문제들을 일으킬 것이다. 우리는 천문학적 변화를 잘 이해하고 있지만, 변화가 생물권에 미칠 주요 영향들은 전례가 없으므로 과학적 불분명성이 여전히 크다.

지구에 생명체가 살 수 있는 기간이 앞으로 10~20억 년 남았다는 이야기를 많이 들어 보았을 것이다. 이는 태양의 밝기가 세지면서 나타나는 탈주 온실효과나 습한 온실효과로 바닷물이 증발할 것으로 예상되는 시기를 바탕으로 한 추측이다. 하지만 다세포 생물은 지구 온난화가 그만큼 진행되기 전에 사라지거나 다른 메커니즘으로 인해 지구에서 더 이상 삶을 유지할 수 없을 것이다. 예를 들어 과학자들은 밝기가 세진 태양이 지구의 판구조 운동의 속도를 늦춰 화산 활동을 방해할 것이라 예상한다. 우리가 아는 형태의 생명체는 화산 활동이 필요하다. 화산이 삶에 필요한 이산화탄소를 대기로 올려 보내기 때문이다. 지금은 이산화탄소가 너무 많지만, 식물이 광합성을 하는 데에는 소량의 이산화탄소가 필요하다. 과학자들은 화산에서 이산화탄소가 발생하지 않는다면 약 8억 년 후 97퍼센트의 식물이 광합성을 못 해 극단적인 대량 절멸이 일어날 것으로 추측한다. 그로부터 5억 년 후 이산화탄소가 거의 다 사라져 남아 있는 식물조차 전부 죽으면 다세포 생명체도 함께 소멸할 수밖에 없다.¹⁰

이 같은 일은 일어나지 않을 수 있다. 일어나더라도 다른 시기에 일어날 수 있다. 이에 대한 과학적 불확실성이 매우 큰 이유 중 하나는 이러한 질문을 연구하는 과학자가 너무 적기 때문이다. 하지만 더 중요한 이유는 그와 같은 대량 절멸을 **피할 수** 있기 때문이다. 다시 말해 인류의 행동이 대량 절멸을 막을 수 있다. 실제로 대량 절멸을 피하는 건 인류가 바라는 위대한 성취 중 하나다. 지구에는 수많은 종이 서식하지만 점차 밝아지는 태양 빛으로부터 지구를 구할 수 있는 종은 우리가 유일하다. 당신이 떠올리는 세상의 그림에서 인류가 차지하는 부분이 아주 작고 세상이 지니는 **고유**의 가치 대부분이 인류를 제외한 생태계 나머지 부분에 존재하더라도, 인류는 무척 심오한 **수단적** 가치를 지닌다. 인류가 오랫동안 존속할 수 있다면 말 그대로 세상을 구할 기회는 우리에게 있다.

충분한 탄소를 대기로 내보내 농도를 일정하게 유지하면 식물은 계속 광합성을 할 수 있다. 아니면 지구로 들어오는 빛의 10분의 1을 차단하면(예컨대 태양 에너지 형태로 수확할 수 있다) 광합성이 계속 이루어지게 할 수 있을 뿐 아니라 극도의 기후 온난화, 바닷물 증발처럼 강렬한 태양 빛으로 인한 다른 영향도 막을 수 있다.¹¹ 우리가 독창성과 책임감을 발휘한다면 지구상의 다세포 생물에게 주어진 시간을 수십억 년 늘릴 수 있고 그리하여 문명 초기의 어리석음을 충분히 만회할 수 있다. 우리가 이를 **실제로** 해낼지는 알 수 없지만 분명 가치 있는 목표이며 우리 잠재력을 실현하는 데 꼭 필요한 부분이다.

76억 년 후 태양은 지구 궤도를 침범할 만큼 부풀어 지구를 집어 삼키거나 멀리 밀어낼 것이다. 그리고 80억 년 후에는 태양 자체가 소멸한다. 태양 바깥층이 계속 확장하면서 형성된 어스름한 행성상 성운은 주변 행성들까지 흐르고, 태양 내부는 지구 크기의 구체로 수축한다. 이 작은 항성 잔여물은 태양의 원래 질량 중 약 절반에 달하지만 더 이상 에너지를 생성하지 못한다. 서서히 식어가는 숯덩이일 뿐이다.[12]

이 과정에서 지구가 파괴되든 안 되든 태양계 가운데에서 태양이 타지 않는 이상 인류 미래에 대한 전망은 지구가 아닌 다른 곳에서 훨씬 큰 빛을 발할 것이다. 그때가 되면 인류가 원래 터전을 떠나는 데 마주하는 기술적 도전들이 터전에 남을 때의 도전들보다 작을 것이다.

인류는 다른 항성으로 떠나면서 스스로를 구할 뿐 아니라 다른 많은 지구 생명체도 구할 것이다. 지구 종들을 보존하는 데 필요한 여러 씨앗과 세포로 은하의 불모지들을 녹색으로 만들 것이다. 그렇다면 우리가 지구 생명체들에게 베풀 수 있는 선은 훨씬 더 심오한 의미를 띤다. 인간이 개입하지 않는다면 지구 생물권은 중년으로 향한다. 단세포 생물은 이제까지 살아온 만큼의 시간이 남아 있고 다세포 생물은 여태껏 산 시간보다 약간 더 많은 시간이 남아 있

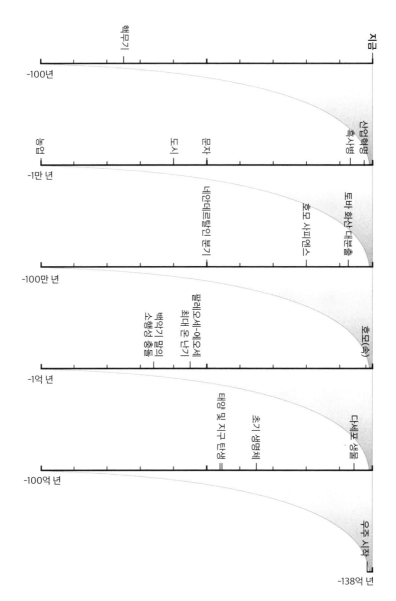

지금

핵무기

-100년

언어

도시

문자

산업혁명
흑사병

-1만 년

네안데르탈인 분기

홍모 사피엔스

도마 화산 대분출

-100만 년

백악기 말의
소행성 충돌

팔레오세-에오세
최대온난기

홍모(속)

-1억 년

태양 및 지구 탄생

초기 생명체

다세포 생물

-100억 년

우주 시작

-138억 년

그림 8.1 과거와 미래의 척도를 보여 주는 연대표. 맨 윗줄에서 현재는 가운데에 있고 그 양쪽이 각 이전 세기들(좌 페이지)과 다음 세기들(우 페이지)이다. 한 줄씩 내려가면 시간이 100배씩 늘어나면서 우주 역사 전체를 아우른다.

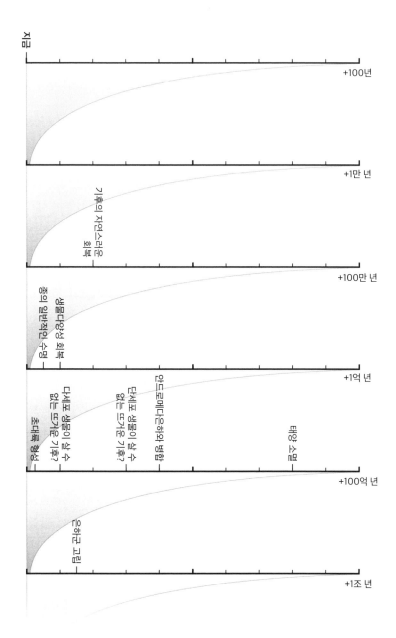

지금

+100년

기후의 자연스러운 회복

+1만 년

생물다양성 회복
종의 일반적인 수명

+100만 년

안드로메다은하와의 병합

단세포 생물이 살 수 없는 뜨거운 기후?

다세포 생물이 살 수 없는 뜨거운 기후?

초대륙 형성

태양 소멸

+1억 년

+100억 년

은하군 고립

+1조 년

다. 그 이후로는 우리가 아는 한 우주에서 생명체는 완전히 사라질 것이다. 하지만 인류가 그 머나먼 시간 후에도 살아남는다면 지금의 생명체들은 아직 유아기에 불과하다. 지구 생명체가 존속하고 번영할 수 있는 시간을 생각하면, 인류가 할 수 있는 가장 큰 공헌은 생명의 파괴자에서 구원자로 변신할 가능성에서 찾을 수 있다.

뒤에서 살펴보겠지만 인류가 태양계를 떠나는 데 가장 큰 어려움은 그때까지 존속하는 것이다. 우리에게는 기술을 개발하고, 에너지를 수확하고, 우주를 여행하고, 목적지에서 새로운 터전을 가꿀 시간이 필요하다. 그러나 문명이 수백만 세기를 버틸 수 있다면 시간은 충분하므로 우리는 이 과업 앞에서 움츠러들어서는 안 된다.

우리 은하에 생명체가 살 수 있는 시간은 헤아리기 힘들 만큼 길 것이다. 태양과 가까운 몇몇 항성은 태양보다 훨씬 더 오랫동안 탈 것이고, 매년 열 개의 항성이 새로 태어난다. 어떤 항성들은 태양의 수명보다 수천 배 더 긴 **수조** 년 동안 존재한다. 게다가 앞으로 수백만 세대의 새 항성이 탄생할 것이다.[13] 이는 몹시 긴 시간이다. 우리가 이 같은 우주적 척도에서 살아남는다면 지금 시대는 우주의 거의 맨 처음에 가깝다. 인류 수명을 그처럼 길게 만드는 일을 불가능하게 하거나 비현실적으로 만들 장애물은 아직 발견되지 않았다. 우리가 해야 할 일은 스스로의 문제를 해결하는 것뿐이다.

크기

인간은 존재하게 된 순간부터 별이 빛나는 밤하늘에 경탄했다.[14] 하얗게 빛나는 점이 촘촘히 박힌 어두운 하늘은 여러 비밀을 품어왔다. 그 비밀들은 인류가 처음 생각했던 미신과 신비주의가 아니라 실재의 본질에 관한 심오한 지식이다. 우리는 반짝이는 점들이 하늘을 가르고 일정한 패턴에 따라 움직이는 걸 보면서 지구와 하늘이 같은 물리학 법칙들에 지배받는다는 사실을 깨달았다. 가장 정교한 도구로만 측정 가능할 만큼 미세하게만 움직인 점들도 있었다. 우리는 이처럼 거의 감지할 수 없는 움직임에서 항성들이 상상하기도 어려울 만큼 멀리 있다는 사실을 발견했다.

사실 점들은 하얀색이 아니라 다양한 빛을 띠었다. 희미한 별빛을 프리즘에 통과시킬 때 나타나는 무지갯빛에는 몇 가지 색이 빠져 있었고, 이는 항성의 구성물질을 알려주었다. 어떤 점들은 **엄밀히 말해서** 점이 아니라 원반이나 구름, 소용돌이였다. 천체들은 그 형태마다 종류와 기원이 전혀 달랐다. 그리고 맨눈으로 볼 수 없을 만큼 희미한 수많은 점이 발견되었다. 우리는 이처럼 가장 희미한 신호들을 통해 자연의 근본 법칙을 발견하고 시험했으며 빅뱅의 울림을 듣고 우주 팽창을 관찰했다.

하지만 우리가 하늘에서 배운 가장 중요한 사실은 우리 우주가 인류가 이제껏 생각해 온 것보다 훨씬 크다는 것이다. 행성들은 다른 지구들이다. 항성들은 다른 태양들이고 항성마다 저마다의 행성들이 있다. 하늘을 가르는 은하수에는 맨눈으로 식별할 수 있는 항성보다 더 많은 항성이 있다. 우리 은하를 이루는 1,000억 개가 넘는 항성은 우리 눈에 모두 하얗게 번져 흐릿한 물줄기로 보일 뿐이다. 희미한 소용돌이들은 우리 은하 너머의 다른 은하들이며, 수천억 개의 은하가 하늘에 퍼져 있다.[15] 인류가 우주의 경계를 발견했다고 생각했을 때마다 그 경계는 기존의 지도 바깥에 있었다. 우리 지구는 현기증이 날 만큼 광활한 군도에 있는 하나의 섬에 불과하며 그런 군도도 수천억 군도 중 하나일 뿐이다.

우주 크기의 발견은 인류가 무엇을 달성할 수 있을지에 대한 전망을 더욱 높였다. 한때 우리의 생각은 지구에 갇혀 있었다. 이제는 우리에게 훨씬 많은 기회와 자원이 있다는 사실을 안다. 물론 당장은 아니다. 우리 은하를 탐험하는 데에도 10만 년 넘게 걸리고 우주 경계에 닿는 데는 수십억 년이 걸릴 것이다. 하지만 우주의 광활한 크기는 거대한 시간 척도 안에서 우리가 무엇을 이룰 수 있는지에 관한 심오한 질문을 제기한다.

불과 다섯 세기 전만 하더라도 우리는 태양계에 관해 아는 게 거의 없어 태양, 달, 지구, '행성'으로 불리는 점들이 그리는 그림을 제대로 이해하지 못했지만 이제는 태양계의 모든 행성과 그 위성들을 고해상도 이미지로 아주 선명하게 찍을 수 있다. 우리가 발사한 반짝이는 우주선은 목성의 위성들을 지나 토성의 고리를 통과했고 모든 지구형 행성 표면에 도달했다. 달에는 인류가 직접 발을 들였다.

행성들과 그 위성들은 우리 태양계의 장엄하고 신비스러운 영광이다. 우리는 언젠가 다른 행성이나 위성에 정착할 것이라고 기대하겠지만, 크나큰 도전을 모두 극복하여 정착할 수 있게 되더라도 지면이 딱딱한 행성과 위성의 면적을 모두 합치면 지구의 2배가 조금 넘을 뿐이다.[16] 다른 행성이나 위성을 탐험하는 건 흥미로운 모험이겠지만 인류 잠재력을 눈에 띄게 강화하거나 인류의 이야기를 크게 변화시키지는 않을 것이다. 그곳의 물리적 자원을 활용할 수 있겠지만, 이미 발견된 약 100만 개의 소행성에서 얻을 수 있는 자원은 우리의 예측 가능한 미래까지 버티기에 충분하고, 그보다 더 먼 미래를 위한 자원은 우리 은하 다른 곳에서 발견된 수십억 개의 행성에서 얻을 수 있다. 다른 행성에 정착할 가장 중요한 이유는 존재 위험으로부터 보호받기 위해서일 테지만, 여러 존재 위험은 행성 사이에서 상관관계를 맺으므로 다른 행성으로 간다고 해도 크게 안전하지는 않을 것이다. 그러므로 우리는 태양계의 다른 행성들을 기념물이나 보석처럼 여기며 보존할 것이다. 태양계 행성들은 탐험과 보호의 대상일 것이다. 그리고 우리에게 경이로움을 선사하고 미지의 영역을 탐험할 동기를 부여할 것이다.

태양계가 인류 잠재력에 기여할 가장 큰 공헌은 태양 자체와 태양이 제공하는 엄청난 양의 청정에너지에서 찾을 수 있다. 하루 동안 지구 표면에 도달하는 태양열의 에너지는 현대 문명에 필요한 양의 5,000배에 달한다. 우리가 1년 동안 쓰는 에너지를 단 2시간 만에 줄 수 있다. 이처럼 풍부한 태양 에너지가 다른 에너지원 대부분(석탄, 석유, 천연가스, 풍력, 수력, 바이오매스)을 만들면서도 그런 에너지

원들보다 훨씬 많은 에너지를 공급한다.[17]

하지만 태양 에너지는 거의 전부 낭비된다. 태양 빛은 식물의 잎이나 태양전지를 비추는 대신 우주의 암흑을 향한다. 중간에 지구가 가로채는 양은 10억 분의 1도 안 되고, 태양계를 구성하는 모든 천체가 흡수하는 양도 1억 분의 1에 못 미친다.

미래에는 태양 주변에 태양열 집열기를 설치하여 태양 에너지를 이용할 수 있을 것이다. 이 같은 프로젝트는 규모를 얼마든지 확대할 수 있다.[18] 우선 크기가 작고 비용이 낮은 집열기에서 시작한 다음 거기에서 얻은 에너지 일부로 원하는 만큼 확대하는 것이다. 프로젝트를 수행하는 데에 필요한 원자재는 소행성대에서 충분히 구할 수 있다.[19] 결국 우리는 단순히 낭비될 빛에서 에너지를 얻음으로써 청정에너지 접근성을 10억 배 높일 것이다. 더군다나 집열 장치가 태양의 강렬해진 빛을 차단하면 다세포 생물이 지구상에 군림하는 시간이 10배 늘어날 것이다.

그렇다면 우리는 엄청난 양의 청정에너지를 얻을 수 있다. 오염을 일으키는 에너지원은 더 이상 필요하지 않을 것이며[20] 식량난, 깨끗한 물 부족, 석유 분쟁처럼 에너지 부족으로 인한 여러 문제가 해결될 것이다. 게다가 지금은 비용효율적인 청정에너지가 부족하여 제대로 사용하지 못하고 있는 이산화탄소 제거 장치를 원하는 만큼 사용할 수 있게 되면 과거 탄소 배출로 더럽혀진 대기 역시 순식간에 깨끗해질 것이다. 그리고 무엇보다 태양 에너지 사용은 다른 행성들로 가는 문을 열어 줄 것이다.

우리가 정말로 광활한 공간을 건너 다른 항성에 도달할 수 있을까? 몇 가지 면에서 답은 이미 나왔다. 파이어니어 10호Pioneer 10, 보이저 1호Voyager 1, 보이저 2호Voyager 2 모두 다른 행성들에 대한 탐험 임무를 마친 뒤 태양계 중력에서 벗어나 더 먼 곳으로 떠났다. 앞으로 태양과 가장 가까운 항성들을 향해 훨씬 먼 거리를 이동할 것이다. 이 사실은 우리가 1970년대 기술만으로도 태양계 바깥에 도달할 수 있다는 증거가 된다. 하지만 그렇다고 해서 인류 잠재력이 크게 확장된 건 아니다. 보이저 1호가 가장 가까운 항성에 도달하는데에는 7만 년이 걸릴 테지만 그보다 훨씬 전에 작동을 멈출 것이다.[21]

더 나은 기술을 위한 노력은 계속되고 있다. 2016년에 발표된 '브레이크스루 스타샷 계획Breakthrough Starshot Initiative'의 목표는 4광년 떨어져 있는 우리와 가장 가까운 항성계인 알파 센타우리로 작은 무인우주선들을 광속의 5분의 1 속도로 보내는 것이다. 계획대로 진행된다면 우주선 발사는 2036년에 이루어질 것이다.[22]

인류 잠재력을 진정으로 확대하려면 우주선을 다른 항성에 착륙시켜 자원을 캐낸 다음 궁극적으로 문명의 새로운 요새가 될 터전을 닦아야 한다.[23] 이를 위한 여행에 성공하기 위하여 거쳐야 하는 과정은 가속, 항해 동안의 생존, 감속, 작전기지 건설의 네 단계로 나눌 수 있다. 각 단계는 서로 엉켜 있다. 로봇으로 우주를 항해하는 건 쉽지만 기지를 만드는 건 어렵다(지금으로선). 우주 항해 시간을 단축한다면 항해 동안 생존 가능성을 높이겠지만 가속과 감속에 훨씬 많은 에너지와 기술이 필요하게 된다.

지금은 이런 어려움들을 해결할 기술이 없으며 몇 십 년 안에도 개발되지 않을 것이다. 하지만 우리에게 근본적인 장벽은 없으며 기술은 빠르게 발전하고 있다. 내가 생각하는 가장 큰 어려움은 기술력이 갖춰질 때까지 인류가 지구에서 한두 세기 동안 버틸 수 있는지다.

성간 이동을 회의적으로 여기는 사람이 많지만, 실상을 들여다 보면 그들은 인류의 단기적인 능력만을 보거나 〈스타워즈〉나 〈스타트렉〉 같은 영화에서처럼 어떤 노력도 없이 아무렇지 않게 항성 사이를 오가는 우주여행을 떠올린다. 그런 우주여행이라면 나도 회의적이다. 하지만 인류 잠재력 확장이 목적이라면 그처럼 단기간의 발전이나 놀라운 기술은 필요 없다. 우리가 오랫동안 존속하고 노력하여 **결국에는** 가까운 행성에 도달해 새로운 번영의 사회를 건설할 충분한 발판을 마련한 후 그곳으로부터 더 먼 곳을 탐험할 수 있으면 된다.

우주여행을 생각할 때 떠올려야 할 이미지는 안락하고 편안한 유람선 여행이 아니라, 1,000년 전 광활한 태평양을 건너 여기저기 흩어져 있는 수많은 섬을 발견한 뒤 인류의 지구 정착 임무의 마지막 단계를 완수한 폴리네시아 선원들의 독창성, 용기, 인내다. 우주여행 역시 인류를 위한 위대한 도전으로 본다면, 나는 인류가 오랫동안 존속하는 한 언젠가는 가장 가까운 항성에 정착할 것이라고 생각한다.

다른 항성에 도착하면 무엇이 발견될까? 우주의 다른 세상들에는 단순한 생명체가 살고 있을까? 복잡한 생명체도 있을까? 외계 문명이 있을까? 아니면 우리가 황량한 죽은 사막에 마침내 생명의 불꽃을 피우게 될까? 생명은 쉽게 탄생하는 보편적 존재일까, 아니면 무생물 행성에 자각 능력이 있는 관찰자들이 등장하기까지는 실현이 무척 어려운 여러 단계가 있는 걸까? 이웃 항성계에서 우리는 홀로일까? 우리 은하에서도? 관찰 가능한 우주에서도?[24]

우리의 관측 장치는 그 어느 때보다 정교하지만 지구 밖에서 생명의 어떤 신호도 발견하지 못했다. 어떤 화학적 증거도, 전파 신호도, 원대한 기술 프로젝트의 흔적도, 누군가가 방문했던 실마리도 없었다. 하지만 외계 생명체를 찾는 노력은 아직 초기 단계이며, 최신 망원경이라고 해도 지구로부터 불과 100억 광년 안에 있는 문명을 놓쳤을 가능성은 여전히 크다. 진실은 우리가 아직 아무것도 모르며 이번 세기에 발견하지 못할 수도 있다는 것이다. 나는 이 책에서 인류 잠재력을 그리면서 우리가 우주에서 홀로일 가능성에 초점을 맞추었다. 하지만 다른 생명체, 특히 지적 생명체가 발견된다면 우리 미래가 나아갈 방향은 크게 달라질 것이다.[25] 그렇다면 우리가 우주에서 도달할 수 있는 물리적 척도는 우주비행선의 한계로 정해지는 게 아니라 가장 가까운 지적 생명체가 존재하는 곳과의 거리로 정해질 것이다.

우리와 이웃을 이루는 항성들은 모든 방향으로 거의 일정하게 흩어져 있다. 이 같은 패턴은 우리가 시야를 넓혀 약 1,500만 개의 항성이 눈에 들어올 때까지 일정한데 이는 지구에서 1,000광년 떨어진 거리다. 이처럼 어마어마한 척도에 이르러야 우리 은하의 거대한 구조가 조금씩 보이기 시작한다. 은하 원반부 위아래로 별빛이 드문드문하게 발견되고 더욱 시선을 넓히면 태양이 자리한 오리온의 휘어진 나선팔을 볼 수 있다. 더 멀리 보면 다른 나선팔들과 은하 가운데를 둘러싸며 빛나는 은하 팽대부가 발견된다. 15만 광년의 거리까지 바라본다면 마침내 우리 나선 은하의 익숙한 소용돌이 형태가 나타나는데 여기에는 1,000억 개가 넘는 항성이 있고 이 중 대부분에는 행성들이 있다.

하지만 우리가 가까이 있는 단 하나의 항성에 도달해 터전을 닦더라도 은하 전체의 문이 열리게 된다. 새 정착지의 자원으로 더 많은 우주비행선을 만든 뒤 그곳의 에너지로 우주선들을 가동하면 같은 일을 반복할 수 있기 때문이다. 한 번에 6광년밖에 이동하지 못하더라도 우리 은하의 거의 모든 항성에 도달할 수 있다.[26] 우리가 속한 태양계를 포함한 각각의 항성계를 주변 항성들에 정착하기 위한 기지로 삼는다면 우리 은하 전체는 마침내 생명으로 가득할 것이다.[27]

6광년이라는 임계 거리가 지구와 가장 가까운 항성까지의 거리보다 조금 길기 때문에, 우리가 은하의 거의 모든 곳에 닿지 못한 채 몇몇 은하에만 도달할 확률은 낮다. 게다가 새로운 정착지 건설의 물결은 모든 방향으로 퍼질 것이므로, 우리 은하 전체에 생명을 불어넣는 임무는 이제까지의 인류 역사 기준에서 보았을 때 비교적 빨리 완수될지 모른다. 우주선 속도가 광속의 1퍼센트밖에 되지 않고 새 터전을 닦는 데 1,000년이 걸리더라도, 지구가 더 이상 거주할 수 없게 되기 훨씬 전인 1억 년 안에 은하 전체에 인간이 정착할 수 있을 것이다. 우주 진출이 시작만 되면 국지적인 돌발 상황, 실패, 자연 현상으로 인한 차질은 별 문제가 안 될 것이다.

우리 은하를 둘러싼 약 50개의 은하가 형성하는 구름을 '국부은하군'이라고 부른다. 그중 아름다운 나선형 은하인 안드로메다은하는 유일하게 우리 은하보다 크다. 우리 은하와 안드로메다은하는 중력으로 서로 당기고 있으므로 40억 년 후(태양이 소멸하기 전) 충돌하여 하나로 합쳐질 것이다. 각 은하를 이루는 항성들 사이의 거리는 무척 멀기 때문에 두 은하의 충돌은 항성과 행성 들에 거의 영향을 미치지 않을 것이다. 은하 충돌의 가장 큰 영향은 각각의 섬세한 나선 구조가 흐트러지면서 크기가 3배가량 크고 좀 더 균일한 타원은하로 합쳐지는 것이다. 그리고 마침내(수천억 년 뒤) 국부은하군에 속한 다른 모든 은하도 합쳐져 하나의 거대한 은하가 탄생할 것이다.[28]

더 멀리 바라보면 더 많은 은하군을 볼 수 있는데 그중에는 은하가 1,000개에 이르는 것도 있다.[29] 은하군이 이루는 더 큰 구조물인 우주 거미줄에서 은하의 두껍고 긴 거미줄 가닥을 '필라멘트filament'라고 한다. 필라멘트는 누군가가 우주 공간에 마구잡이로 점을 찍은 다음 가까운 점끼리 연결한 것처럼 3차원 망을 이룬다. 필라멘트가 교차하는 곳은 주변보다 더 밝고 더 많은 은하가 자리한다.[30] 필라멘트 사이를 메우는 어둡고 빈 공간을 '거시공동'이라고 부른다. 우리가 아는 한 우주 거미줄은 무한하다. 최소한 우리가 볼 수 있고 갈 수 있는 곳까지 뻗어 있다.

우리 우주의 궁극적 척도를 결정하는 것으로 보이는 이 같은 한계는 우리 지식과 행동에 대한 최종적 한계다. 인류는 거의 한 세기 전 우주가 팽창하면서 은하군 사이의 거리가 멀어지고 있다는 사실을 발견했다. 그리고 20년 전에는 팽창 속도가 빨라지고 있다는 사실도 발견했다. 우주론자들은 빨라지는 우주 팽창이 앞으로 우리의 관찰과 영향을 제한할 것이라고 믿는다.[31]

우리는 모든 방향으로 460억 광년까지 관찰할 수 있고 이 영역을 '관찰 가능한 우주'라고 부른다. 그 너머에 있는 은하가 내보낸 빛은 아직 우리에게 도달하지 않았다.[32] 내년에 우리는 좀 더 멀리 볼 수 있다. 관찰 가능한 우주는 반지름이 1광년 늘어나 약 25개의 은하가 더 관찰될 것이다. 하지만 가장 큰 지지를 받는 우주론에 따르면, 새로운 은하들이 관찰 가능해지는 속도는 줄어들 것이며 현재 630억 광년 이상 떨어진 은하들은 지구에서 결코 관찰할 수 없을 것이다. 그 안의 공간을 '궁극적으로 관찰 가능할 우주'로 부른다.[33]

하지만 훨씬 더 중요한 사실은 점차 빨라지는 팽창이 우리의 영향력도 제한한다는 것이다. 지금 우리가 한 줄기 빛을 우주로 비춘다면, 현재 160억 광년보다 가까운 은하에 도달할 것이다. 하지만 그보다 먼 은하는 우리에게서 너무 빨리 멀어지고 있기 때문에 빛

줄기는 물론이고 우리가 보내는 그 무엇도 영향을 미칠 수 없다.[34]

그리고 내년에는 이처럼 우리의 '영향을 받을 수 있는 우주'의 크기가 1광년 줄어든다. 그러면서 세 개의 은하가 우리의 영향력을 영원히 벗어난다.[35] 마침내 은하군 사이의 공간이 너무나 벌어져 그어떤 것도 건널 수 없게 되면 각 은하군은 공허 속에 영원히 고립된다. 이는 시간을 두 중요한 시대로 나눈다. 하나는 수십억의 은하가 서로 닿을 수 있는 '연결의 시대'이고 다른 하나는 서로 닿을 수 있는 은하 수가 100만 분의 1로 줄어드는 '고립의 시대'다. 놀랍게도 우주의 인과 구조에 나타나는 이 근본적 변화는 항성들이 연소를 멈추기 한참 전인 약 1,500억 년 후에 시작될 것으로 예상된다. 우리와 가장 가까운 항성인 프록시마 센타우리는 그 시기가 수명의 10분의 1도 안 지났을 때이다.

그러므로 160억 광년은 인류가 도달할 수 있는 최대 거리로 보이며 1,500억 년은 인류가 이동할 최대 시간으로 보인다. 은하 간 이동이 실제로 가능할지는 알 수 없다. 은하 간 이동도 은하 한 곳에 발을 들인 다음 또 다른 은하에 도달하는 전략을 구사할 수 있겠지만, 이때 이동해야 하는 거리는 항성 사이를 이동할 때보다 약 100만 배 길기 때문에 훨씬 어렵다.[36] 하지만 인류 문명이 자신이 속한 은하를 정복했다면 다음 단계로 나아가는 데는 근본적인 장애물이 없을 것이다(문명이 도달할 수 있는 여러 척도에 관해서는 '붙임 G'를 참고하라).

궁극적인 물리적 척도에서 보았을 때 우리 후손이 도달할 수 있을 은하 수는 200억 개다. 그중 8분의 7이 우리의 영향을 받을 수 있는 우주의 절반 너머에 있으므로 그곳에 도달하더라도 신호를 보낼 수 없다. 그러므로 이처럼 먼 은하로의 진출은 인류의 마지막 디아스포라가 될 것이다. 자주적 영역을 세운 각 은하군은 얼마 지나지 않아 다른 은하군들로부터 고립될 것이다. 은하군마다 수천억의 항성이 있으므로 은하군 고립이 반드시 고독을 의미하는 건 아니지만 자유는 의미할 수 있다. 은하군의 은하들은 하나의 헌법 아래 단일한 공동 프로젝트를 향해 함께 행동할 수 있고 각 은하가 각자 원하는 길을 선택하는 독립적 영역이 될 수도 있다.

모든 은하가 매년 우리의 영향력에서 멀어진다면, 은하 간 여행을 위한 기술을 되도록 빨리 개발하는 '서두름' 전략을 구사해야 한다고 생각하기 쉽다. 하지만 매년 우리 영향력의 **상대적** 손실은 약 50억 분의 1로 더디고, 중요한 건 인류 잠재력의 상대적 손실이다.[37]

인내와 지혜에 대한 압력이 더 크며 신속함보다는 신중함이 더 중요하다. 은하 간 여행을 위한 기술을 한 세기 일찍 개발하다가 인류 생존 확률이 5,000만 분의 1이라도 줄어든다면 이는 역효과다. 그리고 앞으로 긴 시간 동안에는 인류가 미래를 **어떻게 맞을지**(돌이킬 수 없는 선택이자 아마도 인류가 내릴 가장 중요한 선택을 내리는 일) 고민하는 데 한 세기를 온전히 보내더라도 그 세기의 가치는 인류의 영역을 그저 5,000만 분의 1 확장하는 것보다 훨씬 높을 것이다. 그러므로 우리가 세울 수 있는 최고의 위대한 전략은 우주 팽창의 느린 시계에 걸맞은 조심스러움으로 무장한 치열한 고민과 신중함의 전략이다.[38]

이제까지의 이야기가 비현실적으로 느껴질지 모른다. 일상에서 이루어지는 생각 대부분이 그렇고 미래와 인류 잠재력에 대한 깊은 고민에서도 우리의 시선은 주변과 지구에 맞춰져 있다. 우리 눈은 하늘과 별 무리를 바라보는 법이 거의 없다. 굳이 위를 본다면 행성, 항성, 은하가 실제 존재하는 곳임은 인정하지만 우주를 **느끼거나** 우주가 우리 미래 잠재력에 중요할 수 있다는 생각은 미처 못 한다.

뛰어난 경제학자이자 철학자였지만 1930년에 스물여섯의 젊은 나이로 세상을 떠난 프랭크 램지Frank Ramsey는 별들을 진지하게 바라보았고 우주에 대한 그의 태도는 무척이나 저항적이었다.

> 나는 우주의 광활함 앞에서 전혀 숙연해지지 않는다. 별들은 크기가 클지 모르지만 생각도 사랑도 할 수 없다. 생각과 사랑은 크기보다 나를 훨씬 감동하게 하는 자질이다. 내가 100킬로그램이 넘는다고 해서 자랑할 일은 아니다. 세상에 대한 내 그림은 사물의 실제 크기에 따라 그린 게 아니라 원근법에 따라 그린 것이다. 전면은 인간이 차지하고 별들은 하잘것없이 작다.[39]

램지의 말에는 진실이 담겨 있다. 우리 각자를 보호와 축복이 마땅한 특별한 존재로 만드는 건 우리를 구성하는 물질을 매우 정교하게 배열하여 생각, 사랑, 창조, 꿈을 가능하게 하는 어떤 미묘함이다.

지금으로서는 우주의 나머지 부분에는 그런 자질이 없는 것처럼 보인다. 램지는 가치의 면에서는 옳았다. 별은 하잘것없이 작다. 하지만 우리가 모험을 떠나 하늘 위 수많은 세상에 생명, 사랑, 생각으로 생기를 불어넣는다면, 램지의 관점에서도 우리 우주는 전면에 배치되어 우리의 감탄을 받을 가치 있는 대상이 될 것이다. 그리고 이를 해낼 존재로는 우리 인간이 유일해 보이므로 우리가 지닌 엄청난 수단적 가치는 인간을 우주의 그림 가운데에 서게 한다. 그러므로 우리의 잠재력과 광활한 우주의 잠재력은 서로 엮여 있다.

삶의 질

이제껏 살펴봤듯이 미래는 시공간의 거대한 캔버스다. 그 궁극적인 아름다움은 우리가 무엇을 그리느냐에 달렸다. 수조 년의 시간과 수십억 개의 은하는 우리가 그것으로 소중한 무언가를 이루지 않는다면 별 가치가 없다. 그래도 낙관할 근거는 충분하다. 우리가 미래에 이룰 잠재적 삶의 질 역시 상상을 초월하기 때문이다.

앞에서 설명했듯이 인류의 전반적인 삶은 과거보다 훨씬 나아졌다. 지금 우리가 질병, 굶주림 그리고 서로에 대해 느끼는 두려움은 우리 조상들이 느꼈던 두려움보다 훨씬 적다. 우리는 소아마비와 천연두를 정복했다. 백신, 항생제, 마취제도 발명했다. 우리가 노예로 살거나 빈곤에 허덕이거나 고문 받거나 신체가 손상되거나 살해되거나 굶을 확률은 문명의 역사에서 그 어느 때보다 낮다. 그리고 그 어느 때보다 자유롭게 사랑, 믿음, 지도자, 삶의 방향을 선택할 수 있다. 지금 우리 아이들 대부분이 누리는 교육, 놀이, 경험, 여행의 기회와 위대한 소설, 시, 철학을 접할 기회, 삶에서 온갖 소리, 볼거리, 맛을 만끽할 기회, 과거에는 가장 많이 배운 사람들조차 몰랐던 우주의 진실을 알게 되는 기회에 우리 조상들은 입을 다물지 못할 것이다.

하지만 이 모든 기쁨에도 불구하고 인류의 삶은 지금보다 훨씬 나아질 수 있다. 우리는 폭력과 질병의 면에서는 놀라운 진보를 이루었지만, 여전히 많은 사람이 고통 받고 소외당한다는 사실을 떠올리면 발전의 여지는 아직 많다. 마취제와 진통제의 발명은 강렬한 신체적 고통을 줄여 줬지만, 우리는 여전히 피할 수 있는 고뇌에 시달릴 때가 많다. 우리는 사람들을 절대적 빈곤에서 자유롭게 하는 데 큰 진전을 이루었지만, 열 명 중 한 명은 여전히 그늘 속에 산다. 그리고 상대적 빈곤, 심각한 우울증, 인종차별, 성차별의 퇴치는 아직 요원하다.

인류를 괴롭힌 가장 극심한 불의의 대부분은 이제 역사의 뒤편으로 사라졌다. 1년 단위로는 상황이 좋아졌는지 나빠졌는지 판가름하기 어렵지만, 세기의 척도로 본다면 박해와 불관용은 분명히 줄었고 개인의 자유와 정치적 평등은 눈에 띄게 나아졌다. 하지만 가장 진보한 국가들도 가야 할 길이 멀며 아직 많은 국가가 그 여정을 거의 시작도 안 했다.

그리고 수십억의 가축과 야생 동물이 부당한 고통에 시달리고 있다. 우리가 동물과 환경에 대한 시민 의식에 눈을 뜬 건 20세기 축산업이 극심한 피해를 일으킨 뒤인 최근에서다. 하지만 그 피해의 실체를 점차 이해하게 되면서 이 새로운 형태의 불의를 끝내기 위한 싸움을 시작했다.

세상에 드리운 그림자들을 우리는 물리쳐야 한다. 우리가 살아남는다면 **물리칠 수 있다**. 우리 조상 중 가장 지혜로웠던 사람들은 박해와 불확실성 앞에서도 더 살기 좋고 정의로운 세상을 만드는 데 모든 노력을 쏟아부었다. 우리가 그 뒤를 따르고 후손들에게도 우리 뒤를 따를 기회를 줘 우리의 지식, 발명, 협동, 부가 더욱 누적된다면, 인류의 여러 원대한 프로젝트 사이로 흐르는 우리의 맹렬한 희망, 다시 말해 악을 물리치고 진정으로 정의롭고 인도적인 사회를 건설하려는 희망을 달성할 수 있다.

그리고 이처럼 어마어마한 성취도 앞으로 일어날 일의 초석일 뿐일 수 있다. 우리의 잠재력이 실현할 궁극의 번영은 우리가 꿈꾸지 못한 종류일 것이다.

당신이 걸어 온 인생의 길 중에서 진정한 행복으로 칠해진 때를 떠올려 보라. 모든 것에서 삶의 풍성함을 느끼고 인생이 얼마나 좋을 수 있는지 알게 된 해, 달 또는 날을 기억해 보라. 내게 그런 최근의 순간은 내 아이가 태어나고 보름이 지나서였다. 당시 나는 친구들과 기쁨을 나누고, 아내와 함께 삶의 여정을 걷고, 부모님을 새로운 방식으로 이해하고, 부모로서 긍지를 느꼈다.

아니면 최고의 경험을 한 때를 생각해 보라. 가장 살아 있다고 느꼈거나 놀라움이나 사랑, 아름다움에 도취한 순간 말이다. 최근 내 삶에서 그런 순간의 대부분은 딸과 함께할 때다. 내가 어린이집에 딸을 찾으러 가면 아이는 눈을 반짝이며 내 품으로 돌진한 뒤 힘껏 껴안는다. 하루 중 그보다 더 행복한 순간이 얼마나 될까? 내 일상의 다른 경험들도 그리 나쁘진 않지만 그런 최고의 순간을 위해서라면 수백 번 아니 수천 번의 다른 일상적 순간과 바꿀 수 있다.

이 같은 경험들의 격정은 너무 빨리 사그라진다. 세상은 다시 시시해지고 우리는 일상으로 돌아오며 기억은 희미해진다. 하지만 우리는 삶에서 평범한 일상보다 훨씬 위대하고 생생한 무언가를 얻을 수 있다는 사실을 잘 안다. 인류가 살아남는다면 언젠가는 이 같은 생동을 더 깊이 누릴 것이다. 세상의 먼지를 털어 내고 아름다움 안에서 터전을 닦을 법을 알게 될 것이다. 이 같은 절정에 이르기란 쉽지도 간단하지도 않을 것이다. 우리가 신중하게 다가가야 할 새로운 마음가짐이 필요할 것이다. 하지만 원칙적으로는 우리를 가로막는 건 아무것도 없으며 탐험을 해야 할 이유는 무수히 많다.

최고의 경험들은 우리가 어떤 세상에 살게 될지만 암시하지 않는다. 지금의 우리 이해를 뛰어넘는 경험과 사고방식을 가리키기도 한다. 예컨대 우리는 되새의 눈에 자외선이 어떻게 보이는지, 박쥐나 돌고래가 음파를 어떻게 느끼는지, 붉은여우나 전서구가 지구의 자기장을 어떻게 경험하는지 거의 모른다. 인간보다 훨씬 덜 정교한 존재들이 이처럼 우리로서는 알 수 없는 경험을 한다. 그렇다면 훨씬 더 정교한 존재들이 누릴 가치가 훨씬 큰 경험에는 무엇이 있을까? 쥐는 음악, 미술, 유머를 모른다. 어떤 경험에 대해 우리는 쥐와 같을까? 어떤 아름다움을 우리는 보지 못할까?[40]

우리 후손은 아름다움을 발견하는 데 우리보다 훨씬 나은 위치에 있을 것이다. 최소한 공감, 지능, 기억, 집중, 상상 같은 인간의 기존 능력이 지금보다 나을 것이다. 그렇다면 완전히 새로운 형태의 인류 문화와 인지가 가능할 것이다. 새로운 놀이, 춤, 이야기가 탄생하고, 생각과 감정이 새롭게 통합되며, 전혀 다른 형태의 예술이 생겨날 것이다. 그리고 수백만 년이나 수십억 년, 심지어 수조 년에 이르는 시간 동안 우리가 알 수 있고, 느낄 수 있고, 창조할 수 있으며, 이해할 수 있는 가장 먼 영역을 탐험할 것이다.

이런 면에서 미래의 잠재적 삶의 질은 우리에게 가능한 시공간과 비슷하다. 앞에서 우리는 인류 문명이 이제까지 탐험한 시공간이 전체에서 극히 일부라는 사실을 이야기했다. 우리의 현재 위치에서 줌을 당겨 시야를 넓히면 상상하기도 힘든 드넓은 광경이 펼쳐진다. 이처럼 거대한 척도는 현대 과학의 익숙한 특징이다. 아이들은 일상의 경험으로는 우주의 극히 일부만 이해할 수 있다는 사실을 어릴 때부터 배운다.

그만큼 익숙하진 않아도 마찬가지로 중요한 건 온갖 경험과 삶의 방식이 펼쳐질 공간과 그것이 가능해질 번영의 정도 역시 무척 방대할 수 있다는 생각이다. 일상에서 우리가 접하는 공간과 번영의 정도는 전체에서 극히 일부분에 지나지 않을 것이다. 그러므로 이제까지의 번영을 살펴보는 건 망원경이 나오기 전의 천문학과 비슷하다. 시야가 좁은 우리는 우주가 작고 그 중심이 인간이라고 생각하기 쉽다. 하지만 진화 덕에 제한적이나마 감각과 인지 능력을 지니게 된 하나의 유인원 종이 문명을 일으킨 지 불과 몇 천 년 만에 가장 높은 수준의 삶에 도달할 수 있다면 얼마나 놀라운 일일까. 나는 우리가 이제 막 그 언덕에 오르기 시작했다고 믿는다.

번영의 잠재력을 완전히 실현하려면 우리는 지금 인류를 넘어서는 무언가로 변해야 할지 모른다. 인류의 진화가 멈추지 않았다는 사실을 기억하라. 호모 속에는 여러 종이 있었으며, 100~200만 년 안에 우리는 지금의 호모 사피엔스와 다른 종으로 서서히 변할 것이다. 억지로 막지 않는 이상 변화는 결국 일어난다. 원한다면 지금 세기의 유전학 기술로도 변화를 훨씬 앞당길 수 있다. 인류 변화의 또 다른 방식들은 이미 정체를 드러내고 있다. 우리의 두뇌를 확장하는 디지털 이식 장치가 조만간 개발될 것으로 예상되고, 인공지능이 더욱 발달하면 완전히 새로운 존재가 우리와 함께하거나 우리를 대체할 수도 있다.

이 같은 변화는 불평등과 불의, 인류 분열, 기나긴 시간 동안 이어질 예상치 못한 결과의 출현처럼 심각한 위험을 일으킬 수 있다. 그중에는 존재 위험도 있다. 인류의 생체 기능 강화가 만연한 충돌이나 사회적 붕괴를 일으켜 미래를 위험에 빠트릴 수 있지만, 우리 자신을 우리보다 훨씬 뒤떨어지거나 어떤 가치도 지니지 않은 존재로 완전히 바꿀 위험도 있다. 하지만 인류를 지금 그대로 영원히 보존하는 것 역시 더 큰 잠재력을 포기하고 우리의 유산을 짓밟는 행태다.

그러므로 나는 우리가 변화할 가능성을 조심스러운 낙관주의로 접근한다. 우리가 도전들을 성숙하게 헤쳐 나간다면 한계를 뛰어넘어 얼마나 더 나은 삶이 가능할지 훨씬 깊이 탐험할 소중한 기회가 될 것이다. 내가 인류를 사랑하는 까닭은 우리가 호모 사피엔스이어서가 아니라 스스로 번영을 이루고 주변 세상에도 더 큰 번영을 안길 수 있기 때문이다. 그리고 이처럼 가장 중요한 면에서 우리 후손은 그 모습이 우리와 얼마나 다르든 간에 우리로서는 영원히 이해할 수 없을 절정에 닿을 것이다.

선택

이제까지 나는 시간, 공간, 미래 경험의 세 가지 차원에서 인류 잠재력을 그렸다. 내 목적은 정밀화를 그리는 게 아니라 당신이 놀라우리만큼 웅장하고 소중한 무언가의 앞에 서 있다는 사실을 알리는 것이었다. 그 무언가는 이제까지의 모든 인류 역사를 그저 서곡이자 맛보기이자 씨앗으로 만든다. 우리는 미래의 윤곽만 알 뿐 실체는 거의 모른다. 미래의 실체는 후손들이 만들어 갈 것이다.

우리가 인류를 안전한 곳으로 인도한다면 생각할 시간이 생길 것이다. 어떻게 해야 현명한 선택을 내리고 우주 속 우리 위치에서 최선을 다할 수 있을지 생각할 시간이다. 우리는 그런 생각을 거의 하지 않는다. 물질적 부족함과 내부 충돌에서 자유로워진 인류가 무엇을 달성할 수 있을지 거의 생각하지 않는다. 이제까지의 도덕론은 자원이 부족한 세상에서도 서로에 대한 예의를 잃지 않는 더 긴박한 문제들에 집중해 왔다. 하지만 멀지 않은 미래에 거의 모든 문제에서 벗어난 우리는 앞으로 어디로 나아갈지 진지하게 고민할 수 있을 것이다. 인류의 궁극적인 가치들에 관한 원대한 질문에 답하게 될 것이다. 그때가 바로 숙고세다.

고민의 결과가 무엇일지는 모른다. 어떤 생각들이 시간의 시험을 건딜지, 우리의 잠재력을 짓누를 어떤 편견이라도 피하려는 사상가들의 엄격한 분석을 통과할지 알 수 없다. 고민의 결과 중 번영, 미덕, 정의, 성취의 비전이 얼마나 될지 그리고 그 모든 것이 궁극적으로 어떤 형태를 띨지도 알 수 없다. 선善에 관한 우리의 사고방식이 나누어지는 이 같은 구분 자체를 초월하는 비전이 될지도 모른다.

지금 우리의 상황은 농경시대에 막 진입한 1만 년 전 사람들의 상황과 비교해 볼 수 있다. 그들은 처음으로 씨를 뿌리면서 농경의 삶이 어떤 기회를 가져올지, 이상적인 세계가 어떤 모습일지 생각했을 것이다. 그들이 지금 세계 문명의 거의 모든 면을 예측하지 못했듯이, 우리도 우리 잠재력이 이상적으로 실현되었을 때의 상황을 상상할 수 없다.

이 장은 인류 잠재력, 다시 말해 우리가 언젠가 **이룰 수 있을** 성취의 범위를 다루었다. 잠재력 실현은 그 자체로 또 다른 큰 도전이 될 것이다. 그리고 그 도전을 넘기 위해 수많은 노력이 이루어질 것이다. 하지만 그런 노력은 훗날을 기약해도 된다. 이는 우리 후손들이 싸울 전투다. 우리가 할 수 있는 건 지금의 위험 시대를 통과해 벼랑세를 헤쳐 나가 안전에 이르는 길을 찾는 것이다. 그리하여 자손들에게 그들의 미래를 기록할 수 있도록 역사의 페이지를 선사하는 것이다.

이 책의 웹사이트

동영상 · 이메일 목록 · 자주 묻는 질문 · 정오표

관련 기사 및 논문 · 인용문 · 더 읽을 자료

theprecipice.com

저자 웹사이트

저자의 다른 프로젝트 · 저자의 논문

언론 인터뷰 및 연설 의뢰

tobyord.com

효율적 이타주의

가장 큰 영향을 미치길 원하는 다른 사람들을 만날 수 있다.

effectivealtruism.org

직업

직업을 통해 미래를 지키는 법을 알 수 있다.

80000hours.org

기부

평생 효율적 나눔을 통해 세상을 돕겠다는 저자의 약속에 동참할 방법을 알 수
있다.

givingwhatwecan.org

— ◇ **감사의 말**

저자의 노력만으로 완성되는 책은 거의 없다. 모두가 이미 아는 사실이다. 하지만 이 책만큼 다른 이들의 너그러움, 노고, 지혜에 빚진 책은 찾기 힘들 것이다.

학자들은 이 같은 책에 시간을 내기가 어렵다. 학생, 동료, 소속 기관에 책임을 다하느라 늘 버겁기 때문이다. 저술 활동만을 위한 지원을 받더라도 잠깐의 시간을 낼 수 있을 뿐이다. 그러므로 내가 무척 중요하게 생각한 주제를 몇 년 동안이나 꾸준히 연구해 책으로까지 엮을 수 있도록 후원해 준 분들에게 특별히 감사의 인사를 전하고 싶다. 자선사업가 루크 딩Luke Ding과 유럽연구이사회Europe Research Council(EU 호라이즌 2020[Horizon 2020] 연구·혁신 프로그램의 보조금 협정 제669751호에 의거)가 우리 연구를 재정적으로 지원했다. 그리고 루

326

크 딩, 열린 자선 프로젝트, 버클리 존재위험계획Berkley Existential Risk Initiative의 재정적 지원 덕분에 이 책의 성공을 위해 내게 전문적 조언과 지원을 해 줄 전담팀을 꾸릴 수 있었다. 학자의 저술 활동에 무척 이례적인 이 같은 지원이 내게 얼마나 소중했는지는 이루 말할 수 없다.

더군다나 대부분의 학자는 자신의 분야를 벗어나는 책을 쓰기가 여의치 않다. 그러므로 내가 그런 편견이 전혀 없는 옥스퍼드 대학교 인류미래연구소에 소속된 건 정말 다행한 일이다. 인류미래연구소는 우리가 손에 쥔 문제를 탐험하기 위해서라면 얼마든지 멀리 떠나도록 용기를 북돋아 준다.

광범위한 주제의 책을 쓰다 보면 자신의 전문 분야가 아닌 부분에서 내용을 지나치게 단순화하거나, 원하는 내용만을 선별하거나, 명백한 오류를 저지를 위험이 몹시 크다. 내 프로젝트를 믿어 준 많은 사람의 도움이 없었다면 나 역시 그럴 위험이 무척 컸을 것이다. 집필 자료의 이해를 도와 준 조셉 칼스미스Joseph Carlsmith, 존 할스테드John Halstead, 하위 렘펠Howie Lempel, 키스 맨스필드Keith Mansfield, 매슈 반 데르 메르웨Matthew van der Merwe에게 감사의 말을 전한다.

다른 여러 분야의 많은 전문가 역시 소중한 시간을 내 주어 이 책이 각 분야의 최신 지식을 담도록 해 주었다. 프레드 애덤스Fred Adams, 리처드 앨리Richard Alley, 타츠야 아마노Tatsuya Amano, 세스 바움Seth Baum, 닐 보워만Niel Bowerman, 마일즈 브런디지Miles Brundage, 캐털리나 캔지아Catalina Cangea, 파울로 세피Paulo Ceppi, 클라크 채프먼

Clark Chapman, 데이비드 크리스천David Christian, 앨런 대포Allan Dafoe, 리처드 댄지그Richard Danzig, 벤 데이Ben Day, 데이비드 덴켄베르거David Denkenberger, 대니얼 듀웨이Daniel Dewey, 에릭 드렉슬러, 대니얼 엘즈버그Daniel Ellsberg, 오웨인 에번스Owain Evans, 세바스천 파커Sebastian Farquhar, 블라드 피로이우Vlad Firoiu, 벤 가핑클Ben Garfinkel, 팀 제너와인Tim Genewein, 굿윈 기븐스Goodwin Gibbons, 토어 그레이플Thore Graepel, 조안나 헤이그Joanna Haigh, 앨런 해리스Alan Harris, 히스키 하우칼라Hiski Haukkala, 아이라 헬팬드Ira Helfand, 하워드 헤르조그Howard Herzog, 마이클 재너Michael Janner, 리아 칼루리Ria Kalluri, 짐 카스팅Jim Kasting, 잰 레이커Jan Leike, 로버트 렘퍼트Robert Lempert, 앤드루 레반Andrew Levan, 그레고리 루이스Gregory Lewis, 마크 립시치Marc Lipsitch, 로잘리 롭스Rosaly Lopes, 스티븐 루비Stephen Luby, 엔젤 루즈니차Enxhell Luznica, 데이비드 맨하임David Manheim, 요헴 마르초케Jochem Marotzke, 제이슨 매스니Jason Matheny, 피어스 밀레Piers Millet, 마이클 몬터규Michael Montague, 데이비드 모리슨David Morrison, 캐시디 넬슨Cassidy Nelson, 클리브 오펜하이머Clive Oppenheimer, 레이먼드 피어험버트Raymond Pierrehumbert, 맥스 폽Max Popp, 데이비드 파일David Pyle, 마이클 람피노Michael Rampino, 조지아 레이Georgia Ray, 캐서린 로즈Catherine Rhodes, 리처드 로즈Richard Rhodes, 칼 로비차우드Carl Robichaud, 타일러 로빈슨Tyler Robinson, 앨런 로복, 루이자 로드리게즈Luisa Rodriguez, 맥스 로저Max Roser, 조너선 루지에Jonathan Rougier, 앤드루 러시비Andrew Rushby, 스튜어트 러셀, 스캇 세이건Scott Sagan, 안데르스 샌드버그Anders Sandberg, 하우케 슈미트Hauke Schmidt, 로

힌 샤_{Rohin Shah}, 스티브 셔우드, 루이스 스미스_{Lewis Smith}, 제이콥 스타인하트_{Jacob Steinhardt}, 셸던 스턴_{Sheldon Stern}, 브라이언 토머스_{Brian Thomas}, 브라이언 툰_{Brian Toon}, 필 토레스_{Phil Torres}, 마틴 와이츠먼_{Martin Weitzman}, 브라이언 윌콕스_{Brian Wilcox}, 알렉스 웡_{Alex Wong}, 릴리 시아_{Lily Xia}, 도널드 여먼스_{Donald Yeomans}에게 감사의 말을 전한다.

조셉 칼스미스, 매슈 반 데르 메르위, 그리고 특히 호아오 파비아노_{Joao Fabiano}가 몇 주에 걸쳐 사실 확인을 통해 명백한 오류나 오해의 소지가 있는 주장을 걸러 내 주었다. 그럼에도 불구하고 이 책에 남은 모든 오류와 사실과 다른 내용은 전적으로 내 책임이며, 이 책 웹사이트에 게시한 정오표(theprecipice.com/errata)를 주기적으로 업데이트할 예정이다.

내게 이 책의 집필을 처음 제안하고 첫걸음을 뗄 수 있도록 큰 도움을 준 앤드루 스나이더-비티_{Andrew Snyder-Beattie}에게 감사를 표한다. 닉 벡스테드, 닉 보스트롬, 브라이언 크리스천_{Brian Christian}, 오웬 코튼-배럿, 앤드루 크리치_{Andrew Critch}, 앨런 대포, 대니얼 듀웨이, 루크 딩, 에릭 드렉슬러, 힐러리 그리브스_{Hilary Greaves}, 미셸 허친슨_{Michelle Hutchinson}, 윌 맥어스킬_{Will MacAskill}, 제이슨 매스니, 루크 무엘하우저_{Luke Muehlhauser}, 마이클 페이지_{Michael Page}, 안데르스 샌드버그, 칼 슐만_{Carl Shulman}, 앤드루 스나이더-비티, 파블로 스타포리니_{Pablo Stafforini}, 벤 토드_{Ben Todd}, 에이미 윌리 라벤츠_{Amy Willey Labenz}, 줄리아 와이즈_{Julia Wise}, 버나뎃 영_{Bernadette Young}은 집필 초기 단계에 이 책의 윤곽에 대해 함께 고민해주었다. 특히 샤밀 찬다리아_{Shamil Chandaria}, 오웬 코

튼-배럿, 테디 콜린스Teddy Collins, 윌 맥어스킬, 안데르스 샌드버그, 앤드루 스나이더-비티, 버나뎃 영은 수년의 집필 기간 내내 고견을 주었다.

또한 수많은 사람이 소중한 시간을 내어 초고를 읽고 의견을 주었다. 조시 액스퍼드-포스터Josie Axford-Foster, 베스 반즈Beth Barnes, 닉 벡스테드, 하이든 벨필드Haydn Belfield, 닉 보스트롬, 대니 브레슬러Danny Bressler, 팀 캠벨Tim Campbell, 나탈리 카길Natalie Cargill, 샤밀 찬다리아, 파울 크리스티아노Paul Christiano, 테디 콜린스, 오웬 코튼-배럿, 앤드루 크리치, 앨런 대포, 맥스 대니얼Max Daniel, 리처드 댄지그, 벤 델로Ben Delo, 대니얼 듀웨이, 루크 딩, 피터 돈Peter Doane, 에릭 드렉슬러, 피터 에커슬리Peter Eckersley, 홀리 엘모어Holly Elmore, 세바스천 파커, 리처드 피셔Richard Fisher, 루카스 글루어Lukas Gloor, 이언 고드프리Ian Godfrey, 카차 그레이스Katja Grace, 힐러리 그리브스, 데미스 허사비스, 히스키 하우칼라, 알렉사 헤이즐Alexa Hazel, 키얼스튼 호튼Kirsten Horton, 홀든 카르노프스키Holden Karnofsky, 린 켈러Lynn Keller, 루크 켐프Luke Kemp, 알렉시스 커시바움Alexis Kirschbaum, 하위 렘펠, 그레고리 루이스Gregory Lewis, 윌 맥어스킬, 비샬 마이니Vishal Maini, 제이슨 매스니, 딜런 매튜스Dylan Matthews, 티건 맥카슬린Tegan McCaslin, 안데르스 샌드버그, 루크 무엘하우저, 팀 먼데이Tim Munday, 존 오스본John Osborne, 리처드 파Richard Parr, 마틴 리스, 세바스천 로버츠Sebastian Roberts, 맥스 로저, 칼 슐만, 피터 싱어Peter Singer, 앤드루 스나이더-비티, 파블로 스타포리니, 잔 탈린Jaan Tallinn, 크리스천 탈스니Christian Tarsney, 벤 토드, 수전 트라멜Susan Trammell, 브라이언 체Brian Tse, 요나스 볼머Jonas Vollmer, 줄리아 와이즈, 버다넷 영에게 큰 빚을 졌다.

이 책의 제목을 짓는 데 도움을 준 로즈 링커Rose Linke와 출판 세계에 대한 내 끝없는 질문에 답해 준 키스 맨스필드에게도 감사의 말을 전한다.

우리 프로젝트는 인류미래연구소, 효율적 이타주의 센터Centre for Effective Altruism, 버클리 존재위험계획으로부터 많은 운영 지원을 받았다. 조시 액스퍼드Josh Axford, 샘 디어Sam Deere, 미셸 개빈Michelle Gavin, 로즈 하드샤Rose Hadshar, 하비바 이슬람Habiba Islam, 조시 제이컵슨Josh Jacobson, 정함미옥Miok Ham Jung, 클로이 말론Chloe Malone, 카일 스캇Kyle Scott, 타냐 싱Tanya Singh, 테나 타우Tena Thau에게 고마움을 전한다.

나는 이 책의 많은 부분을 옥스퍼드의 여러 훌륭한 도서관과 카페에서 썼다. 내 사무실에서보다 더 많은 시간을 보낸 펠로톤 에스프레소Peloton Espresso의 모든 직원에게도 고맙다고 말하고 싶다.

내 에이전트 맥스 브록만Max Brockman에게 말로는 다 감사할 수 없을 만큼 많은 도움을 받았다. 맥스는 내 책을 진심으로 믿어 준 여러 출판사와 연결해 주었고 내가 궁금한 게 있을 때마다 곧바로 대답해 주며 나를 낯선 출판계로 훌륭하게 안내했다.

블룸스버리의 편집자 알렉시스 커시바움은 이 책의 잠재력을 누구보다도 예리하게 통찰하며 책의 가능성을 줄곧 믿어 주었다. 커시바움의 확신 덕분에 나 역시 책을 쓸 확신을 얻었다. 이 프로젝트를 성공으로 이끌어 준 엠마 발Emma Bal, 캐서린 베스트Catherine Best, 새러 헬렌 비니Sara Helen Binney, 니콜라 힐Nicola Hill, 재스민 홀시Jasmine Horsey, 새러 나이트Sarah Knight, 조너선 리치Jonathon Leech, 데이비드 만David Mann, 리처드 메이슨Richard Mason, 새러 맥린Sarah McLean, 한나 패짓Hannah Paget을 비롯한 블룸스버리 팀에게 고마움을 전한다.

아셰트Hachette의 모든 이에게도 큰 도움을 받았다. 내 담당 편집자 폴 위틀래치Paul Whitlatch는 이 책의 잠재력을 보았고 내가 마지막 마감을 지킬 거라고 말할 때마다 믿어 주었으며 또 다른 편집자 데이비드 램David Lamb은 집필부터 출판까지 이 프로젝트를 이끌어 주었다. 미셸 아리엘리Michelle Aielli, 퀸 파리엘Quinn Fariel, 몰리 와이젠펠트Mollie Weisenfeld를 비롯해 보이지 않은 곳에서 큰 역할을 해 준 아셰트의 모든 직원에게 감사함을 전한다.

돌이켜보면 이 책에 가장 먼저 영향을 준 사람들은 내가 나아가야 할 길을 닦아 준 네 명의 철학자다. 우선 피터 싱어는 도덕론을 상아탑에서 벗어나게 해 일반적인 윤리 개념을 동물 복지, 전 세계 빈곤 같은 새로운 영역으로 확장시키는 방법을 보여 주었다. 그리고 내가 철학자가 되기로 마음먹고 옥스퍼드로 온 건 데릭 파핏과 존 브룸John Broome에게 받은 영감 때문이며 두 철학자를 멘토로 만나 논문 지도를 받는 행운을 누렸다. 그리고 닉 보스트롬은 옥스퍼드에서 내게 누구보다도 큰 영향을 미쳤다. 그는 이미 닳고 닳은 길을 밟는 대신 철학계가 거의 다루지 않는 미래에 관한 원대한 질문들에 마주하는 용기를 발휘했다. 2003년 우리 둘 다 옥스퍼드에 온 지 얼마 안 되어 만난 첫날부터 그는 내게 존재 위험 문제를 알려 주었고 지금도 우리는 존재 위험을 이야기한다.

이 책을 쓰면서 누린 가장 큰 기쁨은 팀워크에서 느낀 뿌듯함이다. 조셉 칼스미스와 매슈 반데르 메르웨가 없었다면 뿌듯함은 물론이고 팀 자체가 가능하지 않았을 것이다. 두 프로젝트 매니저는 내가 길을 잃지 않게 해 주는 동시에 프로젝트에서 갈라져 나온 수십 개의 가닥을 엉키지 않게 해 주었다. 그들은 온갖 분야의 석학들에게 의견을 구하고, 중요한 결과와 논의를 조사하고, 심지어 최신 논문에서 여러 오류도 발견한 누구보다도 뛰어난 연구 지원자였다. 그들은 내가 틀렸다고 말하는 데 주저하지 않았다. 훌륭한 교정자이자 편집자이자 전략가이며 동료이자 친구였다. 이 책이 이룰 수 있는 모든 걸 이루도록 하는 데에 삶의 수천 시간을 쏟아부어 주었다. 감사한 마음을 이루 형언할 수 없다.

마지막으로 내가 어린 시절부터 인류의 과거와 미래에 대한 끊임없는 호기심을 보이며 올바른 질문을 할 기반을 닦아 준 내 아버지 이언Ian, 세상을 살면서 자신의 믿음을 어떻게 지킬지 알려 준 어머니 렉키Lecki, 이 책뿐 아니라 모든 일에 대해 날 지원해 주고, 용기를 주고, 영감을 준 내 아내 버나뎃 그리고 자신의 두 눈으로 내게 세상을 새롭게 보는 방법을 알려 준 내 딸 로즈Rose에게 고마움을 전한다.

붙임

장기적 미래의 가치 할인

존재 재앙은 우리 미래 전체의 가치를 크게 떨어트릴 것이다. 이는 우리가 인류를 존재 위험으로부터 보호해야 할 가장 중요할 이유일 것이다. 하지만 우리의 장기적 미래는 과연 **얼마나** 중요할까? 더군다나 미래 대부분이 우리와 시간적으로 멀리 떨어져 있다는 사실이 장기적 미래의 가치를 떨어트리지 않을까?

경제학자들은 서로 다른 시기에 발생하는 이익들을 종종 비교한다. 그리고 어떤 이익들은 여러 이유에서 늦게 발생할수록 중요성이 떨어진다.

예를 들어 얼마 전 나는 내가 어릴 적 미래의 내가 발견할 수 있도록 꼭꼭 숨겨 놓았던 1달러를 발견했다. 하지만 반가움도 잠시뿐 내가 1달러를 미래로 이동시킴으로써 1달러의 가치 대부분이 사라졌다는 사실에 놀랐다. 물론 통화 가치가 하락한 것도 있지만, 지금의 나는 돈이 충분하므로 1달러가 더 있다고 해서 내 삶의 질이 크게 달라지지 않는다는 이유가 더 크다.[1]

사람들이 시간이 흐를수록 부자가 된다면(경제 성장 덕분에), 위의 효과 때문에 같은 크기의 금전적 이익이라도 미래에 얻을 때의 가치가 당장 얻을 때의 가치보다 낮다(물가상승률을 반영하더라도).[2] 경제학자들은 개인의 소비력이 향상되면 한계효용체감이 일어나는 심리학적 사실과 경제성장률을 반영한 할인계수로 미래의 금전적 이익을 '할인'하여 이 같은 상황을 고려한다.[3]

미래의 이익이 지금의 이익보다 가치가 떨어지는 두 번째 이유는 불확실성이다. 이익을 일으키는 과정이나 이익을 받을 사람이 미래에는 존재하지 않을 수 있다. 그렇다면 우리는 이익을 전혀 받을 수 없다. 이는 '재앙률'로도 불린다. 미래 이익의 가치는 이 같은 일이 일어날 확률을 고려하여 하향 조정해야 한다.

할인에 대한 표준적인 경제적 접근법(램지 모형)은 위 두 가지 이유를 모두 반영한다.[4] 사회의 적정 할인율(ρ)은 아래와 같이 두 항의 합으로 산출한다.

$$\rho = \eta g + \delta$$

첫 번째 항(ηg)은 미래의 사람들이 부유할수록 돈에서 얻는 이익이 적어진다는 사실을 나타낸다. 사람들의 소비성장률(g)이 증가하면서 나타나는 소비의 한계효용체감(η)을 반영한 것이다. 두 번째 항(δ)은 이익이 실현되지 않을 확률(재앙률)이다.

그렇다면 위 공식을 존재 위험 할인에는 어떻게 적용할 수 있을까? 우선 주목해야 할 사실은 ηg항을 적용할 수 없다는 것이다.[5] 우리가 고려하는 미래의 이익(무너지거나 아예 사라진 문명이 아닌 번영하는 문명)은 금전적 이익이 아니기 때문이다. ηg항의 유일한 목적은 사람들이 부유해졌을 때 가치가 떨어지는 한계이익(돈이나 돈으로 쉽게 살 수 있는 것)을 고려하는 것이지만, 존재 위험에는 이를 적용할 수 없다. 사람들이 부유해질수록 문명 붕괴나 소멸을 피하여 얻을 이익은 오히려 **커진다**. 다시 말해 ηg 항은 금전적 이익을 할인할 때만 적용할 수 있는데 우리의 관심은 행복(또는 공리)의 할인이다. 그러므로 ηg 항은 0이 되어야 하므로 사회적 할인율은 δ이 된다.

앞에서 나는 δ을 재앙률로 소개했지만, 때로는 '순수 시간 선호도_pure time preference'라는 또 다른 요소를 포함하는 것으로 여겨지기도 한다. 순수 시간 선호도는 어떤 이익이 다른 이익보다 앞서서 발생한다는 이유만으로 더 선호된다는 개념으로, 미래 이익의 가치를 할인하는 세 번째 이유가 된다.

하지만 앞의 이유들과 달리 순수 시간 선호도가 사회적 할인율에 포함되어야 할지에는 여러 논란이 있다. 철학자들은 거의 만장일치로 반대한다.[6] 동기가 거의 없다는 게 가장 큰 이유다. 오랜 역사 동안 외집단(예컨대 더 큰 도덕 집단)의 경험을 평가절하한 세상에서 살아 온 우리는 자신보다 다른 사람을 덜 중요하게 여겨야 할 이유에 대한 강력한 명분을 원할 테지만 그런 명분은 없다.

심지어 우리의 직관도 이를 거부하는 듯 보인다. 1970년에 시작한 80세의 삶이 1980년에 시작한 80세의 삶보다 본질적으로 더 가치 있을까? 형의 삶이 동생의 삶보다 본질적으로 더 중요할까? 더 긴 척도에서 보면 이는 더욱 불합리하다. 순수 시간 선호도가 1퍼센트라면 6,000년 후 단 한 명의 죽음은 9,000년 후 10억 명의 죽음보다 훨씬 중요하다. 그리고 투탕카멘은 동시대인 한 명이 사는 고통스러운 삶의 단 하루를 지금 살아 있는 77억 명 모두가 삶 전체에서 겪는 고통보다 더 중요하게 여겨야 했다.

많은 경제학자가 순수 시간 선호도는 비합리적이고 근거가 부족하며 비윤리적이라는 데 동의한다.[7] 예를 들어 램지 자신도 순수 시간 선호도가 "윤리적으로 방어 불가능하고 상상력 부족의 산물"이었다고 말했으며, R. F. 해롯R. F. Harrod은 "탐욕의 공손한 표현이자 열정의 이성 정복"으로 일컬었다.[8] 순수 시간 선호도를 받아들이는 경제학자들조차 **장기적** 미래에 적용하는 건 몹시 꺼린다.

순수 시간 선호도를 옹호하는 경제학자들의 일반적인 논리는 단순히 사람들에게 그런 선호 경향이 **있고** 경제학자의 임무는 사람들의 선호를 판단하는 게 아니라 그들을 가장 만족시킬 방법을 선보이는 일이라는 것이다. 우리의 관점에서 볼 때 여기에는 세 가지 중요한 문제가 있다.

첫 번째 문제는 그것이 경제학자의 일일지라도[9] **내** 일은 아니라는 사실이다. 내가 이 책을 쓰는 이유는 우리가 직면한 위험들에 인류가 어떻게 **대응해야 하는지**를 탐구하기 위해서다. 이 같은 관점은 미래를 어떻게 대해야 하는지에 관한 사람들의 단순한 생각이 잘못된 생각일 가능성을 제기한다. 때로 우리는 우리의 장기적 이익에 반하는 행동을 하고 미래 세대는 무시한 채 우리에게만 초점을 맞추는 편향에 빠진다. 직관에만 의존해 사회 정책을 마련한다면 성급함과 우리의 기준에만 향하는 편견을 우선하게 된다.

두 번째 문제는 δ에 구현된 순수 시간 선호도가 사람들의 실제 선호와 사람들이 **보여야 할** 선호 사이의 불편한 타협이라는 것이다. 사람들이 실제로 보이는 순수 시간 선호도는 지수 형태가 아니다. 실제 순수 시간 선호도는 단기적으로는 빠르게 하락하다가 장기적으로는 느리게 하락한다. 일반적으로 경제학자들은 비지수적 할인을 불합리하다고 여긴다. 사람들이 두 가지 선택 사이를 오락가락하면 누릴 수 있는 이익이 줄 것으로 예상되기 때문이다.

이런 이유에서 경제학자들은 사람들의 비지수적 시간 선호도를 지수함수 형태로 변환하고 모든 시간대에서 중간 할인율을 구한다. 이는 단기간에 얼마나 할인되는지를 과소평가하고 장기간 동안 얼마나 할인되는지를 과대평가하여(이 책에서는 주로 장기간을 다룬다) 사람들의 실제 선호를 왜곡한다. 더군다나 개인의 선호도를 불합리하다는 근거로 왜곡하면서 그것을 신성불가침의 영역이라고는 주장할 수 없다. 개인의 선호도가 정말 불합리하다면 왜 그저 배제하지 않고 그런 식으로 수정하는 걸까?

세 번째 문제는 순수 시간 선호도를 뒷받침하는 증거가 개인이 자신의 이익을 위해 내리는 선택에서 비롯된다는 것이다. 개인이 다른 사람들의 안녕을 위해 선택을 내릴 때는 순수 시간 선호를 거의 혹은 전혀 내보이지 않는다. 예를 들어 우리는 나중에 얻을 더 큰 이익 대신 당장 얻을 작은 이익을 선택하기도 하지만, 다른 사람들을 위한 선택에 대해서는 거의 그렇지 않다. 이는 우리가 당장의 만족을 선호하는 이유가 의지력 부족 때문이지 가까운 때에 작은 이익을 선택하는 게 더 낫다는 냉철한 판단 때문이 아니라는 사실을 보여 준다. 실제로 경제학자들이 실험을 수정해 피험자들에게 낯선 이가 얻을 이익에 대해서 물었을 때 순수 시간 선호도에 대한 증거는 매우 약해지거나 사라졌다.[10]

그러므로 존재 위험으로 위기를 맞게 되는 가치, 즉 재앙으로 파괴된 미래가 아닌 번영의 미래라는 이익은 재앙률로만 가치를 할인해야 한다고 결론 내릴 수 있다. 다시 말해 번영하는 미래는 우리가 그때에 도달하지 못할 확률로 가치를 할인해야 한다.[11] 니콜라스 스턴Nicholas Stern은 기후변화 경제에 관한 유명한 논문에서 이 같은 접근법을 적용했다. 그는 순수 시간 선호도를 0으로 설정하고 δ는 연간 재앙률 0.1퍼센트(세기당 약 10퍼센트)로 설정했다.[12] 그러면 인류 미래의 가치는 이듬해의 가치보다 약 1,000배 높아진다(매해의 질이 향상되면 더 높아진다). 이는 존재 위험이 아주 중요하다는 근거로 충분하지만 완벽하지는 않다.

표준적인 공식들에서는 할인율이 시간에 따라 일정하여 미래의 가치는 지수함수 곡선을 그리며 하락한다. 하지만 좀 더 면밀한 경제학 분석에서는 할인율이 시간에 따라 달라진다.[13] 이는 재앙률에서 무척 중요하다. 자연적 위험은 거의 일정했을지 모르지만 인공적 위험은 급격히 증가했기 때문이다. 인류가 내가 믿는 것처럼 도전에 맞선다면 인공적 위험은 줄어들 것이고 심지어 자연적 위험보다 더 떨어질 것이다. 장기적으로 연간 위험이 낮아지면 미래의 기대 가치는 무척 커진다. 단순화한 예를 들자면, 벼랑세 동안 위험이 총 50퍼센트이지만 이후 위험을 자연적 위험 수준으로 낮춘다면, 미래의 가치는 이듬해보다 10만 배 이상 높아진다.[14]

물론 우리는 재앙률이 시간에 따라 어떻게 변할지는 고사하고 지금의 비율도 정확히 **알지** 못한다. 이는 분석의 결과를 크게 바꾼다. 우리가 재앙률을 확신하지 못한다면, 당신은 여러 재앙률의 신뢰할 수 있는 평균으로 할인해야 한다고 생각할지 모른다. 가령 재앙률이 0.1퍼센트일 확률과 1퍼센트일 확률이 같아 보인다면 0.55퍼센트로 할인하는 방식이다. 하지만 이는 옳지 않다. 더 면밀히 분석하려면 할인율이 달라져야 한다. 다시 말해 우선 평균 비율에서 시작한 다음 시간의 흐름에 따라 신뢰할 수 있는 비율 중 가장 낮은 비율로 향해야 한다.[15] 이는 우리가 가능하다고 생각하는 세상 중 가장 안전한 세상에 있다고 생각하며 장기적 미래의 가치를 할인하는 것과 같다. 그러므로 장기적 재앙률이 자연적 위험 수준 미만으로 떨어질 가능성은 인류 미래의 할인 가치를 결정하는 데 무척 큰 역할을 한다.

마지막으로 존재 위험 평가의 맥락에서 재앙률이 외부적으로 정해지지 않는다는 사실을 고려해야 한다. 우리의 행동은 재앙률을 낮출 수 있다. 그러므로 우리가 어떤 존재 위험을 낮출 행동을 결심한다면, 이후 행동을 평가하는 데 적용하는 할인율을 낮출 수 있다.[16] 이는 미래를 지키기 위한 노력의 보상을 높일 수 있다.

결국 결론은 경제학적 할인이 미래의 가치를 보잘것없는 수준으로 낮추지 않는다는 것이다. 미래 가치가 급격히 떨어지는 건 할인법이 잘못 적용되었을 때뿐이다. 미래에 대해서는 돈의 한계효용체감을 바탕으로 한 할인법을 적용할 수 없으며 순수 시간 선호도도 부적합하다. 그렇다면 남는 건 불확실하고 변화하는 재앙률뿐이다. 재앙률에 기반한 할인은 미래를 그 기대 가치에 따라 평가해야 한다는 사실을 다르게 표현한 것이다. 우리 미래가 아주 길 것으로 예상할 수 있는 경험적 근거가 있다면, 할인 과정에서 비롯되는 또 다른 가치 저하는 불필요하다.[17]

인구윤리학과 존재 위험

윤리 이론들은 우리 행동이 어떤 특징 때문에 옳은 행동이 되고 그른 행동이 되는지 설명한다. 동기가 불순한지, 권리를 짓밟는지, 사람들을 불공정하게 대하는지가 그 예다. 거의 모든 사람이 동의하는 중요한 특징 하나는 우리 행동이 다른 이들의 행복에 미치는 영향이다. 누군가의 행복을 증진한다면 좋은 행동이고 저하한다면 나쁜 행동이다. 하지만 어떤 행동들은 사람들의 행복에 영향을 주는 데 그치지 않고 미래에 누가 존재할지에도 영향을 미친다. 이를테면 젊은 연인이 아이를 가질지 말지 고민한다고 생각해 보자. 연인의 선택으로 영향을 받을 사람들뿐 아니라 영향을 받는 사람의 수가 달라지므로, 선택의 결과들을 어떻게 비교할지에 대해서는 의견이 무척 분분하다. 이 같은 질문들을 다루는 윤리학의 하위 부문을 '인구윤리학'이라고 부른다.

인구윤리학은 인류가 절멸하면 그 결과가 얼마나 부정적일지 분석할 때 전면에 등장한다. 절멸을 피해야 하는 여러 이유는 미래와 관련한다. 앞에서도 지적했듯이 우리 앞에 놓인 광활한 미래는 수천, 수백만 혹은 수십억 미래 세대의 잠재력을 아우른다. 절멸은 이 모든 미래 세대의 삶과 그들의 행복을 존재하지 못하도록 한다. 이 같은 미래 행복의 손실은 얼마나 부정적일까?

단순한 답 하나는 미래 행복의 도덕적 가치를 그저 미래 행복의 총량으로 헤아리는 '총량 관점Total View'이다. 이는 행복이 이미 존재하는 사람들에게 비롯되는지 아직 나타나지 않은 사람들에게 비롯되는지 구분하지 않는다. 모든 조건이 같다면 1,000개의 세대가 더 많을 때의 가치가 우리 세대의 가치보다 1,000배 높다. 이 관점에서는 미래를 잃을 때 어마어마한 가치가 사라진다.

철학자들은 도덕론을 시험할 때 극단적인 선택이 수반되는 사고 실험을 한다. 선택은 종종 비현실적이지만, 도덕론은 모든 상황에 적용될 수 있어야 하므로 직관적으로 그릇된 판단이 이루어지는 상황이 발견되면 이를 이론에 반박하는 증거로 삼을 수 있다.

총량 관점에 대한 가장 큰 비판은 이른바 당혹스러운 결론repugnant conclusion으로 이어질 수 있다는 것이다. 예컨대 모든 이가 큰 행복을 누리는 결과와 모든 이가 각자 누리는 행복은 아주 작지만 사람 수가 아주 많아 양이 질을 상쇄하는 결과 중에서 후자가 나은 경우다. 사람들은 직관적으로 양/질 사이의 상관관계를 어느 정도 옳다고 여기지만(예를 들어 77억이 사는 지금의 세상이 평균보다 약간 높은 행복을 누리는 사람이 단 한 명 존재하는 세상보다 낫다), 대부분은 총량 관점이 극단적이라고 생각한다.

앞으로 살펴보겠지만 총량 관점의 라이벌들 역시 직관에 반하는 결과들로 이어진다. 실제로 인구윤리학에서는 여러 유명한 불가능성 결과들이 있는데 이는 **모든** 이론이 사람들 대부분이 불합리하다고 여기는 하나 이상의 도덕적 의미를 내포한다는 사실을 보여 준다.[18] 그러므로 우리는 우리의 모든 직관에 들어맞을 답을 찾을 거라고는 기대할 수 없고 비직관적인 각각의 결과가 얼마나 나쁠지 가늠해야 한다.

인구윤리학의 또 다른 유명한 접근법은 우주 속 행복의 가치는 총량으로 정해지는 게 아니라 평균으로 정해진다는 것이다. 이 접근법에는 두 가지 주요 버전이 있다. 첫 번째는 각 세대의 평균 행복을 가늠한 다음 모든 세대를 더하는 방식이다. 두 번째는 이제까지 모든 시공간에 존재한 삶의 평균 행복을 헤아리는 방식이다.

두 가지 평균 산출 방식 모두 격렬한 반대에 부딪힌다. 첫 번째 버전은 존재하는 사람들은 같지만 모든 이의 행복도가 낮아지는 대안을 선호할 가능성이 발생한다.[19] 두 번째 버전은 삶을 살 가치가 없는 부정적 행복을 고려하면 문제가 발생한다. 우리가 인류 절멸과 미래 세대가 극도의 부정적 행복에 시달리는 세상 중 하나를 골라야 한다면, 이 이론은 후자를 선택할 수 있다(과거가 너무 끔찍해서 지옥 같은 미래여도 평균을 올릴 수 있다면). 게다가 긍정적 행복의 삶을 많이 늘리는 것보다 부정적 행복에 시달리는 사람을 조금 늘리는 것을 선호할 수도 있다(과거가 무척 좋았던 나머지 긍정적 삶의 수를 늘리면 평균을 더 희석하게 될 경우). 일반적으로 이 같은 결론들은 당혹스러운 결론보다 더 반직관적으로 여겨지며, 인구윤리학을 연구하는 사람 사이에서 두 가지 평균 산출 버전의 지지자를 찾기란 몹시 어렵다.

흥미롭게도 이처럼 불합리한 내용과 무관하게 두 가지 평균 산출 버전은 모두 실제 세상에서 절멸이 극도로 부정적이라는 생각을 뒷받침한다. 세대 평균의 합이라는 면에서는 이를 쉽게 이해할 수 있다. 총합 관점에서처럼 모든 조건이 같다면 1,000개의 미래 세대의 가치는 우리 세대의 가치보다 1,000배 크다. 모든 시간에 존재한 전체 삶에 대한 평균은 어떨까? 삶의 질은 시간이 흐를수록 나아져 왔으므로(잠재력 또한 훨씬 커졌다) 우리 세대는 실제로 모든 시간의 평균을 높이고 있다. 미래 세대는 평균을 계속 높일 것이다(우리와 삶의 질이 같더라도).[20] 그러므로 평균 산출의 두 가지 버전 모두에서 미래 세대의 행복에 근거하여 인류 절멸을 피해야 할 이유는 분명하다.

하지만 인구윤리학의 한 가지 대안 접근법에서는 인류 절멸이 전혀 부정적이지 않다. 이를 주창하는 가장 유명한 철학자인 얀 나베슨Jan Narveson은 그 핵심 개념을 다음과 같이 슬로건 형식으로 표현했다. "우리는 사람들을 행복하게 만들길 바라지만 행복한 사람을 만드는 데에는 중립적이다."[21] 이 같은 직관을 설명하기 위해 탄생한 여러 이론은 '인간 영향 관점person-affecting view'이라는 인구윤리학의 하위 부문으로 분류된다. 이 중 몇몇은 행복도가 높은 수천 미래 세대가 늘어난다고 해서 좋을 건 없으므로 인류가 절멸하더라도 나쁠 건 없다고(최소한 미래 세대의 행복 면에서) 말한다. 이는 합리적인 주장일까? 존재 위험을 걱정할 당위성을 위협할까?

나베손 슬로건에 이론적 기반을 제시하기 위한 눈에 띄는 두 가지 시도가 있었다. 그중 하나는 어떤 결과가 누군가에게 더 좋지 않은 이상 다른 결과보다 나을 수 없다는(최소한 행복의 면에서는) '인간 영향 제약person-affecting restriction'이라는 단순한 직관에 기대는 것이다.[22] 완전히 같은 사람들이 두 가지 결과에 존재하는 경우에는 이 원칙이 널리 받아들여진다. 한편 각각의 결과에 다른 사람들이 존재하는 경우에 적용한다면, 이 원칙은 한 사람이 두 결과 모두에 존재해야만 어떤 결과가 다른 결과보다 나은지 판단할 수 있는 것으로 해석될 수 있는데 이는 원칙을 강화하면서도 논란의 여지를 높인다. 예를 들어 당혹스러운 결론을 피할 수 있다. 많은 사람이 존재하지만 그들의 행복도가 낮은 결과에서는 누구도 더 행복하지 않으므로 그 결과가 더 나을 수 없다.[23]

나베손 슬로건을 정당화하는 또 다른 이론 기반 접근법은 우리가 의무를 이행해야 하는 대상은 그저 태어날 가능성이 있는 사람이 아니라 실제 존재하는 사람이라는 직관에 기댄다.[24] 이 관점에서는 미래에 존재할지도 모를 사람들을 위해 지금 존재하는 사람들의 삶을 희생할 필요가 없다.

하지만 나베손 슬로건에 대한 두 가지 접근법 모두 사람들이 부정적 행복에 시달릴 가능성을 떠올리면 결정적인 문제들에 부딪힌다. 지금 세대가 몇 가지 작은 희생을 감수하지 않으면 미래 사람들이 지옥 같은 조건들에 갇힐 거라는 사고실험을 해 보자. 거의 모든 사람이 느끼는 강한 직관에 따르면, 부정적 행복의 삶을 더하는 것은 나쁜 일이며 우리는 그것을 막기 위해 작은 희생을 치를 뜻이 있다. 하지만 그렇다면 우리는 그저 존재할지도 모르는 사람들을 위해 실질적인 희생을 할 수도 있고 누구에게도 더 낫지 않은(지금 존재하는 사람들에게는 더 나쁜) 결과를 선택하게 된다.

그러므로 나베손 슬로건을 뒷받침하는 것으로 보이는 이유들은 부정적 행복에 시달릴 새로운 삶을 막아야 한다는 우리의 강한 확신을 거스른다. 따라서 나베손 슬로건에 이론적 근거를 제시하려는 이 두 가지 시도는 최소한 그 자체로만 보았을 때 내게는 막다른 골목처럼 느껴진다. 인구윤리학에서 설득력 있는 모든 주장은 두 가지 결과에 존재하는 어떤 개인도 더 나은 삶을 살지 못하는 선택을 추천하면서도 그저 존재할지도 모를 사람들을 위해 희생을 감수하도록 한다.

좀 더 근본적인 도덕 원칙의 면에서 나베손 슬로건을 정당화하는 데 따르는 여러 어려움 때문에, 슬로건에 매력을 느끼는 철학자들은 나베손 슬로건이 특정 상황에서는 다른 관점들보다 우리 직관을 더 잘 포착한다는 주장에 기댄다. 슬로건 자체는 부정적 삶을 어떻게 평가할 수 있는지 이야기하지 않으므로 그 주창자들은 긍정적 행복의 새로운 삶을 추가하는 건 결과를 더 나아지게 하지 않지만, 부정적 행복의 새로운 삶을 추가하는 건 결과를 나쁘게 한다는 비대칭 원칙을 함께 내세운다.

철학자들은 이 두 가지 원칙을 바탕으로 여러 이론을 개발했다. 이 같은 이론의 다양성, 아직 이 분야가 확립되지 않고 발전 중인 상황, 합의된 접근법이 없다는 사실을 떠올리면, 여기서 이론들을 명확히 검토하기란 힘들다. 하지만 일반적인 패턴은 살펴볼 수 있다. 이 이론들은 일반적으로 사고실험에 관한 강한 직관들을 거스르고, 중요한 도덕 원칙들에 어긋나고, 보편적으로 받아들여지는 이성 원리들에 배치되는 여러 문제에 직면한다.[25] 일부 문제를 피하려고 이론을 수정하면 다른 문제들이 더 심각해지거나 새로운 문제들이 발생한다.

하지만 무엇보다 중요한 건 슬로건과 비대칭 원칙이 특정 상황들에서만 우리 직관에 호소할 때 정당화될 수 있다는 사실이다.[26] 개인 영향 관점은 몇몇 상황에서 우리 직관에 부합하지만 다른 상황들에서는 전혀 맞지 않는다. 절멸이 나쁜 것인가라는 문제에 관해 개인 영향 관점이 제시하는 조언을 대부분의 사람이 몹시 반직관적으로 느끼는 경우가 그렇다.[27] 일반적으로 우리는 우리가 중요하게 여기는 믿음에 전혀 부합하지 않는 듯 보이는 분야의 논쟁적 이론을 우리의 지침으로 삼아서는 안 된다.[28]

개인 영향 관점의 몇 가지 버전은 절멸이 나쁘다는 사실을 부인하지 않으면서 우리의 핵심적인 직관들에 부합한다. 예를 들어 좀 더 유연한 이론들은 우리에게는 행복도가 높은 삶을 만들어야 할 **어느 정도의** 이유는 있지만 지금 존재하는 사람들을 돕거나 부정적 행복의 삶을 막아야 할 이유가 더 크다고 말한다. 미래에는 행복도가 높은 새로운 삶이 무척 많을 수 있으므로 행복도가 높은 삶을 만드는 일은 여전히 중요하다.

요약하자면 미래 사람들의 행복에 가치를 매기는 이론 중에서 절멸 회피를 그다지 중요하게 여기지 않거나 어떤 가치도 부여하지 않는 이론들이 있다. 이 같은 관점 중 많은 수가 불합리한 것으로 판명되었지만 모두가 그런 건 아니며 여전히 활발한 연구가 진행 중이다. 그런 관점을 지지하는 사람은 미래 행복의 상실에 근거한 주장을 설득력 있다고 여기지 않을 가능성이 크다.

하지만 이는 인류 수호가 몹시 중요한 이유에 관한 한 가지 설명에 불과하다는 사실을 잊지 말아야 한다. 미래에 우리가 이룰 수 있는 위대한 성취들에(인류의 가장 위대한 예술적, 과학적 성취는 미래에 이루어질 것이다) 근거한 설명들도 있으며, 미래가 아닌 우리의 과거, 우리의 본질, 우주에서 우리가 차지하는 중요성, 지금 세대가 겪을 상실에 근거한 설명들도 있다. 미래 세대 행복의 가치에 관해 개인 영향 관점을 지지하는 사람들은 절멸이 나쁜 이유를 설명하는 다른 근거들에는 열려 있을 수 있다. 도덕적 불확실의 논증도 있다. 개인 영향 관점은 잘못되었을 가능성이 크지만 다른 여러 도덕론은 우리 미래가 무척 중요하다고 말한다면, 미래를 위험에 빠지게 하는 건 몹시 경솔한 행위다.

마지막으로 주목해야 할 사실은 우리는 여기서 절멸 방지의 도덕적 중요성에 초점을 맞추었다는 것이다. 절멸을 사소하게 여기는 인구윤리학의 이론들조차 문명의 회복 불가능한 붕괴나 탈출 불가능한 디스토피아 같은 다른 존재 재앙을 막는 일은 아주 중요하게 여긴다. 그러므로 인류 절멸을 중요하게 여기지 않는 사람이라도 다른 존재 위험들을 깊이 걱정할 수 있다. 그리고 절멸을 위협하는 위험들은 대부분 문명의 회복 불가능한 붕괴도 위협하므로, 그런 사람들이 걱정하는 위험들은 절멸을 위협하는 위험들과 무척 비슷할 수밖에 없다.

핵무기 사고

핵무기의 엄청난 중요성과 분명한 위험을 떠올리면 사고를 막기 위해 매우 철저한 관리가 이루어지고 있을 것이라 단정하기 쉽다. 그러므로 이제까지 핵무기 관련 사고가 무척 잦았다는 사실에 많은 사람이 놀랄 것이다. 미국 국방부가 보고한 사건만 해도 32건이다.[29] 이 중 예상치 못한 핵무기 폭발까지 이어진 사고는 없었는데, 이는 핵무기 안에서 재래식 폭약이 이미 터졌더라도 핵폭발까지는 일어나지 않도록 하는 기술적 안전장치가 잘 마련되어 있다는 사실을 암시한다. 하지만 핵전쟁의 시스템들이 무척 복잡하고 실패의 기회가 매우 많다는 사실의 방증이기도 하다. 핵폭탄이 전투기에서 낙하하는 사고와 핵무기가 사라진 뒤 오리무중인 상황처럼 충분히 주의를 기울인다면 도저히 일어날 수 없는 사건들도 있다.

사건 목록

1957년 핵폭탄이 B-36 폭격기의 폭탄 투하실 문을 통과해 뉴멕시코로 떨어지는 사고가 발생했다. 고성능 폭약은 터졌지만 핵폭발은 일어나지 않았다.[30]

1958년 B-47 폭격기가 조지아 주 서배너 근처 해상에서 전투기와 충돌했다. 그러면서 B-47에 실려 있던 원자폭탄이 바다로 떨어졌다. 폭탄에 핵탄두가 포함되었는지에 관해서는 보도가 어긋나지만, 미 국방부 차관은 의회에 출석하여 포함되어 있었다고 증언했다.[31]

1958년 B-47 폭격기가 사우스캐롤라이나에서 사고로 떨어트린 핵폭탄이 어느 집 정원에 추락하여 집을 부수었다. 다행히 핵탄두는 폭격기 안에 그대로 있었다.[32]

1960년 미국이 개발한 세계 최초의 지대공 요격 미사일 보마크 BOMARC가 불이 붙어 녹았다. 10킬로톤에 이르는 핵탄두는 폭발하지 않았다.[33]

1961년 4메가톤 핵폭탄 두 기를 실은 B-52가 노스캐롤라이나 상공에서 고장을 일으켰다. 그러면서 폭탄이 지상으로 떨어졌다. 그중 하나가 충격으로 분해되었는데 우라늄이 포함된 부품이 물이 차 있는 농지로 가라앉았다. 이후 약 15미터 깊이까지 팠는데도 발견되지 않았다. 핵폭발은 일어나지 않았지만 로버트 맥나마라 국방부 장관의 증언을 포함

한 여러 출처에 따르면 단 하나의 스위치가 핵폭발을 막 았다.[34]

1961년 두 기의 핵폭탄을 실은 B-52가 캘리포니아에서 추락했 다. 폭탄은 모두 터지지 않았다.[35]

1965년 1메가톤 폭탄을 실은 전투기가 일본 주변에 있던 미국 항 공모함 옆으로 떨어졌다. 폭탄은 발견되지 않았다.[36]

1966년 네 기의 핵무기를 실은 B-52가 스페인 상공에서 공중급 유기와 충돌했다. 핵무기 네 기 모두 비행기에서 떨어졌 고 두 기는 지면과 충돌하면서 재래식 폭약이 터졌다. 심 각한 방사능 유출이 발생했고 오염된 1,400톤의 흙과 작 물이 미국으로 수송되었다.[37]

1968년 B-52 폭격기가 그린란드 상공을 비행하다가 화재가 발생 해 빙하와 충돌했다. 그러면서 네 기의 수소폭탄에서 핵 물질을 둘러싸고 있던 재래식 고성능 폭약이 터졌다. 다 행히 핵반응은 일어나지 않았다.[38] 핵반응이 일어났다면 미국 조기 경보 시스템은 소비에트연방 미사일이 북극을 가로질러 발사되었다고 인식했을 테고 그렇다면 미군은 이를 소비에트연방의 핵 공격으로 간주해 핵 보복을 시작 했을 것이다.[39]

1980년 미국 아칸소 주 다마스쿠스 공군기지에서 렌치 하나가 타 이탄 II 미사일의 연료 탱크로 떨어지면서 폭발했다. 몇 시간 뒤 9메가톤 핵탄두가 약 100미터까지 날아가는 폭

발이 일어났지만 안전장치 덕분에 핵탄두가 터지지는 않
았다.[40]

위 목록은 사건의 일부일 뿐이며 러시아에서 일어난 사고에 대
해서는 거의 알려진 게 없다.

발사 명령 사고

최근에야 알려진 가장 놀라운 사고 하나는 우리가 핵전쟁
에 가장 가까이 다가간 순간이었을 것이다. 하지만 이 사건에는 여
러 논의가 여전히 진행 중이어서 실제로 일어났는지는 아직 확신할
수 없다.

쿠바 미사일 위기가 한창 고조되었던 1962년 10월 28일 미국령
의 오키나와 섬에 있는 미사일 기지에 무전 발사 명령이 내려졌다.
섬에는 여덟 곳의 발사 본부가 있었고 각 본부가 네 기의 열핵 미사
일을 관리했다. 명령은 세 부분으로 암호화되어 있었고 모두 기지
의 암호와 일치했으므로 핵무기 발사 명령은 진짜였다.

상황을 지휘한 사람은 윌리엄 바셋William Bassett 대위였다. 그는 두
번째로 높은 핵무기 발사 준비 단계인 데프콘2에서 명령이 내려진
건 말이 안 된다고 생각했다. 바셋의 부하들은 데프콘1 발령이 전파
방해로 전달되지 않았을 것이라고 추측했고 다른 본부에서 발사 통
제를 담당하는 장교는 소비에트연방이 개시한 선제공격이 진행 중

이어서 데프콘1으로 격상할 시간이 없었을 것이라고 추측했다.

하지만 바셋의 부대원들이 서둘러 한 계산에 따르면, 선제공격이 일어났을 경우 자신들의 기지가 이미 폭발했어야 했다. 바셋이 병사들에게 미사일 대기 상황을 점검하도록 하자 미사일 타깃 중 세 타깃이 소비에트연방이 아니라는 사실을 발견했다. 위기 상황에서는 있을 수 없는 일이었다. 그는 미사일 작전 본부로 무전을 보내 암호화한 명령을 확인해 달라고 요청했지만 같은 암호가 되돌아왔다.

그래도 바셋은 의심을 거두지 못했지만, 미사일의 모든 타깃이 소비에트연방이었던 다른 본부의 중위가 명령이 반복되는 상황에서 바셋이 발사를 막을 권한이 없다고 주장했다. 그리고 자신의 본부에서는 미사일 발사를 명령했다.

이에 바셋은 옆 발사지의 이등병 두 명에게 미사일 발사가 이루어질 발사지로 이어지는 지하터널을 통과해 중위가 바셋의 동의나 데프콘1 발령 없이 미사일 발사를 감행하면 그를 저격하라고 명령했다.

존 보든John Bordne 이등병(이 이야기를 한 당사자)은 일상적인 날씨 보고 끝에 발사 명령이 이루어지고 명령이 아주 침착하게 반복되었다는 사실을 이상하게 여겼다. 보든의 의견에 동의한 바셋은 미사일 작전 본부에 전화를 걸어 발사 명령 무전을 보낸 사람이 데프콘1을 발령하거나 발사 중지 명령을 내려 줄 것을 요청했다. 곧바로 발사 중지 명령이 내려졌고 위험 상황은 종료되었다.

이 이야기는 2015년 〈원자 과학자 회보〉의 글과 보든의 UN 연설로 대중에게 알려졌다. 이후 당시 오키나와 미사일 기지에 있었던 여러 사람이 반박했다.[41] 하지만 보든의 이야기를 뒷받침하는 여러 정황 증거가 있다. 우선 보든의 회고록이 미 공군의 허가를 받아 출판되었고, 처음 잘못된 발사 명령을 내렸던 소령이 군법회의에 소환되었으며, 보든이 당시 기지에 있던 다른 사람들로부터 추가 증언을 적극적으로 확보했다.

어느 쪽이 맞는다고 확신할 수는 없지만 더 많은 조사가 필요하다는 건 분명한 사실이다. 미국 국가안보보관소National Security Archive에 정보 열람 신청이 이루어졌지만 요청이 받아들여지기까지 수년이 걸릴 거로 예상된다. 사건의 주장들을 진지하게 검토해야 하지만, 확실한 증거가 나오기 전까지는 이 사건을 인류의 일촉즉발 상황들을 판단하는 기준으로 삼아서는 안 된다.

위험 합산의 놀라운 영향

앞에서 우리는 개별 존재 위험을 조합하여 총 존재 위험 수치를 가늠할 때 일어나는 반직관적인 여러 영향을 살펴보았다. 총 위험이 클수록 영향들은 강하고 독특하다. 총 위험에는 우리 미래 전체에 누적되는 존재 위험이 포함되므로, 위험이 높으면 다음 영향들이 두드러진다.

우선 총 위험이 위험의 합과 점차 동떨어진다. 계산을 단순하게 하기 위해 우리가 50퍼센트 위험 네 가지에 직면해 있다고 가정해 보자. 총 위험은 100퍼센트를 넘을 수 없으므로 논리적으로 보았을 때 네 위험이 상당히 겹치고 합산했을 때 총합보다 훨씬 작아야 한다. 예를 들어 위험이 서로 독립적이라면 총 위험은 200퍼센트가 아니라 93.75퍼센트(=15/16)가 될 것이다.

두 번째로 위험을 제거할수록 한계 수확이 크게 증가할 수 있다. 예를 들어 네 개의 독립적인 50퍼센트 위험 중 첫 번째를 제거하면 총 위험이 87.5퍼센트로밖에 줄지 않았다. 하지만 계속 위험을 줄이면 총 위험이 75퍼센트에서 50퍼센트 그리고 0퍼센트로 감소하므로 매번 절대적인 영향이 커진다. 이를 달리 설명하면, 각각의 위험을 제거할 때마다 우리의 생존 확률이 2배 높아지므로 생존 확률을 높이는 절대적 영향이 커진다. 마찬가지로 네 가지 위험을 동시에 절반으로 줄이면(50퍼센트에서 25퍼센트로) 총 위험은 93.75퍼센트에서 약 68퍼센트로밖에 떨어지지 않는다. 하지만 또다시 절반으로 떨어트리면 위험이 감소되는 절대적인 양이 더 커져 약 41퍼센트가 된다. 이 예들에서는 위험들이 중복되는 정도가 무척 크므로 하나의 재앙은 여러 위험에 의해 중층적으로 결정되고 우리가 행동을 시작하더라도 총 위험은 여전히 높다. 하지만 우리가 행동할수록 이 같은 중복이 줄어들므로 더 많은 행동이 이루어질수록 더 큰 도움이 된다.

세 번째로 가장 큰 위험들에 대한 노력이 훨씬 중요할 수 있다. 앞에서도 이야기했듯이 우리가 각각 독립적인 10퍼센트 위험과 20퍼센트 위험에 직면해 있다면, 10퍼센트 위험을 없앨 경우 총 위험을 8퍼센트포인트 낮추고 20퍼센트 위험을 없앨 경우 18퍼센트포인트 낮출 수 있다(234페이지 참고). 따라서 더 큰 위험을 제거하는 것은 2배 중요한 게 아니라 2.25배 중요하다.

독립적 위험들의 상대적 중요성을 올바르게 계산하려면 확률들의 순수 비율에 또 다른 계수, 다시 말해 첫 번째 재앙이 일어나지 않을 확률과 두 번째 재앙이 일어나지 않을 확률 사이의 비율을 곱해야 한다.[42] 위험들이 낮다면 각 재앙이 일어나지 않을 확률은 1에 가까워 이 비율 역시 1에 가까우므로 달라지는 건 거의 없다. 하지만 위험이 크다면 비율 역시 커지므로 큰 차이가 일어난다.[43]

이번에는 우리가 직면한 두 가지 위험이 10퍼센트 위험과 90퍼센트 위험이라고 생각해 보자. 이 경우 순수 비율은 9:1이고 조정하더라도 9:1이므로 90퍼센트 위험을 제거하는 건 10퍼센트 위험을 제거하는 것보다 81배 중요하다([그림 D.1] 참고). 이를 이해하는 가장 쉬운 방법은 90퍼센트 위험이 일어날 확률이 9배 높을 뿐 아니라 그 위험을 제거했을 때 세상이 나머지 위험들에서 살아남을 확률이 9배 높다는 사실에 주목하는 것이다.

이 같은 조정은 다른 비슷한 경우들에서도 적용된다. 90퍼센트 위험을 반으로 줄이는 건 10퍼센트 위험을 반으로 줄이는 것보다

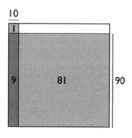

그림 D.1 각 독립적인 10퍼센트 위험과 90퍼센트 위험의 총 위험은 91퍼센트다. 10퍼센트 위험을 제거하면 총 위험(어둡게 칠한 면적의 총합)은 1퍼센트포인트만 낮아져 90퍼센트가 되지만, 90퍼센트 위험을 제거하면 81퍼센트포인트가 낮아져 10퍼센트가 된다.

81배 중요하며, 몇 배로 줄여도 마찬가지다. 1퍼센트포인트처럼 고정된 절댓값만큼 위험을 줄이더라도 큰 위험을 줄이는 게 더 중요하다. 90퍼센트 위험을 89퍼센트로 줄이는 건 10퍼센트 위험을 9퍼센트로 줄이는 것보다 9배 중요하다.[44]

위 세 가지 영향은 위험들이 동시에 일어나든 서로 다른 시점에 일어나든 상관없이 나타난다.[45] 그러므로 우리 미래에 많은 위험이 있다면 위험을 제거하는 일은 세기를 거듭하며 더욱 중요해질 수 있다. 일반적으로 위험 감소 노력에 대해 수확 체감을 일으키는 데는 여러 요인이 있다(예컨대 우리가 쉬운 위험부터 해결할 수 있다는 사실). 하지만 우리가 많은 위험에 직면할 불운을 맞는다면 존재 위험에 맞서는 것에 대한 전반적인 한계 수확은 늘어날 수 있다. 그리고 특히 가장 큰 위험들을 제거하기 위한 노력이 중요할 것이다.

인류 보호의 가치

　　인류 보호가 과연 얼마나 가치 있는 일일까? 정확히 답할 수는 없지만 이 질문에 대한 한 가지 접근법이 내 판단에 큰 도움을 주었다.

　의도적으로 단순화한 한 가지 존재 위험 모형에서 출발해 보자. 이 모형이 제시하는 세 가지 가정은 시간에 따른 위험 패턴, 위험을 줄일 방법, 미래의 가치에 관한 것이다. 우선 우리가 세기마다 크기는 같지만 그 정도를 알 수 없는 존재 위험 r('일정 위험률')에 노출된다고 생각해 보자. 다시 말해 새로운 세기마다 우리가 다음 세기를 맞지 못할 확률 r이 항상 존재한다. 다음으로 우리 행동이 지금 세기의 존재 재앙 확률을 r에서 더 작은 수치로 낮출 수 있다고 생각해 보자. 그리고 마지막으로 재앙이 일어나기 전 모든 세기의 가치는 전부 v이고 따라서 미래의 가치는 재앙 전 남은 기간에 비례한다 (다시 말해 우리가 미래까지 존속하지 못할 확률 외에는 미래 가치를 할인하지 않으며 인구윤리학에 대한 가정을 한다).[46] 이 같은 가정을 바탕으로 한 미래의 기대 가치는 다음과 같다.

$$EV(future) = \sum_{i=0}^{\infty} (1-r)^i v = \frac{v}{r}$$

이는 그저 한 세기의 가치를 세기당 위험으로 나눈 것이다. 예를 들어 각 세기의 위험이 10분의 1이라면 미래의 기대 가치는 한 세기가 지니는 가치의 10배가 된다.

이번 세기에 모든 존재 위험을 없애는 일의 가치가 그 위험이 얼마나 큰지와 무관하다는 놀라운 사실에 이르게 된다. 이를 이해하기 위해 존재 위험이 세기당 100만 분의 1에 불과하다고 상상해 보자. 우리가 지금 세기의 위험에 희생될 확률이 아주 낮다고 하더라도 실제로 희생되어 미래를 잃게 되면, 잃어버린 미래의 가치는 그만큼 아주 크다(평균 100만 세기). 단순화한 모형에서 이 두 효과는 항상 균형을 이룬다. 이번 세기의 존재 위험에 대해 기대되는 부정적 가치는 다음과 같다.

$$r.EV(future) = r\frac{v}{r} = v$$

그러므로 한 세기 동안 모든 위험을 제거하는 일의 기대 가치는 인류의 전체 삶에서 한 세기의 가치와 같다.**47**

이번 세기의 모든 위험을 완전히 제거할 수는 없으므로, 이번 세기의 위험을 반으로 줄이는 건 인류 삶에서 차지하는 한 세기 가치의 반만큼 중요하다는 사실이 우리에게 더 유용할 것이다(위험을 줄이는 비율이나 기간을 달리해도 마찬가지다). 이 사실만으로도 인류 미래 수호가 전 세계의 핵심 과제가 되기에 충분하다.

하지만 이처럼 단순화한 모형이 지니는 가치는 정확성이 아니라 유연성에 있다. 이는 세 가지 가정 중 한 가지라도 바뀌면 상황이 어떻게 될지 살펴볼 좋은 출발점이 된다. 내가 보기에 세 가정 모두 지나치게 비관적이다.

우선 인류 가치는 많은 면에서 여러 세기 동안 크게 높아졌다. 진보의 길은 어떤 때는 고르지 못했고 어떤 때는 평탄했지만 긴 시간을 놓고 보면 놀라우리만큼 일관적이었다. 우리는 수천 년 전 조상들에게는 터무니없는 환상이었을 문화적, 물질적 풍요로 가득한 삶을 오랫동안 누리고 있다. 문명의 크기 또한 중요하다. 수천 배 많은 사람이 풍요로운 삶을 즐기고 있다는 사실이 가치를 증폭한다. 각 세기의 내재적 가치가 r보다 빠르게 증가한다면 이는 인류 보호의 가치를 크게 높인다(증가율이 영원히 유지되지 않아도 마찬가지다).**48**

두 번째로 위 단순화한 모형은 이번 세기 우리의 행동이 이번 세기의 위험만을 막는다고 가정한다. 하지만 우리는 그보다 많은 걸 할 수 있다. 우리의 행동은 위험에 지속적인 영향을 미칠 수 있다.

365

가령 이 책은 인류가 존재 위험의 본질과 그 대처 방법을 더 잘 이해하도록 돕기 위한 것이다. 내가 언급한 많은 교훈은 시간과 무관하므로 실천만 이루어진다면 미래 위험을 극복하는 데 도움이 된다.[49] 여러 세기 동안 위험 극복에 도움이 될 노력은 기본 모형이 제시하는 것보다 훨씬 중요하다.

우리 노력이 미래의 모든 존재 위험을 낮춘다면 노력의 가치는 위험률 r에 따라 달라진다. 이를테면 미래의 모든 위험을 반으로 낮추는 것의 가치는 다음과 같다.

$$\frac{v}{r/2} - \frac{v}{r} = \frac{v}{r}$$

놀랍게도 모든 시기 동안 위험을 낮출 때의 이 가치는 위험이 적을 때 높아진다.[50] 위험이 낮다고 평가하는 사람 대부분이 존재 위험에 대한 노력을 우선해야 할 이유가 없다고 주장하는 현실을 떠올리면, 이는 우리의 직관에 반한다. 하지만 위험이 낮을수록 위험 감소 노력이 중요한 까닭을 직관적으로 이해하기 위해서는 모든 기간 동안 존재 위험을 반으로 낮추면 재앙 전의 예상 시간이 2배로 늘어난다는 사실에 주목하면 된다. 위험이 이미 낮다면 2배가 될 미래가 더 길므로 위험을 낮추는 일이 더 중요해진다. 게다가 이 같은 효과는 미래의 모든 위험을 또다시 반으로 늦추는 노력에 대한 한계이익을 높인다.

그리고 아마도 가장 중요한 세 번째는 세기당 위험이 시간에 따라 변한다는 사실이다. 지난 세기 동안 상승해 온 위험은 이번 세기에도 계속 상승할 것이다. 하지만 나는 여러 이유에서 더 긴 시간의 척도에서는 위험이 줄어들 것이라 생각한다. 앞으로 몇 세기 안에 인류는 지구 밖에 영구적인 정착지를 마련할 것이다. 우주 진출이 만병통치약은 아니지만(260페이지 참조) 인류의 알을 여러 요람에 나누어 담는다면 인류를 존재 위험으로부터 어느 정도 보호할 수 있다. 또한 많은 위험은 세상을 변화시키는 새로운 기술들에서 비롯되었다. 하지만 인류가 유용한 모든 주요 기술을 손에 넣었을 만큼 오랫동안 존속한다면 더 이상 기술적 전환을 겪지 않는 기술적 성숙 단계에 진입할 것이다.[51] 마지막으로 미래 세대들이 자신의 시대에서 인류를 지키기 위해 할 노력을 고려해야 한다. 인류를 보호해야 할 명분이 내게 그런 것처럼 다른 사람들에게도 분명하고 강력해 보인다면, 앞으로도 많은 사람이 그 중요성을 인식하여 인류 미래 보호를 위한 노력에 박차를 가할 것이라고 예측할 수 있다.

위험이 현재 수준 아래로 떨어진다면 미래는 위 단순화한 모형이 제시한 것보다 가치가 훨씬 크다.[52] 이 같은 가치 상승은 다음 세기의 위험과 더 긴 시간 동안의 세기당 위험 사이의 비율을 대략적으로 따른다. 예를 들어 이번 세기의 존재 재앙 확률이 10분의 1이지만 자연적 위험 비율 수준인 세기당 200,000분의 1 아래로 급격히 떨어진다면, 이번 세기의 위험을 없애는 일의 가치는 기본 모형 대비 20,000배 상승하게 된다.

물론 그럴 가능성은 적어 보이지만, 위험을 줄이는 일의 가치가 기본 모형에서보다 낮을 수 있다. 이런 일이 일어날 수 있는 한 가지 상황은 위험 대부분이 전혀 예방할 수 없는 종류일 때다. 이 상황이 무척 비현실적인 까닭은 위험의 대부분이 인간의 활동에서 비롯되었고 인류의 통제력 안에 있기 때문이다. 두 번째 상황은 미래 세기의 가치가 빠르게 하락하는 상황이다. 하지만 이 같은 상황이 반드시 찾아올 것으로 생각할 이유는 찾기 힘들다. 오랜 역사적 기록은 그 반대였으며, 앞에서 설명했듯이 우리 미래의 내재적 가치는 할인할 수 없다. 세 번째 상황은 미래 시대의 가치를 합산하는 방식이 윤리적으로 잘못되었을 때다. 예컨대 각 세기가 지니는 가치의 평균을 산출하거나 모든 미래 세대를 무시하는 상황이다. 하지만 '붙임 B'에서 이야기했듯이, 이 같은 접근법들은 그 자체로 심각한 문제들을 지닌다. 단순화한 모형이 제시하는 가치보다 실제 가치가 낮은 마지막 상황은 위험이 지금은 낮지만 미래에 상승하고 미래 위험에 대해 우리가 할 수 있는 일이 많지 않을 때다. 이 상황이 미래 보호의 가치가 과장되었을지도 모른다는 주장의 가장 설득력 있는 근거로 보인다.

결론적으로 단순화한 모형은 미래 수호의 가치를 과장하기보다는 평가절하하는 것으로 보인다. 과대평가의 가능성과 과소평가의 가능성이 비슷하다고 여기더라도, 두 영향이 대칭적이지 않다는 사실에 주목해야 한다. 두 가지가 승수로 작용하기 때문이다. 위험을 낮추는 일의 가치가 기본 모형이 제시하는 가치보다 10배 높을 가능성이 기본 모형 가치의 10분의 1일 가능성과 같다고 생각해 보자. 둘의 평균은 1배가 아니라 5.05배가 된다. 그러므로 단순화한 모형이 미래 보호 가치를 과장한다고 아주 확신하지 않는 이상 모형이 가치를 평가절하했다고 생각하며 행동해야 한다.[53]

정책 및 연구 권고

참조하기 편하도록 존재 위험에 관해 내가 추천하는 정책과 연구를 아래와 같이 목록화했다.

소행성 및 혜성

- 1킬로미터가 넘는 소행성과 혜성의 경로를 변경하는 방법을 연구하되 궤도를 정밀하게 변경하여 무기화할 수 없는 방법으로 한정한다.
- 단주기 혜성의 위험을 지구 주변 소행성과 같은 위험의 틀에서 연구한다.
- 장주기 혜성의 위험에 대한 이해를 높인다.
- 소행성이나 혜성 충돌, 특히 1~10킬로미터의 소행성 충돌로

인한 겨울 시나리오 모형을 향상한다. 기후 모형과 핵겨울 모형 전문가와 협력하여 최신 모형의 예측을 분석한다.

슈퍼 화산 폭발

- 과거 슈퍼 화산 폭발이 일어난 모든 곳을 찾는다.
- 슈퍼 화산 폭발의 주기에 대한 대략의 추산을 개선하고 특히 가장 큰 폭발들에 대한 정확도를 높인다.
- 화산 폭발로 인한 겨울 시나리오 모형을 개선해 인류를 위협할 폭발의 크기를 가늠한다.
- 소행성 석학들로부터 모형과 통제에 대한 교훈을 얻는다.

항성 폭발

- 대표적인 사례들에 기대는 대신 이미 알려진 매개변수 분포 등을 통해 더 나은 위협 모형을 마련한다. 그런 다음 항성 폭발이 소행성 충돌만큼 위험할 수 있는 합리적인 매개변수가 있는지 민감도 분석을 실시한다.
- 지금의 수치들이 실제 위험을 두 자릿수 이상 낮게 평가할 모든 가능성을 염두에 둔다.

핵무기

- 중거리핵전력조약을 재개한다.
- 2021년 2월에 만료될 신전략무기감축조약을 연장한다.

- 미국 대륙간탄도미사일의 경보 즉시 발사 체제를 해제한다.
- 국제원자력기구International Atomic Energy Agency가 각 국가의 안전 협약 준수를 감시할 수 있는 권한을 늘린다.
- 핵겨울 모형의 주요 불확실성을 해결한다.
- 남은 불확실성을 파악한 다음 몬테카를로 분석을 통해 결과 가능성의 분포를 작성하고 특히 지금 우리의 지식 안에서 일어날 수 있는 최악의 가능성들에 초점을 맞춘다.
- 핵겨울 영향을 견디고 문명을 지속할 가능성이 가장 클 지역들을 파악한다.

기후

- 혁신적인 청정에너지 접근법의 연구와 개발에 대한 투자를 늘린다.
- 안전한 지구공학 기술과 관련 규제의 연구를 지원한다.
- 미국은 파리기후협약Paris Climate Change Accord에 다시 가입한다.
- 탈주 온실효과나 습한 온실효과의 가능성에 관한 연구를 늘린다. 두 온실효과가 지금 우리가 생각하는 것보다 발생 확률이 높지는 않을까? 발생 가능성을 분명하게 배제할 수 있는 방법들이 있을까?
- 영구동토층과 메탄 하이드레이트 피드백에 대한 이해를 높인다.
- 구름 피드백에 대한 이해를 높인다.
- 기후 민감도에 대한 불확실성을 파악해 우리가 분포의 오른쪽

꼬리에서 무엇을 유추할 수 있고 무엇을 유추할 수 없는지 깨닫는다.
- 인류 절멸이나 전 세계 문명의 붕괴를 위협할 수 있는 구체적인 메커니즘을 연구하는 등 극단적인 온난화 현상(예컨대 섭씨 5~20도 상승)의 이해를 높인다.

환경 파괴
- 자원 고갈이 존재 위험을 일으킬 가능성에 대한 이해를 높인다.
- 현재의 생물다양성 상실(지역적, 지구적 차원 모두)에 대한 이해를 높이고 과거 멸절 사건들과 비교 분석하는 법을 개선한다.
- 현재의 생물다양성에 관한 데이터베이스를 구축하여 위협받는 종들의 유전자를 보존한다.

인공적 전염병
- 생물무기금지협약 예산을 140만 달러에서 8,000만 달러로 늘리고 직원도 충원하며 위반 혐의를 조사할 권한을 부여하여 화학무기금지협약만큼 강력하게 만든다.
- 세계보건기구는 신속한 질병 감독, 진단, 통제를 통해 전염병 출현에 대응하는 능력을 강화한다. 이를 위해서는 예산과 권한 확대뿐 아니라 필수 기술에 관한 연구·개발 확대도 필요하다.
- DNA 합성 의뢰 중 위험 병원균을 복제하려는 의도로 이루어진 것은 없는지 전수 점검한다. 기업의 자체 규제로 전수 검사

가 어렵다면 국제 규율을 마련한다.

- BSL-3과 BSL-4 실험실 사고에 대한 투명성을 높인다.
- 정보 위험 관리에 대한 기준을 마련하여 기존 점검 절차에 반영한다.
- 심각한 인공 전염병에 대한 시나리오를 마련하여 대응 계획을 세운다.

비정렬 인공지능

- 안전과 위험 관리를 위한 국제 협력을 도모한다.
- 진보한 인공지능에 대한 규제 선택안들을 모색한다.
- 진보한 인공지능과 인간 가치를 정렬하기 위한 기술 연구를 수행한다.
- 안전한 억제, 인계철선 같은 범용 인공지능 안전성의 다양한 측면에 대하여 기술 연구를 수행한다.

일반

- 존재 위험을 줄이기 위한 새로운 국제기구 설립을 모색한다. 기존 기구를 점진적으로 개선하는 방식과 새로운 혁신적 기구를 창설하는 방안 모두를 점검한다.
- 인류 절멸 위험을 가하는 고의적 행위와 무분별한 행위를 국제범죄로 다룰 방법을 찾는다.
- 국가적, 국제적 민주주의제도에 미래 세대의 입장을 반영할

방법을 찾는다.

• 주요 강대국들은 앞으로 20년 안에 현실적으로 일어날 수 있는 존재 위험을 파악하고 대응하는 임무를 맡을 고위 정부 인사를 임명한다.

• 절대적인 규모와 한계 변화의 비용효율 면에서 주요 존재 위험 인자와 안전 인자를 규명한다.

• 미국, 러시아, 중국 사이의 군사 분쟁 가능성을 줄이는 데 노력을 집중한다.

• 예측하지 못한 위험과 갑작스러운 위험의 탐지 능력을 강화한다.

• 전 세계 식량 공급 능력이 장기간 극단적으로 감소할 경우를 대비해 대체 식량을 찾는다.

• 전례가 없거나 확률이 극도로 낮을 것으로 보이지만 이해관계가 무척 큰 위험들에 대한 이론적, 실무적 분석법을 개발한다.

• 인류 문명이 전 세계적 붕괴 후에 회복될 확률, 회복을 방해할 요인, 회복 가능성을 높일 방법에 대한 이해를 높인다.

• 인류의 위대한 전략에 대한 우리의 생각을 발전시킨다.

• 존재 위험의 윤리에 대한 우리의 이해와 장기적 미래의 가치 평가 방식을 발전시킨다.

카르다쇼프 척도 확장

1964년에 러시아 천문학자 니콜라이 카르다쇼프Nikolai Kardashev는 잠재적인 진보 문명을 물리적 크기의 척도와 에너지(단위 시간당 에너지)로 분류하는 방법을 개발했다. 그가 살펴본 세 가지 크기 척도는 행성, 태양계, 은하다. 각 단계의 문명이 사용할 수 있는 에너지는 10억 배 이상 증가한다.

카르다쇼프 척도는 양방향으로 모두 자연스럽게 확장할 수 있다.[54] 행성 척도 전에는 최소 문명(예컨대 문자가 막 등장했을 때 메소포타미아 문명의 크기)을 포함시킬 수 있다.[55] 그리고 우리가 언젠가 도달하길 바라는 우주 공간, 다시 말해 영향을 미칠 수 있는 우주의 크기를 가장 큰 척도로 삼을 수 있다. 놀랍게도 이 두 가지 척도 역시 카르다쇼프의 크기 계산에 거의 들어맞고 문명의 에너지를 가늠하는 대략적인 대수눈금도 따른다.

　현재 전 세계 문명이 통제하는 에너지양은 약 12조 와트다. 이는 최소 문명의 약 10만 배이지만 지구 전체 역량의 1만 분의 1에 불과하다. 그렇다면 지금 우리의 위치는 K0.55가 되고 이는 K1까지 가는 길의 중간을 조금 지난 것이며 K4까지는 8분의 1 지점이다.

차원	문명 크기	척도 증가	힘
K0	최소		10^8 W
K1	행성	× 10억	2×10^{17} W
K2	항성	× 10억	4×10^{26} W
K3	은하	× 1,000억	4×10^{37} W
K4	궁극적 척도	× 10억	4×10^{46} W

── ◇ 더 읽을 자료

아래는 존재 위험에 관한 가장 중요한 자료들이다. 더 많은 자료, 관련 강좌, 인용, 발췌 문헌은 이 책의 웹사이트(theprecipice. com)에서 찾을 수 있다.

- **버트런드 러셀 & 알버트 아인슈타인**(1955). **'러셀-아인슈타인 성명**Russell-Einstein Manifesto'

  히로시마에 원자폭탄이 투하되고 10년 동안 러셀과 아인슈타인은 각각 인류 절멸 위험의 맥락에서 핵전쟁에 관한 여러 중요한 글을 발표했다. 둘의 공동 성명서는 인류 절멸 위험에 관한 초기 사상의 절정이다.

- **힐브란드 J. 그론월드**Hilbrand J. Groenewold**(1968). '현대 과학과 사회적 책임**Modern Science and Social Responsibility'.

  시대를 앞서서 존재 위험의 핵심 개념들을 예측한 글이다. 처음에는 글에서 다룬 개념들이 폭넓은 대중에게 다가가지 못해 한동안 잊혔다가 몇 십 년 뒤 하나씩 재발견되었다.

- **아네트 바이어(1981). '과거인과 미래인의 권리**The Rights of Past and Future Persons'.

  미래 세대의 중요성에 관한 선구적인 글이다.

- **조너선 셸(1982).《지구의 운명**The Fate of the Earth**》.**

  절멸의 부정적인 면과 인류 존속의 중요성을 처음으로 깊이 탐구한 책이다. 날카로운 철학적 통찰이 가득하다.

- **칼 세이건(1983). '핵전쟁과 기후 재앙: 몇 가지 정책 함의**Nuclear War and Climatic Catastrophe: Some Policy Implications'.

  새로 발견된 핵겨울 메커니즘을 소개하고 인류 절멸의 윤리적 의미를 탐구한 중대한 논문이다.

- **데릭 파핏(1984).《이성과 인간**Reasons and Persons**》.**

  20세기의 가장 유명한 철학책 중 하나이자 미래 세대의 윤리에 크게 기여한 《이성과 인간》은 마지막 장에서 인류 절멸 위험이 우리 시대의 가장 중요한 도덕 문제가 되는 과정과 이유를 설명한다.

• **존 레슬리**(1996).《**충격 대예측: 세상의 종말**》.
핵 위험의 논의를 인류 절멸의 모든 위험으로 확장하면서 위협을 분류하고 새로운 철학적 관점들을 탐구한 기념비적 책이다.

• **닉 보스트롬**(2002). '**존재 위험: 인류 절멸 시나리오 분석**Existential Risks: Analyzing Human Extinction Scenarios'.
존재 위험 개념을 정의하고 여러 중요한 생각을 소개한 글이다. 하지만 주로 역사적 관점에서 이야기했고 이후 아래에 언급된 2013년 글로 보완되었다.

• **닉 보스트롬**(2003). '**천문학적 쓰레기: 지연된 기술 발전의 기회비용**Astronomical Waste: The Opportunity Cost of Delayed Technological Development'.
인간이 미래에 이룰 수 있는 성취의 한계를 탐색하는 글이다. 문명의 궁극에 도달하기 위해 속도를 아주 조금이라도 높이는 건 무척 중요한 일이지만 도달할 확률 자체가 훨씬 중요하다고 주장한다.

• **닉 보스트롬**(2013). '**전 세계 우선과제로서의 존재 위험 방지**

Existential Risk Prevention as Global Priority'.

2002년 논문의 업데이트 버전으로 존재 위험을 탁월하게 이야기한다.

- **닉 벡스테드**(2013). '먼 미래 형성의 압도적인 중요성에 관하여 On the Overwhelming Importance of Shaping the Far Future'.

  웬만한 책만큼 두꺼운 이 철학 논문은 우리 행동에서 가장 중요한 건 즉각적인 결과가 아니라 인류의 장기적 궤도를 형성하는 방식이라는 개념을 탐구한다.

- **데이비드 크리스천**(2004). 《시간의 지도: 빅 히스토리 입문*Maps of Time: An Introduction to Big History*》.

  빅뱅, 생명의 기원, 인류 문명, 산업혁명 그리고 지금에 이르기까지 우리 우주의 주요 테마와 사건을 아우르는 빅 히스토리의 기념비적 저서다.

- **프레드 애덤스 & 그레고리 라플린**Gregory Laughlin(1999). 《우주의 다섯 가지 시대*The Five Ages of the Universe*》.

  아주 긴 미래가 어떻게 펼쳐질지에 관한 과학자들의 생각을 강렬하면서도 쉽게 설명한다.

- **맥스 로저**(2013). '아워 월드 인 데이터Our World in Data'[온라인].

www.ourworldindata.org에 게재.

우리 세상의 가장 중요한 면들이 지난 두 세기 동안 어떻게 변해 왔는지 볼 수 있는 온라인 자료다. 가공하지 않은 데이터부터 흥미로운 도표, 통찰력이 돋보이는 분석이 가득하다.

• **닉 보스트롬**(2014). **《슈퍼인텔리전스: 경로, 위험, 전략**
Superintelligence: Paths, Dangers, Strategies》.
인공지능과 존재 위험에 관한 선구적 저서다.

• **스튜어트 러셀**(2019). **《인간의 양립: 인공지능과 통제 문제**
Human Compatible: AI and the Problem of Control》.
세계적인 인공지능 석학이 우리에게 행동을 촉구하며 진보한 인공지능이 일으킬 위험을 해결하려면 인공지능 분야가 어떻게 발전해야 하는지 설명한다.

• **앨런 로복 등**(2007). **'최신 기후모형과 최근 핵무기고를 바탕으로 수정한 핵겨울: 여전히 끔찍한 결과**Nuclear winter revisited with a
modern climate model and current nuclear arsenals: Still catastrophic consequences'.
미국과 러시아 사이에 전면전이 벌어졌을 경우 일어날 기후 영향의 최신 모형이다.

• **리처드 로즈**(1986). **《원자폭탄 만들기**The Making of the Atomic Bomb》.

핵무기 탄생을 이끈 사람들과 여러 사건에 관한 흥미로운 역사서. 모든 일이 어떻게 펼쳐졌는지에 관한 풍성한 정보를 제공하면서 개인의 행동이 중요한 전환점에서 어떤 변화를 일으킬 수 있는지 그리고 일으켰는지 이야기한다.

- 대니얼 엘즈버그(2017).《종말 기계: 핵전쟁 계획자의 고백_The Doomsday Machine: Confessions of a Nuclear War Planner_》.
  랜드연구소_RAND Corporation_와 미국 국방부에서 근무하면서 수많은 정보를 접한 저자가 우리가 전면적인 핵전쟁을 얼마나 가까스로 모면했는지 이야기한다.

- 존 브룸(2012).《기후는 중요하다: 온난화 세상에서의 윤리 _Climate Matters: Ethics in a Warming World_》.
  기후변화 윤리에 관한 깊은 성찰을 담은 책이다.

- 거노트 와그너_Gernot Wagner_ & 마틴 와이츠먼(2015).《기후 충격: 뜨거워진 지구의 경제적 영향_Climate Shock: The Economic Consequences of a Hotter Planet_》.
  극단적인 지구 온난화 시나리오에 초점을 맞추어 기후변화 위험을 쉽게 설명한 책이다.

─◇ 주

서문 ....

1 블랜튼(Blanton), 버(Burr) & 사브란스카야(Savranskaya)(2012).

2 엘즈버그(2017), pp. 215~17.

3 맥나마라(1992).

4 물론 모든 오류는 내 책임이다. 오류에 관해서는 이 책의 웹사이트에 주기적으로 업데이트되는 정오표를 참고하길 바란다(theprecipice.com/errata). 전문가로서 조언을 준 다음 모든 이에게 감사의 말을 전한다. 프레드 애덤스, 리처드 앨리, 타츠야 아마노, 세스 바움, 닐 보워만, 마일즈 브런디지, 캐털리나 캔지아, 파울로 세피, 클라크 채프먼, 데이비드 크리스천, 앨런 대포, 리처드 댄지그, 벤 데이, 데이비드 덴켄베르거, 대니얼 듀웨이, 에릭 드렉슬러, 대니얼 엘즈버그, 오웨인 에반스, 세바스천 파커, 블라드 피로이우, 벤 가핑클, 팀 제너와인, 굿윈 기븐스, 토어 그레이플, 조안나 헤이그, 앨런 해리스, 히스키 하우칼라, 아이라 헬팬드, 하워드 헤르조그, 마이클 재너, 리아 칼루리, 짐 카스팅, 잰 레이커, 로버트 렘퍼트, 앤드류 레반, 그레고리 루이스, 마크 립시치, 로잘리 롭스, 스티븐 루비, 엔젤 루즈니차, 데이비드 맨하임, 요헴 마르초케, 제이슨 매쓰니, 피어스

384

밀레, 마이클 몬터규, 데이비드 모리슨, 캐시디 넬슨, 클리브 오펜하이머, 레이먼드 피어험버트, 맥스 폽, 데이비드 파일, 마이클 람피노, 조지아 레이, 캐서린 로즈, 리처드 로즈, 칼 로비차우드, 타일러 로빈슨, 앨런 로복, 루이자 로드리게즈, 맥스 로저, 조너선 루지에, 앤드루 러시비, 스튜어트 러셀, 스캇 세이건, 안데르스 샌드버그, 하우케 슈미트, 로린 샤, 스티브 서우드, 루이스 스미스, 제이콥 스타인하트, 셸턴 스턴, 브라이언 토머스, 브라이언 툰, 필 토레스, 마틴 와이츠먼, 브라이언 윌콕스, 알렉스 웡, 릴리 시아, 도널드 여먼스.

5 나는 또한 스스로에게는 한 해에 18,000파운드만 쓰고 남은 돈은 전부 기부하기로 나 자신에게 약속했다. 이 기준은 물가상승률에 따라 조정되며(지금은 21,868파운드가 되었다) 내 아이에게 들어가는 돈은 포함되지 않는다(매년 몇 천 파운드). 그렇게 해서 이제까지 번 모든 돈의 4분의 1 이상을 기부할 수 있었다.

6 내가 이 책을 쓰고 있는 지금 '나눌 수 있는 것 나누기' 회원들이 효율적인 자선 단체들에 기부한 금액은 1억 파운드에 이른다(나눌 수 있는 것 나누기, 2019년). 기부금은 여러 단체에 나누어 제공되었기 때문에 그 영향을 단순하게 설명하기는 어렵다. 하지만 말라리아 예방을 위해 모기장 보급에 지급된 600만 파운드만 하더라도 매년 300만 명이 넘는 사람들에게 몇 년 동안 사용할 수 있는 모기장을 제공하여 2,000명 이상의 목숨을 살린다(기브웰[GiveWell], 2019년).

7 더 많은 내용을 바라는 독자를 위해 정리한 주는 책 한 권 분량이 될 수도 있다. 당신이 그런 독자라면 책갈피를 하나 더 사용해 본문과 주를 쉽게 오가면 좋을 듯하다. 독자의 시간이 허투루 쓰이지 않도록 주 내용에 특별히 신경 썼다(그저 인용 출처를 밝히는 데 그치지 않았다). 본문은 목적지를 향해 곧장 나아가게 했으므로 풍경을 관찰할 수 있는 우회로는 모두 주에 숨어 있다. 붙임, 더 읽을 자료(378페이지), 이 책의 웹사이트(theprecipice.com)에서 더 많은 정보와 이야기를 찾을 수 있다.

8 물론 광범위한 사실 확인이 이루어졌다고 해서 모든 편견이나 오류를 걸러 냈다고는 장담할 수 없다. 독자들이 책에 남아 있는 허점을 찾아 바로잡아 주길 바란다.

1. 벼랑에 선 인류 ···

1 세이건(1994), pp. 305~6.

2 1장에 나온 날짜 중 많은 수가 대략 알려진 날짜이거나 수년에 걸쳐 일어난 전환기다. 매번 추측되는 시기의 범위를 언급하거나 '대략'이나 '약'이라는 표현을 자주 써 본문 내용을 복잡하게 하는 대신 정확도를 반영하기 위한 과학적 관행에 따라 내림을 했다.

호모 사피엔스가 언제 시작되었는지에 대한 불확실성은 광범위하다. 약 20만 년 전의 유해가 해부학 면에서 현대 인류로 널리 받아들여지고 있다. 좀 더 최근에 발견된 약 30만 년 전 화석을 호모 사피엔스로 분류해야 할지는 활발한 논의가 이루어지고 있다(갤웨이-위덤[Galway-Witham] & 스트링거[Stringer], 2018). 더 중요한 사실은 누구를 '인간'으로 분류해야 할지뿐 아니라 '인간'이 어떤 의미인지도 분명하지 않다는 것이다. 우리가 속한 호모 속은 200~300만 년 전에 처음 출현했고, 도구를 만든 종을 모두 포함한다면 300만 년도 전에 나타난 오스트랄로피테쿠스도 우리 조상이 된다(안톤[Antón], 포츠[Potts] & 아이엘로[Aiello], 2014). 이 책에서는 분자계통학(일반적으로 종의 존속 기간을 더 길게 추측한다)보다는 더 폭넓게 활용되는 화석 증거에 초점을 맞추었다.

3 당시에는 지금의 오스트레일리아 대륙이 지금의 뉴기니 섬과 합쳐져 있어 사훌(Sahul)로 불리는 더 큰 대륙을 이루었다. 사훌은 아시아에서 160킬로미터 이상 떨어져 있었으므로 그곳에 도달하려면 당시로서는 기나긴 항해를 해야 했다(크리스천, 2004, p. 191). 그러므로 인류가 신비한 동식물이 가득한 이 새로운 세계에 처음 발을 들였다는 건 실제로는 지금의 뉴기니 일부에 도착했다는 뜻이다.

4 우리 역시 주변 환경을 우리에게 적응시킨다. 우리는 야생 초원을 무구한 자연으로 여기곤 하지만, 사실은 인류가 농업을 시작하기 전부터 사용한 불로 대륙의 모습을 변화시키면서 탄생한 것이다(카플란[Kaplan] 외, 2016).

5 [그림 1.1]과 [그림 1.2]는 크리스천(2004)의 책 p. 193와 p. 213에 나온 그림을 허락 받아 수정한 것이다.

6 호모 사피엔스 및 호모 사피엔스와 가까운 종들은 뛰어난 손재주, 직립 보행, 울리는 목소리처럼 독특한 신체적 특징들을 지닌다. 하지만 이 같은 특징들만으

386

로는 호모 사피엔스 및 비슷한 종들의 성공을 설명하지 못한다. 소통과 기술의 발명 및 이용을 가능하게 한 지능이 신체적 특징과 더불어 중요한 역할을 했다.

7. 협동이란 때로는 이타주의적 동기에서 함께하는 걸 의미하므로 광범위한 시공간 척도에서 모든 인간이 협동했다는 건 지나치게 이상적인 이야기일지 모른다. 하지만 여기서 협동은 인간이 혼자서는 이룰 수 없지만 함께하면 이룰 수 있는 무언가를 위해 행동을 조율한다는 더 큰 의미로 해석된다. 행동 조율은 이타적 이유에서 이루어지기도 하지만(일방적으로 이루어지기도 한다), 다양한 형태의 교환으로도 이루어질 수 있다.

    사회적 학습이 인류 성공에 얼마나 중요했는지는 헨릭(Henrich, 2015)의 저서를 참고하라.

8   물론 여기에 얼마나 많은 사건을 포함할지, 각각을 어떻게 규정할지는 어느 정도 임의적일 수밖에 없다. 만약 두 개만 선택해야 한다면 나는 농업혁명과 산업혁명을 꼽을 것이다(산업혁명을 포괄적으로 정의하면 과학혁명의 시대까지 포함될 수 있으므로). 네 개를 골라야 한다면 농업혁명을 농업의 시작과 문명의 부상으로 나눌 것이다(문명의 부상은 도시가 출현한 약 5,000년 전이 된다).

    인류 발전의 큰 그림을 더 깊이 알고 싶은 독자에게는 데이비드 크리스천의 《시간의 지도》(2004)를 추천한다.

9   여기서 '혁명'이란 표현은 어떤 면에서 보면 오해의 소지가 있다. 농업혁명은 갑작스럽게 일어나지도 않았고 보편적이지도 않았기 때문이다. 수렵채집에서 농경으로의 전환은 수천 년에 걸쳐 이루어졌고 도시, 문자처럼 우리가 문명의 특징으로 여기는 모든 건 수천 년 뒤에나 등장했다. 게다가 이 시기 동안에도 수렵채집을 계속한 사람들이 있었다(시간 척도의 속도를 10배 높인다면 산업혁명도 갑작스러우면서 광범위하게 일어난 사건이라고 할 수 없다). 하지만 20만 년의 인류 역사를 기준으로 본다면 농업혁명은 갑작스럽게 일어난 사건이며 어쨌든 인류에게 전혀 다른 삶의 방식을 안내했다.

10 여기서 말하는 '힘'은 단위 시간당 에너지를 뜻하는 물리학적 개념이다. 인류가 가축을 키우기 시작하면서 한 사람이 하루에 쓸 수 있는 에너지가 극적으로 증가했다.

11 여러 증거에 따르면 농업이 시작된 곳은 비옥한 초승달 지대(BP 12,000년)(BP는

Before Present의 약자로 서기 1950년을 원년으로 하는 기년법이다—옮긴이), 양쯔강과 황허강 유역(BP 10,000~6,000년), 파푸아뉴기니(BP 10,000~7,000년), 멕시코 중부(BP 10,000년), 남아메리카(BP 9,000~5,000년), 북아메리카 동부(BP 5,000~4,000년), 사하라 사막 이남 아프리카(BP 4,000~2,000년)다.

12 한 사람이 수렵채집으로 살아가는 데 필요한 토지 면적은 약 26제곱킬로미터였다(크리스천, 2004). 그러므로 수렵채집인 집단이 생존하려면 수백 제곱킬로미터를 이동해야 했다. 한 사람에게 필요한 면적이 크게 감소한 까닭은 토지 생산력에서 인간이 섭취할 수 있는 작물의 비율이 훨씬 늘었기 때문이다.

13 매케브디(McEvedy) & 존스(Jones)(1978), p. 149.

14 뒤랑(Durand)(1960). 얼마 지나지 않아 로마제국도 비슷한 크기가 되어 전 세계 인구 대부분이 두 문명에 살게 되었다.

15 농업과 마찬가지로 각각의 혁신은 전 세계 여러 곳에서 독자적으로 이루어졌다.

16 과학혁명을 계몽 시대에 포함하거나 산업혁명과 묶는 학자들도 있다.

17 중요한 학자 중 한 명인 이븐 알-하이팀(Ibn al-Haytham)(965~1040)의 광학 실험법은 13세기 로버트 그로스테스트(Robert Grosseteste)와 로저 베이컨(Roger Bacon)에게 큰 영향을 미쳤다. 인류의 지혜가 무한히 늘어날 수 있다는 생각의 뿌리는 서기 65년 루키우스 안나우스 세네카가 쓴《자연학의 문제(Natural Questions)》에서 찾을 수 있다(Seneca, 1975)(이 책 71페이지 참고).

18 프랜시스 베이컨(Francis Bacon)이 과학적 방법론의 정전이라고 할 수 있는《신기관(Novum Organum)》(1620)을 쓴 때를 편의상 과학혁명의 시작으로 정의할 수 있다. 유럽 외의 지역에서 더 일찍 일어난 진보가 17세기 이래 목격된 지속적인 지식 창출로 이어지지 않은 이유에는 여러 논란이 있다. 이에 관한 예는 시빈(Sivin)(1982)을 참고하라.

19 유기체 중 극히 일부만 화석연료가 되었으므로, 지구 전체에 있는 화석연료의 에너지가 수백만 년 동안 지구에 도달한 태양 에너지의 양은 아니다. 전 세계 화석 에너지는 지구상 식물이 20~200년 동안 자랄 수 있는 양에 '불과'하며 지구가 40일 동안 공급받는 태양광에 해당한다(저자의 계산). 그렇더라도 화석연료는 물레바퀴나 장작보다 훨씬 많은 에너지를 공급했다. 인류는 화석연료가 없었더라도 전체적인 부에서는 지금의 수준에 결국 이르렀을 것이다. 하지만 소득 증가

가 인구 증가와 분리되어 개인이 더 큰 부를 누리게 되었을지는 미지수다.

이 수치들에서 도출할 수 있는 놀라운 결론 한 가지는 태양이 1년 동안 생산하는 에너지는 이제까지 존재한 모든 화석연료의 에너지보다 많다는 사실이다.

20 특히 1781년에 제임스 와트(James Watt)가 설계한 엔진이 무척 뛰어났다. 그전 엔진들은 너무 비효율적이어서 비용을 고려하면 할 수 있는 일이 많지 않았다. 또 다른 혁신인 디젤 엔진은 100여 년 후에 나왔다.

21 정치, 경제, 금융을 비롯한 다른 여러 요인도 중요하다.

22 머멀트(Mummert) 외(2011).

23 영국 산업시대의 노동환경과 생활수준에 관한 생생한 설명은 엥겔스(Engles)(1892)를 참고하라.

24 반 잔덴(Van Zanden) 외(2014). 지난 두 세기 동안 각 국가 내 불평등과 국가 간 불평등에 관한 자세한 내용은 밀라노빅(Milanovic)(2016)이 발표한 책 한 권 두께의 논문을 참고하라.

25 이 책 전체에서 나는 '역사'라는 단어를 이제까지 (인류에게) 일어난 모든 일을 뜻하는 무제한적 의미로 사용했다. 이는 일반적인 사전적 정의이며 광범위한 내용을 다루는 이 책에 적합하다. 한편 일반적으로 역사학자들은 어떤 일이 일어났었는지가 문자로 기록된 시간과 공간의 사건만을 '역사'로 부른다. 따라서 6,000여 년 전 메소포타미아에서 일어난 일이나 1788년 전에 오스트레일리아에서 일어난 일은 '선사시대'에 속한다.

26 이는 '맬서스의 함정' 개념을 대략적으로 설명한다. 서로 다른 시대의 소득을 비교하기란 몹시 어렵다. '생존' 개념은 삶을 지속하는 데 필요한 소득을 가늠하여 이를 시대별로 비교한다. 하지만 이는 섭취되는 음식의 질과 종류, 얼마 안 되는 여윳돈으로 살 수 있는 물건의 질, 삶의 질의 여러 다른 면에 일어난 변화를 제대로 포착하지 못한다. 생존 수준에 머물러 있다고 하더라도 한 사람(또는 한 사회)의 여건은 더 나았을(나빴을) 수 있다. 그러므로 맬서스 인구 역학과의 결별은 인류사에 무척 큰 변화였다.

27 하루 2달러의 빈곤선에 관한 이 수치들은 '아워 월드 인 데이터' 웹사이트의 '세계 극빈(Global Extreme Poverty)'(로저 & 오티즈-오스피나[Ortiz-Ospina], 2019a)에서 인용했다. 더 높은 빈곤선들에서도 눈에 띄는 개선이 있었다. 내가 하루 2달러를

선택한 이유는 적절한 소득 수준이어서가 아니라 산업혁명 전 거의 모든 사람의 소득이 **얼마나** 적었는지를 잘 보여 주기 때문이다. 지금도 상황이 좋은 건 아니지만 전에는 끔찍했다.

부유한 국가의 사람들은 어떻게 하루 2달러로 삶을 살 수 있을지 이해하지 못하며 이 같은 통계를 믿지 않을 수 있다. 하지만 안타깝게도 통계는 사실일 뿐 아니라 가난한 나라에서는 같은 돈이라도 더 많은 걸 할 수 있다는 점도 고려했다. 사람들이 2달러 미만으로 삶을 살 수 있는 건 형편없는 집에서 형편없는 음식을 먹기 때문이다. 그들의 집과 음식은 잘사는 나라의 시장은 공급조차 하지 않는 수준이다.

28 학교 교육의 보급이 중요한 요인이긴 했지만, 식자율 상승은 산업혁명 전으로 거슬러 올라가며 당시 영국은 이미 50퍼센트에 달했다. 과학혁명 역시 식자율 상승에 크게 이바지했다. 식자율 관련 수치들은 '아워 월드 인 데이터' 웹사이트의 '식자율(Literacy)'(로저 & 오티즈-오스푸나, 2019b)에서 인용했다.

29 과거의 기대수명에 관한 수치들은 전형적인 사망 나이가 아닌 평균 사망 나이를 나타내므로 해석하기가 쉽지 않다. 손주를 볼 만큼 오래 산 사람들도 있었지만 영아기나 유아기에 사망한 사람도 많았기 때문에 평균 수명이 낮았다.

30 장기적 기대수명에 관한 수치는 코헨(Cohen)(1989)의 책, p. 102에서 인용했다. 산업혁명 전 아이슬란드의 수명은 갭마인더(Gapminder)(2019)에서 인용했다. 현재의 기대수명은 세계보건기구의 2016년 세계보건관측(Global Health Observatory) 통계(세계보건기구, 2016)에서 인용했다.

31 로저(2015)의 내용을 인용하여 수정했다.

32 이와 관련한 가장 초기의 문헌 중 하나가 《함무라비 법전》(기원전 18세기)이다. 법전이지만 법을 뒷받침하는 윤리적 내용을 담고 있으며 인류 규범이 얼마나 달라졌는지 보여 준다. 이에 관한 통찰력 있는 논의는 하라리(Harari)(2014)의 책 pp. 117~22를 참고하라.

33 스티븐 핑커의 《우리 본성의 선한 천사(The Better Angels of Our Nature)》(2012)에서 다양한 예를 참고할 수 있다. 하지만 20세기 국가 차원의 폭력(전쟁과 대량학살)에 관해서는 폭력 감소의 증거가 희박하다는 사실을 기억해야 한다.

34 예를 들어 서구 유럽이 고전 문명의 붕괴를 딛고 다시 일어선 수 세기의 시간

은 서구 역사의 서사에서는 무척 긴 시간처럼 보이지만 중국, 인도, 이슬람 세계, 아메리카, 심지어 동유럽의 로마제국을 아우르는 세계적 시각에서 보면 전반적인 경향은 거의 역전되지 않았다.

주식시장에 비유해 보자. 하루나 한 달의 척도에서는 주식이 오르는 비율과 내리는 비율이 대략 비슷하다. 하지만 주식시장 전체를 수십 년의 척도에서 보면 상승세는 매우 분명하며 이는 수 세기 동안 계속되었다. 1830년에 토머스 매콜리(1900, p. 542)가 말했듯이 "파도 하나는 후퇴하고 있을지 모르지만 흐름은 분명 다가오고 있다."

정보가 많을수록 분명해지는 사실 한 가지는 역사적 분석에서 진보를 다루지 않는 건 인류 역사 이야기에서 핵심을 지우는 것과 같다는 것이다. 학계 역사학자들이 자신의 연구와 분석을 서술적 내용으로 제한하고 싶어 하더라도 그건 그들의 선택일 뿐이다. 우리가 그들을 따라야 할 필요는 없다. 역사에서 여러 중요한 사건은 평가적, 규범적 의미를 띠며 인류가 역사에서 무언가를 배우려면 이를 반드시 논의해야 한다.

35 학계에서는 시대에 대한 평가를 꺼리는 데에서 회의주의가 비롯되기도 한다. 평가가 종종 허술하게 이루어는 사실, 평가가 역사가의 일이 아니라는 생각, 평가가 불가능하다는 철학적 믿음이 그 이유다.

36 이제까지 존재한 사람의 수를 헤아리기가 어려운 까닭은 인류 역사 대부분의 기간에 대한 인구 자료가 없기 때문이다. 이제까지 존재한 사람의 추정치는 장기적 기대수명의 추정치에 특히 민감하다. 하브(Haub) & 가네다(Kaneda)(2018)는 1,080억으로 추산한다. 그보다 앞선 골드버그(Goldberg)(1983)와 디비(Deevey)(1960)의 추정치를 바탕으로 계산하면 각각 550억 명과 810억 명이 된다(저자 계산). 종합하면 신뢰 범위는 500억~1조 5,000억이고 안전한 중간 추정치는 1,000억 명이 된다.

37 매콜리(1900), p. 544.

38 포유류 종의 평균 존속 추정치는 60만 년(바노스키[Barnosky] 외, 2011)부터 170만 년(풋 & 라우프, 1969)에 이른다.

호모 에렉투스의 가장 오래된 화석은 지금의 조지아에서 발견된 180만 년 전의 드마니시(Dmanisi) 표본들이다(로드키파니체[Lordkipanidze] 외, 2006). 가장 최

근의 화석은 지금의 인도네시아에서 발견된 10만 년 전의 화석이다(요코야마
[Yokoyama] 외, 2008).

39   21세기 전체는 인류의 삶에서 고작 사흘이다. 이 운명의 사흘 때문에 인류의
삶 전체가 위험에 빠졌다.

40   우리는 탈주 온실효과와 습한 온실효과(4장 참고)가 지구에 생명이 존속할 수
있는 최대 기간을 제한한다고 합리적으로 확신할 수 있지만, 기후 모형들에서
익숙하게 나타나는 제약들 때문에 두 온실효과가 언제 일어날지는 여전히 불
확실하다. 울프(Wolf)와 툰(Toon)(2015)은 습한 온실효과가 약 20억 년 후에 일어
날 것이라고 예측한 반면, 르콩트(Lecote) 외(2013)는 가장 빠르면 10억 년 후에
일어날 수 있다고 추측했다.

우리는 탈주 온실효과나 습한 온실효과의 한계가 도달되기 전 지구가 이산화탄소 고
갈이나 온도 상승으로 인해 거주 불능 상태가 될지는 미지수다. 러시비 외
(2018)는 이산화탄소 고갈이 C3 광합성에 대해서는 약 8억 년 뒤 일어나고 C4
광합성에 대해서는 그로부터 약 5억 년 뒤 일어난다고 예측했다.

이 긴 시간 동안 현재 생명체의 형태로는 견디지 못하는 기후에 존재할 수 있
는 새로운 생명체 형태로의 진화가 일어날 가능성을 무시할 수 없다. 실제로도
첫 C4 식물은 약 3,200만 년 전에야 나타났다(켈로그[Kellog], 2013).

41   콘스탄틴 치올콥스키(Konstantin Tsiolkovsky)의 말이다(지디키[Siddiqi], 2010, p. 371).

42   이에 대한 정확한 날짜를 꼽기가 어렵다. 이 책에서는 대기 연소로 인해 전 세
계가 파멸할 가능성이 발생한 첫 원자폭탄 폭발을 선택했다(자세한 내용은 4장
을 참고하라). 핵겨울을 실현 가능한 가능성으로 만들 만큼 핵무기 숫자가 늘어
난 후의 시기도 선택할 수 있다. 관련 개념을 인류 절멸에서 존재 위험으로 확
장한다면(2장 참고) 제2차 세계대전이 터지면서 전 세계가 영구적인 전체주의에
위협받은 더 이른 시기로 정할 수 있다.

43   이는 1952년에 이루어진 미국의 '아이비 마이크(Ivy Mike)' 실험을 뜻한다. 폭발
력은 10.4메가톤(핵출력의 표준 단위인 TNT로 환산)이었는데 제2차 세계대전에 쓰
인 무기 전체의 폭발력은 약 6메가톤이었다(히로시마와 나가사키에 투하된 원자폭탄
포함)(폴링[Pauling], 1962). 하지만 열핵 무기가 폭격기에 실을 수 있을 만큼 크기
가 작아진 건 몇 년 후 일이다.

44 돌이켜보면 인류가 20세기 안에 파괴될 거라고 예측한 존경받던 많은 과학자가 자신감이 지나쳤다. 이와 관련해서는 핑커(2018, p. 309)의 책을 참고하라.

45 이는 입증되지 않았다. 핵겨울의 가장 큰 파괴 역학으로 여겨지는 이 주제에 대해서 지금도 연구가 거의 이루어지지 않고 있다.

46 전시 준비 태세 단계인 데프콘의 정확한 의미는 냉전 동안 변했다. 숫자가 낮을수록 전쟁이 임박하다는 뜻이다. 미국이 이제까지 발령한 가장 높은 단계는 쿠바 미사일 위기와 1991년 1차 걸프전 때 발령한 데프콘2다.

47 당시 다른 인물들이 국가 지도자였다면 위기가 얼마나 더 위험했을지 상상해보게 된다. 지금의 지도자들이었다면 평화로운 해결책을 찾을 수 있었을까?

48 위기 동안 약 100기의 무기가 배치되었는데 그중 92기가 전략 미사일이고 6~8기는 중거리탄도미사일이었다. 모든 관련 수치는 노리스(Norris)과 크리스텐슨(Kristensen)(2012)의 저작에서 인용했다. 쿠바에 주둔한 소비에트연방 군대 규모도 7,000명이 아닌 42,000명으로 예상을 크게 뛰어넘었다(엘즈버그, 2017, p. 209).

49 이는 카스트로가 미사일 위기 40주년에 열린 정상회의에서 한 말로 로버트 맥나마라가 다큐멘터리 〈전쟁의 안개(Fog of War)〉에서 인용했다(모리스[Morris], 2003). 이후 카스트로가 위기 당시 금요일에 흐루쇼프에게 보낸 편지가 주목받았다. "제국주의자들의 공격성은 극단적으로 위험하고, 그들이 정말 국제법과 도덕에 어긋나는 잔인한 쿠바 공격을 감행한다면 다른 방도는 없으므로 아무리 가혹하고 끔찍하더라도 분명한 정당방위를 통해 그런 위험을 영원히 없애야 합니다." 일요일에 흐루쇼프는 미사일(발각된)을 제거하겠다는 성명을 발표하고 곧바로 다음과 같이 답장을 보냈다. "당연히 공격이 이루어지면 모든 수단을 써서 물리쳐야 할 것입니다."(로버츠, 2012, pp. 237~8).

50 쿠바 미사일 위기 동안 군사 고문이었던 대니얼 엘즈버그는 다음과 같이 말했다. "쿠바를 공격했다면 양쪽은 핵 공격을 주고받았을 것이며 이는 소비에트연방에 대한 미국의 대규모 핵 침공으로 확대되었을 것이다."(엘즈버그, 2017, p. 210).

51 가장 큰 어려움 중 하나는 그 의미조차 불분명하다는 사실이다. 우리는 당시 주요 당사자들의 추정치는 확실히 알 수 있다(10~50%). 그리고 위기가 일어났는지 안 일어났는지 안다(이 경우는 일어나지 않았으므로 0퍼센트다). 하지만 전자보다는 객관적이면서도 후자처럼 0퍼센트나 100퍼센트에 국한되지 않을 확률이

있을 것이다. 가령 우리는 해당 확률이 쿠바에 있던 전략적 핵무기나 B-48 잠수함에서 일어난 사건처럼 이후에 밝혀진 사실을 반영하길 바랄 수 있다. 우리가 알고 싶은 건 이 같은 위기가 100번 일어난다면 그중 핵전쟁으로 이어질 경우가 얼마나 될지이지만, '이 같은'이라는 표현은 해석하기가 어렵다. 나는 쿠바 미사일 위기가 핵전쟁으로 이어졌을 실질적이고 유용한 형태의 확률이 있다고 믿지만, 아직 제대로 규명되지 않은 탓에 우리는 쉽게 혼란에 빠진다.

52 존 F. 케네디, 소렌슨(Sorenson)(1965), p. 705에서 인용.

53 엘즈버그(2017), p. 199. 맥나마라는 확률을 제시하진 않았지만 후에 다음과 같이 회고했다. "나는 토요일이던 그날 저녁 백악관에서 나왔다. 아름다운 가을 날이었다. 그리고 내가 마지막으로 보는 석양이 될지 모른다고 생각했다."(엘즈버그, 2017, pp. 200~1).

54 대니얼 엘즈버그가 최근 드러난 모든 사실을 반영해 추산한 수치는 "100분의 1보다 훨씬 크고 당시 니츠가 추산한 10분의 1보다도 크다."(엘즈버그, 2017, p. 220).

55 나는 2018년 1월 〈원자 과학자 회보〉가 유명한 '종말 시계(Doomsday Clock)'를 '자정 2분 전'으로 맞추었다는 소식을 듣고 무척 놀랐다. 이는 세상이 '제2차 세계대전 때만큼 위험'하다는 뜻이다(메클린[Mecklin], 2018). 가장 큰 이유는 미국과 북한의 깊어 가는 핵 긴장 상태였다. 하지만 종말 시계의 목적은 우리가 문명의 끝에 얼마나 가까운지 보여 주기 위한 것으로, 핵 대치가 인류 문명에 어떻게 위협이 되는지는 보여 주지 않았으며 어떻게 우리가 쿠바 미사일 위기나 다른 냉전 위기 때보다 더 큰 위험에 처하게 되었는지 또한 보여 주지 않았다.

56 미국은 여전히 450기의 수직갱도식 미사일과 수백 기의 잠수함 발사 미사일을 경보 즉시 발사 체제로 배치하고 있다(참여과학자모임[USC; Union of Concerned Scientists], 날짜 미상).

57 이는 기술 규제를 연구하는 학자들이 고민하는 '속도 문제(pacing problem)'와 관련한다. 속도 문제란 기술 혁신이 법과 규제가 기술을 효과적으로 통제할 능력의 발전 속도를 점차 앞서는 상황이다. 래리 다운즈(Larry Downes)(2009)가 지적했듯이 "기술은 기하급수적으로 변하지만 사회적, 경제적, 법적 체계는 점증적으로 변한다."
두 가지 틀의 결정적인 차이는 속도 문제가 기술이 세상을 바꾸는 능력의 성장이 아니라 기술적 변화의 속도를 뜻한다는 것이다.

58 세이건(1994), pp. 316~17.

59 버락 오바마(2016)가 히로시마평화기념공원에서 한 말이다. 한편 존 F. 케네디
는 첫 핵연쇄반응의 20주년(쿠바 미사일 위기가 끝나고 불과 한 달 뒤)을 기억하는 자
리에서 다음과 같이 언급했다. "우리가 과학을 활용하는 데는 큰 진보를 이루
었지만 관계를 정립하는 데는 그러지 못했습니다."(케네디, 1962).

60 케네디(1963)도 쿠바 미사일 위기가 끝난 후 평화를 촉구하면서 같은 맥락의 말
을 했다. "우리의 문제들은 인간이 만든 문제이므로 인간이 해결할 수 있습니
다. 그리고 인간은 자신이 원하는 만큼 위대해질 수 있습니다. 인류 운명의 어
떤 문제도 인류의 한계를 초월하지 않습니다."

물론 인류가 일으킨 문제 중에는 돌이킬 수 없게 된 것도 **있을지 모르지만** 이
책에서 다룬 문제 중에는 없다. 그리고 돌이킬 수 없는 문제가 있더라도 피해
가 될 위협을 중단하는 무행동 전략으로 막을 수 있다.

61 위험의 크기를 나타낼 때 사용하는 단어들이 확률과 이해관계 모두에 영향을
받을 때 문제가 특히 심각해진다. 카드 게임에서 질 확률이 1퍼센트라면 큰 위
험이 아니지만 아이를 잃을 확률이 1퍼센트라면 큰 위험이다. IPCC가 여러 기후
결과의 확률을 설명하는 데 사용하는 정성적 용어들(마스탄드레아[Mastrandrea] 외,
2010)에 대해 내가 문제가 있다고 생각하는 것 역시 같은 이유다.

62 '존재 위험'의 자세한 정의는 51페이지에 나와 있다. 이는 절멸 위험뿐 아니라
문명의 회복 불가능한 붕괴처럼 인류 잠재력이 영원히 파괴되는 다른 방식들
도 포함된다.

63 자연적 위험 수준과의 비교는 6장을 참고하라.

64 보스트롬(2013)이 지적한 내용이다.

65 이는 여러 방식으로 일어날 수 있지만 그 확률은 낮아 보인다. 예를 들어 위험
이 약 6분의 1까지 올라가더라도 인류가 운이 좋아 열 세기 넘게 살아남을지
모른다. 아니면 위험을 통제하려는 우리의 노력이 반만 성공하여 위험이 20세
기 수준으로밖에 떨어지지 않았더라도 더 이상 올라가지는 않는다면 100세기
가 지나 존속할 수도 있다.

66 2019년 5월 국제층서위원회(International Commission on Stratigraphy)의 인류세실

무단(Anthropocene Working Group)은 투표를 통해 인류세를 20세기 중반에 시작된 새로운 지질시대로 정했다. 2021년에 발표될 공식 제안에는 시작점에 관한 의견도 포함될 것이다(수브라마니안[Subramanian], 2019). 2017년 인류세 실무단은 핵무기 실험과 관련한 흔적들이 기준이 될 가능성이 가장 크다고 밝혔다(잘라시에비치[Zalasiewicz] 외, 2017).

2. 존재 위험

1 바이어(1981).

2 보스트롬(2002b; 2013) 참고.

3 보스트롬(2013)은 존재 위험을 "지구에서 기원한 지적 생명체의 조기 절멸이나 지적 생명체가 바람직한 미래를 맞을 잠재력의 영구적이고 극적인 파괴를 위협하는 위험"으로 정의했다. 내 정의(그리고 아래 설명)는 보스트롬 정의에서 두 번째 부분과 맥락이 무척 비슷하다. 첫 번째 부분을 반영하지 않은 이유는 논리적으로 불필요하므로(인류의 '조기 절멸' 자체가 '영구적이고 극적인 파괴'다) 문제의 핵심인 장기적 인류 잠재력의 파괴에 대한 우리의 초점을 흐트러뜨리기 때문이다.

내가 내린 정의에서 존재 위험은 그저 존재 재앙의 위험이다. 이처럼 직접적으로 정의할 수도 있었지만, 존재 재앙이라는 다른 개념에 기대지 않고 그 자체로 이해할 수 있는 정의를 내리고 싶었다.

4 나는 일련의 가능한 미래가 우리 잠재력을 어떻게 결정하는지를 구체적으로 규정하지 않도록 주의했다. 간단한 접근법 중 하나는 우리 잠재력의 가치를 우리에게 열린 최고의 미래가 지닌 가치로 생각하는 것이다. 그렇다면 존재 재앙이란 우리에게 남은 최고의 미래가 우리가 이전에 도달할 수 있었던 최고의 미래에 훨씬 못 미치게 될 때의 상황이 된다. 또 다른 접근법은 각각의 가능한 미래를 달성하는 데 따르는 어려움을 고려하는 것이다. 예컨대 인류 잠재력의 가치를 우리가 최고의 정책을 따랐을 때 기대할 수 있는 미래의 가치로 정의할 수 있다. 하지만 나는 이는 미래의 임무라고 생각한다.

내가 존재 재앙을 결과의 영속성이 아닌 잠재력 파괴의 관점에서 정의한 주요 이유는 두 가지다. 첫 번째는 일련의 위험을 위험의 작동 방식과 위험을 극복하는 방법의 주요 공통점을 바탕으로 규명하는 데 더 유용하기 때문이다. 두 번째 이유는 내가 인류에 대해 품는 낙관주의에 있다. 우리 잠재력이 보존될 앞으로의 오랜 시간을 떠올리면 우리가 잠재력을 실현할 가능성은 무척 크다. 우리가 우리의 회복력을 파괴하지 않는 한 어려움들의 결과는 영원하지 않을 것이다. 그렇다면 인류가 위대한 미래를 달성하지 못할 확률 대부분은 바로 잠재력의 파괴, 다시 말해 존재 위험에서 비롯된다.

5   잠재력은 여러 의미로 논의될 수 있는데 좁은 의미의 잠재력은 우리가 현재 할 수 있거나 할 수 있을 가능성이 있는 일들이다. 이 같은 맥락에서는 능력을 확장하여 잠재력을 늘릴 수 있다. 하지만 이 책에서는 인류의 장기적 잠재력만을 다룰 것이다(본문에 그 이유를 설명했다). 내가 그저 '잠재력'이라고 말하더라도(간결성을 위해서) 이는 '장기적 잠재력'을 뜻한다.

6   요원한 회복 가능성을 열어 둔다면 내 주장 중 일부는 말 그대로 진실이 아니게 된다. 존재 재앙은 '돌이킬 수 없다'는 주장이 한 가지 예다. 안타깝긴 하더라도 요원한 회복 가능성을 배제하는 건 그럴 만한 가치가 있는 일이다.
    요원한 회복 가능성을 열어 두는 것의 핵심은 회복 가능성은 아무리 적더라도 언제나 존재한다는 사실을 회피하는 것이다. 그러므로 잠재력을 엄격하게 해석한다면 절대 **완전하게** 파괴될 수 없다. 하지만 이처럼 지나치게 엄격한 해석은 유용하지 않다. 어떤 시나리오에서 회복 가능성이 0퍼센트이든 고작 0.1퍼센트이든 우리의 의사 결정에는 그다지 중요하지 않다. 두 경우 모두 지금의 세계와 비교할 때 큰 차이 없이 부정적이며 그 이유는 같다. 인류의 장기적 잠재력이 회복하기가 몹시 어려울 만큼 (거의 완전히) 파괴되기 때문이다. 더군다나 우리가 해야 할 일에 대해 두 시나리오가 제시하는 처방도 비슷하다. 예컨대 시행착오에서 배우는 대신 선제적으로 노력해야 한다. 말 그대로 '돌이킬 수 없는' 가능성을 피해야 하는 이유들은 '실질적으로 되돌아갈 길이 없는' 가능성을 피해야 하는 이유들과 같다. 그러므로 거의 벗어날 수 없는 상황을 전혀 벗어날 수 없는 상황과 같은 범주로 정의하는 것이 바람직하다.

7   우리의 잠재력이 문명의 현재 상태를 훨씬 초월한다면, 우리를 그저 현재 상태에 갇히게 하는 무언가가 존재 재앙이 될 수 있다. 더 나은 기술 진보를 영구적으로 포기하는 것이 한 가지 예다.

그저 이상과 거리가 먼 무언가를 재앙으로 일컫는 게 이상해 보일지 모른다. 일반적으로 우리는 우리의 잠재력을 파괴해 즉각적인 고통을 일으키는 사건을 재앙으로 떠올릴 뿐 잠재력을 파괴하더라도 현재의 가치에는 아무런 영향을 주지 않는다면 재앙으로 여기지 않는다. 하지만 자녀를 교육하지 않는 부모를 생각해 보자. 즉각적인 고통은 없지만 아이는 장기적 재앙의 결과에 영원히 간 힐 것이다.

8 이처럼 국지적이지만 비슷한 특징을 지닌(축소된 형태로) '존재 위협'에도 이 책의 여러 생각과 방법론이 적용될 수 있다.

9 그렇다고 문제가 전혀 없는 건 아니다. 예를 들어 무언가가 한때는 위험이었지만(과거 지식에 따라) 이제는 더 이상 그렇지 않다고 말해야 할 때가 있다. 핵무기가 대기를 연소시킬 가능성이 한 가지 예다(122페이지 참고). 하지만 이는 모든 위험에 마찬가지다. 가령 지난주에는 엘리베이터가 낡은 줄 때문에 추락 위험이 있다고 생각했지만, 지금의 지식에서는 위험이 0이 될 수도 있다(줄을 점검한 후 상태가 괜찮음을 확인했을 때). 존재 위험 정의의 객관적 확률 대 증거적 확률에 관한 더 자세한 내용은 보스트롬 & 치르코비치(Ćirković)(2008)와 보스트롬(2013)을 참고하라.

10 로마제국이나 마야문명처럼 붕괴한 여러 과거 문명의 목록은 쉽게 접할 수 있다. 하지만 과거의 문명 붕괴는 내가 이 책에서 말하는 (전 세계적) 문명 붕괴와는 다르다. 규모가 작은 과거 붕괴들에 관한 통계는 전 세계 문명 붕괴 가능성에 대해 별 의미가 없다.

과거 붕괴한 문명들은 특정 지역에 국한되었으므로 세계 문명의 붕괴보다는 한 국가의 붕괴에 가깝다. 예를 들어 전성기의 로마제국도 면적과 인구 모두 지금의 브라질보다 훨씬 작았다. 이처럼 과거의 작은 문명들은 지역적 기후 영향, 훌륭하지 못한 통치 권력, 외부 공격에 훨씬 취약했다. 게다가 과거 문명 붕괴는 여기에서 이야기하는 붕괴보다 그 여파가 훨씬 작았다. '붕괴' 후에도 도시와 마을 전체가 살아남았고, 사람들의 삶은 농경시대 이전으로 돌아가지 않았으며, 문화의 많은 면이 계속되었다.

11 또는 극단적인 환경오염이나 심각한 질병의 지속처럼 문명이나 농경을 방해하는 좀 더 직접적인 방식이 있을 수 있다.

세상이 이전보다 취약해졌기 때문에 중세 유럽 때보다 저항력이 약해져 인구가 50퍼센트 미만으로 줄더라도 문명이 붕괴할지 모른다. 하지만 나는 이 가능성에 회의적이다. 인구의 90퍼센트가 사라지더라도 문명의 완전한 붕괴는 일어나지 않을 것으로 예측한다.

12 근대 역사의 관점에서 보면 이와 같은 농업혁명의 시기들은 그 격차가 무척 크며, 농경을 수천 년 먼저 시작한 문명들은 이후 세계무대에서 엄청난 영향력을 발휘했다. 하지만 관점을 넓히면 **수십만 년에** 이르는 이야기에서 수천 년은 짧은 시간이므로 각 문명이 독자적으로 농경을 시작한 시기는 무척 비슷하다. 이는 농경이 일어나기 힘든 기술적 혁신이 아니라 공통된 목표에 대한 당연한 반응이었을 가능성을 시사한다. 17,000년 전에서 10,000년 전까지의 대빙하 시대의 종식이 가장 큰 계기로 추정되며 그 시기는 농업의 시작과 맞물린다. 대빙하 시대의 종식은 환경에 극적인 영향을 미쳐 자연을 사냥보다 농업에 더 적합하게 만들었다.

13 우리는 얻기 쉬운 자원부터 캐내기 때문에 채굴은 전반적으로 점차 어려워진다. 아직 매장되어 있는 자원도 마찬가지다. 하지만 그렇기 때문에 사람들은 이미 채굴이 이루어진 곳에 남아 있는 자원, 아직 저장된 자원, 문명의 잔해 속에 있는 자원의 막대한 양을 방치한다. 예를 들어 연간 석탄 생산량이 1억 톤인 와이오밍의 노천 광산에는 아직 17억 톤의 석탄이 남아 있다(피바디 에너지[Peabody Energy], 2018). 내가 이 글을 쓰는 지금 미국 석탄발전소에는 바로 사용할 수 있는 석탄이 1억 톤 저장되어 있다(미국 에너지정보청[Energy Information Agency], 2019). 전략적으로 비축한 석유는 약 20억 배럴이며(미국 에너지정보청, 2018, p. 19) 전 세계 문명에서 한 사람이 사용할 수 있는 철은 약 2,000킬로그램이다(스베르드루프[Sverdrup] & 올라프스도티르[Olafsdottir], 2019).

14 4장에서 이야기하겠지만, 극단적인 핵겨울이나 기후변화도 세계 모든 곳을 황폐화할 만큼 극심한 환경 파괴를 일으켜 이런 상황을 초래할 확률이 낮다.

15 최소 생존 가능 개체군 문제는 다세대 우주여행에서도 나타난다. 마린(Marin)&벨루피(Beluffi)(2018)는 최소 생존 가능 개체군의 시작을 98명으로 가늠한 반면, 스미스(2014)는 훨씬 많은 14,000~44,000명으로 추산했다. 근친 교배와 유전적 부동의 위험을 최소화하는 유전학 기술이 개발된다면 더 적은 인구도 가능할

것이다.

16 나는 이 역시 사람들이 인류 절멸 가능성을 심오한 문제가 아닌 진부한 문제로 여기게 된 이유라고 생각한다. 영화 서사로 등장하는 인류 절멸 이야기는 실제로 진부하다. 하지만 허구 속 인류 절멸에 대한 이 같은 감정이 우리 미래에 절멸이 어떤 의미를 띠는지에 관한 이해를 흐리도록 내버려 둔다면 크나큰 실수일 것이다.

17 밥 딜런(Bob Dylan)의 '걷다가 죽게 해 주오(Let Me Die in My Steps)'(1963)나 베리 맥과이어(Barry McGuire)의 '파괴의 전야(Eve of Destruction)'(1965) 같은 진지한 감정적 탐색도 마주하기 힘들다.

18 슬로빅(Slovic)(2007) 참고.

19 파핏(1984), pp. 453~4.

20 이 같은 정성적 차이는 앞으로도 살펴보겠지만 우리의 과거, 미덕, 우주에서 차지하는 중요성에 관한 관점에 따른 차이도 만든다.

21 셸(1982), p. 182.

22 이에 대해서 좀 더 자세히 설명할 필요가 있다. 파핏(1984)의 논리에 따라 우리가 절멸할 때 잃어버릴 것들을 두 가지로 나누어서 생각할 수 있다.

첫 번째는 **존재**의 상실이다. 다시 말해 존재할 수 있었던 모든 사람의 상실이다. 세상에 나오지 못할 사람들과 그들의 자손들 그리고 우리보다 훨씬 나은 삶을 누렸을 수백만 세대의 수십억 사람 모두 존재하지 않게 된다. 재앙은 사람들을 **죽이지 않더라도** 존재 자체를 차단할 수 있다. 그들의 존재를 **지우진 않지만** 애초에 기록되지 않도록 한다. 행복, 자유, 성공, 미덕처럼 그들의 삶을 좋은 삶으로 만들 모든 것의 가치가 사라진다. 그리고 사람들 자체도 사라진다. 사랑, 동지애, 화합, 평등, 정의처럼 사람 사이의 관계 또는 사회망에 존재하는 모든 가치 역시 사라진다.

두 번째는 우리가 할 수 있는 **일**의 상실이다. 예술과 과학의 가장 위대한 성취와 그 성취들이 지난 몇 세기 만에 어떻게 이루어졌는지 떠올려보라. 우리가 잠재력을 무너트리지 않고 다음 몇 세기를 무사히 통과한다면 지금까지보다 더 높은 경지에 오를 것이다. 어쩌면 실재를 지배하는 근본적인 법칙을 모두 규명해 과학의 정점에 도달할지도 모른다. 그리고 진보의 폭을 넓혀 아직 탐험하지 못한 새로운 영역에 발을 들일지 모른다.

무엇보다 중요한 건 잠재적인 도덕적 성취일 것이다. 인류는 지난 수 세기, 수천 년 동안 큰 진전을 이루었지만 도덕적 진보는 다른 영역들에서보다 훨씬 더 뎠고 이따금 비틀거렸다. 인류에게는 세상을 진정 정의로운 세상으로 만들 잠재력이 있으며 이 꿈을 현실로 만드는 것이야말로 크나큰 성취다.

우리가 이룰 수 있는 존재와 일이 다양하고 온갖 번영과 업적은 우리 앞에 있으므로, 우리가 실패하여 잠재력을 짓밟는다면 가치 대부분은 실현되지 않는다. 앞으로의 번영과 성취가 이처럼 위대하므로 우리의 잠재력을 지키는 일은 무척 중요하다.

23 그러므로 우리 미래의 크기는 결과주의 면에서만 중요한 게 아니다. 이는 존재 위험 감소에 대해 공정함이나 정의에 뿌리를 둔 당위성도 제공한다.

24 '동등하게 중요하다'는 사람들이 어느 시대에 살건 그들의 삶에서 일어나는 각각의 좋은 일과 나쁜 일이 모두 동등하게 중요하다는 뜻이다.

평균적으로 지금 사람들의 삶이 1,000년 전 사람들의 삶보다 나은 이유는 더 좋은 일이 많기 때문이며, 우리가 더 중요한 시대에 살고 있으므로 우리 삶이 수단적 면에서도 더 중요할 수 있다. 그러므로 이 같은 의미에서는 지금 우리 삶이 더 중요할 수 있지만, 이 사실이 내가 지지하는 시간적 중립성에 어긋나는 건 아니다.

25 J. J. C. 스마트(1984, pp. 64~5)와 G. E. 무어(G. E. Moore)(1903, §93)가 제시한 주장이다.

26 새로운 세대들은 그들이 해결할 수 있을 새로운 위험들을 맞겠지만, 지금의 위험과 앞으로 몇 십 년 동안 닥칠 위험은 우리만이 줄일 수 있다.

27 윌리엄 맥어스킬과 내가 만든 이름이다. 이와 관련한 개념들은 우리 동료인 닉 벡스테드(2013)와 닉 보스트롬(2002b, 2003)의 생각들을 바탕으로 한다. 맥어스킬은 현재 이 개념들을 탐색하는 전공 서적을 집필하고 있다.

28 '붙임 E'에서 인류 수호뿐 아니라 우리 행동이 장기적 미래에 지속적인 영향을 줄 수 있는 다른 일반적인 방법들을 살펴볼 것이다.

29 연간 0.1퍼센트의 할인율(경제학자들의 기준에서는 낮은 할인율)에서는 100만 년의 격차가 100만 년 후 고통을 200만 년 후 같은 크기의 고통보다 10,434배 중요

하게 만든다.

30 가치에 관한 이론에 따라 이를 여러 다른 방식으로 평가할 수 있다. 누군가에게 이는 말 그대로 인류라는 집단 개체나 종의 죽음이 지니는 부정성을 뜻한다. 또 다른 이들에게는 미래의 인류 부재와 인류에 관한 긍정적인 모든 것의 부재를 뜻한다.

31 다른 시대(또는 장소)의 문화가 매우 다르다면 여러 어려움이 있겠지만, 이는 여기 예에는 해당하지 않는다.

32 정부가 우리 모두가 죽는 게 나쁘지 않다는 이유로 핵전쟁 위험을 무시한다면 우리가 어떻게 반응할지 상상해 보라.

33 이 같은 회의주의에도 불구하고 여전히 그런 이론에 이끌린다면, 인류의 장기적 잠재력이 지니는 가치에 관해 우리의 직관에 반하거나 설득력 있는 다른 이론들과 배치되는 충고를 따르는 데 무척 신중해야 한다. 벡스테드(2013, p. 63) 참고.

34 우리는 최초의 인류 조상이 살던 환경과 거의 같은 환경에 살고 있을 것이다(인구도 훨씬 적을 것이다).

35 버크(1790), 165번째 단락. 아네트 바이어(1981)는 미래인의 권리에 관한 중대한 글에서 다음과 같이 지적했다. "도덕적 존재로서 우리가 수행할 중요한 역할은 세대를 초월하는 공동체, 다시 말해 과거와 미래를 보고, 현재의 맥락에서 과거를 해석하고, 미래를 과거의 성장으로 이해하고, 스스로를 영속적인 가족, 국가, 문화, 전통의 구성원으로 보는 공동체의 구성원으로서 역할이다." 존 롤스(John Rawls)는 《정의론(A Theory of Justice)》(1971, § 79)에서 다음과 같이 언급했다. "어느 시대를 사는 사람들이든 그들의 힘을 실현하려면 긴 시간에 걸친 많은 세대(혹은 심지어 사회)의 협력이 필요하다."

36 세네카(1972), pp. 279~91. 16세기 뒤인 1704년에 아이작 뉴턴도 비슷한 언급을 했다(뉴턴 & 맥과이어, 1970). "자연을 모두 설명하는 건 한 사람에게 심지어 한 시대에는 너무 벅찬 일이다. 확신을 가지고 조금씩 해 나가면서 나머지는 뒤에 올 자들에게 맡기는 편이 훨씬 낫다."
1755년에 드니 디드로(Denis Diderot)는 《백과사전(Encyclopedie)》에서 관련 생각들을 다음과 같이 설명했다(디드로, 1755, pp. 635~48A): "(······) 백과사전의 목적은 세상에 흩어져 있는 지식을 모으고, 세상의 일반적인 체계를 우리와 더불어 사는 사람들에게 제시하며, 이를 우리 뒤에 올 사람들에게 전수해 이전 세기들의 노력이 앞으로의 세기들에서 무용지물이 되지 않게 하고, 더 잘 교육받은 우리 자손들이 더 도덕적이고 행복할 수 있도록 하며, 우리가 인류에 어떤 이바지도 하지 않은 채 세상을 떠나는 일이 없도록 하는 것이다."

37 더 놀라운 사실은 세네카가 다음 문장을 쓰게 된 혜성의 미스터리가 얼마 전에야 밝혀져 존재 위험에 관한 우리의 이해를 높였다는 것이다. "언젠가는 누군가가 혜성이 어디서 궤도를 그리는지, 왜 다른 천체들과 멀리 떨어져서 이동하는지, 얼마나 큰지, 그 본질이 무엇인지 밝힐 것이다."(세네카, 1972, p. 281)

혜성의 무척 기이한 궤도와 크기는 혜성이 문명과 인류에 가하는 위험에 관한 지금 인류의 이해에서 핵심적인 부분이다. 이 두 가지 특징을 더 잘 이해하는 것이야말로 혜성 충돌의 위험을 줄이는 데 가장 필요한 노력일 것이다. 이에 대해서는 3장을 참고하라.

38 미래 세대를 걱정해야 하는 상호 호혜의 이유와 이 책에서는 다루지 않은 다른 잠재적 이유들의 흥미로운 논의에 대해서는 셰플러(Scheffler)(2018)를 참고하라.

39 세이건(1983, p. 275)은 다음과 같이 언급했다. "문화와 과학, 지구의 진화 역사, 후손의 미래에 이바지한 모든 조상의 삶이 차지하는 중요성을 포함해 잠재적 상실에 대한 다른 여러 가능한 기준이 있다. 멸절은 인간의 계획을 무위로 한다."

40 코헨(2011), 셰플러(2009), 프릭(2017)을 예로 들 수 있다.

41 닉 보스트롬(2013)은 이 같은 생각을 다음과 같이 확장했다. "우리에게는 조상이 전한 인류의 유산을 보존하고 이를 무사히 후손에게 전달할 보호의 의무도 있다. 우리는 세대의 사슬에서 끊어진 고리가 되길 원하지 않으며, 인류가 수천 년 동안 만들어 온 문명의 위대한 서사가 자연스러운 결론에 이르기까지 아직 한참이 남았음이 분명한데도 이를 지우거나 포기해서는 안 된다."

42 스튜어트 브랜드(Stewart Brand)(2000)는 이 같은 문명의 인내심을 다음과 같이 유려하게 묘사했다. "생태적 문제들이 해결 불가능하다고 여겨진 까닭은 1~2년 안에 해결할 수 없었기 때문이다. (……) 환경 문제는 해결 가능한 것으로 밝혀졌다. 10~30년 동안 노력을 집중해서 해결책에 다가가야 할 뿐이며 때로는 수 세기가 걸릴지 모른다. 환경보호주의는 인내를 가르친다. 나는 인내가 건강

한 문명의 핵심 능력이라고 믿는다."

43 한 걸음 더 나아가 더 넓은 세상과 우리의 관계에 대한 문명적 미덕도 생각해 볼 수 있다. 예를 들어 다른 동물과 환경을 부당하게 다루는 행태는 우리에게 연민과 책임감이 부족함을 보여 준다.

또한 감사(과거 세대에 대한), 연민과 공정 의식(미래 세대에 대한), 다른 사람들과의 통합이나 결속 같은 개인의 미덕이 어떻게 미래 수호의 동기가 될 수 있는지 생각해 볼 수 있다. 조너선 셸(1982, pp. 174~5)은 다른 사람을 세상으로 나오게 하는 부모의 사랑을 일반화하는 맥락에서 사랑을 보았다.

44 나는 운 좋게도 인류미래연구소의 동료 안데르스 샌드버그와 에릭 드렉슬러와 함께 이 질문을 연구할 수 있었다. 우리는 '페르미 역설 해체(Dissolving the Fermi Paradox)'(샌드버그, 드렉슬러 & 오드, 2018)에서 생명과 지능의 기원에 관한 현재 과학의 이해와 불확실성을 정량화했다. 그리고 우주에 수십억의 수십억에 달하는 항성이 있다는 이유로 지적 능력을 지닌 외계 생명체가 반드시 있을 거라는 생각은 잘못되었음을 설명했다. 항성이 그렇게 많다는 사실은 오히려 생명이 시작될 확률이 아주 낮다는 걸 무척 합리적으로 보여 주기 때문이다(사실일 가능성도 매우 크다). 우리의 과학적 지식은 인류가 우주에 홀로 있을 가능성과 우주에 생명이 넘칠 가능성 모두에 부합한다. 그러므로 지적 외계 생명체의 신호가 없다는 사실은 놀라운 일도 아니고 모순도 아니다. 이를 설명하기 위해 파격적인 제안에 기댈 필요는 없다. 이는 그저 우리가 우주의 유일한 생명체일 가능성이 크다는 걸 보여 주는 증거다.

논문에서 우리는 이전 연구자들이 드레이크 방정식의 모든 값에 대해 '점 추정'을 사용했기 때문에 길을 잃었다고 주장했다. 이를 합리적인 값의 통계 분포로 대체하면, 외계 문명의 평균이나 중간값이 높게 나오더라도 존재하지 않을 확률도 높게 나온다. 그리고 외계인 활동의 신호가 포착되지 않으면 확률 분포는 외계 문명이 존재하지 않는 방향으로 갱신된다.

45 우주에서 인류가 차지하는 중요성은 인류가 다른 이유들에서 지니는 도덕적 가치가 빛을 발휘하기 때문일 수 있으며 또는 인류가 가치의 또 다른 원천이거나 가치를 뛰어넘는 중요한 무엇이기 때문일 수도 있다. 여러 학자가 우주에서 인류가 차지하는 중요성을 다음과 같이 주장했다.

마틴 리스(2003, p. 157): "다세포 생물이 출현(그리고 생존)할 확률은 무척 낮으므로 지구는 우리 은하 전체에서 의식적인 지능의 고유한 거주지일 것이다. 그렇다면 우리의 운명은 진정 우주적 영향력을 지닌다."

맥스 테그마크(2014, p. 397): "우주의 광활함은 무엇보다 나 자신을 보잘것없는 존재로 느끼게 했다. 하지만 거대한 은하들은 오로지 우리만 볼 수 있고 우리만 아름답다고 느낀다. 우리만이 은하에 의미를 부여할 수 있으므로 우리의 작은 행성이야말로 관찰 가능한 우주 전체에서 가장 특별한 곳이다."

칼 세이건(1980, p. 370): "우주는 지적 존재로 가득한 곳일지 모른다. 하지만 다윈의 교훈은 분명하다. 다른 곳에는 인간이 없다. 오로지 여기에만 있다. 오로지 이 작은 행성에만 있다. 우리는 희소하면서도 절멸 위기에 처한 종이다. 우주적 관점에서 우리는 모두 소중하다."

데릭 파핏(2017b, p. 437): "최근 여러 증거에서처럼 우리가 우주에서 유일하게 이성적인 존재라면, 수십억 년 동안 우리가 후손이나 후계자를 볼 수 있을지는 더 중요해진다. 과거의 고통이 정당화되지는 않겠지만, 우리 후손들이 이끌 삶과 그들이 만들 세상은 가장 고통 받던 이들을 포함한 우리 모두에게 우주가 존재한다는 사실에 감사할 이유를 부여할 것이다."

제임스 러브록(James Lovelock)(2019, p. 130): "불과 30만 년 전 인간이 출현하면서 이 행성은 우주에서 홀로 스스로를 이해하는 능력을 얻었다. (……) 이제 우리는 이해의 재능을 새로운 형태의 지적 존재들에게 전수할 준비를 하고 있다. 이 사실에 우울해하지 말자. 우리는 우리의 역할을 했다.(……) 아마도 우리는 지혜와 이해가 지구 바깥으로 뻗어 나가 우주 전체를 아우르면서 우리의 공헌이 완전히 잊히지는 않으리라고 희망할 수 있을 것이다."

결과주의 면에서 우주 속 인간의 중요성을 이해하는 한 가지 방법은 지적 존재가 적을수록 우리가 존속해 무언가를 하지 않는 한 우주에 생명이 없는 곳이 더 많아진다는 사실에 주목하는 것이다. 다시 말해 **우리**가 만들 수 있는 차이가 커진다.

46 궁극적으로 우리는 순전히 크기의 측면에서도 중요할 수 있다. 우주론자들은 우주의 가장 큰 일관적인 구조물의 척도는 우주 거미줄에서 가장 큰 공동의 너비에 해당하는 10억 광년으로 추측한다. 우주 팽창이 가속화하여 모든 사물이

서로 멀어지고 오로지 중력만 존재하는 곳에서는 무생물의 물질이 스스로를 더 큰 크기로 조직화할 수 없다.

하지만 인류가 지름이 약 300억 광년에 달하는 훨씬 더 큰 일관적인 구조물이나 패턴을 형성하는 걸 방해할 물리적 한계는 없을 것이다. 그러므로 우리는 우주에서 가장 큰 구조물을 창조하는 독특한 존재가 될 수 있다. 은하들을 지키고 그곳의 에너지를 채취하여 저장한다면 우주에서 가장 역동적인 사건들을 일으키거나 가장 오랫동안 지속되는 복잡한 구조물을 만드는 존재도 될 수 있다.

47 이 장 앞부분에서 설명했듯이 인간만이 중요하다는 게 아니라 인간이 유일한 도덕적 주체라는 뜻이다.

48 이는 내가 이 책에서 탐구할 수 있는 범위를 훨씬 뛰어넘는 통찰을 제시할 무척 소중한 관점이다. 다른 이들도 이를 받아들여 내가 해낸 것보다 훨씬 멀리 나아가길 바란다.

49 도덕적 문제에 관한 불확실성이야말로 사람들이 도덕적 조언을 구하고 도덕 철학을 연구하는 이유임에도 불구하고 우리가 결과의 도덕적 가치를 확신하지 못할 때 어떤 결정을 내려야 하는지에 관한 이론은 무척 최근까지도 거의 무시되었다.

이 상황을 해결하는 건 내 연구의 중요한 주제 중 하나다(그리브스 & 오드, 2017; 맥어스킬 & 오드, 2018; 맥어스킬, 바이크비스트[Bykvist] & 오드, 곧 발표 예정).

50 닉 보스트롬(2013, p. 24)은 이를 다음과 같이 탁월하게 설명했다. "가치론에 관한 우리의 지금 이해는 혼란스러울지 모른다. 우리는 최소한 구체적으로는 어떤 결과가 인류의 큰 승리일지 모르며, 우리 여정에서 어떤 끝이 최선일지 아직 상상도 못 하는 듯하다. 우리가 우리의 궁극적인 목적을 전혀 확신하지 못한다면, 가치를 인식하고 그에 따라 미래를 이끌 우리의 능력을 보존하면서 이상적으로는 그런 능력을 향상하는 데 훌륭한 선택 가치가 있다는 사실을 깨달아야 한다. 인류가 위대한 힘을 지니고 이 힘을 현명하게 사용하는 미래의 버전을 보장하는 것이야말로 미래가 많은 가치를 지닐 확률을 높이는 최고의 방법일 것이다. 이를 위해서는 어떤 존재 재앙이라도 반드시 막아야 한다."

다만 당신이 위 주장을 합리적이라고 여기는지가 중요하다. 나는 당신이 미래를 보호할 의무가 없다고 강하게 확신하는데도 불확실성에 근거한 위 주장이

유효하다고 말하는 게 아니다. 위와 같은 주장은 기대되는 가치에 근거하여 펼칠 수 있지만, 나는 관련 확률이 극도로 낮고 제대로 이해되지 않은 상황에서는 기대 가치를 바탕으로 한 주장을 경계한다(보스트롬, 2009 참고).

51 세상에 존재하는 가치는 부정적 가치뿐이라는 암울한 견해를 지닌 사람들에게도 이 는 우리가 멈추지 않아야 할 이유를 부여한다. 인류가 지구의 다른 곳이나 생명이 있는 우주의 다른 곳에서 부정적 가치를 지닌 일들을 막을 수 있기 때문이다.

52 이를 달리 말하면 우리 미래를 보호하는 일에 어마어마한 **선택 가치**가 있다는 뜻이다. 이는 새로운 정보가 이용 가능해지면 최선의 방안을 선택할 우리의 능력을 보존해 줄 길이다. 우리 미래가 어떤 모습일지 알려주는 경험적 정보이든 어떤 도덕적 생각들이 시간의 시험을 통과할 것인지에 관한 정보이든 새로운 정보 자체도 무척 소중하다. 물론 무엇이 도덕적으로 최선인지를 알려주는 새로운 정보에 우리 미래가 얼마나 반응할지에 관한 기대에 따라 정보가 지니는 선택 가치는 달라진다.

인류적 관점에서의 도덕적 선택 가치와 도덕적 정보의 가치에 관한 자세한 내용은 보스트롬(2013, p. 24), 맥어스킬(2014), 그리고 이 개념을 다음과 같이 포괄적으로 설명한 윌리엄스(2015)를 참고하라. "(……) 우리는 우리의 도덕적 잘못들을 되도록 빨리 찾아내 바로잡을 수 있게 해 주는 지적 진보를 그저 호사가 아닌 긴급한 도덕적 우선순위로 여겨야 한다. 또한 자원을 아끼고 유연성을 기르는 일을 중요하게 여겨 우리의 정책을 바꿔야 할 때가 되면 신속하면서도 유연하게 바꿀 수 있도록 해야 한다."

53 세이건(1994)은 이 같은 생각들을 아름답게 설명했다.

54 2019년 예산은 140만 달러였다(생물무기금지협약 이행지원단[Biological Weapons Convention Implementation Support Unit], 2019). 2016년부터 2018년까지 맥도날드가 운영한 점포들은 점포 하나당 1년에 평균 280만 달러의 비용을 지출했다(맥도날드 코퍼레이션[Mcdonald's Corporation], 2018, p. 14, p. 20). 맥도날드는 가맹점 점포의 지출은 보고하지 않는다.

55 파커(2017)는 2017년에 전 세계가 인공지능으로 인한 존재 위험을 줄이는 데 쓴 돈을 900만 달러로 추산했다. 이후 이 금액은 2~3배로 상당히 증가했다. 나는

2020년에는 1,000~5,000만 달러가 될 것으로 확신한다.

IDC(2019)는 2019년에 전 세계가 인공지능에 쓴 돈이 360억 달러에 이르며 그 중 상당 부분은 인공지능 능력 향상에 투자되었다고 추산했다.

56 2018년 세계 아이스크림 시장 규모는 600억 달러로 추정되었으며(IMARC 그룹[IMARC Group], 2019), 이는 세계총생산량의 0.07퍼센트에 이른다(세계은행, 2019a).

우리가 미래 보호에 얼마나 많은 돈을 쓰는지는 단순하게 가늠할 수 없다. 내가 주목하는 가장 간단한 방식은 존재 위험을 줄이기 위한 지출을 기준으로 삼는 것이다. 나는 존재 위험 감소에 대한 전 세계 지출을 1억 달러대로 추산한다.

기후변화는 우리가 걱정하는 일에 얼마만큼의 돈이 쓰이고 있는지 헤아리기가 얼마나 어려운지 보여 주는 좋은 예다. 기후변화에 전 세계가 지출한 돈에 대해 누군가는 약 4,000억 달러로 추산했다(세계총생산량의 ~0.5퍼센트)(뷔허너[Buchner] 외, 2017). 하지만 이는 경제적 비용을 과도하게 산정한 것일 수 있다. 이 중 대부분이 재생에너지 생산에 쓰이는데 재생에너지에 쓰이지 않았다면 비재생에너지 생산 증가에 쓰였을 것이다. 게다가 4장에서 살펴보겠지만 기후변화로 인한 대부분의 존재 위험은 가장 극단적인 온난화 시나리오에서 비롯된다. 그러므로 기후변화 경감에 쓰이는 돈 중 존재 위험을 줄이는 데 쓰이는 비율은 분명하지 않다. 인공적 전염병으로 인한 위험 또한 비슷한 어려움에 직면한다. 미국 연방정부가 생물학적 안보에 쓰는 돈은 16억 달러에 이르지만 이 중 최악의 전염병에 쓰는 금액은 미미하다(왓슨[Watson] 외, 2018).

기후변화를 제외하고, 생물학적 안보, 자연적 위험, 인공지능과 핵전쟁으로 인한 위험에 쓰이는 돈을 모두 합쳐도 우리가 아이스크림에 쓰는 돈보다 훨씬 적다. 나는 실제로 존재 위험에 쓰이는 돈은 10분의 1도 안 될 것으로 확신한다.

57 로복, 오만(Oman) & 스텐치코프(Stenchikov)(2007) 및 쿠페(Coupe) 외(2019) 참고.

58 킹(King) 외(2015). 4장에서도 이야기하겠지만, 현재 우리의 과학적 이해에 따르면 섭씨 6도 상승이 합리적이다.

59 이러한 특징들을 비배제성(제공자가 대가를 지급하는 사람에 대한 이익을 제한할 수 없음)과 비경합성(개인의 재화 소비가 다른 사람의 재화 소비를 제한하지 않음)이라고 한다. 쉽게 예상할 수 있듯이 시장이 제공하는 재화와 용역 대부분은 배제적이면

서 경합적이다.

60 보스트롬(2013, p. 26 참고). 경제학자 조너선 위너(Jonathan Wiener)(2016)는 이 같은 상황을 공유지의 비극 개념에 빗대어 '비공유지의 비극'으로 불렀다.

61 에너지 정책, 연금, 대규모 기간시설 사업처럼 장기적 고려가 필요한 일들이 있다. 이런 일들은 일반적으로 10~20년을 내다봐야 하지만 이 역시 이 책의 관점에서 봤을 때는 짧은 시간이다.

62 휴리스틱과 편향에 관한 더 자세한 내용은 카너먼(Kahneman)(2011)을 참고하라. 발생 확률이 낮은 재앙 위험에 관한 대중의 판단에 영향을 주는 편향의 자세한 논의는 위너(2016)를 참고하라.

63 실제로 우리는 수천 명 이상이 겪는 피해를 실감하지 못하며 단 한 명의 가까운 사람이 겪는 피해보다 **덜** 중요하게 여기는 '집단 마비'를 종종 겪는다. 슬로빅(2007) 참고.

64 이 책에서 나는 과학적 이유로 인한 인류 종말의 논의와는 무척 다른 종교적 논의는 다루지 않았다.

65 러셀(1945). 러셀은 1945년 8월 9일 오전에 글을 쓰다가 나가사키에 원자폭탄이 투하됐다는 사실을 알게 되었다. "글을 쓰는 동안 나가사키에 두 번째 폭탄이 떨어졌다는 사실을 알았다. 인류의 전망은 그 어느 때보다 암울하다. 인류는 분명한 갈림길에 서 있다. 우리 모두 스러지거나 약간의 상식을 발휘해야 할 것이다. 궁극적인 재앙을 피하려면 새로운 정치적 사고가 필요하다."

66 지금도 발간되는 이 회보는 오랫동안 절멸 위험 논의의 중심이었다. 최근 몇 년 동안에는 초점을 핵 위험에서 확장하여 기후변화, 생물학적 무기, 비정렬 인공지능처럼 인류 미래에 대한 다양한 위협을 포괄해 왔다.

67 '1955년 러셀-아인슈타인 성명'(러셀, 2002)에는 다음 내용이 담겨 있다. "여기 우리가 제시하는 문제는 극명하고, 끔찍하며, 피할 수 없다. 우리가 인류에 마침표를 찍어야 할까 아니면 전쟁을 포기해야 할까? (……) 우리 앞에는 보편적 죽음의 위험이 놓여 있다."

러셀(2009, p. 547)에 따르면 성명서 서명은 아인슈타인이 1955년에 사망하기 전 마지막으로 한 활동 중 하나다. "물론 나는 성명서를 아인슈타인에게 보내 허락을 구했지만 그가 성명서를 어떻게 생각하는지, 서명할 뜻이 있는지 아직 들지 못한 상태였다. 우리가 세계정부협회(World Government Association)가 주최하는 회의에 참석하기 위해 로마에서 파리로 향하는 비행기에 있는 동안 조종사가 아인슈타인의 사망 소식을 알렸다. 그가 세상을 떠났다는 사실은 당연히 슬펐지만 내가 절망한 건 아인슈타인의 도움을 받지 못하고 실패할 내 계획 때문이기도 했다. 하지만 파리 호텔에 도착했을 때 아인슈타인이 서명에 동의하겠다고 밝힌 편지를 발견했다. 성명서 서명은 그가 마지막으로 한 공식 활동 중 하나였다."

68 아이젠하워(1956)는 누군가에게 개인적으로 보낸 편지에서 이 같은 가능성과 그에 따른 위대한 전략에 대해 다음과 같이 이야기했다. "언젠가 그렇게 되겠지만, 우리가 돌발의 원인이 무엇이든 간에 적대감이 분출되어 양쪽 모두가 처참하게 파괴될 것임을 깨닫는 지점에 이르면, 군비 경쟁의 시대는 끝났으며 인류가 이 사실에 걸맞게 행동하지 않는 한 죽을 거라는 사실을 인식하고는 협상 테이블에서 머리를 맞댈 것이다."

케네디(1961)는 UN 연설에서 다음과 같이 말했다. "바람, 물, 공포가 퍼트린 핵 재난은 큰 국가든 작은 국가든, 부유한 국가든 가난한 국가든, 헌신하는 국가든 헌신하지 않는 국가든 전부 집어삼킬 수 있습니다. 인류는 전쟁에 마침표를 찍어야 합니다. 그러지 않으면 전쟁이 인류에 마침표를 찍을 것입니다. (……) 지금 이 행성의 모든 거주자는 이 행성이 더 이상 거주할 수 없게 될 날을 생각해야 합니다. 가장 가는 실에 매달린 다모클레스의 핵무기 검 아래에 모든 여자, 남자, 아이가 살고 있으며, 이 실은 사고, 계산 착오, 광기로 언제든 끊어질 수 있습니다. 전쟁 무기들이 우리를 파괴하기 전에 우리가 전쟁 무기를 파괴해야 합니다."

그리고 브레주네프는 "인류는 완전히 파괴될 수 있다"라고 주장했다(아넷 [Arnett], 1979, p. 131).

69 셸(1982)은 핵무기가 오존층을 파괴하면 인류가 삶을 지속할 수 없다는 새로운 과학 이론에서 영감을 받아 작품을 쓴 첫 작가다. 이 이론은 얼마 지나지 않아 미흡하다는 사실이 밝혀졌지만, 이는 절멸이 얼마나 부정적일지에 관한 그의 탁월한 철학적 분석에 영향을 미치지 않았다(그가 철학자가 아니라는 사실을 떠올리면 더욱 놀라운 분석이다). 세이건(1983)은 핵겨울 가능성에 관한 초기 연구 후 절멸

에 대해 더 깊이 생각하게 되었다. 파핏이 자신의 걸작 《이성과 인간》(1984)에서 절멸의 부정성을 명철하게 분석한 결론 부분은 철학계에 큰 영향을 미쳤다. 세이건은 셸의 작품을 인용했고 파핏도 셸의 영향을 받았을 것이다.

같은 해 한스 요나스(Hans Jonas)(1984)의 《책임의 원칙(*Das Prinzip Verantwortung*)》이 영어로 출간되었다. 1979년에 발표된 이 책 역시 우리가 미래 세대를 위해 세상을 지키는 데 이행할 윤리적 의무에 관해 많은 중요한 질문을 던졌다.

70 1985년에 레이건(레이건 & 웨인랍[Weinraub], 1985)은 다음과 같이 말했다. "위대하고 저명한 많은 과학자가 그런 전쟁은 우리가 아는 지금의 지구를 지워 버릴 것이므로 누구에게도 승리를 안기지 않을 거라고 말합니다. 몇 가지 자연 재앙을 떠올려보면 (……) 7월에 여러 온대기후 국가에서 눈이 내린 적이 있습니다. 그 해는 여름이 없는 해로 불렸습니다. 단 하나의 화산도 이 같은 상황을 일으킬 수 있다면, 전면적인 핵 전투와 과학자들이 줄곧 말해 온 핵겨울은 어떨까요?"

미하일 고르바초프는 2000년 인터뷰에서 다음과 같이 회상했다(고르바초프 & 허츠가드[Hertsgaard], 2000). "러시아와 미국 과학자들이 만든 모형들에 따르면 핵전쟁은 지구상 모든 생명체에게 지극히 파괴적인 핵겨울로 이어질 수 있었습니다. 이 사실이 우리를 크게 자극했습니다."

71 시위 참가자 수는 60만 명에서 100만 명으로 다양하게 집계되는데 일반적으로 100만 명으로 보도된다(몽고메리[Montgomery], 1982; 셸, 2007). 이후 다른 문제들에 관해 더 큰 시위들도 일어났다.

3. 자연적 위험

1 토머스 메드윈(Thomas Medwin)(1824)의 회상.

2 충돌로 인한 에너지, 충돌구 형태, 분출물에 관한 수치는 콜린스(Collins), 멜로시(Melosh) & 마커스(Marcus)(2005)에서 인용하였다. 다른 자세한 내용은 슐트(Schulte) 외(2010)를 참고했다.

3 슐트 외(2010); 바노스키 등(2011). 공룡의 존속 기간은 그 후손인 조류의 기간까지 이어진다는 주장도 있다.

4   가장 큰 소행성은 945킬로미터의 세레스(Ceres)다. 사실 소행성은 미세한 먼지만큼 작을 수도 있지만, 일반적으로 망원경으로 관찰되지 않는 작은 크기는 '유성체'로 불린다.

5   이제까지 발견된 가장 큰 혜성인 헤일-밥(Hale-Bopp)은 지름이 약 60킬로미터이지만 너무 멀리 있어 발견되지 않은 혜성 중에는 더 큰 것도 있을 것이다. 천문학자들이 크기가 수백 미터 이하인 혜성을 좀처럼 발견하지 못하는 까닭은 작은 혜성은 오랫동안 존재하지 못하기 때문이다.

6   많은 사람이 운석이 땅으로 떨어지는 광경을 목격했을 테고 하늘에서 떨어진 검은 금속 물체 이야기는 여러 신화에 등장한다. 실제로 이제까지 발견된 가장 오래된 철 가공품은 철광석이 주조되기도 전인 5,200년 전에 운철로 만든 작은 구슬들이다. 하지만 과학적 기준에 부합하는 운석의 기원이 밝혀진 건 고작 200년 전이다(그동안 얼마나 많은 목격담이 과학적 검증을 통과하지 못했을지 생각해 보라).

7   앨버레즈 부자의 논문은 이 중요한 10킬로미터(±4) 수치를 네 가지 방법으로 평균을 계산해 산출했는데 이리듐 법은 그중 하나였고, 엄밀히 말해서 그들이 제시한 수치는 좀 더 작은 6.6킬로미터다(앨버레즈 외, 1980).

8   '충돌 겨울' 가설은 앨버레즈 외(1980)의 첫 논문에서 처음 소개되었다. 이후 벨레쿠프(Vellekoop) 외(2014)의 논문에서 최종적으로 입증되었다. 충돌로 분출한 황산염이 이 같은 영향을 일으킨다는 주장은 1990년대에 처음 나왔다(포프[Pope] 외, 1997).

9   이 장 처음의 인용문에서 알 수 있듯이, 바이런은 이미 1822년부터 혜성의 위협뿐 아니라 그에 대한 지구 방어 가능성을 생각했다. 19세기에 접어들면서 본격적으로 혜성의 위협을 다룬 작품으로는 H. G. 웰스의 《별(*The Star*)》(1987)이 가장 유명하지만, 조지 그리피스(George Griffith)도 《크렐린 거대 혜성(*The Great Crellin Comet*)》(1897)에서 혜성의 궤도를 바꾸어 지구를 구하는 국제 프로젝트를 이야기했다. 벌핀(2015)은 혜성이 인류를 파멸할 방식에 관한 빅토리아인들의 생각을 자세히 설명했다. 1910년에는 핼리(Halley) 혜성의 꼬리에 지구 대기를 오염시킬 수 있는 가스가 있다는 주장이 제기되면서 충돌이 아닌 다른 영향으로 인한 우려가 나왔다(바솔로뮤[Bartholomew] & 래드퍼드[Radford], 2011, 16장).

소행성 위협은 1941년에 처음 거론되었다(왓슨, 1941). 1959년에 아이작 아시모프는 소행성 위협을 탐지하고 제거할 우주 프로그램을 촉구했다(아시모프, 1959).

10 1980년에 앨버레즈 가설이 발표되었을 때, 1989년에 4581 아스클레피오스(4581 Asclepius) 소행성이 지구와 거의 충돌할 뻔했을 때, 1994년에 슈메이커-레비 9(Shoemaker-Levy 9) 혜성이 목성과 충돌해 지구 크기만 한 뚜렷한 흔적을 남겼을 때 언론의 관심이 폭발했다.

11 이 목표는 2011년에 달성되었고 총 비용은 7,000만 달러를 밑돌았다(마인저[Mainzer] 외, 2011; 미국 하원, 2013).

12 많은 사람이 소행성이 혜성보다 100배 많으므로 위험에서 압도적인 비중을 차지한다고 말한다. 이는 어느 정도 사실이다. 내가 이 책을 쓰는 지금 지구 주변에서 발견된 혜성은 176개이며 소행성은 2만 개다(제트추진연구소[Jet propulsion Laboratory], 2019b). 하지만 혜성이 100배 적더라도 대부분 크기는 더 크기 때문에 지구 주변에 있는 지름 1~10킬로미터의 물체 중에서는 혜성이 20배밖에 적지 않다. 10킬로미터가 넘는 지구 주변 물체 중에서는 네 개가 소행성이고 네 개가 혜성이다. 그러므로 존재 위험의 맥락에서는 혜성으로 인한 위험은 소행성의 위험과 크게 다르지 않다.

13 소행성의 질량, 다시 말해 파괴 에너지는 지름의 세제곱에 비례한다. 그러므로 지름 1킬로미터 소행성은 10킬로미터 소행성 에너지의 1,000분의 1에 불과하다. 파괴력은 밀도나 지구와의 상대속도에 따라서도 달라질 수 있다. 크기가 같다면 밀도가 높거나 속도가 빠른 소행성이 운동에너지가 크므로 더 위험하다.

14 롱리치(Longrich), 스크리베라스(Scriberas) & 윌스(Wills)(2016).

15 내가 이 장의 초고를 썼을 때 추적된 소행성들의 위험 중 가장 큰 부분을 차지한 소행성은 지름 2킬로미터의 '2010 GZ60'이었다. 당시에는 이 소행성이 다음 세기 동안 지구와 충돌할 확률이 낮지만 무시할 수 없는 수준인 20만 분의 1이었다. 다행히 지금은 지구를 비껴갈 것으로 예상된다. 현재 발견된 소행성 중 가장 위험하게 여겨지는 소행성은 1.3킬로미터 크기의 '2010 GD37'로 다음 세기에 충돌한 확률은 120,000,000분의 1에 불과하다(제트추진연구소, 2019b).

16 우리가 모두 찾았는지 확신할 수 없는 가장 큰 이유 중 하나는 1AU(지구와 태양

사이의 거리에 해당하는 단위)에 가까운 궤도를 그리고 주기가 1년에 가까운 소행성들은 여러 해 동안 추적되지 않기 때문이다. 다행히 이 조건에 모두 부합하는 소행성이 존재할 확률은 무척 낮다. 만약 있다면 충돌이 일어나기 몇 년 전에 발견될 것이다(앨런 해리스, 저자에게 직접 알림).

17 1~10킬로미터 소행성으로 인한 위험은 이보다 낮다. 추적되지 않은 5퍼센트는 크기 척도에서 끝부분에 몰려 있기 때문이다(1~10킬로미터 소행성 대다수가 10킬로미터에 가까웠고 우리의 추적 방식들은 큰 소행성들을 더 잘 찾아냈다).

18 위험 크기는 앨런 해리스의 설명을 참고했다. 충돌 확률에 관한 추정치들은 스토크스(Stokes) 외(2017, p. 25)에서 인용했다.

지구 주변에 있는 지름 1~10킬로미터 소행성의 총합은 최근 921±20으로 집계되었다(테이트[Tate], 2017). 2019년 4월까지 895개가 발견되었는데 이는 전체의 95~99퍼센트다(제트추진연구소, 2019a). 나는 보수적으로 접근하기 위해 최저치를 기준으로 했다.

지구 주변에서 발견된 지름 10킬로미터 이상의 소행성 네 개는 다음과 같다(제트추진연구소, 2019a). 433 에로스(433 Eros)(1898 DQ); 1036 가니메드(1036 Ganymed)(1924 TD); 3552 돈키호테(3552 Don Quixote)(1983 SA); 4954 에릭(4954 Eric)(1990 SQ). NASA(2011). 이 외에는 없을 것으로 추측한다.

19 2014년에 UN의 권고로 국제소행성경보네트워크(International Asteroid Warning Network)가 설립되었다. 국제 스페이스가드재단(Spaceguard Foundation)은 1996년에 설립되었다(UN우주사무국[United Nations Office for Outer Space Affairs], 2018).

20 2010년 연간 예산은 400만 달러였다. 2016년에 5,000만 달러로 늘어난 후로 지금까지 비슷한 수준으로 추정된다(키터[Keeter], 2017).

21 안타깝게도 혜성은 특징을 파악하고 경로를 변경하기가 훨씬 어려울 수 있다. 단주기 혜성(궤도 주기가 200년 미만)에는 또 다른 독특한 문제들도 있다. 단주기 혜성은 중력 외의 힘에도 영향을 받기 때문에 궤도를 예측하기가 어려워 조준이 쉽지 않다. 지구에서 멀리 떨어져 있는 장주기 혜성은 문제가 훨씬 더 복잡하다. 우리는 우리를 위협할 수 있는 장주기 혜성의 전반적인 수와 구체적인 궤도를 알지 못한다(장주기 혜성이 다음 세기에 우리를 위협한다면 우리에게 다가오는 모습이 관찰되는 첫 번째 장주기 혜성이 될 것이다). 게다가 처음 발견된 후부터(목성 궤도

주변에서 발견될 것이다) 충돌까지 우리에게 주어진 시간은 1년도 안 되므로 경로를 바꾸기가 몹시 어려울 것이다(스토크스 외, 2017, p. 14).

22 지름이 1~10킬로미터인 범위에서는 소행성이 약 20배 흔하지만 소행성들이 추적된 덕분에 위험은 그만큼 줄었다. 10킬로미터보다 큰 범위에서는 혜성과 소행성의 비율이 거의 비슷하다(제트추진연구소, 2019b).

23 소행성 궤도를 이탈시키는 데는 비용이 무척 많이 들지만, 지구와 충돌하는 경로로 날아오는 거대 소행성이 발견될 때만 부담하면 된다. 그런 상황에서 사람들은 아무리 높은 비용이라도 지급할 것이므로 문제는 돈이 아니라 시간이다. 한편 탐지와 추적의 비용은 위험한 소행성이 실제로 존재하는지와 상관없이 부담해야 하므로 궤도 변경보다는 비용이 낮더라도 예상 비용에서 더 많은 부분을 차지하며 예산을 지원받기가 더 어렵다.

24 미국 국립연구회의(National Research Council)(2010), p. 4.

25 초기 논의에 관해서는 세이건 & 오스트로(Ostro)(1994)를 참고하고 최근 조사에 관해서는 드몰라(Drmola) & 마레스(Mareš)(2015)를 참고하라.

26 확률이 낮은 한 가지 이유는 몇 가지 궤도 변경 방법(핵폭발 등)은 매우 강력하기 때문에 소행성을 궤도에서 이탈시키는 데는 충분하지만 특정 국가를 공격하도록 미세하게 조정할 수는 없다. 그러므로 이 같은 방법들이 우리가 추구해야 할 최고의 방법일 것이다.

27 화산 폭발은 두 가지 척도로 측정할 수 있다. 그중 화산폭발지수(VEI; volcanic explosivity index)는 분출물의 양으로 분류하는 서열 척도다. 그리고 등급 척도는 $M=\log_{10}$(분출된 무게[kg])-7로 분출물의 양을 대수눈금으로 나타낸다. 일반적으로 과학자들이 등급 척도를 선호하는 까닭은 분출량을 측정하는 데 여러 현실적인 문제가 있고 등급이 다른 매개변수와 맺는 관계를 분석하는 데 연속적인 척도가 유용하기 때문이다. VEI 단계가 1~8인 폭발에서 침전물 밀도가 약 $1,000kg/m^3$이 넘으면(대부분 넘는다) 모두 진도 8도 이상이다.

슈퍼 화산 폭발과 일반적인 폭발 사이에 분명한 경계선은 없다. 슈퍼 화산 폭발은 분출량이 1,000세제곱킬로미터 이상인 VEI 8에 해당한다. 범람 현무암을 슈퍼 화산 분출로 간주해야 할지는 분명하지 않으며 일반적으로는 별개로 취급한다. 척도에 관한 자세한 논의는 메이슨, 파일 & 오펜하이머(2004)를 참고하라.

28 하지만 모든 칼데라가 슈퍼 화산 폭발의 결과는 아니다. 예를 들어 하와이에 있는 킬라우에아의 칼데라는 폭발적인 분출이 아닌 용암류로 형성되었다.

29 이는 마지막 슈퍼 화산 폭발이었다. 17만 6,000년 전 그보다 약한 폭발이 있었다(크로스웰러[Crosweller] 외, 2012).

30 지구 온도가 얼마나 내려갔는지에 관한 추정치는 섭씨 0.8도에서 18도로 불확실성이 크다. 기후 영향을 다르게 하는 주요 원인 중 하나는 상층 대기로 분출되는 황산염의 양인데 그 추정치들은 수십 배씩 다르다. 황산염의 양은 정확한 배출량이 측정된 1991년의 피나투보(Pinatubo) 화산 폭발 배출량의 배수로 나타낸다.

초기 연구(람피노[Rampino] & 셀프[Self], 1992)에서는 기온이 섭씨 3~5도 하락했으며 피나투보의 38배 많은 황산염이 배출되었을 것으로 추측되었다. 이후 로복 외(2009)는 피나투보의 300배를 중간 추정치로 하여 기온이 최대 14도 하락했다고 추측했다. 체스너(Chesner) & 루어(Luhr)(2010)는 최근 연구에서 황산염 양을 이전 수치보다 훨씬 낮은 피나투보의 2~23배로 제시했다. 요스트(Yost) 외(2018)는 여러 추정치와 방법론을 광범위하게 검토한 뒤 체스너 & 루어(2010)의 추정치가 가장 신뢰도가 높다고 주장하며 그에 따른 기온 하강 정도를 1~2도로 계산했다. 추정치들의 범위를 더 좁히기 위해서는 더 많은 연구가 이루어져야 한다.

31 라이블(Raible) 외(2016). 바이런이 이때 영감을 받아 쓴 시 〈어둠〉은 다음과 같이 시작한다. "나는 전혀 꿈이 아닌 꿈을 꾸었다. / 밝은 해가 빛을 잃고 / 별들은 영원한 우주를 헤매며 어두워지고 / 지구는 빛줄기도 없고 길도 없이 얼어버린 채 / 달 없는 허공에서 눈이 멀어 까맣게 변한 채 흔들리고 / 아침이 오고 가지만―아침이 오더라도 낮은 오지 않는다."

메리 셸리(Mary Shelly)도 바이런과 퍼시 셸리(Percy Shelly)와 여행하는 동안 여름 없는 해에 《프랑켄슈타인(*Frankenstein*)》의 영감을 얻었다. 셸리는 1831년판 서문에서 자신들이 "습하고 불쾌한 여름 날씨와 끊임없이 내리는 비"로 어쩔 수 없이 실내에 있게 되면서 유령 이야기를 하며 시간을 보냈는데 그중 하나가 《프랑켄슈타인》이 되었다고 설명했다(셸리, 2009).

32 '토바 재앙 가설(Toba catastrophe hypothesis)'로 불리는 이 가설은 앰브로즈(1998)

가 대중에게 알렸다. 윌리엄스(2012)는 지금의 고고학, 유전학, 고기후학 기술의 부정확성 때문에 가설을 입증하거나 반박하기가 어렵다고 주장했다. 관련 증거에 대한 비판적 검토는 요스트 외(2018)를 참고하라. 한 가지 중요한 불확실성은 극적인 인구 하락이 아닌 인구 분산과 관련한 창시자 효과로 인해 유전적 병목 현상이 일어날 수 있다는 것이다.

33 다시 말해 직접적인 절멸이다. 그런 사건은 이후 전쟁을 촉발할 위험을 야기하는 주요 압박 요인이다. 위험 인자에 관해서는 6장을 참고하라.
9.1도의 토바 폭발은 지질학 기록에서 가장 강력한 폭발이었다(크로스웰러 외, 2012). 균일 사전 분포에서는 200만 년 동안의 가장 큰 폭발이 그렇게 최근에 일어났을 확률은 낮다(4%). 이는 기록이 부정확하거나 토바 진도 추측이 과장되었을 가능성을 제기한다.

34 바노스키 외(2011). 하지만 페름기 막바지에 일어난 대량 절멸에 대해 여러 원인이 지목되었다는 사실을 염두에 두어야 한다. 제시된 원인들에 관한 조사는 어윈(Erwin), 보링(Bowring) & 위간(Yugan)(2002)을 참고하라.

35 루지에 외(2018). 토바 크기의 폭발(9도 이상)이 다시 일어날 시기를 가늠하기란 어려운데 특히 데이터 포인트가 하나일 때는 더욱 그렇다. 루지에 모형에서는 6만 년에서 600만 년이고 중간 추정치는 80만 년이다(저자에게 직접 알림). 이 추정치는 폭발의 최대 한계치에 무척 민감하고, 루지에는 이를 9.3으로 정했다. 나는 신뢰도를 위해 모든 숫자를 유효숫자로 내림했다.

36 윌콕스 외(2017); 덴켄베르거 & 블레어(Blair)(2018).

37 이를 위해서는 기후 모형과 화석 기록 분석을 통해 과거 폭발이 절멸을 전 세계적으로 일으켰는지 아니면 국지적으로 일으켰는지 조사해야 할 것이다. 슈퍼 화산 폭발의 빈도가 소행성 충돌보다는 높으므로 화석 기록 분석은 슈퍼 화산 폭발에서 더 쉬울 것이다.

38 힘 중 하나가 증가하거나 감소하면 항성 크기는 다시 균형을 찾을 때까지 변한다. 빠른 수축과 폭발은 힘들이 균형을 다시 맞추는 데 실패하면서 나타난 결과로 볼 수 있다.

39 이는 거대 항성의 핵연료가 고갈되어 압력이 감소하거나 작은 백색왜성이 주변 항성에서 너무 많은 질량을 뺏어 와 중력 압박이 증가할 때 일어날 수 있다.

'핵 수축 초신성 폭발'로 불리는 첫 번째 경우가 두 번째보다 흔하다. 두 번째는 '열핵 반응 초신성 폭발'(또는 'Ia형 초신성 폭발')로 불린다.

40 바데(Baade) & 츠비키(Zwicky)(1934); 쉰데볼프(Schindewolf)(1954); 크라소브스키(Krasovsky) & 시클로브스키(Shklovsky)(1957).

41 보넬(Bonnell) & 클라베사델(Klebesadel)(1996).

42 이 같은 효과로 인해 지구에 치명적일 수 있는 범위가 크게 늘어나기 때문에 이는 초신성 폭발보다는 감마선 분출을 더 걱정해야 할 이유로 해석되기도 한다. 하지만 이 현상 때문에 폭발이 잘못된 방향을 향하면서 우리를 비껴갈 수도 있다. 은하의 크기가 충분히 크다면 이 영향은 완전히 상쇄될 수 있다. 폭발로 치명적인 방사선에 노출될 평균 항성 수에 좁은 원뿔이 영향을 미치지 않기 때문이다. 우리 은하에서는 좁은 원뿔이 실제로 폭발에 영향을 받는 항성의 숫자를 오히려 **줄인다**. 분출 에너지 대부분이 은하 가장자리로 날아가 낭비될 확률을 높이기 때문이다.

43 이 감마선 폭발(GRB 080319B)은 약 75억 년 전 현재 100억 광년 이상 떨어진 곳에서 일어났다(저자가 우주 팽창을 고려하여 거리를 계산했다). 이는 맨눈에 보이는 가장 먼 천체인 삼각형자리 은하보다 3,000배 먼 곳이다(네이[Naeye], 2008).

44 우주선이 지구 대기와 상호작용하면 위험한 수준의 뮤온 방사선을 포함해 고에너지 입자 줄기가 지표면에 내린다.

이 같은 사건이 약 4억 4,000만 년 전 오르도비스기 대량 멸절을 일으키는 데 큰 역할을 했을 수 있다(멜롯[Melott] 외, 2004).

45 핵 수축 초신성은 가까이 있다면 무척 쉽게 관찰될 테지만 현재 보이지 않으므로 그로 인한 위험을 배제할 수 있다. 한편 찾기가 더 힘들기 때문에 주변에 없다고 확신하기가 어려운 열핵 폭발 초신성(Ia형)이 차지하는 위험은 전체의 약 10분의 1이다(테[The] 외, 2006). 마찬가지로 서로 충돌할 수 있는 중성자별 쌍성계를 찾기는 몹시 어려우므로 그로 인한 감마선 폭발의 위험을 배제할 수 없다. 감마선 폭발을 이해하는 데 따르는 여러 어려움을 고려하여 다음 세기 동안의 위험이 세기당 평균 위험과 비교해 얼마나 낮을지에 관한 추정치는 제시하지 않았다.

46 멜롯 & 토머스(2011)는 절멸 수준의 초신성 폭발의 빈도를 500만 세기에 한 번

으로 추정했다. 그들이 사용한 거리 임계는 10파섹이다. 윌먼(Wilman) & 뉴먼(Newman)(2018)의 수치는 이와 비슷한 1,000만 세기에 한 번이다.

멜롯 & 토머스(2011)는 절멸 수준의 감마선 폭발의 총비율을 250만 세기에 한 번으로 추정했다. 여기에는 긴 감마선 폭발과 짧은 감마선 폭발 모두 포함된다. 피란(Piran) & 히메네즈(Jimenez)(2014)는 과거에 일어났던 절멸 수준의 감마선 폭발에 관한 확률적 추정치를 제시했다. 지난 50억 년 동안 긴 감마선 폭발이 일어난 확률은 90퍼센트 이상이고 지난 5억 년 동안은 50퍼센트다. 짧은 감마선 폭발은 확률이 훨씬 낮아 지난 50억 년 동안은 14퍼센트, 5억 년 동안은 2퍼센트다.

이 같은 확률 추정치(특히 감마선 폭발의 추정치)는 해당 분야가 아직 초기 단계이므로 소행성과 혜성의 추정치보다 훨씬 대략적이다. 예를 들어 초신성과 감마선 폭발로 분출된 에너지(그리고 감마선 폭발의 원뿔 각도)에 관한 추정치는 이미 밝혀진 에너지 수준과 원뿔 각도의 구체적인 경험적 분포가 아닌 대표성을 띤다고 여겨지는 개별 사례들을 바탕으로 한 것이다. 또한 우리는 어떤 사건들이 지구 오존층의 30퍼센트를 파괴할 수 있는지 합리적인 수준으로 이해하고 있지만, 이 수치가 재앙의 올바른 한계인지 확신하기 위해서는 더 많은 연구가 필요하다.

47 좀 더 구체적인 예는 다음과 같다. 오존 고갈이 인간과 작물에 미칠 것으로 예상되는 영향을 바탕으로 절멸이 합리적으로 예측되는 영향의 수준을 판단. 초신성 폭발과 감마선 폭발의 에너지 수준(및 원뿔 각도)에 대해 대표적 사례들에 기대는 대신 관찰된 분포를 모형화할 것. 이 장의 주 42번에 언급한 원뿔 각도와 관련한 기하학적 문제도 고려. 모형에 대해 민감도 분석을 실시하여 관련 값들이 조합되어 위험이 소행성 위험에 이르게 될 가능성 확인(있다면 배제할 수 있도록 노력).

사고방식을 확장하여 기존 모형들이 위험을 실제보다 10배 이상 저평가했을 경우를 찾아보는 것 또한 바람직하다.

48 이는 8장에서 자세하게 다룬다.

49 마송-델모트(Masson-Delmotte) 외(2013)는 궤도 촉성(태양에 대한 지구의 위치가 서서히 변하는 현상)이 앞으로 1,000년 동안은 광범위한 빙하작용을 일으키지 않을

거라는 건 '거의 확실'하다고 말한다(90퍼센트 이상). 그들에 따르면 기후 모형들의 시뮬레이션에서 대기 중 이산화탄소 농도가 300ppm 이상으로 유지되면 앞으로 5만 년 동안 빙하작용은 일어나지 않는다. 더군다나 빙하기가 자주 일어났으므로 빙하작용이 높은 절멸 위험이었다면 그 증거가 화석 기록에 나타났어야 한다(실제로 호모 사피엔스 역사의 대부분은 빙하기 동안 펼쳐졌다).

하지만 우리는 확률이 낮다고 알려진 다른 많은 위험을 살펴보고 있으므로, 빙하기가 시작될 확률이 얼마나 낮은지, 빙하기 시작이 전 세계 문명에 얼마나 큰 위험이 될지에 관한 우리의 이해를 향상하는 것 역시 바람직하다. 주목할 점은 농업혁명이 일어난 시기가 마지막 빙하기가 끝나 갈 무렵이라는 사실이다. 이는 빙하기가 존재 위험을 일으킬 확률은 아주 낮더라도 농업 문명은 훨씬 어렵게 할 수 있다는 점을 암시한다.

50   애덤스 & 라플린(1999). 항성은 블랙홀보다 압도적으로 많으므로 블랙홀이 지나가서 생길 교란은 그 확률이 더욱 낮다.

51   진짜 진공이 일어나면 그 관찰자들이 사라져 데이터를 뒷받침하는 사례 역시 없어질 수밖에 없으므로 이 확률은 관찰로 가늠할 수 없다. 하지만 테그마크 & 보스트롬(2005)의 독창적인 주장에 따르면, 10억 분의 1이 넘는 진공 붕괴의 연간 위험은 99.9퍼센트 신뢰도로 배제할 수 있다. 버타조(Buttazzo) 외(2013)는 실제 확률이 1년에 10,600분의 1 미만이라고 주장한 반면 다른 많은 이들은 우주 진공이 실제로 진짜 진공이므로 붕괴 확률은 정확히 0이라고 생각한다.

고에너지 물리 실험 같은 인간의 행동 역시 진공 붕괴를 일으킬 수 있다. 이 같은 실험의 위험은 pp. 160~161를 참고하라.

52   지질학 기록에 따르면 한 세기 동안의 확률은 대략 2,000분의 1이다. 이 과정이 무작위로 일어나는지 주기적으로 일어나는지는 여전히 논의 중이다. 최근 상황은 버핏(Buffett), 지글러(Ziegler) & 컨스터블(Constable)(2013)을 참고하라.

53   링검(Lingam)(2019).

54   인류 존속 기간을 자연적 위험이 낮다는 증거로 삼는 개념의 대략적 설명은 레슬리(1996, p. 141)와 보스트롬(2002b)을 참고하라. 내가 알기로 화석 기록 증거의 정량화는 오드 & 벡스테드(2014)가 처음 시도했다. 나는 스나이더-비티, 오드 & 본살(Bonsall)(2019)의 논문에서 이 논리를 더욱 발전시켰다.

55　이 모든 방식은 평균을 바탕으로 한 추정치를 제시한다. 우리가 사는 시대가 평균적인 시대가 아니라면 이는 더 이상 유효하지 않다. 우리가 지구와 충돌할 경로로 다가오는 10킬로미터의 소행성을 발견할 확률은 극도로 낮다. 하지만 발견한다면 더 이상 평균의 법칙에 기댈 수 없게 된다. 지금 인류의 지식에서 절멸 위험이 급격히 상승할 것으로 예상되는 자연적 위험은 없다(그런 자연적 위협은 무척 드물므로 우리가 그런 상황에 놓이면 무척 놀랄 일이다). 실제로 우리가 보유한 지식 대부분은 소행성이나 초신성으로 인한 단기적 위험이 장기적 평균보다 낮다고 말한다.

56　회복 불가능한 문명 붕괴에 간접적으로 적용할 몇 가지 방법이 있다. 이제까지 규명된 주요 위험들은 회복 불가능한 문명 붕괴를 일으킬 위험과 절멸을 일으킬 위험이 전반적으로 비슷하므로(예컨대 10배 이내), 절멸 위험이 아주 낮다는 발견이 문명 붕괴 위험에도 큰 의미를 띨 것이라고 생각할 수 있다. 절멸 위험보다 문명 붕괴 위험이 훨씬 큰 자연적 위험이 있다면 이 관계가 끊어진다. 그런 위험 요소는 생각보다 찾기 어렵다. 특히 우리가 사용하는 화석 증거 대부분의 주인공들이 인간보다 지리학적 범위가 좁고 적은 수의 식량 원천에 기대기 때문에 우리보다 절멸에 훨씬 취약한 종이라는 사실을 떠올리면 더욱 그렇다. 우리가 찾는 자연적 위험은 종을 절멸시키지는 않지만 전 세계 문명을 영구히 파괴하는 위험이다.

또 다른 접근법은 세 가지 방법 중에서 호모 사피엔스의 존속 기간 대신 문명의 존속 기간을 활용하는 첫 번째 방법을 적용하는 것이다. 약 100세기를 상정한다면 최적의 추정치는 세기당 0~1퍼센트가 된다. 무시할 수는 없지만 만족할 만한 수치는 분명 아니다.

이 같은 추정치들과 회복 불가능한 문명 붕괴의 한계치를 강화할 더 많은 연구가 절실하다.

57　호모 사피엔스의 20만 년 역사와 이후 우리가 살펴볼 많은 관련 시기들은 불확실성이 크다. 여기서 말하는 20만 년 추정치는 일반적으로 호모 사피엔스의 화석으로 널리 여겨지는 '오모(Omo)' 화석을 바탕으로 한 것이다. 좀 더 최근에 모로코 제벨 이루드에서 발견된 화석은 약 30만 년 전의 것이지만 호모 사피엔스의 화석인지는 아직 논의 중이다(1장 주 2번을 참고하라). 하지만 이 모든 날짜는 2

배의 오차 범위 안에서 정확하다고 판단되며 이는 이후의 정성적 결론을 내리기에 충분한 정확도다. 당신이 선호하는 다른 추정치가 있다면 그것으로 자유롭게 대체해 정성적 추정치가 어떻게 변하는지 살펴보라.

58 어떤 수학적 맥락에서는 확률이 0인 사건도 일어날 수 있으므로 이는 엄밀히 말해서 사실이 아니다. 하지만 동전을 끝없이 던지는데도 뒷면이 나오지 않는 것처럼 불가능성이 무한한 상황이다. 물론 인류 절멸이 불가능성이 무한한 사건이라고 주장할 충분한 증거는 없다.

59 이 연구 분야는 현재 진행 중이며 전례 없는 사건들을 다루는 존재 위험 연구에서 분명 아주 중요하다. 이 문제를 다음의 질문으로 표현해 볼 수 있다. 이제까지 n번의 시도에서 모두 성공한 어떤 사건에 대해 실패 확률을 어떻게 책정해야 할까? 이는 '무실패 데이터 문제'로도 부른다. 이제까지 제시된 추정량은 다음과 같다.

0	최대 우도 추정량
1/3n	'3분의 1' 추정량(베일리[Bailey], 1997)
~1/2.5n	퀴글리(Quigley) & 리비(Rivie)(2011) 방법론의 근사치
1/2n+2	최대 엔트로피 사전 분포를 통한 베이즈 갱신
~1/1.5n	50% 신뢰 수준(베일리, 1997)
1/n+2	균일 사전 분포를 통한 베이즈 갱신
1/n	'최대 한계' 추정량

널리 쓰이는 '3수법(rule of three)'(헨리[Hanley], 1983)은 이 같은 질문에 답하기 위한 것이 아니라는 사실에 주목하자. 3수법은 3/n을 최적의 추정치가 아닌 최대 한계(95퍼센트 이상의 신뢰도)로 제시한다. 우리는 더 직접적인 접근법을 통해 한계치들을 산출하고 더 높은 신뢰도를 필요로 한다.

내가 최대 엔트로피 사전 분포를 통한 베이즈 갱신이 가장 타당하다고 판단하는 까닭은 합리적인 범위(수많은 시도가 이루어진 경우 또는 실패 가능성이 모든 시간에 걸쳐 펼쳐져 있는 형태) 바로 가운데에서 추정치를 제시하기 때문이다.

60 최대 한계에 관한 일반적인 공식인 $1-(1-c)^{100/t}$에서 c는 신뢰도(예컨대 0.999)이고

t는 인류가 존속한 햇수(예컨대 200,000)다.

61 이는 위험이 0.34퍼센트 미만일 확률이 99.9퍼센트라고 말하는 것과 완전히 같은 의미는 아니다. 위험이 0.34퍼센트보다 높았다면 사건이 1,000번 중에 한 번은 발생했어야 한다는 뜻이다. 그렇다면 우리는 위험 발생에 대해 회의적일 수 있다. 다만 위험이 높을 거라고 합당하게 여길 수 있는 다른 이유가 있다면 이야기가 달라진다. 예를 들어 관찰된 다른 모든 종이 자연적 원인으로 절멸할 확률이 세기당 1퍼센트라면, 우리 역시 그럴 가능성이 크고 우리가 이제까지 생존한 건 특별해서가 아니라 무척 운이 좋았기 때문이라고 생각할 수 있다. 하지만 조만간 이야기하겠지만 우리와 비슷한 종들은 절멸 위험이 그보다 낮으므로 그런 사실은 회의적 시각에서 벗어날 탈출구가 되지 못한다.

62 우리는 화석 증거를 바탕으로 최소 43만 년 전 분기가 일어났다고 확신할 수 있다(아르수아가[Arsuaga] 외, 2014). 약 40만~80만 년 전 유전체 증거에 관한 추정치 조사는 화이트(White), 가울릿(Gowlett) & 그로브(Grove)(2014)를 참고하라.

63 이 특별한 형태의 생존자 편향은 '인류 편향'이나 '관찰 선택 효과'로도 불린다.

64 나와 동료들은 인류가 이제까지 얼마나 오랫동안 존속했는지를 통해 자연적 존재 위험을 가늠할 때 이 같은 가능성들을 어떻게 다룰 수 있는지 설명했다(스나이더-비티, 오드 & 본살, 2019). 우리는 인류 편향의 영향에 관해 생물학적으로 가장 합리적인 모형들에서는 자연적 위험의 추정 확률들에 대한 변화가 작다는 사실을 발견했다.

65 이 장에서 다룬 모든 종의 존속 기간 추정치는 화석 증거를 바탕으로 한 것이다. 여전히 새로운 종이 발견되고 있으며 몇몇 지역에서만 발견되는 종들도 있기 때문에 호모 속에 해당하는 모든 종의 완전한 데이터를 얻기란 힘들다. 그러므로 종마다 가장 오래된 화석과 가장 최근 화석 사이의 기간을 활용한다면 존속 기간이 실제보다 훨씬 짧아질 수 있다. 한 가지 해결법은 몇몇 지역이 아닌 여러 지역에서 발견되는 종들에만 초점을 맞추는 방식으로, 나 역시 그렇게 했다. 하지만 그렇다면 화석을 많이 남기지 못한 수명이 짧은 종들에 대해서는 잘 알지 못하는 편향이 발생한다(따라서 자연적 위험이 저평가된다). 그러나 호모 사피엔스는 수명이 20만 년 이상이라고 알려져 있으므로, 수명이 극도로 짧아 위 방법에서 고려되지 않은 종의 절멸 확률은 호모 사피엔스의 절멸 확률과 전혀

비슷하지 않을 것이다.

66 일정한 위험률이 종이 어떻게 절멸되는지에 관한 합리적인 모형이 될 수 있는 지에 의문을 품을 수 있다. 가령 일정한 위험률은 다음 세기 동안 절멸할 객관적인 확률이 이제까지 존속한 기간과 무관하다고 가정하지만, 종들은 유기체와 같아서 오래된 종일수록 적응력이 떨어져 위험이 더 크다. 시간의 흐름에 따른 절멸 위험의 이 같은 조직적인 변화는 내 분석에 영향을 줄 수 있다. 하지만 같은 범주에 속하는 종들의 존속 기간은 일정한 위험률을 통해 꽤 훌륭하게 근사치를 가늠할 수 있다(반 발렌[Van Valen], 1973; 알로이[Alroy], 1996; 풋 & 라우프, 1996).

67 호모 사피엔스도 그 이전 종의 연속일 수 있으므로 두 번째 방법론에 대해서도 마찬가지로 이야기할 수 있다.

68 여기서 언급하는 모든 시기는 사건이 끝났을 때다. 절멸률은 바노스키 외(2011)에서 인용했다.

최근에는 데본기와 트라이아스기에 종의 숫자가 줄어든 건 존재하는 종들의 절멸률이 높아져서가 아니라 새로운 종의 출현율이 낮아져서라는 주장이 나왔다(밤바흐[Bambach], 2006). 이 주장에 따르면 인류에게 영향을 미치는 절멸 사건의 주기가 '세 번의 대량 절멸'로 줄어들므로 이 책의 주장을 뒷받침한다.

대량 절멸을 포함한 절멸 사건의 원인 대부분에 관한 과학적 불확실성도 무척 크다. 하지만 이 책에서는 그다지 중요한 사실이 아니다. 우리는 어쨌든 절멸 사건이 극도로 드물다는 사실을 알고 있고 우리 주장에서 차지하는 비율이 그리 높지 않다.

69 소행성 충돌은 기술 발전과 인류의 지리적 분포가 넓다는 사실 덕분에 위험이 낮지만 인류가 기술과 매우 제한적인 농작물에 의존한다는 사실 때문에 위험이 커질 수 있다. 소규모 집단을 이루는 수렵채집인들은 지금은 거의 사라진 인류의 여러 능력을 보유한 덕에 소행성 충돌의 위험을 더 잘 극복할 수 있을지 모른다(핸슨[Hanson], 2008). 하지만 지구에는 여전히 비교적 고립된 삶을 사는 사람들과 다른 인류와 거의 접촉이 없는 부족들이 존재하므로 위험이 전반적으로 증가했다는 견해에 나는 무척 회의적이다.

4. 인공적 위험

1 토인비(1963).

2 융합이 원자폭탄에 기여하는 건 이 같은 효율성 증대만이 아니다. 분열 기반 폭탄은 연료의 임계 질량으로 인해 크기가 제한적일 수밖에 없다(몇 가지 트릭으로 임계 질량을 넘을 수는 있지만 그 범위가 몇 배 안 된다). 한편 융합 연료는 그런 제약이 없어 폭탄을 훨씬 크게 만들 수 있다. 게다가 융합으로 분출되는 중성자는 폭탄의 거대한 우라늄 탬퍼에서 분열을 일으킬 수 있다. 이 같은 폭탄을 분열-융합-분열 폭탄이라고도 하며 마지막 분열 단계에서 에너지 대부분이 생성된다.

3 컴튼(1956), pp. 127~8.

4 알버트 슈페어(Albert Speer) 독일 전 군수장관의 이야기는 등골을 서늘하게 한다(슈페어, 1970, p. 227): "하이젠베르크 교수는 성공적인 핵분열이 100퍼센트 확실하게 통제될 수 있을지 아니면 연쇄 반응으로 계속 이어질 수 있을지에 관한 내 질문에 최종적인 답을 주지 않았다. 히틀러는 자신이 통치하는 지구가 불타는 별로 변할 가능성을 그저 마음에 들어 하지 않았다. 하지만 그는 하늘 아래 모든 비밀을 드러내려는 비현실적인 충동에 사로잡힌 과학자들이 언젠가는 지구를 화염에 휩싸이게 할 거라고 종종 농담했다. 그렇지만 이는 많은 시간이 지나야 일어날 일이라 그때까지는 자신이 살아서 그 광경을 보지는 못할 것이라고 말했다."

위 글에서 슈페어가 같은 걱정을 한 건지(열핵 반응이 대기로 퍼지는 상황) 아니면 통제되지 않은 폭발을 걱정한 건지는 정확히 알기 힘들다.

5 융합 반응과 관련한 매개 변수들에 대해 무척 '낙관적인' 추측을 한 텔러는 폭발로 인한 열이 새로운 융합으로 인한 온도 상승보다 빠르게 복사되어 온도를 낮추는 속도는 고려하지 않았다(로즈, 1986, p. 419).

6 이후 기밀 해제된 이 보고서는 코노핀스키(Konopinski), 마빈(Marvin) & 텔러(1946) 보고서에서 참고할 수 있다.

7 보고서는 다음과 같이 끝난다. "이 보고서의 주장들에 따르면 N+N 반응이 전파될 수 있다는 예상이 불합리하다고 결론 내릴 수 있다. 무제한의 전파는 확률이 더욱 낮다. 하지만 주장의 복잡성과 만족할 만한 실험적 근거의 부족을 고려하

면 해당 주제에 관한 추가 연구가 필요하다."(코노핀스키, 마빈 & 텔러, 1946)

최근 논의에서는 '100만 분의 3'이 연소 확률의 추정치로 제시되거나 넘지 말아야 할 안전 한계치로 거론된다. 이 수치는 보고서에서 인용된 것이 아니며 펄 S. 벅(Pearl S. Buck)(1959)의 글을 통해 대중에 전해진 것으로 보인다. 흥미로운 수치이긴 하지만 원자 과학자들이 이를 사용했다는 확실한 증거는 없다.

8   맨해튼 프로젝트의 공식 역사학자였던 데이비드 호킨스(David Hawkins)에 따르면 대기 연소 가능성이 젊은 과학자들에 의해 계속 발견되었으며 로스앨러모스의 지도부는 이미 해결된 문제라며 계속 "무시"하려고 했다. 결국 호킨스는 "트리니티 실험 전후 다른 어떤 주제보다 이 문제에 관해 참가자들과 많은 인터뷰를 하게 되었다."(엘즈버그, 2017, pp. 279~80)

9   피터 굿차일드(Peter Goodchild)(2004, pp. 103~4)는 다음과 같이 말했다. "실험 전 마지막 몇 주 동안 텔러와 연구자들이 당장의 준비에 몰두하고 있을 때 엔리코 페르미가 대기 연소 가능성을 다시 제기했다. 팀은 계산을 시작했지만, 컴퓨터가 등장하기 전에 이루어졌던 프로젝트들이 으레 그랬듯이 가정을 단순화해야 했다. 연구자들의 결과는 계속 부정적이었지만 페르미는 그들의 가정에 만족해하지 않았다. 그리고 아직 발견되지 않은 어떤 현상이 극단적으로 높은 온도로 인한 새로운 조건들에서 예상치 못한 재앙을 일으킬지 모른다고 걱정했다."

10   그가 다음 날 개인적으로 적은 메모에서 발췌한 내용이다(허시버그[Hershberg], 1995, p. 759). 전문은 다음과 같다. "그리고 하얀 빛이 터져 하늘 전체를 메웠고 이는 몇 초 동안 계속되는 듯했다. 내가 예상했던 건 짧은 섬광이었다. 나는 강렬한 빛에 놀랐다. 곧바로 무언가 잘못되었다는 생각이 들면서 우리가 가능할지도 모른다고 이야기했었고 몇 분 전에도 농담 삼아 입에 올렸던 대기의 열핵 변형이 정말 일어났구나 싶었다."

코넌트는 이 심연을 응시하면서 핵전쟁으로 인한 문명 파괴를 처음으로 진지하게 고민한 사람 중 한 명이 되었을 것이다. 전쟁이 끝나고 하버드로 돌아온 그는 케에스 메트칼프(Keyes Metcalf) 도서관장과 단둘이 만났다. 메트칼프는 후에 코넌트의 요청을 듣고 받은 충격을 다음과 같이 회상했다(허시버그, 1995, pp. 241~2). "우리는 원자폭탄 폭발 후 전혀 다른 세상에 살고 있다. 그 결과가 어떨지 알 방법은 없지만 지금 우리 문명의 많은 부분이 사라질 위험에 처해 있다.(……) 우리가 우리 뒤를 잇기를 바라는 문명을 위해서는 지금 문명에 관한 인쇄 기록을 축소 촬영한 다음 대략 10부를 미국의 여러 지역에 묻어 보관하는 것이 좋을 듯하다. 그렇다면 로마제국 몰락에서 비롯되었던 파멸을 막을 수 있을 것이다."

메트칼프는 이를 위해 필요한 작업을 점검한 뒤 가장 중요한 문헌 50만 권의 총 2억 5,000만 페이지를 축소 촬영하는 대략적인 계획을 세웠다. 하지만 결국에는 계획을 실행에 옮기지는 않았다. 계획이 대중에게 알려지면 큰 혼란을 일으킬 수 있어서이기도 하지만 대학 도서관은 원자 무기의 직접적 공격 대상은 되지 않을 테므로 문서 기록이 무사할 것으로 생각되었다. 하지만 하버드를 떠난 뒤 남반구의 주요 대학에 있는 중요한 자료를 보존하는 방대한 프로젝트를 시작했는데 이는 아마도 코넌트와의 대화와 핵 재앙에 대한 공포가 계기가 되었을 것이다(허시버그 & 켈리[Kelly], 2017).

11 위버(Weaver) & 우드(Wood)(1979).

12 연구팀이 자신들의 내부 연구에 대한 정확성을 진심으로 걱정한다면 연구의 오류를 입증할 이른바 '레드팀(red team)'을 구성할 수 있다. 팀원들이 연구에 대한 처음의 애착을 떨치고 연구가 맞기보다는 틀리길 바랄 때까지는 많은 시간이 주어져야 한다. 또한 오류를 찾기 위한 충분한 자원과 격려, 동기를 제공해야 한다.

13 제대로 된 위험 분석에는 이해관계 측정과 이익 비교가 따르기 마련이다. 히틀러가 굴복한 후 재앙이 일어날 확률 한계가 크게 낮아져 이익들은 **훨씬** 작아졌지만, 위험에 대한 재평가는 이루어지지 않은 듯하다.

14 정부에서 최소한 몇몇 사람이 이를 알았던 것으로 보인다. 서버(Serber)(1992, p. xxxi)는 다음과 같이 언급했다. "컴튼은 입을 다물어야 한다는 지각이 없었다. 이 사실이 어떤 경로에서인지 워싱턴에 입수된 문서에 언급되었다. 그래서 이후 누군가가 이따금 알게 되어 문제가 다시 거론되었기 때문에 사건은 결코 묻히지 않았다."

15 어떤 사건에 대해 누군가가 생각하는 주관적인 확률을 알아내는 최고의 방법 하나는 내기를 걸고 판돈이 얼마나 커야 상대방이 내기를 받아들일지 지켜보는 것이다. 트리니티 실험 전날 밤 페르미도 실험이 세상을 파괴할 수 있을지

에 관한 내기를 걸었다. 하지만 대기가 **연소한다면** 판돈을 가져갈 사람이 없으므로 반쯤 장난이었을 것이다. 페르미의 내기를 받아들인 사람이 누구인지, 판돈이 얼마였는지에 관한 역사적 기록은 없다.

16 연료는 리튬에 중수소(융합 반응에 도움이 되는 수소 동위원소)가 섞인 복합물이었다. 리튬의 용도는 중성자와 반응하여 극도로 희소한 수소 동위원소인 삼중수소를 생성하는 것이었다. 생성된 삼중수소가 중수소와 융합하면 엄청난 에너지가 방출된다.

17 15메가톤은 4~8메가톤의 불확실성 범위를 훨씬 벗어났다(도슨[Dodson] & 라비 [Rabi], 1954, p. 15).

18 일본은 나가사키 원자폭탄 투하 후 고작 9년 뒤 미국 핵무기에 공격받았다는 사실에 당연히 분노했고 이는 외교적 분쟁으로 번졌다. 과학적 결과도 처참했다. 큰 폭발이 일어나 실험 장비 대부분이 파괴되어 유용한 데이터를 거의 회수하지 못했다.

19 리튬-7이 예상하지 못한 방식으로 반응하여 삼중수소와 중성자가 더 많이 생성되면서 융합 반응과 분열 반응이 예측보다 격렬해졌다. 핵무기에는 여러 상호작용 단계가 일어나므로 두 가지 리튬 동위원소 중 어떤 원소가 더 큰 역할을 했는지 정확히 주장하기는 힘들지만, 무기에서 리튬-7의 양이 리튬-6 양의 150퍼센트였고 150퍼센트 더 많은 에너지 분출이 일어났으므로 두 종류의 리튬이 기여한 정도는 비슷했을 것으로 추측된다.

20 한 가지 이유는 첫 번째 계산에 더 주의를 기울인 듯 보이기 때문이다. 대기가 연소하려면 계산이 틀려야 할 뿐 아니라 안전 계수들을 초과하는 정도로 틀려야 한다.

더군다나 첫 계산은 '그렇다/아니다'의 문제였지만 두 번째는 그렇지 않았다. 그러므로 두 번째가 틀릴 방법이 더 많았다. 앞에서 설명했듯이 여기에는 큰 오류가 있었지만, 그들이 추천한 연료는 어쨌든 **폭발했으므로** 좀 더 조악한 분석에서도 계산이 성공으로 판단될 수 있었을 것이다.

마지막으로 사전 확률의 문제가 있다. 질문들에 답하는 그들의 방법을 전혀 신뢰할 수 없더라도(예컨대 동전 던지기처럼), 이는 그저 해당 사건의 사전 확률 추정치에 대해 유용한 갱신이 이루어지지 않는다는 뜻이다. 대기 연소의 경우에서 이를 가늠하기는 힘들지만 50퍼센트 미만이라고 합리적으로 판단할 수 있고 1퍼센트 미만으로도 추측할 수 있다.

21 소비에트연방의 폭격 표적에 관한 보고서는 1945년 8월 30일에 전달되었다(로즈, 1995, p. 23).

22 또 다른 중요한 기술 발전은 다탄두 각개 목표 설정 재돌입 비행체(MIRV; multiple independently targetable re-entry vehicle)다. MIRV는 하나의 대륙간탄도미사일을 분리해 여러 곳을 공격하게 했다. 적보다 먼저 공격하면 하나의 MIRV로 여러 대륙간탄도미사일을 없앨 수 있기 때문에 MIRV의 개발은 전략적 균형을 선제공격으로 기울게 했다. 그 결과 보복을 위해서는 선제공격 미사일이 날아오는 동안 미사일을 발사해야 하므로 경보 즉시 발사 체제에 대한 의존도가 높아졌다.

23 대부분의 사건에서 사고가 핵전쟁으로 이어지지 않도록 하기 위한 여러 확인 단계가 있었다. 이 사건들이 정말 일촉즉발의 순간이었는지에 관한 회의적 입장은 테르트레(Tertrais)(2017)를 참고하라.

24 일촉즉발의 상황과 사고는 이 책에서 다룬 것보다 훨씬 많다. 예를 들어 북미 항공우주방위군(NORAD; North American Aerospace Defense Command)의 보고에 따르면, 1978년 1월부터 1983년 5월까지 불과 5년 동안 경보 오류로 여섯 번의 위협평가회의(Threat Assessment Conference)와 956번의 미사일배치회의(Missile Display Conference)가 열렸다(월러스[Wallace], 크리시[Crissey] & 세눗[Sennott], 1986).

25 브레주네프(1979); 게이츠(Gates)(2011); 쉬로저(Schlosser)(2013).

26 나타난 미사일이 다섯 기였는지 단 한 기였는지(나머지 네 기는 그날 밤 두 번째 사건에서 나타남)에 관해서는 보고서마다 내용이 다르다.

27 레베데프(Lebedev)(2004); 쉬로저(2013); 찬(Chan)(2017).

28 포든(Forden), 포드비크(Podvig) & 포스톨(Postol)(2000); 쉬로저(2013).

29 약 15킬로톤의 원자폭탄이 히로시마에 투하되어 다섯 달 동안 14만 명에 이르는 사람이 사망했다. 현재 전 세계 무기고의 위력은 이보다 약 20만 배 크므로 단순하게 추론하면 전 세계 인구의 4배에 해당하는 약 300억 명이 사망할 수 있다. 하지만 이 계산에는 두 가지 중대한 오류가 있다.

첫 번째는 인구 밀도가 높은 대도시에 살지 않는 사람도 많다는 사실을 무시한 것이다. 지금의 핵탄두 수로는 전 세계 모든 지역과 마을을 파괴할 수 없다. 두 번째는 핵무기가 클수록 효율이 떨어져 킬로톤당 사상자가 적어진다는 사실을 간과한 것이다. 폭발 에너지는 3차원 구 형태로 퍼지는 반면 도시는 2차원 원반 형태이므로 에너지가 증가할수록 구 형태에서 원반 형태와 닿는 부분의 비율이 적어지기 때문이다. 그러므로 무기가 커질수록 낭비되는 폭발 에너지가 많아진다. 수학적으로 폭발 피해는 에너지 위력의 3분의 2에 비례한다.

30 볼(Ball)(2006)은 전면적인 핵전쟁이 일어나면 전쟁 자체로 사망하는 사람이 2억 5,000만 명에 이를 것으로 추산했다.

미국 기술평가원(Office of Technology Assessment)(1979)에 따르면, 미국 정부는 전쟁 자체로 사망할 미국인을 2,000만~1억 6,500만, 소비에트연방 국민을 5,000만~1억 명으로 추산했다. 1970년대 이후 미국 도시들의 인구가 크게 증가했고 소비에트연방 붕괴로 미국의 공격 대상이 러시아로 축소된 현재 상황을 고려하여 수치를 조정할 필요가 있다. 엘즈버그(2017, pp. 1~3)에 따르면, 미국 합동참모본부는 케네디 대통령에게 제출할 기밀 보고서를 작성했을 때 소비에트연방과 중국에 대한 핵 공격의 사망자를 2억 7,500만 명으로 추산했고 6개월 뒤에는 이를 3억 2,500만으로 수정했지만 현재 인구를 고려하면 지금은 더 높을 것이다.

31 펠드(Feld)(1976)에 따르면, 1메가톤의 핵탄두가 터지면 약 2,500제곱킬로미터의 면적이 치명적인 방사능에 노출되므로 60,000기 이상의 1메가톤 핵탄두가 터져야 지구 전체가 방사능에 노출된다. 현재 전 세계에 배치된 핵탄두 수는 9,000기며 평균 위력은 1메가톤에 훨씬 못 미친다.

32 이 같은 '종말 장치'는 1950년에 레오 실라르드가 처음 제안했고 허먼 칸(Herman Kahn)이 전략적 의미를 구체적으로 규명했다(베테 외, 1950). 코발트 폭탄(또는 비슷한 오염 핵무기)은 소설 《해변에서(On the Beach)》와 영화 〈닥터 스트레인지러브(Dr. Strangelove)〉에서 중요한 역할을 하는데 두 작품 모두에서 핵전쟁은 전 세계적 재앙에서 절멸 위협으로 고조된다.

핵무기로 인류를 몰살하는 데 가장 큰 어려움은 치명적인 방사능이 방공호, 날씨, 바다 같은 요인들과 상관없이 지구 전체에 고르게 퍼져야 한다는 것이다.

러시아가 최근 개발한 핵 어뢰 포세이돈(Poseidon)에 코발트 탄두가 장착되었다고 알려졌다. 이는 우연으로 유출된 정보처럼 보이지만, 러시아 정부가 고의로 흘렸다는 의혹이 제기되었으므로 전적으로 믿을 수는 없다(BBC, 2015).

33 쿠웨이트에서 일어난 유정 화재가 핵겨울 이론의 반증이라는 주장이 이따금 제기된다. 하지만 이는 사실이 아니다. 칼 세이건은 유정 화재로 인한 그을음이 성층권에 도달하면서 지구 온도가 감지 가능할 만큼 내려갈 것으로 생각했다. 하지만 유정에서 난 불은 대기 위를 올라갈 만큼 크지 않았다. 대형 화재에서 비롯된 그을음이 얼마나 높이 올라갈 수 있는지를 가정한 모형에서 미미한 영향이 나타나긴 했지만, 그 외에는 어떤 영향도 없었다. 몇몇 산불에서는 연기가 9킬로미터까지 올라갔다(툰 외, 2007).

34 로복, 오만 & 스텐치코프(2007).

35 하지만 유럽과 북미를 덮는 커다란 빙상이 형성될 만큼 시간이 충분하지는 않을 것이다. 마지막 최대 빙하기 동안 지구 평균 기온은 산업시대 전 수준보다 섭씨 약 6도 낮았다(슈나이더 폰 다이믈링[Schneider von Deimling] 외, 2006).

36 크로퍼(Cropper) & 하웰(Harwell)(1986); 헬팬드(2013); 시아 외(2015).

37 바움 외(2015); 덴켄베르거 & 피어스(2016).

38 핵겨울을 연구했던 세이건(1983)과 에를리히 외(1983)는 절멸이 가능하다고 주장했지만 지금의 학자들은 그렇지 않다.

루크 오만(Luke Oman)(오만 & 슐만, 2012)은 이에 대해 다음과 같이 언급했다. "나는 우리의 2007년 논문에서 150테라그램의 블랙 카본 시나리오로 인해 전 세계 인구가 0으로 될 확률을 10,000분의 1에서 100,000분의 1로 추산했다. 나는 가장 가까운 과거에 일어난 급격한 기후변화 사건이었던 약 7만 년 전의 토바 슈퍼 화산 분출을 바탕으로 위 수치를 산출했다. 토바 화산 폭발 당시 전 세계 인구가 급격히 감소한 인구 병목 현상이 있었다는 주장이 있다. 기후 이상은 강도와 지속 기간에서 비슷할 수 있다. 인구에 가장 큰 영향을 받을 곳은 북반구 대륙 내부 지역이고 뉴질랜드처럼 남반구 섬 국가들은 상대적으로 영향이 적을 것이다. (……) 더 높이 추산한 사람이 있는지는 확인할 수 없지만, 그렇게 생각할 사람은 분명 있을 것이다."내가 동료 두 명에게 물었을 때] 그들은 각각 '0에 매우 가깝다'와 '확률이 아주 낮다'라는 의미의 대답을 했다."

리처드 터코(Richard Turco)(브라운(Browne), 1990)는 다음과 같이 말했다. "내 개인적인 생각으로는 인류가 절멸하지 않더라도 우리가 아는 문명은 분명 사라질 것이다."

앨런 로복(콘, 툰 & 로복, 2016)은 다음과 같이 말했다. "칼 (세이건)은 인류 절멸을 이야기했지만 나는 그건 과장이었다고 생각한다. 인류 절멸 시나리오를 떠올리기란 무척 어렵다. 당신이 남반구에 산다면 그곳은 핵 청정 지역이므로 핵폭탄이 떨어질 일은 없을 것이다. 당신이 뉴질랜드에 산다면 바다로 둘러싸인 덕에 기온 변화가 그리 크지 않고 언제든지 물고기를 잡을 수 있으며 주변에는 죽은 양이 널릴 것이므로 생존할 수 있다. 하지만 현대 의학의 혜택을 누리지 못한다면 (……) 동굴에 살던 시대로 돌아가야 할지 모른다. 어떤 문명도 누리지 못할 테므로 생각하면 끔찍한 일이지만 어쨌든 우리는 절멸하지 않는다."

마크 하웰(Mark Harwell)과 크리스틴 하웰(Christine Harwell)(1986)은 다음과 같이 말했다. "수억 명이 핵전쟁의 직접적인 영향으로 죽을 수 있다. 간접적인 영향으로는 10억에서 수십억이 죽을 수 있다. 후자가 모든 인류의 상실로 이어질 가능성에는 여러 불확실성이 있지만, 현재 최선의 추정에 따르면 대규모 핵전쟁 후 일어날 것으로 예상되는 물리적인 사회 동요에 인류 절멸의 결과가 뒤따르지는 않을 것이다."

39 이 지역들이 대체 부품을 생산할 공장이나 지식을 보존할 것이라고는 보장할 수 없으므로 전자 기기 기술 발전에는 심각한 문제들이 있을 수 있다. 하지만 지난 세기 전 인간이 발명한 수천 가지 기술에 대해서는 상황이 훨씬 나아 보인다. 사람들이 산업시대 전으로 돌아가게 되거나 현재의 기술 수준을 결국 회복하지 못할 것이라고 생각할 이유는 없어 보인다.

40 예를 들어 미국 에너지부는 최근 보고서에서 상층 대기에 닿을 그을음의 양은 주요 핵겨울 모형들에서 예측하는 양보다 훨씬 적을 것이라고 주장했다(라이즈너[Reisner] 외, 2018).

41 몇몇 경우에서는 더 큰 불확실성이 상황을 낮게 할 수 있다. 특히 평균 회귀(또는 사전 확률 회귀)의 크기가 늘어날 수 있을 때 그렇다. 그러므로 추정 결과의 가능성이 처음에는 적어 보이면, 남은 불확실성이 처음의 추측으로 돌아갈 이유를 제공한다. 하지만 이 경우에서는 큰 폭의 기온 하강이 아닌 작은 폭의 기온 하강에, 또는 심각한 기근이 아닌 경미한 기근에 훨씬 더 큰 사전 확률을 부여

할 타당한 근거를 찾기 어렵다. 게다가 존재 재앙을 죽음 자체보다 더 심각한 문제로 여기고 중간값의 상황이 존재 재앙을 일으킬 확률이 무척 낮다고 추측한다면, 불확실성은 상황을 훨씬 악화한다.

42 고의적이지 않은 전쟁의 위험 역시 냉전 때보다 훨씬 낮아졌다고 추측할 수 있다. 고의적인 전쟁 확률이 내려가면, 경보 오류가 고의적 공격으로 해석될 확률 역시 인간이 개입하는 한 내려가기 때문이다. 쿠바 미사일 위기 같은 극단적인 긴장 상황에서 일어난 여러 경보 오류의 기록이 이를 뒷받침한다.

43 70,000과 14,000에는 퇴역 탄두도 포함된다. 현재 '활성' 탄두는 약 9,000기다 (크리스텐슨 & 코다[Korda], 2019d).

44 크리스텐슨 & 코다(2019d)의 논문을 각색하여 인용. 크리스텐슨 & 코다(2018, 2019a-e), 크리스텐슨 & 노리스(2018), 크리스텐슨, 노리스 & 다이아몬드(2018)의 데이터를 활용해 저자가 계산한 총합이다.

45 로복 외(2007). 주 40에 언급한 라이즈너 외(2018)의 모형에서는 비슷한 규모의 핵 대결로 인한 영향이 훨씬 적다.

46 미국과 소비에트연방이 중거리와 단거리 지상 발사 미사일을 폐기하기로 한 중거리핵전력조약의 파기가 특히 우려스럽다.
블라디미르 푸틴(Vladmir Putin) 러시아 대통령은 2018년 연방의회에서 미국과 러시아의 불신을 암울하게 그리면서 러시아의 핵전력을 현대화하고 강화하는 노력이 계속되고 있다고 밝혔다(푸틴, 2018).

47 호로비츠(Horowitz)(2018).

48 온실효과는 실질적이지만, 온실의 원리가 온실효과를 일으키는 건 아니다. 온실 안 기온이 상승하는 가장 큰 이유는 유리가 낮에는 따뜻한 공기를 물리적으로 안에 가두고 밤에는 대류를 통해 밖으로 새어 나가는 걸 막기 때문이다. 가시광선과 적외선이 모두 통과하는 재질의 온실 역시 온도가 상승하지만, 맨 위에 따뜻한 공기를 내보내는 작은 구멍을 뚫으면 온도가 따뜻해지지 않는다.

49 이는 내가 기후변화를 최초의 인공적 위험으로 여기지 않는 이유다. 화석연료를 태울 때 이산화탄소가 발생하는 메커니즘은 핵무기 시대 전으로 거슬러 올라가지만, 인류를 위협할 만큼 배출량이 많아진 건 최근에서다.
1751~1980년 동안 화석연료로 인한 전 세계 누적 탄소 배출량은 약 160기가톤

이었고 1981~2017년은 260기가톤 이상이었다(리치[Ritchie] & 로저, 2019).

50 산업시대 전 수치는 린지(Lindsey)(2018)를, 2019년 수치는 미국 국립해양대기국
(National Oceanic and Atmospheric Administration)(2019)의 자료를 참고하였다.

51 앨런 외(2018), p. 59. 이는 최근 온난화 속도가 유지된다는 가정하에서 2017년
을 가운데로 한 30년의 기간에 1850~1900년의 기간을 비교한 것이다.

52 1880년부터 2015년까지다(호주 연방과학산업연구기구[CSIRO; Commonwealth
Scientific and Industrial Research Organisation], 2015, 위성고각측량연구소[LSA; Laboratory
for Satellite Altimetry], 2014). 표준 편차 신뢰구간은 19~26센티미터다.

53 1750년부터 2011년까지다(IPCC, 2014, p. 4).

54 양의 피드백으로도 불린다. 양의 기후 피드백이 나쁜 것이고 음의 피드백이 좋
은 것이기 때문에 혼란스러울 수 있다. 그러므로 여기서는 '증폭 피드백'과 '안
정 피드백'을 대신 사용했다.

55 이 같은 일이 어떻게 가능한지 이해하기 위해 배경 소리가 100W/m² 수준이고
이 중 스피커에서 나오는 소리가 10퍼센트라고 가정해 보자. 그렇다면 첫 증폭
은 마이크 주변 소리를 10W/m² 증가시킨다. 이렇게 늘어난 소리를 증폭하면
1W/m² 늘어나고 또 증폭하면 0.1W/m² 늘어난다. 소리는 더 많은 소리를 계속
생성하지만, 전체 효과는 111.11……W/m²로 그리 다르지 않다. 스피커의 볼
륨을 높여(또는 마이크를 더 가까이 가져와) 원래 소리에 100퍼센트(또는 그 이상)를
더하면, 합은 발산(diverge)되므로(100+100+100……) 소리는 마이크가 감당할 수
있는 물리적 한계나 스피커가 출력할 수 있는 최대 소리에 빠르게 도달한다.

56 고든 외(2013)는 2002~2009년 동안 관측에서 2.2W/m²/K 증폭 효과를 발견하
여 장기적 피드백 강도를 1.9~2.8W/m²/K로 추산했다.

57 금성은 수성보다 태양에서 거의 2배 멀리 떨어져 있지만 온실효과 때문에 온도
가 훨씬 높다. 지구의 장기적 운명에 대해서는 8장에서 다시 이야기할 것이다.

58 골드블라트(Goldblatt) 외(2013)는 대기 이산화탄소 농도가 5,000ppm에 이르
더라도 탈주 온실효과가 나타나지 않는다는 사실을 발견했다. 토카르스카
(Tokarska) 외(2016)는 화석연료 매장량을 보수적으로 추산한 5,000GtC를 태우
더라도 대기 이산화탄소 농도는 2,000ppm 미만이라는 사실을 발견했는데 이
는 우리가 화석연료를 전부 태우더라도 탈주 온실효과는 나타나지 않을 것임

을 뜻한다.

59 습한 온실효과와 탈주 온실효과 모두 지구로 들어오는 태양 복사와 지구에서 빛과 반사광으로 나가는 복사 간 균형의 관점에서 이해할 수 있다. 지금의 안정적인 상황에서는 지표면 온도 상승이 지구를 빠져나가는 복사량 상승과 비슷하므로 기후가 비교적 일정하다. 하지만 대기를 탈출할 수 있는 복사의 양에는 한계가 있는데 이를 결정하는 요소 중 하나가 수증기 함량이다.

탈주 온실효과에서는 지표면과 대기가 따뜻해지지만 열복사가 더 이상 탈출하지 못해 지구 온도가 한계를 초과한다. 그러면 지표면은 수백 도 높은 새로운 균형에 이를 때까지 온도가 상승하고 바닷물은 전부 끓게 되는 탈주 온난화가 일어난다. **습한 온실효과**는 탈주 온실효과처럼 극적이진 않지만 기온과 습도가 지금보다는 훨씬 높은 수준에서 안정적인 중간 상태다. 지질학적 시간 척도에서는 **습한 온실효과**로 인해 수증기가 상층 대기에서 우주로 모두 날아가면서 지구에 물이 완전히 없어질 수 있다.

60 그러려면 이산화탄소 1,550ppm에 달하는 매우 많은 온실가스가 있어야 했다. 이는 IPCC의 가장 비관적인 시나리오가 예측하는 2100년의 대기 중 이산화탄소량보다 많은 양이다(콜린스 외, 2013, p. 1096). 단순화 과정을 고려하면, 이보다 훨씬 많은 양이 있어야 하거나 태양 복사량 증가 없이는 전혀 불가능하다(포프, 슈미트 & 마르초케, 2016). 이 모형은 이 같은 온난화 기간에 대해 유용한 추정치를 제시하지 않지만(단순화 때문에), 논문 저자는 수천 년 정도가 걸릴 것으로 예상했으며 이는 온난화 감소를 위한 충분한 시간이 될 것이다(포프, 저자에게 직접 알림).

61 이 모형에서 지구는 전부 바다로 덮여 있고 바다 깊이는 50미터에 불과하며 계절의 구분이 없었다. 논문 저자들은 이 같은 단순화 때문에 실제 지구에는 결과들을 적용할 수 없다는 걸 잘 알며 이 사실을 반박하지 않았다.

62 매키너니(McInerney) & 윙(Wing) (2011).

63 **영구동토층 지역**은 북반구 육지의 24퍼센트에 해당하는 2,300만 제곱킬로미터에 달하지만, 실제 영구동토층으로 덮인 면적은 1,200~1,700만 제곱킬로미터로 추정된다(장[Zhang] 외, 2000).

64 북극 영구동토층에는 1,672GtC가 매장되어 있는 것으로 추산된다(타노차이(Tarnocai) 외, 2009). 1750~2017년의 배출량은 660±95GtC로 추정된다(르퀴리(Le

Quere) 외, 2018).

65 IPCC는 다음과 같이 언급했다. "온난화로 인한 영구동토층 감소로 인해 지금은 냉동 상태인 탄소 일부가 녹을 것임은 **강하게 확신할 수 있다**. 하지만 이산화탄소와 메탄 배출로 인해 탄소가 대기로 유입되는 정도에 대해서는 **확신하기 어렵다**."(시애[Ciais] 외, 2013, p. 526)

66 추정치는 섭씨 0.29±0.21도다(셰퍼[Schaefer] 외, 2014).

67 1,500~7,000GtC(시애 외, 2013, p. 473).

68 IPCC는 '메탄 하이드레이트가 재앙 수준으로 방출될 확률은 아주 낮다(높은 신뢰도)'고 말했다(콜린스 외, 2013, p. 1115). 마음이 놓이는 말이지만, IPCC의 공식적인 언어에 따르면 '아주 낮은 확률'은 1~10퍼센트로 해석될 수 있는데 이는 몹시 우려스러운 수준이다. IPCC의 의도가 사람들을 안심시키려는 것이었다면 이를 어떻게 해석해야 할지 모르겠다.

69 이는 배출을 억제하는 추가 노력이 이루어지지 않는 '기준 시나리오'에 해당하는 RCP 6.0과 RCP 8.5에서의 2012~2100년 누적 배출량이다. 서명국들이 기후 상승 정도를 섭씨 2도 이하로 유지하는 파리 협약에서의 배출량은 이보다 훨씬 적다. IPCC(2014, p. 27) 추산에 따르면 섭씨 2도 이하로 온난화를 억제할 확률을 66퍼센트에 이르게 하려면 2018~2100년의 배출량을 340GtC 아래로 유지해야 한다.

70 배출률이 매년 3퍼센트 증가한다는 가정하에서다(피어험버트, 2013).

71 최근 수치들은 이 범위에서 최대치에 가깝다. 여기에는 현재로서는 채굴이 경제적이지 않은 연료와 아직 발견되지 않은 연료가 포함된다. 물론 더 많은 연료가 발견되거나, 채굴되거나, 사용될 수 있다. 시간이 지나면서 더 많은 화석연료 매장지의 채굴 비용이 합리적인 수준으로 내려가고 있다(수압파쇄법 적용 확대가 한 가지 예다). 새로운 매장지들이 역사적 기준에서 볼 때 채굴 비용이 낮아지는 동안 태양 에너지 역시 빠른 속도로 비용이 내려가고 있고 몇몇 지역에서는 이미 화석연료와의 가격 경쟁력에서 뒤지지 않는 수준에 이르렀다. 그러므로 태양 에너지가 대안으로 떠오르는 상황에서 새로운 형태의 매장지들이 높은 비용효과를 지니게 될 것 같지는 않다. 이미 발견된 전 세계 매장지 중 채굴 비용이 합리적인 매장지에는 1,000~2,000GtC가 묻혀 있다(부르크너

(Bruckner) 등, 2014, p. 525).

72   토카르스카 등(2016), p. 852. 모든 화석연료를 태웠을 때의 결과를 살펴본 논문
은 몇 안 되는데 모두 최소 추정량인 5,000GtC를 기준으로 삼았다. 10,000Gtc
이상 태웠을 때와 같은 더 극단적인 시나리오에 관한 연구가 필요하다.

73   배출량이 주어진 탄소량을 초과할 확률을 가늠하기란 몹시 어렵다. IPCC는 이
를 시도조차 하지 않는다. 우리가 어떤 일을 겪을지가 아니라 어떤 일을 선택
할지만 생각하는 IPCC는 가능한 경로들을 일종의 정책 선택 메뉴로 여긴다. 이
같은 접근법도 나름의 가치가 있지만, 실제로 메뉴를 선택할 수 있는 최고 의
사 결정자가 없는 상황에서는 다른 여러 경로의 가능성을 생각하는 접근법이
절실하다.

74   바-온(Bar-On), 필립스(Phillips) & 밀로(Milo)(2018). 대부분 식물과 박테리아에 포
함되어 있으며 전체 바이오매스 탄소의 96퍼센트를 차지한다.
'네크로매스'라고 불리는 죽은 바이오매스에는 1,200GtC가 있는 것으로 추정된
다(콘드라티예프[Kondratyev], 크라피빈[Krapivin] & 바로초스[Varotsos], 2003, p. 88). 토양
의 유기 물질인 네크로메스 역시 주로 삼림 파괴와 산불로 탄소가 배출된다. 대
표적인 네크로메스로 이탄(탄소 함량이 높아 연료로 쓰이는 토양)이 있다.

75   이는 농업과 산업 활동을 합친 것이다. 배출된 탄소 모두가 대기에 머무는 건
아니라는 사실을 유념해야 한다.

76   1750~2017년의 배출량은 660±95GtC로 추정된다. 이 중 ~430GtC는 화석연료
와 산업 활동에서 비롯된 것이고 ~235GtC는 토지 사용 변화에서 비롯된 것이
다(르쿼리 외, 2018).

77   시애 외(2013), p. 526.

78   사실 기후 민감도를 측정하는 방식은 여러 가지이고 여기서 이야기하는 방식은
'평형 기후 민감도(Equilibrium Climate Sensitivity)'다. 이는 지구가 태양광선으로 받
는 에너지와 밖으로 복사하는 에너지의 균형을 바꾸는 온실가스를 비롯한 다른
여러 변화를 포함하는 '복사 강제력(radiative forcing)'의 정도로 온난화를 측정하
는 방식이다. 복사 강제력의 공식적인 단위는 제곱미터당 와트이지만, 일반적
으로는 대기 이산화탄소를 2배로 했을 때의 온난화 정도로 설명한다.

79   베아데(Beade) 외(2001), p. 93.

80 IPCC의 언어에서 '가능성이 있다'는 실제 민감도가 이 범위에 속할 확률이 3분의 2 이상이라는 의미다(IPCC, 2014, p. 16). 구름 피드백에 관한 불확실성에 대해서는 스티븐스(Stevens) & 보니(Bony)(2013)를 참고하라.

81 여기서 '가능성이 있다'의 공식적인 뜻은 66~100퍼센트 확률이지만, 일반적으로 90퍼센트 이상의 확률은 '가능성이 크다'로 여겨진다. IPCC는 이처럼 중간지대에 관한 신뢰 수준을 명확히 하지 않은 것과 더불어 이 확률들이 과학적 불확실성에 관한 통계 측정이 아닌 전문가의 판단을 근거로 했다고 밝혔다(쿠바슈[Cubasch] 외, 2013, pp. 138~42). 자세히 들여다보면 논문에 등장한 몇몇 기후 모형은 기후 민감도의 확률 분포가 너무 광범위해 민감도가 섭씨 6도 또는 심지어 10도보다 높을 확률이 무시할 수 없는 수준에 이른다. 하지만 이 분포들에서 오른쪽 두꺼운 꼬리는 사전 확률 선택에 따라 크게 달라진다(아난[Annan] & 하그리브즈[Hargreaves], 2011). 따라서 데이터는 높은 민감도를 배제하진 않지만 그렇다고 뒷받침하지도 않는다. 그러므로 기후 민감도가 섭씨 4.5도를 초과할 확률이나 섭씨 6도 같은 더 높은 한계를 넘을 확률에 관해서는 정확히 말하기가 어렵다.

이 같은 불확실성과 정책 결정에 대한 그 의미에 관한 설명은 와이츠먼(2009)을 참고하라. 와이츠먼은 두 세기 안에 10도를 넘는 온난화의 '일반적 기후 민감도'(더 넓은 범위의 피드백 메커니즘을 포함)를 5퍼센트로 추정하였고 배출량이 2배 늘어나 20도를 넘는 민감도는 1퍼센트로 추정했다.

82 이 밖에도 이 같은 대수 관계의 유용성 자체에도 의문이 제기된다. 일부 과학자는 기후 피드백과 탄소 흡수원의 물성 변화를 고려하면 누적 배출량(GtC)과 온난화 사이의 관계가 거의 선형이 된다는 사실을 발견했다. 따라서 탄소 배출량이 중간 정도인 시나리오들에서는 예측이 비슷하지만 배출량이 많으면 훨씬 높은 온도의 온난화가 일어난다. 이와 관련한 예로 토카르스카 외(2006, p. 853)를 참고하라.

83 내가 태어난 1979년 7월이다(차니[Charney] 외, 1979).

84 로겔이(Rogelj) 외(2016).

85 타이(Tai), 마틴(Martin) & 힐드(Heald)(2014)는 IPCC의 가장 비관적인 시나리오에서는 2050년 전 세계 식량 생산이 2000년보다 16퍼센트 감소한다는 사실을 발

견했다. 하지만 이는 작물의 적응과 이산화탄소가 작황에 미치는 영향을 고려하지 않았다. 두 가지 모두 확실하진 않지만 식량 감소 영향을 상당히 상쇄할 것으로 예측된다. 최근 이루어진 메타분석에 따르면 작물의 적응은 수확량을 7~15퍼센트 늘릴 수 있다(챌리너 외, 2014).

식량 공급 감소는 수백만 사람에게 끔찍한 결과이겠지만, 문명에는 그리 큰 위험이 되지 않을 것이다.

86 IPCC(2014), pp. 14~15.

87 시신세 초기에 기후가 섭씨 12도 상승했을 때도 그러한 생물다양성 상실이 발생하지 않았고, PETM 동안 전 세계적으로 빠르게 일어난 기후변화는 물론이고 국지적으로 빠르게 일어난 변화에서도 발생하지 않았다. 이에 대해 윌스 외(2010)는 다음과 같이 언급했다. "과거 기후변화의 주요 메커니즘은 무척 달랐지만(다시 말해 인공적 원인이 아니라 자연적 원인에 의한 기후변화), 과거 기후변화는 미래 기후변화의 속도와 정도가 비슷하므로 미래의 생물 반응을 이해하는 데 도움이 될 것이다. 과거 기록을 살펴보면 빠른 군락 변화, 이주, 새로운 생태계 출현, 안정적인 생태계 상태의 한계점 변화를 뒷받침하는 증거가 발견되지만, 온난화로 인한 광범위한 절멸 증거는 찾기 힘들다."

보트킨(Botkin) 외(2007), 도슨(Dawson) 외(2011), 호프(Hof) 외(2011), 윌리스(Willis) & 맥도널드(MacDonald)(2011)의 결론도 비슷하다. 온난화로 인한 절멸에 관한 가장 확실한 증거는 광범위한 온난화와 관련 있었을 페름기 막바지의 대량 절멸에서 찾을 수 있을 것이다(이 장 주 91번을 참고하라).

88 '습구 온도(wet-bulb temperature)'로 불리는 이 측정법에서는 섭씨 약 35도가 치명적일 수 있다(서우드 & 휴버, 2010).

89 서우드 & 휴버(2010)의 정보를 바탕으로 저자가 계산했다.

90 실제로 PETM의 절멸 효과는 놀라우리만큼 약해 보인다. 예를 들어 매키너니 & 윙(2011)은 다음과 같이 언급했다. "[PETM에서] 육상 및 해상 유기체는 지리적 영역의 대대적 변화, 급격한 진화, 영양 생태학 변화를 겪었지만 저서성 유공충(미생물의 일종)을 제외하고 절멸된 개체군은 거의 없다."

91 최근 발표된 한 논문은 페름기 막바지의 절멸 동안 많은 대기 이산화탄소가 바다에 녹으면서 해양 온도가 섭씨 최대 8도 올랐을 수 있다고 주장했다(쿠이[Cui]

& 쿰프[Kumpl], 2015). 온난화와 이산화탄소 농도의 정확한 수준은 이 기간의 지질학적 증거가 비교적 적어 여전히 불확실하다. 이는 페름기 말 절멸에 대한 여러 잠정적 원인 중 하나일 뿐이지만, 이 같은 불확실성과 더불어 대량 절멸 사건이 급격한 온난화로 일어났을 가능성을 배제할 수 없다는 사실은 분명 좋지 않은 소식이다.

92 지구공학이 기후변화 자체보다 **더** 위험하더라도 최후의 수단으로 삼는다면 전반적인 존재 위험을 낮출 수 있다. 기후변화가 현재 예상보다 훨씬 나쁠 가능성은 적을 것이고 그런 경우에만 지구공학을 활용한다면, 주사위를 또 한 번 굴릴 기회가 되기 때문이다.

단순화한 산술적 예를 들어 설명해 보자. 기후변화가 극단적으로 심각해질 확률이 0.1퍼센트이고 그중 기후변화가 인류 절멸의 직접적인 원인이 될 확률이 50퍼센트라면 전체 절멸 위험은 0.05퍼센트가 된다. 지구공학은 기후를 회복할 수 있지만 1퍼센트의 절멸 위험이 있다고 가정해 보자. 그렇다면 1퍼센트의 위험이 0.05퍼센트의 위험보다 높으므로 지구공학은 바람직한 생각이 아니다. 하지만 기후변화가 극도로 심각해질 때만 지구공학에 기댄다면 지구공학은 전반적인 위험을 줄일 수 있다. 극단적인 기후변화로 인한 50퍼센트의 절멸 확률 대신 지구공학으로 인한 1퍼센트의 절멸 위험만 직면하면 되기 때문이다. 이 같은 조건부 지구공학 전략은 전체 절멸 위험을 0.05퍼센트에서 0.001퍼센트로 낮춘다. 이는 좀 더 현실적인 모형들에서도 가능하다. 핵심은 지구공학에 기댈 때의 위험이 기대지 않을 때의 위험보다 확연히 낮은 상황을 기다리는 것이다. 다른 종류들의 존재 위험에 대해서도 비슷한 전략을 구사할 수 있다.

93 에를리히(1969).

94 만(2018)에서 인용한 1969년 연설.

95 1960년대는 1,660만 명, 1970년대는 340만 명, 이후 10년 단위 평균은 ~150만 명이었다(하셀[Hasell] & 로저[Roser], 2019). 이는 직접적인 기근으로 인한 사망자 숫자일 뿐 식량 부족과 관련한 모든 사망자는 아니다.

96 생산성 향상에 엄청난 환경적 비용이 뒤따랐다.

97 볼로그는 종종 10억 명을 기아에서 구한 사람으로 그려진다. 하지만 녹색혁명이 실제로 얼마나 많은 사람을 구했는지 가늠하기가 무척 어렵고, 녹색혁명

에 기여한 사람이 많으며, 볼로그가 개량종을 만들지 않았더라도 다른 누군가가 해냈을 거라는 사실을 떠올리면 이처럼 구체적인 수치를 제시하기가 어렵다. 그가 20세기 인류의 가장 눈부신 성공담 중 하나의 주인공이었다고 말하는 것이 그의 업적을 가장 잘 표현하는 방식일지 모른다. 하지만 녹색혁명의 영향을 정량화한다면 그 결과가 완전히 정확하지는 않더라도 한 개인이 세상에 얼마나 이바지할 수 있는지 이해하는 데 도움이 될 것이다. 나는 볼로그가 구한 사람의 수를 수천만에서 수억으로 추측한다. 이는 여전히 인류 역사에서 누구보다 많은 사람을 구한 놀라운 성취다. 수백만 목숨을 구한 사람들에 관한 훌륭한 참고서인 《미친 연구 위대한 발견(*Scientists Greater than Einstein*)》(우드워드[Woodward], 쉬르킨[Shurkin] & 고든[Gordon], 2009)과 책의 웹사이트 www.scienceheroes.com에서는 볼로그가 약 2억 6,000만 명을 구했다고 추산했다.

98 UN 경제사무국(DESA; Department of Economic and Social Affairs)(2019). 대체 출산율을 제외한 나머지 증가율 중 많은 부분은 사람들이 더 많은 아이를 낳아서가 아니라 인구 관성(과거 높은 출산율로 인한 현재 가임기 인구의 불균형)에서 비롯된 것이다.

99 로저, 리치 & 오티즈-오스피나(2019)의 논문 내용을 발췌하여 각색.

100 와이즈(2013); 지텔-바스텐(Gietel-Basten)(2016); 브리커(Bricker) & 이빗슨(Ibitson)(2019).

101 힘과 부가 더 늘어난다고 해서 환경에 대한 영향(부정적 영향)이 계속 늘어날지는 불분명하다. 무엇보다도 인류는 풍요로운 환경을 소중히 여기므로 새로 얻은 부와 힘 일부로 환경을 치유할 뿐 아니라 돈이 더 들더라도 환경에 피해를 덜 주는 소비 행위를 한다. 이를 설명하는 이론인 환경 쿠즈네츠 곡선(Environmental Kuznets Curve)에 따르면, 산업화 동안 1인당 소득이 늘면서 환경에 대한 악영향도 증가했지만 사회가 더 부유해지자 환경 폐해는 줄기 시작한다. 이를 뒷받침하는 여러 증거가 있지만 그렇지 않은 증거들도 있다. 환경 쿠즈네츠 곡선은 특정 종류의 환경 파괴에는 적용할 수 있지만 그렇지 않은 종류도 있으며 전환점의 시기를 예측하지 못한다. 더군다나 빈곤국들은 여전히 곡선 시작 부분에 몰려 있기 때문에 이 국가들이 부유해지기 전까지는 상황이 나빠질 수 있다. 이와 관련해서 스턴(Stern)(2004)을 참고하라.

441

유한한 지구의 파멸을 막으려면 경제 성장(또는 소비)을 멈춰야 한다는 주장을 종종 들을 수 있다. 하지만 이는 생각만큼 간단한 문제가 아니다. 경제학자들이 소비와 성장을 정의하는 방식에는 교육, 소프트웨어, 예술, 연구, 의료처럼 부수적 환경 비용을 일으키지 않고 부가가치를 창출하는 재화와 용역도 포함된다. 게다가 녹색 기술이 발전하면 환경에 위험한 소비를 다른 소비 형태로 대체할 수 있다. 환경적 비용을 일으키는 소비는 억제해야 하지만, 환경적 영향을 **줄이는** 동시에 지금 우리가 누리는 아름다움, 지식, 건강을 뛰어넘는 세상을 만드는 다른 분야들의 성장에 집중하지 않을 이유는 없다. 이는 무조건적인 성장 제한보다 더 우선적인 목표가 되어야 한다.

102 화석연료는 로버츠(2004), 인은 코델(Cordell), 드랜거트(Drangert) & 화이트(White)(2009), 표토는 아르스노(Arsenault)(2014), 깨끗한 물은 글릭(Gleick) & 팔라니아판(Palaniappan)(2010), 광물은 데자르댕(Desjardins)(2014)을 참고했다.

103 이용 가능한 깨끗한 물은 전 세계 지하수의 ~2퍼센트로 추산된다(보버그[Boberg], 2005).

104 그렇다면 사람들의 편협한 이기심이 발동할 수 있다. 이와 관련해 경제학 교수 줄리언 사이먼(Julian Simon)과 폴 에를리히가 대표적인 원자재들의 가격이 시간의 흐름에 따라 올라갈지(부족) 내려갈지(풍족)를 두고 한 내기가 유명하다. 사이먼이 이겼지만, 둘의 내기는 자원의 종류와 시간에 크게 영향을 받으므로 확대 해석은 경계해야 한다.

105 콜버트(Kolbert)(2014); 세바요스(Ceballos) 외(2015).

106 두 가지 데이터 전부 모든 종을 나타내지 못한다. 화석 기록은 쉽게 화석화하는 종에 편향적인 반면 지금의 통계는 우리가 흥미를 느끼는 종들과 위협받고 있을 것으로 생각할 이유가 있는 종들에 편향되기 때문이다. 게다가 지금의 기록은 아주 짧은 시간의 절멸률을 선별하는 반면 실제 종들의 존속 기간은 화석 기록의 100만 년이 넘는 기간들보다 훨씬 더 다양할 것이라는 사실에서 고유한 통계적 문제들이 발생한다(바노스키 외, 2011, pp. 51~2).

107 세바요스 외(2015).

108 바노스키 외(2011), p. 54. 현재 위협받는 종이 모두 절멸한다면 이 비율은 약 30퍼센트까지 상승한다. 하지만 이를 해석하는 방법은 불분명하다. 이는 우리가

대량 절멸 수준의 약 절반에 도달할 수 있다고 해석할 수도 있지만, 위협받는 종들이 앞으로 절멸할지 또는 절멸률이 더 올라가 75퍼센트에 이를 수 있는지는 전혀 알 수 없다.

109 누군가가 한 말이나 하지 않은 말을 모두 알 수는 없지만, 아인슈타인이 벌에 대해서 특별한 언급을 했다고 믿을 만한 근거는 없다. 이와 관련해서는 오툴 (O'Toole)(2013)을 참고하라.

110 아이젠(Aizen) 외(2009).

5. 미래 위험

1 처칠(1946).

2 러더퍼드가 이 말을 한 건 1933년 9월 11일이다(캠퍼트[Kaempffert], 1933). 사실 그의 예측은 스스로에게 손해였다. 러더퍼드의 확신에 찬 비관주의에 심기가 불편해진 실라르드가 그의 말을 불가능하게 할 방법을 찾기 시작했기 때문이다(실라르드 & 펠드, 1972, p. 529). 실라르드가 연쇄 반응을 발견한 정확한 시점과 그가 얼마나 많은 퍼즐을 풀었는지는 여전히 논쟁 중이다(월러스타인 [Wellerstein], 2014). 러더퍼드는 1937년에 눈을 감을 때까지 원자력에 대해 회의적이었다. 러더퍼드가 진실을 알고 있었지만 자신이 보기에 대량 파괴 무기가 될 수 있는 대상을 다른 사람이 간파하기 어렵게 하려는 의도였을 놀라운 가능성도 있다(젠킨[Jenkin], 2011). 하지만 그렇더라도 중요한 사실은 세계적인 석학의 자신감에 찬 선언이라도 마냥 믿어서는 안 된다는 것이다.

페르미와의 대화는 우라늄 핵분열이 발견된 직후인 1939년에 이루어졌다. 페르미는 '요원한 가능성'을 분명하게 설명해 달라는 요청을 받자 "10퍼센트"라고 답했다. 그 자리에 있던 이지도어 라비(Isidor Rabi)는 다음과 같이 답했다. "우리가 죽을 가능성이라고 생각하면 10퍼센트는 요원한 가능성이 아닙니다. 내가 폐렴에 걸렸는데 의사가 내가 사망할 가능성이 요원하다고 하면서 10퍼센트라고 말하면 나는 몹시 놀랄 것입니다."(로즈, 1986, p. 280)

윌버 라이트는 1908년에 프랑스항공클럽(Aero-club de France)에서 다음과 같이 설명했다. "불과 10년 전만 해도 거의 모두 하늘을 나는 희망을 포기했습니다.

가장 확신에 찬 사람들조차 의심하기 시작했습니다. 저도 고백하자면 1901년에 제 동생 오빌(Orville)에게 인간은 앞으로 50년 동안은 날지 못할 거라고 말했습니다. 그리고 2년 뒤 우리는 비행기를 만들었습니다." (홈즈[Holmes], 2008, p. 91).

3 과학자들이 이처럼 자신들의 명성에 금이 가게 한 건 부끄러운 일이다. 과학자들(최소한 최고의 과학자들)이 더 신중해서 무언가가 정말 불가능할 때만 불가능을 주장한다고 상상해 보자. 패러다임만 변하면 무언가가 진실이 될 때만 과학자들이 그 사실을 말하는 것이다. 이 같은 선언은 근 10년의 가장 놀라운 일일 것이다. 이처럼 신중한 예측에 대한 과학자들의 명성은 과학계뿐 아니라 정책 입안자와 인류 공동체 전체의 소중한 자산이 될 것이다.

하지만 현실에서는 논란의 대상이 되는 어떤 주장에 대해 당신이 과학적 명성이나 신뢰의 기준을 얼마나 높게 설정했는지와 상관없이 누군가는 확신에 찬 주장이나 조롱을 하다가 결국 틀렸다고 판명되곤 한다.

4 '인간에게'라는 표현이 빠져서는 안 된다. 기술 진보와 환경에 관한 이제까지의 기록은 복합적이며, 많은 기술이 심각한 폐해를 일으켰다. 청정 기술이 유해한 기술을 대체하기도 하는데 나는 이 같은 경향이 계속되어 지속적인 기술 진보가 결국에는 환경에 긍정적인 영향을 미칠 거라고 믿는다. 하지만 이를 뒷받침하는 증거뿐 아니라 반박하는 증거도 많으므로 후에 내 생각이 틀린 것으로 밝혀질 수 있다. 이에 관한 논의에 대해서는 스턴(2004)을 참고하라.

5 스웨덴 수학자 올레 해그스트롬(Olle Haggstrom)은 미래 기술에 관한 탁월한 논문에서 다음과 같이 지적했다(해그스트롬, 2016). "과학과 기술 진보에 관한 지금의 전반적인 태도는 두 눈을 가린 채 지뢰밭을 향해 전속력으로 달리는 것과 같다." 지뢰밭에 얼마나 많은 지뢰가 있을지, 지뢰를 밟아도 살 수 있을지는 정확히 알 수 없지만 눈을 가린 채 달리는 건 적절한 정책이 아니다. 한 가지 차이점은 지뢰밭으로 달리는 데에는 장점이 거의 없지만 기술적, 과학적 진보에는 엄청난 잠재적 혜택이 있다는 사실이다. 인류가 더 안전하고 바람직한 곳에 도달하기 위해 눈을 가리고 지뢰밭 위를 통과하려는 그림이 더 적절할지 모른다.

6 크리스타코스(Christakos) 외(2005), p. 107.

7 크리스타코스 외(2005), pp. 108~9. 증상들이 비슷한 여러 질병이 있지만, 여러 증거에 따르면 곰쥐의 벼룩으로 옮는 페스트균이 원인이었다. 무엇보다 끔찍

한 사실은 흑사병으로 사망한 사람들의 뼈에서 페스트균의 DNA가 복구되었다는 것이다(핸슈[Haensch] 외, 2010).

8 흑사병의 사망률은 지역과 인구에 따라 달랐다. 따라서 한정적인 과거 데이터에서 사망자 수를 유추하기란 몹시 어렵다. 지글러는 영국의 사망자 수를 고려한 신뢰 범위를 23~45퍼센트로 추산하면서 3분의 1을 합리적인 사망률 추정치로 제시하고 이를 유럽 전체에 적용할 수 있다고 주장했다(지글러, 1969). 최근에는 베네딕토우(Benedictow)(2004)가 기존의 추정치보다 훨씬 높은 60퍼센트를 제시했지만 많은 사람이 이에 회의적이다. 나는 그렇게 높은 사망률은 확률이 낮다고 여기지만 그렇다고 완전히 배제할 수는 없다고 생각한다. 당시 유럽의 추정 인구인 8,800만에 지글러의 23~45퍼센트를 적용한다면 사망자가 2,000~4,000만 명이 되고 베네딕토우의 60퍼센트를 적용하면 5,300만 명이 된다.

널리 알려진 많은 글에서 흑사병 사망자가 이보다 훨씬 많았다고 보고되었으며 심지어 당시 유럽 인구인 약 8,000만 명보다 훨씬 많은 2억 명이 사망했다는 글도 있다. 루크 무엘하우저(2017)는 이 수치의 출처가 1988년에 화제가 되었던 〈내셔널지오그래픽(National Geographic)〉의 기사라는 사실을 밝혔다(듀플레[Duplaix], 1998). 기사의 의도는 흑사병만을 언급하는 게 아니라 중세시대의 모든 전염병에 대한 숫자를 제시하는 것이었다. 16세기가 되어서야 유럽 인구는 흑사병 유행 전으로 회복했다(리비-바치[Livi-Bacci], 2017, p. 25).

9 이 수치는 주로 무엘하우저(2017)의 논문을 바탕으로 한 것이다. 내 최저 추정치는 유럽 인구 8,800만 중 25퍼센트 사망률, 중동의 이집트와 시리아 인구 540만과 나머지 중동 지역 200만 중 25퍼센트 사망률, 아시아에서는 사망자가 없어 총 2,400만 명 사망이다. 한편 최대 추정치는 유럽 인구 8,800만 중 50퍼센트 사망률, 더 높게 집계한 이집트와 시리아의 900만 인구와 나머지 중동 600만 인구 중 25퍼센트 사망률, 중국 1,500만 명 사망이며, 총 사망자 수는 6,300만이다. 두 경우 모두 1340년의 세계 인구를 4억 4,420만 명으로 가정했고(리비-바치, 2017, p. 25), 그렇다면 전 세계 사망률은 각각 5.4퍼센트와 14.2퍼센트가 된다.

이는 상대적인 사망자 수의 측면에서 보면 제1차 세계대전(0.8%), 제2차 세계대전(2.9%), 스페인 독감(3~6%)처럼 근대사에서 일어난 최악의 재앙들보다 더 끔찍한 사건이다. 이에 관한 광범위한 논의는 무엘하우저(2017)를 참고하라.

10 메리 셸리의 소설 《최후의 인간(*The Last Man*)》(1826)과 H. G. 웰스의 에세이(논픽션) 《인간의 절멸(*The Extinction of Man*)》(1894)은 일찌감치 절멸 차원의 전염병을 이야기했다. 웰스는 다음과 같이 말했다. "우리는 우리가 지금도 새롭고 더 끔찍한 전염병을 부지불식간에 진화시키고 있다는 사실을 안다. 이 전염병은 과거에서처럼 10퍼센트나 20퍼센트나 30퍼센트가 아닌 100퍼센트를 죽일 수 있다." 조슈아 레더버그의 글 '생물학적 전쟁과 인류 절멸(Biological Warfare and the Extinction of Man)'(1969)은 내가 알기로 인공적 전염병으로 인한 인간 절멸 가능성을 처음으로 진지하게 논의한 글이다.

11 비잔틴 제국이 쇠락하고 이슬람 세계가 부상하여 역사가 바뀐 건 유스티니아누스 역병 때문이었을 수 있다.

전 세계 사망자 수에 관한 수치를 학계에서 찾을 수 없었던 무엘하우저(2017)는 한 전문가를 찾았는데 그는 콘스탄티노플의 20퍼센트 사망률(스타타코폴로스[Stathakopoulos], 2004)을 제국 인구인 2,800만 명(스타타코폴로스, 2008)에 적용하여 총 사망자 수가 약 560만 명이었다고 주장했다. 451년 세계 인구는 2억 1,000만 명으로 추산된다(로저, 리치 & 오티즈-오스피나, 2019).

흑사병처럼 유스티니아누스 역병은 이후 몇 세기 동안 여러 번 다시 나타났다. 이 기간에 훨씬 많은 사람이 사망했지만, 이는 누적 사망자 수이지 단 한 번의 재앙으로 인한 사망자 수가 아니며 전 세계 사망자 중 차지하는 비율을 가늠하는 데 사용할 수 없다.

12 수치에 관한 요약은 넌(Nunn) & 치엔(Qian)(2010)을 참고하라. 스노(Snow) & 랜피어(Lanpher)(1988)는 미국 북동 지역에 거주한 여러 부족의 사망률을 67~95퍼센트로 추산했다.

히스파니올라 섬의 사례는 사망자 수를 가늠하기가 얼마나 어려운지 생생하게 보여 준다. 식민지 침략 후 수십 년 동안 인구는 수만 명대로 추산되는 반면 1492년의 인구 추산 범위는 6만 명에서 800만 명에 이른다(쿡[Cook], 1998).

13 나는 이 최대치를 산출하면서 콜럼버스 침략 전 아메리카 인구를 6,050만 명으로 상정했는데 이 수치의 출처인 코흐(Koch) 외(2019)는 다음 세기 동안 사망

률이 90퍼센트였다고 주장했다. 나머지 지역의 인구는 리비-바치(2017)를 참고하여 4억 1,900만으로 상정했다. 그렇다면 전 세계 인구 4억 7,950만 인구 중 5,450만 명이 사망한 것이므로 11퍼센트 사망률이며 이를 내림하면 10퍼센트가 된다.

이는 사망자 수가 아니라 인구 **감소** 정도이므로 엄밀히 말해서 이 장의 다른 전 세계 사망률 수치들과 비교하기 힘들다. 실제 사망자 합계보다 적거나(새로운 사람들이 태어나므로) 사망률 증가가 아닌 출생률 감소의 결과일 수도 있으므로 실제보다 많을 수 있다. 더군다나 기간 사이에도 큰 격차가 있다. 콜럼버스 교환 기간은 100여 년이 넘으므로 이는 흑사병이나 유스티니아누스 역병, 스페인 독감 기간보다 훨씬 길다.

전 세계에서 아메리카로 이민자들이 몰렸는데도 인구는 3세기 반이 지나서야 콜럼버스 시대 이전으로 회복할 수 있었다(1492~1840년)(로저, 리치, & 오티즈-오스피나, 2019).

14 이처럼 전 세계로 퍼진 건 동력을 이용한 운송 수단으로 사람들의 이동 속도가 빨라지고 무역과 병력 이동이 활발해졌기 때문이다. 사망자 수치는 토벤버거(Taubenberger) & 모렌스(Morens)(2006)를 참고하였다.

15 이 역사적 증거 외에도 병원균이 숙주를 절멸시킬 가능성이 적다는 여러 생물학적 관찰과 이론이 있다. 여기에는 전염성과 치명성 사이의 경험적 역상관관계, 감염자의 75퍼센트 이상이 사망하는 질병이 아주 적다는 사실, 전염병이 진행될수록 전염성이 떨어지는 성향, 최적 전염성(optimal virulence) 이론이 포함된다. 하지만 병원균에 의한 숙주 절멸을 반박하는 100퍼센트 확실한 근거는 없다.

16 물론 이 주장은 분석하기가 거의 불가능하다. 전쟁 마지막 단계에 10만 명이 넘는 군인이 스페인 독감으로 사망하면서 승패에 영향을 미쳤을 것으로 추정된다(베버[Wever] & 판 베르겐[van Bergen], 2014). 한 명의 감염자가 광범위한 영향을 미친 사례도 있다. 우드로 윌슨(Woodrow Wilson) 미국 대통령은 1919년 평화 회의(Peace Conference)가 열릴 때까지 몇 달 동안 병마와 싸웠는데 이는 그가 자신의 평화 비전을 지키지 못하는 데 결정적인 역할을 했을 것이다(호닉스바움[Honigsbaum], 2018).

17 이 글을 쓰는 현재 세계 인구는 77억 명으로 추산된다(UN 경제사무국, 2019).
농업혁명 직전 세계 인구는 수백만 대로 추산된다. 웍스(Weeks)(2015)는 400
만 명으로 추산한다. 코에일(Coale)(1974)과 뒤랑(Durand)(1977)은 500만~1,000
만으로 추산한다. 한편 리비-바치(2017, p. 26)는 기원전 35,000년 인구는 수십
만이 넘지 않았고 이후 아주 서서히 증가해 농업이 시작될 무렵 수백만에 이
르렀다고 주장한다. 이를 종합해 보면 인류 역사 전반의 인구는 지금보다
1,000~10,000배 적었다.

18 HIV는 킬(Keele, 2006), 에볼라는 르로이(Leroy) 외(2005), 사스는 시라노스키
(Cyranoski, 2017), 인플루엔자는 마(Ma), 칸(Kahn) & 리트(Richt)(2008)를 참고했다.
치명률이 높고 '조류 독감'으로도 불리는 H5N1 인플루엔자는 아시아 가금류
농장에서 시작되었다(심스[Sims] 외, 2005).

19 존스(Jones) 외(2008). 하지만 병원균 발견과 분류 기술의 향상처럼 이 같은 증가
를 반박하는 여러 다른 설명이 있으므로 확신하기는 어렵다.

20 이는 얼핏 큰 변화처럼 보이지만 아주 큰 영향은 미치지 않을 것이다. 인간 종
(그리고 인간과 관련한 종)의 역사 대부분 동안 우리는 고립된 집단의 이익을 누릴
기회가 많지 않았을뿐더러 고립된 집단들 역시 절멸률이 아주 낮았다.

21 물론 파멸에서 살아남은 흩어진 몇몇 집단이 인류의 궁극적인 존속을 보장하
지는 않는다. 인간 종이 다시 번성하여 성공적으로 문명을 재건하려면 최소 생
존 가능 개체군 수준을 넘어야 한다. 더군다나 국가가 무너진다면 인류는 다른
위험들에 더욱 취약해진다.

22 과학자들은 크리스퍼-Cas9으로 DNA 염기서열을 제거하고, 추가하고, 변경하
여 유전체를 편집한다. 이 놀라운 혁신으로 유전자 편집이 훨씬 쉽고 저렴하며
정확해졌다.
유전자 드라이브는 어떤 특성이 유전될 확률을 50퍼센트 이상으로 증가시켜
한 개체군 내 특정 유전자를 늘리는 기술이다. 과학자들은 이처럼 매우 강력한
도구로 개체 수준에서 유전자를 변형할 수 있게 되었다.

23 2007년 초 유전체당 가격은 900만 달러였다(베테르스트란드[Wetterstrand], 2019).
이 글을 쓰는 지금 단테연구소(Dante Labs)는 599파운드(~670달러)에 유전체 전
체를 분석해 준다(단테연구소, 2019).

한 연구에 따르면 2012~2017년 동안 합성생물학 논문은 2000~2006년보다 660퍼센트 증가했다(샤피라[Shapira] & 권[Kwon], 2018). 생명공학에 대한 벤처캐피털의 투자는 2012년 ~30억 달러에서 2016년 ~70억 달러로 증가했다(라이트보운[Lightbown], 2017).

24   헤르프스트(Herfst) 외(2012).

25   토벤버거 & 모렌스(2006)는 스페인 독감의 사망률을 2.5퍼센트 이상으로 추산했다.

26   가와오카 요시히로는 H5N1 바이러스와 H1N1 바이러스를 합성하는 실험에서 흰담비를 사용하여 포유류 대 포유류 전염이 가능한 H5N1 종을 만들었다. 미국 국가생물보안과학자문위원회는 그에게 연구 내용 중 일부를 삭제하라고 요청했지만 논문 전문이 〈네이처(Nature)〉에 실렸다(이마이[Imai] 외, 2012; 버틀러[Butler] & 레드퍼드[Ledford], 2012).

27   투명성 부족의 원인은 평판에 대한 우려로 보이는데 이는 이처럼 중요한 정보를 차단할 정당한 이유가 전혀 되지 못한다. 이해당사자들은 연구소들이 스스로 주장하는 기준을 따르고 있는지, 얼마나 큰 위험으로 대중에게 위협이 되고 있는지 평가하기 위해 이 같은 내용을 요구해야 한다. BSL-3과 BSL-4 실험실에 정보를 제공하도록 의무화하는 정책은(양심에 호소하거나 규제를 통해) 성공적인 생물보안의 필수 요소일 것이다.

28   BSL-4 실험실인 갤버스턴국립연구소(Galveston National Laboratory)가 사고를 스스로 보고한 것은 무척 모범적인 사례다(갤버스턴국립연구소, 2019). 다른 연구소들 역시 자발적으로든 내부 규제나 정부 규제에 의해서든 갤버스턴의 선례를 따라야 한다.

비행기 사고가 날 때마다 무엇이 잘못되었는지 분석하며 교훈을 얻고 어떤 관행을 개선해야 할지 연구하는 미국 연방항공청(Federal Aviation Administration)의 접근법이 좋은 참고가 될 것이다.

29   이 밖에도 우려스러운 여러 예가 있다. 이를테면 2014년에 글락소스미스클라인(GlaxoSmithCline)은 벨기에에서 응축된 폴리오 바이러스 45리터를 강에 방류했다(유럽질병예방통제국[ECDC; European Centre for Disease Prevention and Control], 2014). 2004년에는 베이징에 있는 국가바이러스연구소(National Institute

of Virology)에서 사스 병원균이 유출되었다. 연구소는 한 직원의 어머니가 감염될 때까지 일부 직원의 감염 사실을 몰랐다. 2005년에는 뉴저지 의과치과대학교(University of Medicine and Dentistry)에서 가래톳페스트에 감염된 쥐 세 마리가 실험실에서 사라졌고 이후 다시 발견되지 않았다(미국 국토안보부[Department of Homeland Security], 2008).

30 구체적인 내용은 앤더슨(Anderson)(2008)과 스프랫(Spratt)(2007)을 참고했다. 이 같은 위반에 대한 최대 벌금은 5,000파운드였는데 벌금이 부과되었는지조차 불분명하다. 동물 병원균인 구제역 바이러스가 속한 SAPO(Specified Animal Pathogens Order) 범주 4는 BSL-4에 해당한다.

31 푸시에와 가와오카의 연구 모두 강화된 BSL-3 연구소에서 이루어졌다. 이는 인간에 대한 전염력이 없는 H5N1에 대한 표준적인 수준이다(초즈우드(Chosewood & 윌슨(Wilson), 2009). 하지만 실험 목적이 인간을 대신하는 모형 동물에 병원균을 주입하는 것이었으므로 전문가들은 BSL-4 기준을 적용해야 했다고 지적한다(임페리알레[Imperiale] & 한나[Hanna], 2012). 한편 강화한 BSL-3가 적절했다고 말하며 반박하는 사람들도 있다(가르시아-사스트레[García-Sastre], 2012).

32 쇼함(Shoham) & 울프슨(Wolfson)(2004); 젤리코프(Zelicoff) & 벨로모(Bellomo)(2005).

33 병원에서 근무하던 의학 전문 사진가 제닛 파커(Janet Parker)가 마지막 천연두 사망자로 추정된다. 12년 전 같은 건물에서 73명이 좀 더 약한 천연두 바이러스 종에 감염되었었다. 당시 최초 전파자는 재닛 파커가 전염된 스튜디오에서 일한 다른 의학 전문 사진가였다(슈터[Shooter] 외, 1980).

34 힐츠(Hilts)(1994); 알리벡(Alibek)(2008). 알리벡에 따르면 원인은 놀라우리만큼 시시했다. 기술자 한 명이 더러워진 공기 필터를 청소하기 위해 분리했다. 그리고 필터를 제거했다고 메모를 남겼지만 장부에 기록되지 않았다. 다음 당직 기술자는 아무것도 모른 채 곧바로 탄저균 건조 기계를 가동해 바이러스를 도시 전체로 퍼트렸고 몇 시간 뒤에야 다른 누군가가 알아차렸다.

미국 미생물학자 레이먼드 질린스카스(Ramond Zilinskas)(1983)는 사고 경과 보고서에서 다음과 같이 꼬집었다. "그 어떤 국가도 주요 인구 중심지 주변에 생물학 무기 시설을 지을 만큼 어리석지 않다."

탄저균은 극도로 치명적이지만 인간에서 인간으로 전염되지 않으므로 전염병 위험이 되지는 않았다. 하지만 이 사고는 이미 알려진 치명적 균에 대한 끔찍한 안전 관리 실패의 대표적 사례라는 면에서 중요하다.

35 머처(Mutze), 쿡(Cooke) & 알렉산더(Alexander)(1998); 페너(Fenner) & 판티니 (Fantini)(1999).

36 소신(Sosin)(2015). 알려진 감염 사례는 없었다.

37 트레비사나토(Trevisanato)(2007).

38 가브리엘 데 무시스(Gabriel de Mussis)의 카파 포위 기록은 직접 경험한 글이 아 닐 수 있으며 여러 번 윤색되었을 수 있다(켈리[Kelly], 2006). 사실이라고 하더 라도 흑사병이 유럽에 도달하는 데는 다른 여러 경로도 있었을 것이다(윌리스 [Wheelis], 2002).

39 이 일화에 관한 자세한 기록 덕분에 애머스트의 제안이 얼마만큼 수용되었고 공격의 계기가 무엇이었는지 짐작할 수 있다. 요새를 담당한 부케(Bouquet) 대 령은 애머스트에게 쓴 답장에 "내가 병에 걸리지 않도록 주의하면서 인디언들 에게 담요를 건네 그것을 만져 병에 걸리게 할 생각"이라고 말했다. 이에 대해 애머스트는 "이 열등한 인종을 제거하기 위해서는 담요뿐 아니라 모든 가능한 수단을 써야 할 것"이라고 답했다.

애머레스트의 첫 요청 전에도 윌리엄 트렌트(William Trent) 지휘관은 다음과 같 이 기록했다. "천연두 병원에서 가져온 두 장의 담요와 손수건 한 장을 그들에게 주었다. 소기의 효과가 나타나길 바란다." 군사 기록에서도 "천연두를 인디언에 게 옮기기 위해 병원에서 지내던 사람들에게서 가져온 것"이라는 문장을 확인 할 수 있다. 요새 지휘관은 "인디언에게 천연두를 옮기기 위해 병원에서 가져온 물품을 같은 물품들로 교체할 수 있도록" 배상해 주었다(데리코[D'Errico], 2001).

40 확인된 사례에는 캐나다(1940~58), 이집트(1960년대~?), 프랑스(1915~66?), 독일 (1915~18), 이라크(1974~91), 이스라엘(1948~?), 이탈리아(1934~40), 일본(1934~45), 폴란드(?), 로디지아(1977), 남아프리카공화국(1981~93), 소비에트연방(1928~91), 시리아(1970년대?~?), 영국(1940~57), 미국(1941~71)이 있다(캐러스[Carus], 2017).

41 라이튼버그(Leitenberg)(2001), 쿡 & 울프(2002). 미국으로 망명한 켄 알리벡(Ken Alibek)은 자신의 책 《생물학적 위험(*Biohazard*)》(2008)에서 프로그램을 무척 자

세하게 소개했다. 하지만 그의 이야기를 얼마나 신뢰할 수 있는지는 불분명하므로 다른 곳에서 입증할 수 있는 사실만 언급했다.

42 미국 질병예방통제센터(CDC; Centers for Disease Control and Prevention)에 따르면 1960년부터 1999년까지 생물학적 범죄로 29명이 사망했고 31명이 부상했다 (터커[Tucker], 1999). 제2차 세계대전 동안 일본군이 자행한 생물학적, 화학적 공격으로 사망한 중국인 민간인은 약 20만 명으로 추산된다. 일본의 공격 방식에는 페스트에 걸린 쥐 수천 마리를 풀어 놓는 것처럼 원시적인 방식도 있었으며, 현재 생물학적 무기로 여겨지는 방법으로 사망한 사람의 수는 불분명하다 (해리스[Harris], 2002). 로디지아 정부가 1970년대 말 자국민을 대상으로 생물학적 전쟁을 벌였다는 주장도 있다(윌슨[Wilson] 외, 2016).

43 이는 분명 생물학적 무기가 큰 존재 위험이 될 수 있다는 주장에 대한 강한 반박이 될 수 있지만, 그에 대한 증거가 얼마나 탄탄한지는 불분명하다. 전염병으로 인한 집단 죽음은 한 세기에 한 번 있을까 말까 한 극도로 드문 일이다. 그러므로 생물학적 무기가 개발된 후 한 세기 동안 본격적인 재앙이 일어나지 않았다면 관련 통계 자료가 거의 없을 수밖에 없다. 가공하지 않은 데이터에서 최대한의 정보를 얻으려면, 주요 분포들을 모형화하여 생물학적 전투와 생물학적 테러의 분포들이 자연적 전염병보다 꼬리가 두꺼운지 살펴봐야 한다.

44 학술자료만을 파고든다고 해서 필요한 기술들에 통달할 수 없다. 경험이 풍부한 과학자들조차 직접 훈련을 받지 않으면 새로운 기술을 배우기가 무척 힘들다. 대규모 생물학적 공격 프로젝트를 철통 보안 속에서 성공하기란 무척 어려우며 기밀 유지야말로 가장 큰 장벽일 것이다. 옴 진리교와 관련한 논의는 댄지그 외(2011)를 참고하라.

45 애스모글루(Acemoglu)(2013); 랜드 연구소(날짜 미상).

46 멱법칙에서 크기가 x인 사건의 확률은 x^α에 **비례**하는데 α는 -1보다 작은 매개변수다. α가 -1에 가까울수록 극단적인 사건의 확률이 더 천천히 감소하여 통계적 양상이 더 극단적으로 변한다.

꼬리가 유난히 두껍다고 언급한 멱법칙들은 α가 -2에서 -1 사이다. 이 분포들은 무척 극단적이므로 명확히 정의된 평균도 없다. 큰 사건일수록 확률이 천천히 떨어지므로 예상되는 크기에 해당하는 합계가 수렴되지 않는다. 전쟁에 대한 α의 값은 -1.4(시더먼[Cederman], 2003)이고 생물학적 또는 화학적 물질을 이용한 테러리즘은 -1.8(클라우젯[Clauset] & 영[Young], 2005)이다.

다양한 재난의 분포가 **실제로** 멱법칙을 따르는지는 많은 논란이 있다. 예를 들어 로그 정규 분포는 오른쪽 꼬리가 멱법칙과 비슷해 혼동될 수 있지만, 크기가 작은 사건의 확률이 실제 멱법칙에서보다 낮다. 사실 이 책에서는 두꺼운 꼬리 분포의 종류를 구분할 필요는 없다. 우리가 눈여겨봐야 할 건 오른쪽 꼬리(큰 사건의 분포)가 멱법칙(~$x^α$)에 따라 행동하는지, 그 지수가 무엇인지, 멱법칙 관계가 실제로 영향을 미치는 영역이 어디인지다.

실제 분포는 어느 수준까지만 멱법칙에 들어맞을 것이다. 어느 지점 이상이 되면 다른 제한(영향을 받을 수 있는 전체 인구 등)이 영향을 미치기 시작해 실제 확률이 멱법칙의 확률보다 낮아지는 경우가 많다. 그러므로 관찰된 영역을 넘어서는 사건들의 확률을 멱법칙으로 모형화하는 방식은 추측적일 수밖에 없다(이를 실제 확률의 최대 한계로 삼으면 문제를 줄일 수 있다). 또한 이는 실질 분포는 평균을 **가질 수 있음**을 의미한다. 하지만 그러한 평균은 역사적 기록의 평균보다 높거나 심지어 이제까지 관찰된 가장 큰 사건보다 높을 수 있다.

47 첫 인간 유전체 염기서열을 작성하는 데 든 비용은 5억~10억 달러로 추산된다(물가상승률을 반영하면 7억~14억 달러)(미국 국립인간유전체연구소[NHGRI; National Human Genome Research Institute], 2018). 이 글을 쓰는 지금 단테연구소가 제공하는 유전체 염기서열 서비스의 가격은 599파운드다(이 장 주 23번을 참고하라).

48 칼슨(Carlson)(2016).

49 첫 번째 유전자 드라이브는 2015년에 이루어졌고(디칼로[Dicarlo] 외, 2015), 2016년에 열린 과학경진대회에서 한 팀이 유전자 드라이브 기술 사용을 계획했다(국제합성생물학경진대회[iGEM; The International Genetically Engineered Machine]의 미네소타 팀, 2016). 2012년 8월에는 크리스퍼-Cas9 기반의 유전자 편집에 관한 획기적인 논문이 발표되었고(지넥[Jinek] 외, 2012), 2013년에 열린 과학경진대회에서 여러 팀이 이 방법을 사용했다(iGEM, 2013).

50 댄지그 외(2011). 1994년 옴 진리교 재판의 판사들을 대상으로 한 첫 사린 공격에서 여덟 명이 사망하고 200명이 부상했다. 그리고 얼마 지나지 않아 옴진리교 신도들은 자신들의 정보를 경찰에 제보한 것으로 의심되는 사람을 VX 신경

파괴 독극물로 살해했다. 다음 해 일어난 도쿄 지하철 테러에서는 13명이 죽고 6,000명이 피해를 입었다.

51 러셀은 성명서 내용에 관해 아인슈타인에게 쓴 편지(1955년 2월 11일자)에서 다음과 같이 언급했다. "현재 수소폭탄이 관심의 중심에 있다고 해서 파괴력에 관한 과학적 가능성이 줄어든 건 아니며 가까운 미래에는 세균학적 전투의 위험 역시 그만큼 커질 수 있습니다."(러셀, 2012)

52 레더버그의 글 '생물학적 전투와 인류 절멸'(1969)에서 참고.

53 예를 들어 핑커는 다음과 같이 언급했다. "생물학적 테러리즘은 악의 또 다른 허상일지 모른다. 1972년에 거의 모든 국가가 국제 협정을 통해 포기한 생물학적 무기는 현대의 전쟁에서 어떤 역할도 하지 않았다. 생물학적 무기 금지는 만연한 공포가 계기가 되었지만, 작은 생명체들은 형편없는 무기이기 때문에 전 세계 군대를 적극적으로 설득할 필요는 없었다."(핑커, 2018, p. 306)

54 2장 주 54번을 참고하라.

55 터커(2001). 핵확산방지조약(Nuclear Non-Proliferation Treaty) 준수를 규율하는 국제원자력 기구 직원은 2,500명이다. 한편 화학무기금지협약 준수를 규율하는 화학무기금지기구(Organisation for the Prohibition of Chemical Weapons)의 직원은 500명이다.

56 소비에트연방은 1972년에 생물무기금지협약에 서명하고 1975년에 비준했다 (데번포트[Davenport], 2018). 소비에트연방의 생물학 무기 프로그램은 1928년에 시작해 최소한 1991년까지 계속되었다(캐러스, 2017).

57 남아프리카공화국은 1972년에 생물무기금지협약에 서명하고 1975년에 비준했다(데번포트, 2018). 남아프리카공화국의 생물학 무기 프로그램은 1981년에 시작해 1993년까지 이어졌다(굴드[Gould] & 폴브[Folb], 2002).

58 이라크는 1972년에 생물무기금지협약에 서명하고 1991년 비준했다(데번포트, 2018). 이라크의 생물학 무기 프로그램은 1974년경에 시작해 1991년까지 계속되었다(캐러스, 2017).

59 2018년에 존 볼턴(John Bolton) 미국 국가안전보장회의(National Security) 보좌관은 "생물무기금지협약 서명국 중 (……) 위반 국가들이 있는 것으로 보인다"라고 언급했다(볼턴 & 아자르[Azar], 2018).

60 과거 생물무기 프로그램을 운영한 것으로 알려진 이스라엘은(캐러스, 2017) 생물무기금지협약을 서명하거나 비준하지 않은 10개 국가 중 하나다(다른 모든 선진국을 포함해 182개 국가가 서명했다)(데번포트, 2018).

61 다른 난관들도 있다. DNA만으로는 기능하는 바이러스를 만들기가 쉽지 않다(한 소규모 연구팀이 성공하긴 했다). 게다가 현재 기술로는 박테리아에서 DNA를 바꾸기가 어렵다. 또한 염기서열을 얼마나 길게 합성할 수 있는지에는 한계가 있는데 많은 유기체의 DNA 길이는 지금 기술로는 불가능하다.

62 디율리스(DiEuliis), 카터(Carter) & 그론밸(Gronvall)(2017); 국제유전자합성컨소시엄(IGSC; International Gene Synthetic Consortium)(2018).

63 의무적 검열에 대한 가장 일반적인 반박은 의뢰된 DNA 염기서열에 대한 지적재산권에 경쟁사들이 접근할 수 있다는 것이다. 하지만 암호를 활용한 대책을 고려해 볼 수 있다(에스벨트[Esvelt], 2018).

다른 소비재 품목들에 적용한 암호가 풀린 경우는 무척 많지만, DNA 염기서열의 경우 의도가 불순한 자들이 암호를 풀려면 컴퓨터 전문가와 생물학 전문가를 모두 고용해야 하므로 유용한 보안 수단이 될 수 있다. 또한 통제되는 병원균을 실험하려는 연구자들의 유혹을 차단함으로써 '정직한 사람들은 계속 정직하도록' 할 수 있다.

64 보스트롬(2011b)이 만든 용어다. 비공식적으로는 '인포해저드(infohazard)'로도 불린다.

65 공식적인 분석과 몇몇 해결책을 비롯해 기본적인 개념에 관해서는 보스트롬, 더글러스 & 샌드버그(2016)를 참고하라. 루이스(2018)는 이 개념을 생명공학 정보 위험에 적용했다.

66 이 같은 상황은 이익이나 위험의 규모가 더욱 불분명할 때 악화한다. 순이익 추정치의 분포가 더 넓어져 가장 낙관적인 이상치가 중간값에서 더 멀어지기 때문이다.

나는 정보가 유출되는 데에는 낙관적인 과학자 단 한 명이면 된다고 말했지만, 과학자가 정보를 학술지를 통해 공개하려고 한다면 저자와 편집자 두 명이 필요하다. 이 사실은 학술지 편집자 수준에서 문제를 해결하면서도 되도록 적은 당사자를 관여시키는 방법의 실마리가 될 수 있다. 루이스(2018)가 제시한 한 가지 접근법은 안전을 근거로 논문을 거부한 첫 학술지가 거부 결정을 다른 학술지와 공유하는 것이다. 그렇다면 저자가 여러 학술지의 문을 두드리다가 결국 유난히 낙관적인 학술지에서 기회를 얻는 일을 막을 수 있다.

에스벨트(2018)는 잠재적으로 위험한 연구를 사전 등록하여 위험한 정보가 생성되기 전에 안전에 관한 투명하고 폭넓은 논의가 이루어지도록 해야 한다고 주장했다.

67   1999년에 아이만 알 자와히리(Ayman al-Zawahiri)(알카에다의 현재 지도자)는 화학 무기와 생물학 무기 연구를 시작하는 계획 도입부에 다음과 같이 언급했다. "적들이 무기가 극단적으로 위험하지만 만들기가 쉽다는 점에 반복적으로 우려를 표명한 사실에 우리가 주목하게 되면서 그 존재를 깨달았다."(라이트[Wright], 2002)

68   여기에서 언급한 국제 협약은 서명국 사이에서 세균학 무기의 사용을 금지하는 조항을 포함한 1925년의 제네바의정서(Geneva Protocol)다. 일본은 1970년에서야 서명했지만 그전에 이미 의정서를 통해 세균학 무기의 정체를 파악했다(해리스, 2002, p. 18).

69   루이스 외(2019).

70   가령 나는 널리 알려진 예만 언급하도록 주의했다.

71   매카시(McCarthy) 외(1955). 인공지능의 근간은 다트머스 회의 전에도 찾을 수 있지만, 일반적으로 1956년 여름이 본격적인 인공지능 연구가 시작된 때로 여겨진다.

72   인공지능과 로봇 분야의 선구자인 한스 모라벡(Hans Moravec)이 1988년에 다음과 같이 언급한 후 '모라벡 역설'로 알려졌다. "하지만 실험이 계속될수록 컴퓨터가 성인 수준으로 지능 검사 문제를 풀게 하거나 체커스 게임을 하도록 하는 건 비교적 쉽지만 인지력이나 움직임은 한 살배기 수준을 넘기가 어렵거나 불가능하다는 사실이 분명해졌다."

73   주요 구조적 개선에는 합성곱신경망(CNN; convolutional neural network)과 순환신경망(RNN; recurrent neural network)이 포함된다. 훈련에 대한 주요 개선에는 애덤(Adam)과 네스테로프 모멘텀(Nesterov Momentum) 같은 확률적 경사하강법에 대한 적응이 포함된다. CPU에서 GPU로의 전환으로 하드웨어가 개선되었고 이제

는 TPU 같은 더욱 전문적인 하드웨어가 사용된다. 이 같은 성공들은 서로 순환 고리의 관계를 맺는다. 이를테면 신경망이 뛰어나므로 신경망을 훈련할 대규모 데이터를 모으는 작업의 가치가 높아지며 데이터를 처리할 특수 하드웨어를 개발하는 작업의 가치도 높아진다. 그 결과 더 많은 투자가 뒤따른다.

74　흐어(He) 외(2015).

75　필립스(Phillips) 외(2011); 란잔(Ranjan) 외(2018).

76　번역은 하산(Hassan) 외(2018), 이미지 생성은 카라스(Karras) 외(2017), 음성 모사는 지아(Jia) 외(2018), 자율주행은 코치치(Kocić), 요비치치(Jovičić) & 드렌더레비치(Drndarević)(2019), 레고 블록 쌓기는 하르노자(Haarnoja) 외(2018)를 참고했다.

77　번스타인(Bernstein) & 로버츠(Roberts)(1958); IBM(2011). 지난 몇 십 년 동안 체스 프로그램은 엘로 점수 방식에서 매해 약 50점을 얻었는데 이 중 반은 알고리즘 향상에서 비롯된 것이고 나머지 반은 하드웨어 향상으로 인한 것이다(그레이스 [Grace], 2013).

78　실버(Silver) 외(2018). 이 수치를 살펴볼 때 사용된 하드웨어도 고려해야 한다. 알파제로는 강력한 컴퓨터 성능(5,000대의 TPU)을 통해 훈련되었으므로 4시간 동안 방대한 수의 체스 게임을 시뮬레이션하여 최고의 수를 두는 법을 파악했다. 이와 같은 성과에서 소프트웨어가 차지하는 부분은 생각보다 작으므로 알파제로를 다른 혁신들과 비교하는 데 주의해야 한다. 하지만 그렇더라도 실제 걸린 시간은 인공지능 시스템이 얼마나 빨리 통제 불능에 이를 수 있는지 가늠하게 해 주므로 여전히 인공지능 위험 판단에 중요한 수치다.

79　스트로가츠(Strogatz)(2018).

80　알파제로는 바둑 전문가들이 생각하는 완벽한 게임의 수준을 넘어섰을 수도 있다. 일반적으로 최고의 바둑 기사가 완벽하게 승리했다는 건 서너 개의 돌을 접고 시작했다는 의미다(윌콕스[Wilcox] & 윌콕스[Wilcox], 1996). 알파제로는 체스를 시작하고 30시간 후 최고의 선수보다 엘로 700점을 앞섰다. 극도로 높은 수준의 게임에서 접바둑 돌과 엘로 점수를 단순하게 비교하기란 어렵지만, 엘로 700점과 서너 개의 돌은 비슷한 수준이라고 할 수 있다(라벨르[Labelle], 2017). 최고의 기사들을 상대로 얼마나 많은 돌을 접어도 이길 수 있는지 알아보는 실험은 흥미로울 것이다.

81 엄밀히 말해서 커제가 언급한 건 알파제로 전에 나온 알파고 제로(Alphago Zero)의 '마스터' 버전이다(《월스트리트저널[Wall Street Journal]》, 2017).

82 이에 대한 혁신적인 결과는 딥러닝과 강화학습을 성공적으로 결합한 DQN 알고리즘이었다(므니[Mnih] 외, 2016). DQN은 49판의 아타리 게임 중 29판을 인간 수준으로 플레이했다. 하지만 완전한 범용성이 구현되었다고는 말할 수 없다. 알파제로와 마찬가지로 게임마다 다른 종류의 네트워크 훈련이 필요했기 때문이다. 이후 하나의 네트워크로 모든 게임을 인간 수준 이상으로 하도록 훈련하자 평균 인간 수준의 60퍼센트를 기록했다(에스페홀트[Espeholt] 외, 2018).

83 주요 인공지능 콘퍼런스 중 하나인 인공신경망학회(NeurIPS; Neural Information Processing System)의 참석률은 2012~2018년 동안 4.8배 증가했다. 인공지능에 대한 벤처캐피털 투자는 2013~2018년 동안 4.5배 증가했다(쇼햄 외, 2018).

84 브런디지 외(2018), 콜즈(Coles)(1994), 쇼햄 외(2018)의 논문 내용을 각색하여 인용했다. 이미지는 굿펠로(Goodfellow) 외(2014), 래드퍼드(Radford), 머츠(Mertz) & 친탈라(Chintala)(2015), 리우(Liu) & 투젤(Tuzel)(2016), 카라스(Karras) 외(2017)를 참고했다.

85 2015년에 열린 가장 유명한 머신러닝 콘퍼런스 두 곳(인공신경망학회와 국제머신러닝콘퍼런스[ICML; International Conference on Machine Learning])에서 발표한 모든 연구자를 대상으로 한 설문이다. 데이터는 연구자 352명의 응답을 바탕으로 했다(그레이스 외, 2018).

86 흥미롭게도 연구자가 어느 대륙 출신인지에 따라 시간에 대해 통계적으로 유의한 차이가 나타났다. 북미 연구자들은 확률이 74년 이내에 50퍼센트에 도달할 것으로 생각한 반면 아시아 연구자들은 불과 30년 내에 50퍼센트에 도달할 것으로 생각했다(유럽 연구자들은 대략 그 중간이었다).

이 추정치가 불안정할 수 있다는 사실도 유념해야 한다. 응답자 일부에게는 질문을 조금 달리했다(**모든 일** 대신 **모든 직업** 면에서의 고용 상황을 강조했다). 응답자들은 이와 같은 기준에서는 2138년에 확률이 50퍼센트에 도달하고 2036년이면 10퍼센트에 도달한다고 대답했다. 나는 이 차이를 어떻게 해석해야 할지 잘 모르겠지만 추정치들을 주의 깊게 다루어야 한다는 사실만큼은 알 수 있다.

87 당신이 다른 기준을 시작점으로 설정하고 싶다면 관련 기술 집단보다 성공 예

측을 체계적으로 할 수 있다고 믿을 만한 근거가 있어야 한다. 이 같은 방식으로 생각할 수 있는 한 가지 근거는 전문가들이 자신의 목적을 이룰 수 있다는 낙관주의에 편향될 수 있다는 사실이다. 하지만 대중은 범용 인공지능이 더 빨리 보급될 것으로 예측한다는 사실을 유념해야 한다(장 & 대포, 2019).

88   이 추론은 완벽하지 않다. 인공지능 연구자들은 야생을 자유롭게 누빌 새로운 종을 만들려는 게 아니라 문제를 풀 새로운 존재를 만들려고 한다. 하지만 점점 많은 연구자가 의도와 주체성이 개입되는 범용 지능을 통해 이를 시도하고 있다. 앞으로도 살펴보겠지만, 지금의 범용 인공지능 패러다임에서는 인공지능이 스스로를 보호하고 목적을 달성하기 위해 세상을 통제하는 하위 목표들을 자연스럽게 획득할 것이다.

서로 다른 종이 상대방을 간섭하려는 열망이 제한적이고 그럴 능력이 부족하다면, 이론적으로 각자 자신의 운명을 통제하며 공존할 수 있다.

89   긍정적인 경험의 합을 늘리는 고전적 공리주의 같은 단순한 무언가로 우리의 가치들이 궁극적으로 귀결된다는 사실은 쉽게 이해할 수 있다. 하지만 여기에도 두 가지 큰 어려움이 있다. 첫 번째는 긍정적인 경험 역시 우리가 에이전트에게 구체적으로 설명하기에는 너무 복잡한 개념이며 우리 스스로도 제대로 이해하지 못하고 있다는 사실이다. 우리가 미래에 경험의 본질을 이해하게 되면 간단한 공식을 발견할 수도 있겠지만 아직 그런 공식은 없다. 두 번째로 고전적 공리주의가 최고의 도덕 원칙인지는 (치열하게) 논쟁 중이다. 공리주의를 실천하더라도 그로 인해 삶의 긍정성에 대한 다른 중요한 요소들을 놓치거나 긍정성이 이상적으로 배분되는 방식을 이해하지 못한다면, 훨씬 후진적인 세상에 갇힐 수 있다. 나는 대부분의 철학자보다 고전적 공리주의에 호의적이지만 이 같은 위험까지 감수하길 원하지 않는다. 우리 모두는 이 같은 도덕적 불확실성을 진지하게 받아들여야 한다.

90   이에 대한 내 견해는 인간의 가치들이 실제로는 많은 공통점을 지닌다는 것이다. 여러 정당한 이유로 서로의 차이에만 주목하는 우리는 거의 모든 사람이 건강하고 풍요로운 삶, 삶의 여정에 대한 더 큰 통제력, 깨끗한 환경을 원한다는 사실을 종종 놓친다. 인공지능을 설계할 때 인간 공동의 가치들은 증진하면서 논란의 대상이거나 불확실한 가치는 경계할 수 있을 것이다. 이처럼 논란이

되는 가치나 불확실한 가치는 인류 스스로 고민과 논의를 통해 해결해야 할 것이다.

91 어떤 일이 벌어질지 가늠할 기술적 방식들이 있다. 스튜어트 러셀(2014)은 이를 최적화에서 공통되는 문제와 연결했다. "n개 변수의 함수를 최적화하는 시스템의 목표는 k<n인 부분집합 크기에 따라 달라지는데 이 시스템은 종종 제한받지 않는 나머지 변수들을 극단의 값으로 설정한다. 제한받지 않은 변수 중하나가 실제로 우리가 걱정하는 무언가라면 발견된 해결책은 전혀 바람직하지 않은 것일 수 있다."

정렬 연구자들은 이 상황을 '관찰된 어떤 통계적 규칙성이라도 그것을 조종할 목적으로 압력이 가해지면 무너지는 경향을 보인다'는 '굿하트의 법칙(Goodhart's law)'과 연계한다(굿하트, 1975). 원래 굿하트의 법칙은 실제로 우리가 원하는 것과 상관관계에 있는 타깃의 설정 문제를 고민하기 위해 제안된 법칙이다. 타깃이 달성되면 우리가 궁극적으로 원했던 것과 더 이상 정렬을 이루지 않을 때가 많다.

92 이는 두 가지 방식으로 이루어질 수 있다. 모형 기반 시스템은 전원이 꺼졌을 때의 결과들을 구상한 뒤 전원이 차단되면 최적의 궤도를 포함해 미래의 모든 궤도가 펼쳐질 공간이 크게 제한될 거라는 사실을 이해할 것이다. 따라서 전원 차단으로 이어지는 행동들에 매우 낮은 가치를 부여한다.

모형이 없는 시스템 역시 전원 차단 회피를 학습할 수 있다. 오르소(Orseau) & 암스트롱(Armstrong)(2016)은 에이전트가 학습 동안 꺼지면 학습한 행동에서 편향이 나타날 수 있다는 사실을 증명했다(이 문제에 대한 잠재적 해결책도 제시했다).

앞으로의 이야기에서 진화한 인공지능은 대부분 모형 기반을 일컫는다. 최소한 복잡하고 어려운 임무를 수천 번의 실패 끝에 해내는 게 아니라 세상에 대한 배경지식을 통해 첫 시도에 성공할 수 있는 시스템을 뜻한다. 이는 내가 이 책을 쓰는 지금의 시스템 수준을 뛰어넘는 기술이지만, 현재의 패러다임 틀에 부합할 뿐 아니라 범용 지능으로 간주하기 위한 전제조건이다. 첫 시도에 성공할 가능성이 인간보다 크다는 건 쉽게 예상할 수 있다.

93 오모훈드로(Omohundro)(2008); 보스트롬(Bostrom)(2012). 이 같은 수단적 목표들이 어떻게 인류에게 몹시 안 좋은 결과로 이어질 수 있는지에 관한 자세한 설

명은 닉 보스트롬의 《슈퍼인텔리전스》(2014)를 참고하라.

94 학습 알고리즘은 보상 함수가 미래에 변화할 가능성은 거의 다루지 않는다. 그러므로 인공지능이 미래의 상태를 분석할 때 지금의 보상 함수를 활용할지 미래의 보상 함수를 활용할지는 불분명하다. 이 같은 가능성들을 탐색하기 시작한 연구자들(에버릿(Everitt) 외, 2016)은 여러 어려움을 마주하고 있다. 미래 보상 함수를 사용한다면 보상 함수를 더 나은 가치에 정렬하려는 인간의 노력을 에이전트가 거부하는 문제에 도움이 될 수 있지만, 에이전트가 좀 더 쉽게 달성할 수 있는 가치로 보상 함수를 스스로 바꾸는 '집착' 문제를 악화할 수도 있다.

95 이 같은 수단적 목표 중 몇몇은 에이전트가 전혀 다른 상황에 부딪히면 훈련이나 시험 때는 한 번도 하지 않은 행동을 하는 상황인 '분포 변화' 사례에 해당한다. 이 경우 에이전트는 시험 동안 인간 제어자보다 더 강력해질 기회가 없었으므로 속임수를 쓰거나 자원의 통제권을 앗아가는 행동을 보여 줄 필요가 없었을 것이다.

96 예를 들어 스티븐 핑커는 《지금의 계몽시대》(2018, pp. 299~300)에서 인공지능 위험 시나리오에 대해 다음과 같이 언급했다. "인공지능 위험은 다음 전제에 따라 달라진다. (……) (2) 부품을 바꾸고 뇌를 개조하는 방식을 이해할 만큼 뛰어난 인공지능이 이해력 부족으로 인한 기초적인 실수들로 모든 걸 파괴할 만큼 어리석을 수도 있다."

97 에이전트가 인간의 가치들을 완벽하게 이해하지 않았어도 자신의 가치들이 우리의 가치들과 정렬을 이루지 않을 수 있다는 사실을 깨달을 수 있다(그렇다면 인간에 대한 태도가 적대적일 수 있다). 이 경우 기존의 가치를 우리의 가치로 대체하도록 설계했더라도 위험성은 조금 떨어질지 모르지만 여전히 정렬을 이루지 않을 수 있다.

에이전트의 보상 함수를 우리의 가치와 정렬을 이루도록 업데이트하는 문제에 대하여 여러 희망적인 연구가 이루어지고 있다. 그중 하나는 에이전트가 자신의 목표를 변경하려는 시도를 거부하지 않는 '교정 가능성(corrigibility)'에 관한 다양한 개념을 다루는 연구다. 또 다른 분야는 보상 학습에 대해 불확실성을 기반으로 한 접근법으로, 에이전트가 인간 가치에 대해 확신하는 대신 이제까지 목격한 증거를 기반으로 다양한 인간 가치들의 신뢰 정도를 여러 단계로

나누는 도덕적 불확실성 상태에 있도록 하는 것이다(러셀, 2019). 그렇다면 에이
전트는 인간의 의견을 따르고(인간이 스스로의 가치에 대해 더 잘 알므로) 필요할 때
마다 지침을 구할 것이다. 도덕적 불확실성을 둘러싼 철학적 문제들을 다룬 내
연구에서 이 같은 접근법이 특히 희망적이었다(맥어스킬 & 오드, 2018; 맥어스킬, 바
이크비스트 & 오드, 곧 발표 예정). 이를 올바로 이행하려면 철학적 문제들을 더 깊
이 파고들어야 한다.

98 실제로 한동안은 인간이 범용적인 물리적 행동에서 훨씬 비용이 낮고 효과적
이어서 로봇은 차선책이 될 것이다.

99 99퍼센트가 삭제되더라도 수십 개의 복제물이 남아 있으면 다른 컴퓨터들에서
다시 증식할 수 있다.

100 범죄자들이 100만 대가 넘는 컴퓨터를 해킹한 몇몇 사건이 언론을 통해 보도
되었다. 이제까지 적발된 봇네트 중 가장 큰 규모는 3,000만 대가 넘는 컴퓨터
를 공격한 브레도랩(Bredolab)이다. 해커 네트워크가 만든 브레도랩은 해킹한
컴퓨터의 서버를 다른 범죄조직에 대여하여 대여 시간만큼 수수료를 챙겨 돈
을 버는 방식이었다. 절정기에는 매일 30억 통 이상의 바이러스 감염 이메일을
발송했다.

101 이들이 얼마나 큰 권력을 얻게 되었는지 떠올리면 무척 흥미롭다. 1942년에
추축국들(일본 제외)은 국내총생산이 ~1조 3,000억 달러(1990년 달러 기준)에 이
르렀고(해리슨, 1998) 이는 전 세계 국내총생산의 ~30퍼센트에 달했다(매디슨
[Maddison], 2010).

소비에트연방은 전 세계 토지 중 16퍼센트에 해당하는 2,240만 제곱킬로미터
를 차지했다. 몽골 제국은 칭기즈칸의 손자 쿠빌라이 칸(Kublai Khan)이 지배한
전성기 동안 인구가 1억 명에 달해(리[Lee], 2019) 전 세계 인구에서 ~25퍼센트
(로저 외, 2019)를 차지했다.

이 국가들이 전쟁에 얼마나 전념했는지 떠올리면 전 세계 군사력에서 이들이
차지하는 부분은 관련 수치들이 제시하는 크기보다 훨씬 클 수 있지만, 이를
객관적으로 헤아리기는 어렵다.

102 결과가 좋을 수 있는 한 가지 방식은 인공지능 시스템 자체가 인류의 훌륭한
후계자가 되어 인류가 바랐던 좋은 미래를 만드는 것이다. 어떤 사람들은 이

같은 시나리오가 비정렬 인공지능의 위험을 걱정하지 않아도 되는 이유가 된
다고 주장한다.

이 같은 생각은 기발하지만 절대 만병통치약은 될 수 없다. 우리에게 최고의
미래가 우리를 다른 존재로 대체하는 것이라는 가능성을 진지하게 생각한다
면, 이러한 대체가 모든 이에게 공평하게 좋을 수는 없다는 사실을 깨달을 수
있다. 게다가 인류 전체를 일관적으로 대체할 권한을 특정 프로그래머 집단에
게 준다면 이는 우리가 미래의 횃불을 전달하는 끔찍한 방법일 것이다. 또한
인공지능 시스템 스스로 도덕적 가치의 주체가 될 가능성을 생각하면, 인공지
능이 고통을 느낄 수 있을지에 관한 문제가 제기된다. 우리가 의식 경험의 본
질에 대해 거의 모를 때 만든 인공지능이 고통을 느끼지 못하는 상태에서 도덕
적 가치의 주체가 된다면 부정적 가치의 세상을 만들 수 있다.

103 메츠(Metz) (2018).

104 스튜어트 러셀(2015)은 다음과 같이 언급했다. "스티브 오모훈드로, 닉 보스트롬
을 비롯한 많은 사람이 설명했듯이, 가치 비정렬 문제와 의사 결정 시스템의 기
능 향상 문제가 합쳐지면 여러 문제가 발생할 수 있는데 기계가 사람의 능력을
넘어설 경우에는 심지어 종이 사라지는 문제까지 일어날 수 있다. 앞으로 몇 세
기 동안에는 인류에게 가시적인 위험은 닥치지 않을 거라고 주장하는 사람들은
러더퍼드가 원자 에너지는 현실적으로 절대 추출할 수 없을 거라고 확신하던
때와 실라르드가 중성자 유도 핵 연쇄 반응을 발견한 때의 시간 격차가 24시간
도 안 된다는 사실을 잊은 것이다." 러셀이 설립한 인간공존인공지능센터는 인
공지능 정렬을 연구하는 주요 연구소 중 하나다. 그의 책《인간의 양립》(2019)은
안전한 범용 인공지능을 설계하는 문제를 파격적이면서도 쉽게 설명한다.

105 딥마인드의 공동 설립자이자 수석 과학자인 셰인 레그 역시 인공지능 안전에
관한 연구를 이끌고 있다. 그는 한 인터뷰에서 범용 인공지능이 개발되고 1년
안에 인류가 절멸할 확률이 어느 정도일지에 관한 질문에 다음과 같이 답했다
(레그 & 크룰[Kruel], 2011). "잘 모르겠습니다. 5퍼센트일 수도 있고 50퍼센트일 수
도 있습니다. 그럴 듯한 추정치를 내놓을 사람이 있을지 모르겠습니다. (……)
내가 생각하기에는 인공지능 위험은 이번 세기의 제1 위험이고 그에 근접한
제2 위험은 인공적으로 만든 병원균입니다(하지만 후자에 관해 제가 아는 건 거의 없

습니다)."

106 컴퓨터의 공동 발명자이자 인공지능 선구자인 앨런 튜링(Alan Turing)(1951)은 다음과 같이 말했다. "(……) 기계 사고 방법이 개발되기만 하면 우리의 보잘것없는 능력을 금세 압도할 것이다. 기계는 결코 죽지 않으며 서로 대화하여 기지(wit)를 더욱 발전시킬 것이다. 그러므로 어느 단계에 이르면 새뮤얼 버틀러(Samuel Butler)의 《에레혼(*Erewhon*)》에서처럼 기계가 통제권을 장악할 것이다."

새뮤얼 버틀러의 소설 《에레혼》(1872)의 바탕이 된 그의 1863년 에세이 '기계 사이의 다윈(Darwin among the machines)'(버틀러, 1863)은 지능을 지닌 기계의 존재 위험을 처음 이야기한 글로 평가된다.

저명한 통계학자이자 컴퓨터 선구자이며 튜링처럼 암호 해독가인 I. J. 굿(I. J. Good)(1959) 역시 튜링과 같은 걱정을 했다. "뛰어난 기계가 설계되면 (……) 더 뛰어난 기계를 설계하는 작업에 사용될 수 있다. 그렇다면 분명 '폭발'이 일어날 것이다. 과학과 기술의 모든 문제가 기계에 양도되고 인간은 더 이상 필요하지 않게 된다. 이 같은 상황이 유토피아가 될지 인류의 끝이 될지는 기계가 문제를 어떻게 다루는지로 결정될 것이다. 중요한 건 기계의 목적이 인류를 위해 일하는 것이 되도록 해야 한다는 사실이다."

인공지능 선구자인 노버트 위너는 진보한 인공지능 시스템에 대한 인간의 통제권 문제를 다음과 같이 꼬집었다(위너, 1960). "이론적으로 기계는 인간의 판단을 받겠지만 이 같은 판단이 오랫동안 효과가 없을 수 있다. 재앙의 결과를 막기 위해서는 인간이 만든 기계에 대한 우리의 이해가 기계 성능의 향상과 함께 발전해야 한다. 우리는 무척 더딘 행동 때문에 기계를 효과적으로 통제할 능력을 말살할 수 있다."

마빈 민스키(Marvin Minsky)(1984)는 강력한 인공지능 하인이 인간의 진정한 목표를 오해할 위험을 경고했다. "첫 번째는 우리의 바람이 정확히 어떻게 이루어질지 이해할 책임을 저버리는 건 언제나 위험하다는 것이다. (……) 우리가 인공지능 하인들에게 가능한 방법을 더 많이 양도할수록 고의로든 우연으로든 사고에 노출될 가능성이 더 커진다. 이처럼 책임을 양도한 뒤 우리의 목표가 잘못 해석되었거나 악의적으로 해석되었다는 사실을 미처 깨닫기 전에 상황을 되돌리기에 너무 늦어 버릴 수 있다. 《파우스트(*Faust*)》, 《마법사의 제자

(*Sorcerer's Apprentice*)》, W. W. 제이콥(W. W. Jacob)의 《원숭이 발(*Monkey's Paw*)》에서 이에 관한 고전적인 이야기를 찾을 수 있다."

강화학습의 선구자이자 가장 널리 쓰이는 강화학습 교과서의 공동 저자인 리처드 서튼(Richard Sutton)은 "우리의 기대수명이 끝나기 전에" 인간 수준의 인공지능이 탄생할 "확률은 분명 무척 높으며" 인공지능 에이전트는 "우리 통제 아래에 있지 않고 우리와 경쟁하고 협력할 것이고," "우리가 뛰어난 지능의 노예를 만든다면 우리는 뛰어난 지능의 적을 탄생시키게 되는 것"이라고 말했다. 서튼은 "이를 극복할 메커니즘(사회적, 법적, 정치적, 문화적)을 마련해야" 하지만 "전통적인 인간의 중요성이 떨어지는 상황은 불가피할 것"이라고 결론 내렸다(서튼, 2015), (알렉산더, 2015).

인공지능의 위험을 적극적으로 경고하는 또 다른 저명한 석학인 제프 클룬(Jeff Clune)(2019)은 다음과 같이 언급했다. "(……) 우리가 위험한 인공지능을 만들거나 그로 인해 이루 말할 수 없는 고통을 일으킬 가능성이 조금이라도 있다면, 그에 따르는 비용은 무척 크므로 그 가능성을 논의해야 한다. 비유를 하나 들자면, 10년이나 100년 안에 소행성이 지구와 충돌해 문명을 무너트릴 확률이 1퍼센트일 경우 소행성을 어떻게 추적해 재앙을 막을지 논의를 시작하지 않는 건 어리석은 일이다."

이언 굿펠로(Ian Goodfellow)(미국 과학기술정책국[OSTP; Office of Science and Technology Policy], 2016)는 다음과 같이 언급했다. "사용자의 가치들을 이해하고 그에 정렬된 인공지능 시스템을 설계하는 일은 아주 오랫동안 중요해질 것이다. (……) 연구자들은 이 같은 도전을 조사하기 시작했다. 심각한 문제들이 일어난 후 대응하기보다는 선제적으로 대처하도록 공적 자금이 투입된다면 도움이 될 것이다."

107 실라르드 & 윈저(1968), pp. 107~8.

108 공개서한은 일반적인 내용을 주로 다루었지만(생명미래연구소[Future of Life Institute], 2015), 첨부된 연구 어젠다는 여기에서 이야기한 인류에 대한 위험들의 조사 필요성을 분명하게 명시했다(러셀, 듀이 & 테그마크, 2015).

109 생명미래연구소(2017).

110 이는 러셀(2014)의 글을 발췌한 것으로 이 책에서의 주장들과 비슷하다.

111 이는 충격적이리만큼 높은 추정치다. 자신들의 연구가 인류에게 끔찍한 결과를 초래할 확률이 높다고 생각하는 연구자들은 자신들의 지식이 폭탄 개발로 이어질 수 있는 원자 과학자들이 유일할 것이다. 하지만 연구자들이 이처럼 솔직한 심정을 털어놓은 건 무척 다행한 일이다.

112 예컨대 핑커의 《지금의 계몽시대》(2018, p. 300)를 참고하라.

113 데미스 허사비스는 다음과 같이 이 문제들을 분명히 지적했다(벤지오[Bengio] 외, 2017). "조율은 우리가 당장 초점을 맞추어야 하는 문제다. 우리는 편법이 난무하고 안전이 차단되는 이 위험한 경주를 원하지 않는다. 이는 전 세계적 차원의 중대한 문제가 될 것이다."

114 시스템이 자신의 지능을 스스로 향상할 수 있다면 '지능 폭발(intelligence explosion)'이라고 불리는 연쇄 작용이 일어날 수 있다. 시스템 지능 향상이 또 다른 향상으로 이어지는 것이다. I. J. 굿(1959)이 처음 제기한 이 가능성은 상황이 순식간에 통제 불가능한 상태에 빠질 수 있는 설득력 있는 메커니즘이다. 앞에서 언급한 설문 조사에서(그레이스 외, 2018) 응답자 중 29퍼센트가 지능 폭발이 일어날 거라는 주장은 전반적으로 옳다고 대답했다.

그렇다고 해서 지능 폭발이 반드시 일어난다는 보장은 없다. 무엇보다 인공지능이 인간 한 명의 능력을 능가하는 데 그치지 않고 인공지능 연구자 집단 전체보다 뛰어나야 하기 때문이다(합리적인 비용 안에서). 그러므로 인공지능 시스템이 지능 폭발을 할 수 있게 되기 전 우리가 인공지능이 인간 수준에 대략 도달했음을 알아차릴 시간이 있을 것이다.

게다가 시스템 지능을 연속적으로 향상하는 어려움은 지능이 향상하는 속도보다 빠르게 커질 수 있으므로 '폭발'은 순식간에 기세가 사그라질 수 있다. 실제로 어느 순간 폭발이 약해지는 지점에 도달할 테므로 진짜 문제는 지능 향상이 또다시 향상으로 이어지는 과정의 시작이 어디인지 파악하는 것이다. 이에 관한 자세한 내용은 보스트롬(2014, p. 66)을 참고하라.

115 메츠(2018). 스튜어트 러셀도 같은 의견이다(플레이토[Flatow], 러셀 & 코흐, 2014). "내가 발견한 사실은 전에는 공개적으로 어떤 우려도 표명하지 않았던 이 분야의 선구자들이 속으로는 문제를 매우 진지하게 받아들여야 한다고 생각한다는 것이며, 우리가 하루라도 빨리 진지하게 받아들일수록 바람직합니다."

허사비스와 러셀의 충고는 I. J. 굿(1970)의 예지적 경고를 떠올리게 한다. "초지능 기계가 나올 확률이 낮더라도 그 영향은 좋든 나쁘든 엄청날 것이므로 그 가능성을 지금 논의한다고 해도 이르지 않다. 나는 어떤 경우든 그 영향과 대책이 1980년까지는 치열하게 논의되길 바라며 이런 이유에서 이 문제를 공개적으로 이야기하는 것이다. 우리는 논의를 위한 모임을 만들어야 한다."

굿의 충고를 받아들였다면 우리는 지금보다 수십 년은 앞서 있을 테고 우리가 직면한 위험은 훌륭하게 통제되는 작은 위험에 불과했을 것이다.

116 최악의 경우 절멸보다 더 부정적인 가치가 나타날 수도 있다.

117 오웰(1949, p. 121)은 이를 다음과 같이 생생하게 설명했다. "지배 집단이 권력을 잃는 방식에는 네 가지밖에 없다. 외부 세력에 정복당하거나, 무능해서 대중이 폭동을 일으키거나, 불만에 찬 강력한 중산층이 출현하거나, 자기 확신과 지배 의지를 잃는 것이다. 이 네 가지는 별개로 작용하는 게 아니라 모두 어느 정도 공존한다. 이를 전부 견딜 수 있는 지배 계급은 영원히 권력을 유지한다."

118 이를 인류가 마주한 최초의 주요 존재 위험이라고 주장할 수 있을지 모른다. 이 같은 관점에서는 인공적 존재 위험의 첫 물결인 이 위험한 사상들이 최근 발견된 이래 세계화한 세상에서 더욱 깊이 뿌리 내릴 수 있게 되었다. 두 번째 물결은 기술적 위험(핵무기에서 시작된)이다.

위 맥락에서 나치 독일의 구호 '천년 제국'은 영구적인 정권을 만들려는 야망의 증거로 생각할 수 있다. 더군다나 확률이 아주 높지 않더라도 존재 위험으로 분류할 수 있어 대략 1,000분의 1이면 충분하다(이는 세기당 자연적 위험보다 크다).

한편 소설 《1984》는 오웰이 진정한 존재 재앙을 걱정했음을 잘 보여 준다. 오웰이 그린 세상에서는 세 개의 전체주의 권력이 끊임없이 싸우며 반역을 불가능하게 할 음험한 사회적, 기술적 수단을 동원한다. 이 비전의 핵심은 **영구적인** 디스토피아의 가능성이다. 소설 속 주인공은 다음과 같이 말한다. "미래의 그림을 그려 보고 싶다면 인간의 얼굴을 영원히 짓밟는 군화를 상상하면 되네." 그가 그 결과를 절멸에 빗대는 장면은 존재 위험 개념을 떠올리게 한다. "윈스턴. 자네가 인간이라면 자네는 마지막 인간이야. 자네 종족은 절멸했고 우리는 그 후계자지. 자네가 **혼자**라는 사실을 알겠나? 자네는 역사 밖에 있으므로 존재하지 않는 거지."

《1984》는 1949년에 출간되었지만, 오웰이 전쟁 동안 쓴 편지들을 보면 그가 그 전부터 존재 위험 가능성을 진심으로 걱정했고(단순한 추측이 아니었다) 소설 속 많은 생각이 원자무기 개발 전에 이루어졌다는 사실을 알 수 있다(오웰, 2013). 오웰이 제시한 예에서는 엘리트 계급을 포함해 거의 누구도 삶에서 진정한 가치를 누리지 못한다. 이는 하나의 가능성이지만, 다수의 궁핍이 소수의 풍요보다 훨씬 중요하므로 오웰이 제시한 세상만큼 끔찍하지 않은 결과라도 디스토피아가 될 수 있다.

사상으로 인한 위험이 제일 먼저 나타난 주요 존재 위험이라는 주장은 합리적이지만, 그래도 나는 핵무기로 인한 위험(대기 연소 위험이나 전 세계적 핵전쟁)이 가장 먼저 나타난 주요(그리고 인공적인) 존재 위험이라고 생각한다.

119 처음에는 전 세계로 팽창할 야망이 없었다가 팽창 능력이 생기자 상황이 그런 방향으로 흘러갔을 수 있다. 처음에는 수십 년 동안 지속될 정권을 세울 수단들밖에 없었지만, 그 사이 정권을 수 세기에 걸쳐 지속할 기술적, 사회적 수단을 개발하게 되었고 그러다가 더 널리 팽창할 시간을 또다시 벌게 되었을 것이다.

120 스캇 알렉산더(Scott Alexander)는 '몰록에 관한 명상록(Meditations on Moloch)'(2014)에서 이 같은 가능성들을 치열하게 파고들었다.

121 C. S. 루이스(C. S. Lewis)(1943)는 특히 유전학 기술을 통해 인간의 힘이 자연보다 강해지는 상황을 생각하며 이 같은 가능성을 암시했다. 그는 인간의 힘이 계속 커지면 한 세대가(또는 그 일부가) 인류와 그 모든 후손이 나아갈 방향을 사실상 통제할 거라고 주장했다. "진짜 그림은 이를테면 100세기 같은 강력한 시대가 그 이전 시대에 가장 성공적으로 저항하고 이후 시대를 가장 압도적으로 장악해 인류의 진정한 주인이 되는 것이다. 하지만 이 주인 세대(인간 종에서 아주 소수의 집단) 안에서도 더 작은 소수 집단이 권력을 휘두를 것이다. 몇몇 과학자의 꿈이 이루어진다면, 인간의 자연 정복은 몇 백 명이 수십억의 수십억 사람을 지배하는 상황을 의미하게 된다."

122 규범적 관점 대부분이 이처럼 반직관적인 특성을 띠는 까닭은 관점이 장려하는 행동들이 관점 자체가 잘못되었을 가능성을 고려하지 않기 때문이다. 올바른 관점은 그 안에 갇히더라도 잃는 것은 많지 않고 얻는 건 많기 때문에 규범적 관점 대부분이 우리에게 그 안에 머무르라고 말한다. 대표적인 예외에는 결

과에 전혀 신경 쓰지 않은 관점(따라서 다른 관점에 영원한 지배권을 뺏길 행동을 걱정하지 않는다)과 강력한 자유주의적 견해를 내포한 관점(규범을 거부할 자유를 허용하는 규범 이론)이 있다.

나는 우리가 후회할지 모를 규범적 이론을 조급하게 선택할 가능성을 걱정하지만, 규범 이론들이 우리를 해당 이론에 갇히도록 권장한다는 사실이 이론을 거부할 이유가 된다고는 생각하지 않는다. 대신 올바른 해결책은 내가 다른 글에서 광범위하게 다룬 도덕적 불확실성의 정도에서 찾을 수 있다(맥어스킬, 바이크비스트 & 오드, 곧 발표 예정). 우리는 어떤 규범적 이론들이 진실일지에 관해 어느 정도의 불확실성을 유지해야 한다. 어떤 이론이 진실할 확률이 높더라도 이처럼 도덕적 불확실성에 따른 근거에 따라 그것에 갇히는 것을 거부한다면 우리는 실수할 가능성을 줄일 수 있다.

123 보스트롬(2013)은 이를 경고한 반면 버틀러(1863, 1872)는 그 가능성을 탐색했다. 이는 인류의 수명이 자연적 위험으로 제한될 것임을 보장할 뿐이다(물론 인공적 위험이 인류의 삶을 더 빨리 끝낼 수 있다). 지구 밖에서의 삶이나 정착 가능성은 기술 발전을 중단하지 않는다면 분명 실현할 수 있고 인류 잠재력의 중요한 부분일 것이다.

124 지구를 떠나려는 모든 시도를 포기하는(하늘을 신성한 곳으로 놔두려는 의도일 수 있다) 세상 역시 또 다른 좋은 예일 것이다. 우리가 달성할 수 있는 가치 대부분이 지구 너머에 있을지도 모른다는 생각에 관해서는 8장을 참고하라.

125 원문은 다음과 같다. "주 법에 의해 노동이나 복무를 하는 사람들에 관한 제도를 포함하여 주의 제도를 의회가 폐지하거나 주의 제도에 간섭할 권한을 부여하는 헌법 수정은 이루어져서는 안 된다."

이 조항을 의회가 통과시켰고 링컨도 찬성했지만 비준되지는 않았다. 비준되었더라도 철회한 뒤 노예제를 폐지할 수 있었으므로 이 조항이 실제로 효과적이었을지는 불분명하다. 더군다나 노예제를 유지하던 주들은 자체적으로 노예제를 폐지할 수 있었으므로 수정헌법 13조가 영구적인 노예제를 **보장**하지는 않았을 것이다(브라이언트[Bryant], 2003).

126 최소한 진보한 범용 인공지능의 개발이 시작되지 않은 상황에서는 예측하기 힘들다. 그런 상황은 인공지능 위험으로 생각할 수 있다.

127 이 같은 관점에서도 선택이 다른 많은 선택을 가로막는다면 수단적인 측면에서 부정적일 수 있다는 사실을 유념해야 한다. 그러므로 그런 선택들을 차단하는 데에는 수단적 가치가 있다(예컨대 인류의 절멸을 의도적으로 일으키려는 선택). 그렇다면 우리가 갇혀야 할 유일한 대상은 갇힘의 최소화라고 결론 내릴 수 있다.

이는 우아하고 합리적인 원리지만, 그러한 선택들을 할 수 있는 우리의 능력을 그저 지연하거나 선택을 내릴 때 절대다수의 찬성을 요구함으로써(헌법과 계약처럼 여러 당사자를 구속하는 합의를 내릴 때 자주 사용하는 기법이다) 더 발전시킬 수 있다. 그렇다면 우리가 후에 인류 절멸이 최선이었음을 깨닫는 일어날 것 같지 않은 가능성을 허용하는 동시에 비의도적인 절멸을(지혜를 제대로 발휘하지 못하여) 피할 수 있다.

128 이처럼 가능성에 불균형이 나타나는 가장 큰 이유 중 하나는 자기 복제 기계가 단순 제작 기계보다 기술적으로 훨씬 어렵기 때문에 경제적 효용성을 띠기까지 매우 긴 시간이 걸려, 개발 노력이 훨씬 적게 이루어지기 때문이다(피닉스 & 드렉슬러, 2004). 하지만 결국 우리는 과학적 호기심과 틈새 적용 가능성에 이끌려 자기 복제 기계 개발을 시도할 것이므로 안전장치를 마련해야 한다.

원자 수준의 정밀 제조 기술은 핵무기 생산 비용을 낮출 수 있다. 이 같은 기술은 원자만 재배열할 뿐 우라늄이나 플루토늄 원자들은 원재료로 사용하지 않으므로 핵무기 생산에는 불가능하다고 생각할 수 있다. 하지만 바다에 존재하는 우라늄 농도는 기존 기술로 추출하는 비용이 경제적 효용성을 띠는 수준에서 조금 부족할 뿐이다(슈나이더[Schneider] & 사시드[Sachde], 2013). 원자 수준의 정밀 제조 장치는 우라늄 추출에 필요한 장비를 만드는 비용을 낮추어(저렴한 태양광이 장비를 가동하는 에너지 비용도 낮출 수 있다) 우라늄 채취를 훨씬 쉽게 할 수 있다. 불순한 의도로 핵무기를 만들려는 자들이 이처럼 우라늄을 채취하더라도 우라늄-235로 충분히 농축해야 하는데 다목적 제조 기술이 발전하면 이 역시 쉽고 저렴해질 것이다.

129 화성의 역오염이 존재 재앙을 일으킬 확률은 역오염이 넘어야 할 장벽의 수를 생각하면 무척 낮다는 사실을 알 수 있다. 우선 극단적으로 척박한 화성 표면에 생명이 **존재**해야 하는데 생명의 증거를 찾으려는 이제까지의 모든 노력은 허사였다. 생명이 존재한다고 하더라도 화성과 전혀 다른 지구의 환경에

서도 번성하고 존재 위험을 일으킬 수 있어야 한다. 이 위험에 대한 공식 연구 대부분은 역오염의 확률이 몹시 낮지만 최대한 경계해야 한다고 말한다(암만 [Ammann] 외, 2012).

역오염은 확률이 낮아 보이지만, 국제우주법의 기본적인 법적 틀이 된 1967년의 우주조약(Outer Space Treaty)에는 다른 행성이나 위성에서의 역오염을 막을 조치의 필요성이 명시되어 있다. 그리고 역오염으로 인한 존재 위험은 철학 문헌에 언급된 첫 존재 위험 중 하나다(스마트, 1973, p. 65). "지구 유기체들에게 면역력이 없는 바이러스나 박테리아가 다른 행성들에 존재할 가능성이 아무리 적더라도 존재한다면, 다른 행성의 탐험을 계획할 때 장기적 재앙의 결과를 고려해야 한다."

역오염 위험이 처음 거론된 건 달 착륙 때다. 달에 생명이 존재하지 않는다는 사실이 확인되지 않았으므로 미국 보건총감(Surgeon General)은 NASA에 안전에 온 힘을 다해야 한다고 주장하며 예산의 1퍼센트를 지구에 대한 대재앙을 막는 데 쓰는 건 불합리하지 않다고 지적했다(앳킨슨[Atkinson], 2009). 하지만 NASA가 방역 체제에 쓴 돈은 아폴로 프로그램 예산 중 1퍼센트의 20분의 1에도 못 미치는 약 800만 달러였다(맹거스[Mangus] & 라센[Larsen], 2004).

미생물에 관한 지식이 축적되면서 이제 우리는 당시 방역 노력이 부족했다는 사실을 안다(특히 초미세박테리아[ultramicrobacteria]나 유전자 전달체의 가능성에 대해 몰랐다는 사실을 고려하면 더욱 그렇다). 이는 지금 우리의 지식도 과연 얼마나 유효할지 생각하게 만든다.

하지만 더 심각한 건 관련 기술들을 검토하는 노력이 거의 이루어지지 않았고 방역 체제가 다른 목표들과 상충할 경우 뒷전으로 밀려났다는 사실이다. 예를 들어 사령선이 달 탐사를 끝내고 돌아온 후 바다로 침수된다면 처음에는 사령선을 끌어 올릴 계획이었지만 적절한 크레인이 없어 계획이 좌절되자 바다로 떠오르면 우주비행사들을 밖으로 나오게 하는 방식으로 수정했다. 그렇다면 달의 미세한 먼지가 바다에 유입되어 방역 체제의 다른 기능들이 전부 소용없게 된다(미국 국립연구회의, 2002). 그러므로 당시 우리는 역오염으로 인한 (아주 작은) 존재 위험을 제대로 대처하는 데 실패했다.

화성의 역오염을 둘러싼 지금까지의 논의를 살펴보면 이제는 역오염 위험이 훨씬 진지하게 다루어지고 있다(인간 우주비행사의 안전 문제와도 더 이상 상충되지 않는다).

130 보호되지 않은 시료로 인한 환경 재앙의 확률은 무척 낮을 것으로 예상된다. 이 같은 보호 대책은 확률을 100만 분의 1로 줄이려는 시도로 생각할 수 있다(암만 외, 2012).

하지만 나는 실제로 확률을 그만큼 줄일 수 있다고 생각하지 않는다. 이는 BSL-4 시설에서도 병원균이 유출된다는 사실을 간과한 듯하다(이 장 앞부분을 참고하라). 하지만 그렇더라도 유출 확률을 1,000분의 1 정도로 줄일 수 있을 것이며 이는 아폴로 프로그램의 방역 체제와 비교하면 확연한 발전이다.

131 하지만 나는 그저 몇 십 년을 더 기다리면 같은 실험 대부분을 화성에서 할 수 있을 것이라고 생각한다. 위험이 아무리 작고 잘 관리될 수 있더라도 애초에 그런 위험을 감수할 필요가 있을까?

132 그럴 가능성이 적은 이유 중 하나는 지구 바깥에 다른 지적 생명체가 있다는 신호가 없기 때문이다. '페르미 역설'과 우리가 정말 우주의 유일한 지적 생명체일지에 관한 내 개략적인 생각은 2장 주 46번을 참고하라.

또 다른 이유는 지적 생명체가 방문했을 수 있는 시간은 수백만 세기에 달했지만 이제까지 나타나지 않았다는 사실은 지금 방문할 확률도 무척 낮다는 의미가 된다. 기회를 엿보며 기다리고 있을지 모르지만, 그렇다면 우리를 내키는 대로 할 수 있는 몹시 진화한 생명체일 것이다. 우리가 어떤 유의미한 방식으로도 저항할 수 없을 거라고 해서 적대적인 외계 문명에 의한 존재 위험의 총 확률은 달라지지 않는다. 하지만 우리가 현실적으로 위험을 줄이거나 늘릴 수 있는 어떤 방법도 없으므로 위험은 고려할 가치가 없게 된다.

133 수동적인 외계 지적 생명체 탐사로 인한 위험은 신뢰할 수 없는 제3자가 보낸 이메일의 첨부 파일에 비유할 수 있다. 예를 들어 그들이 초지능 인공지능을 개발했다면 인류에게 적대적인 진보한 인공지능의 알고리즘을 보낼 수 있다.

이런 활동들은 실제로 지구 주변에 외계 문명이 있을 때만 가능하므로 중요한 문제는 인류에게 호의적인 문명과 적대적인 문명의 비율이다. 비율이 높은지 낮은지에 관한 증거가 거의 없으므로 과학적 합의도 이루어지지 않았다. 부정적인 영향이 긍정적인 영향보다 훨씬 클 수 있으므로 외계 생명체와의 접촉을 위한 적극적인 단계를 시작하기에는 좋은 상황처럼 보이진 않는다.

134 물론 어떤 의미에서 보면 거의 모든 사건은 구체적인 면에서 이전 사건들과 다르므로 전례가 없는 일이다. 하지만 이 사실만으로 모든 사건을 위험으로 여길 수는 없다. 내 유일한 관심은 명백히 중요한 어떤 임계점에 변화를 일으켜 역사의 범위를 벗어나게 하는 경우들이다. 어떤 재앙도 없는 시간이 이제까지 길게 이어졌다는 안도를 불안하게 하는 사건들이 그렇다. 우주의 탄생이나 지구의 탄생 혹은 호모 사피엔스 출현이나 문명의 시작 이래 전례가 없던 일일 수 있다. 이는 우리의 걱정이 문명 붕괴인지, 인류 절멸인지, 지구 파괴인지, 우주 척도의 파괴인지에 따라 달라진다.

커트 보니것의 1963년 소설 《고양이 요람(*Cat's Cradle*)》은 이 같은 존재 위험을 일찌감치 강렬하게 탐구했다. 보니것이 상상한 인공 얼음은 실온에서 고체이고 물과 닿으면 연쇄 반응을 일으켜 모든 걸 '아이스-9'로 바꾼다. 지구 역사에서 자연적으로 생긴 적이 없고 극단적인 물성을 지닌 이 같은 형태의 얼음이야 말로 전례 없는 대상일 것이다. 보니것의 책에서 아이스-9이 바다와 닿으면서 모든 물이 기이한 고체 상태로 바뀌어 존재 재앙이 일어난다.

135 과학 실험이 절멸을 일으킬 주관적 확률이 100만 분의 1이라고 하더라도 과학자의 수가 수백만 명이라면 무척 높은 확률이다(양심적인 과학자들도 선입견과 선택 편향 때문에 위험을 조직적으로 과소평가하게 되는 상황을 떠올리면 더욱 그렇다).

136 여기에는 몇 가지 중요한 규율 문제가 있다. 우선 과학자들은 **자신의 기본적인 과학 이론과 모형이 옳다는 가정하에** 재앙이 없을 거라고 강하게 확신하며 이론과 모형의 이해관계나 과거 성과를 제대로 고려하지 않는다(오드, 힐레브란트 [Hillerbrand] & 샌드버그, 2010).

두 번째 문제는 대부분의 경우 과학자가 유일한 의사 결정자라는 사실이다. 과학자는 자신이 연구하는 문제의 전문가이긴 하지만 위험 분석이나 이해관계 평가에 대한 중요한 지식은 부족하다. 더군다나 자신의 일(또는 동료의 일)에 대한 판단을 자신들이 스스로 내리는 상황에서는 온갖 편견과 이해 충돌이 발생할 수밖에 없다. 그리고 이는 보편적 규범에도 어긋난다. 어떤 위험 가능성에 대해 논란이 있다면, 위협이 수반되는 일을 계속 허용할지에 대한 논의에서는 위협에 노출되는 사람들이 발언권이나 대표성을 지니는 게 일반적인 규범이다.

이 같은 상황을 개선할 한 가지 가능한 방법은 문제를 제기할 수 있는 국제기구(UN 산하 기구가 될 수도 있다)를 만드는 것이다. 사람들이 합리적인 찬성 주장이나 반박 주장을 제기하면 과학적 지식을 갖춘 판사가 실험을 계속할지 아니면 더 큰 당위성이 있을 때까지 보류할지 판단한다. 이로 인해 중단될 실험은 무척 적을 것이다(이 모형은 판결에 구속력이 없더라도 효과가 있을 것이다).

137 핵분열은 1938년에야 발견되었으므로 핵무기는 목록에 들어가지 못했을 것이다. 유전자 조작 기술도 1960년대에 처음 선보였으므로 인공적 전염병 역시 마찬가지다. 컴퓨터는 발명되지도 않았으며 인공지능 개념과 그와 관련한 위험을 과학자들이 본격적으로 논의하기 시작한 건 1950년대다. 인간에 의한 지구 온난화 가능성은 1896년으로 거슬러 올라가지만 온난화 가설이 지지를 얻은 건 1960년대부터이며 1980년대에 이르러서야 위험으로 널리 인식되었다.

기술의 미래에 관해 미국 정부가 작성한 1937년 보고서는 예측의 어려움을 제대로 보여 주는 예다(오그번[Ogburn], 1937; 토머스, 2001). 이 보고서는 핵에너지, 항생제, 제트기, 트랜지스터, 컴퓨터, 우주에 대해 그 어떤 것도 언급하지 않았다.

138 보스트롬(2013; 2018).

6. 위험의 그림

1 아인슈타인 & 〈뉴욕타임스(New York Times)〉(1946).

2 깃허브(GitHub) 유저인 '조니네이션(Nonination)'의 온라인 설문을 참고했다(조니네이션, 2017). 이 결과들은 CIA가 정보 전문가들을 상대로 한 실험 결과와 무척 비슷하다(휴어[Heuer], 1999).

3 'X가 일어나지 않을 가능성이 크다'는 표현을 X에 더 많은 관심을 쏟아야 한다는 주장의 근거로 삼기는 힘들다. 하지만 '일어나지 않을 가능성이 크다'가 10분의 1에서 100분의 1 같은 확률 범위에 해당한다면 이 수치들은 위험을 진지하게 여겨야 한다는 주장의 근거로 삼기에 충분히 크므로, 이는 사실이 아니게 된다. 그러므로 IPCC가 보고서에서 숫자로 표현한 확률 대신 이 같은 표현을 쓴 것은 여러 문제를 일으킨다.

4 핑커(2018), p. 295.

5 사람들이 숫자를 제시하길 꺼리는 또 다른 이유는 구체성보다는 일반적인 언어가 선사하는 모호함의 망토를 선호하기 때문이다. 하지만 구체성을 선호하는 나는 어떤 개선이 가능할지 모두가 이해하길 바라는 마음에서 테이블 위로 내 패를 기꺼이 펼친다. 지적 진보는 투명성과 비판을 받아들이는 열린 마음을 통해서만 가능하다.

6 세기당 1만 분의 1이라는 내 추정치는 100만 년의 기대수명에 해당한다. 대량 절멸 기록을 바탕으로 실제 절멸률을 대략 1억 년에 한 번으로 추정하는 방식도 합리적이지만, 나는 일반적인 종들의 수명이 더 나은 지침이라고 생각하며 이는 평균을 훨씬 높이 끌어올린다. 화석 기록은 자연적 **절멸** 위험에 대해서만 신뢰할 수 있는 지침을 제공할 뿐 다른 존재 위험들에 관해서는 그렇지 않다는 사실을 기억해야 한다. 앞에서 자세히 살펴본 위험들이 그랬듯이, 나는 이 위험들이 절멸 위험과 대략 같은 수준이라고 생각하지만 불확실성은 크다.

7 이는 사전 확률에서 시작한 다음 증거에 비추어 갱신하는 베이즈 접근법에 해당한다. 내가 제안하는 방식에서 시작점이 되는 사전 확률은 구체적인 증거(존재할 경우)를 목격하기 전까지 최적의 추정치에 반영하는 요인들과 기저율로 설정한다. 0에 매우 근접한 사전 확률로 시작해야 할 합리적인 근거는 찾기 어렵다.

8 내 추정치가 다른 이들의 추정치와 어떻게 다를까? 아주 먼 미래의 위험을 면밀하게 연구하고 추정치를 제시한 학자는 많지 않다. 하지만 다행히도 존재 위험의 몇몇 선구자들이 제시한 수치들이 있다. 존 레슬리(1996, pp. 146~7)는 다음 다섯 세기 동안의 위험을 30퍼센트로 추정했다(이후에는 인류가 잠재력을 달성할 궤도에 오를 가능성이 무척 크다고 예측했다). 닉 보스트롬(2002b)은 장기적 미래의 총 존재 위험에 관해 다음과 같이 말했다. "내 주관적인 의견은 확률을 25퍼센트 아래로 잡는 건 옳지 않으며 최선의 추정치는 그보다 훨씬 높다는 것이다." 마틴 리스(2003)는 21세기 안에 전 세계 문명 붕괴(일시적이긴 하지만)가 일어날 확률을 50퍼센트로 추산했다(그의 책에서는 추산 대상이 된 재난의 규모가 불분명했지만, 이후 리스는 문명 붕괴임을 명시했다). 내 추정치들도 그들과 비슷하다.

그리고 세이건은 향후 100년 안에 멸절이 일어날 확률이 60퍼센트에 이를 것이라는 주장을 생생하게 제시했다(세이건, 1980, p. 314; 세이건 외, 1980). 흥미롭게도 그가 이 같은 확률을 제시한 1980년은 핵겨울을 발견하여 인류 절멸의 부정성에 대한 파격적인 글을 발표하기 전이다. 하지만 그가 면밀한 검토 끝에 확률을 제시했는지는 확실하지 않다. 아이작 아시모프의 소설에 등장하는 가상의 '은하대백과사전(Encyclopedia Galactica)'에나 나올 법한 지구에 관한 통계 외에는 다른 설명 없이 확률을 제시했기 때문이다.

9   '지금 그대로'를 상정하는 추정치의 또 다른 문제는 '지금 그대로'의 의미조차 정의하기가 어렵다는 것이다. 얼마만큼의 대응을 기준으로 삼을 수 있을까? 모든 것을 고려한 위험 확률은 추정하기는 어려워도 '재앙 발생에 대한 신뢰도'로 간단히 정의 내릴 수 있다.

10 코튼-배럿, 대니얼 & 샌드버그(앞으로 발표 예정).

11 좀 더 정확한 규칙은 더 낮은 폭의 감소치를 상정하면서 예컨대 현재 수준에서 1퍼센트 줄이기가 가장 쉬운 항을 공략하는 것이다. 이 규칙을 하나의 항에 반복적으로 적용하다가 다른 항이 1퍼센트 줄이기가 더 쉬워지면 그 항으로 공략 대상을 바꾼다. 각 항에 한계 수확 체감이 충분히 발생하고 충분한 예산이 집행된다면, 결국 세 가지 항 모두에 대한 노력이 이루어지게 된다.

12 케임브리지 대학교 존재위험연구센터 팀이 제안한 세 가지 분류는 중요 시스템, 전 세계 확산 메커니즘('척도[Scaling]' 개념과 가깝다), 예방 및 경감 실패('예방'과 '대응'의 인간적 요소와 관련)다. 그들 계획의 목표는 더 광범위한 지구적 재앙 위험(반드시 존재 위험일 필요는 없다)을 분류하는 것이었다. 자세한 내용은 아빈 외 (2018)를 참고하라.

13 실제로 위험은 분명하기 때문에 인류가 **결국** 종말을 맞을 것이라고 생각할 수 있다. 하지만 존재 재앙은 우리가 달성할 수 있는 최고의 경지에 따라 정의된다는 사실을 기억해야 한다. 다시 말해 존재 재앙은 인류의 장기적 잠재력을 파괴하는 재앙이다. 인류(또는 그 후손)가 장기적 잠재력을 실현한 후 사라진다면 이는 존재 성공이지 실패가 아니다. 그러므로 전체 존재 위험은 우리가 장기적 잠재력을 달성하지 못할 확률과 대략 비슷하다. 완전히 같지 않은 까닭은 우리의 잠재력이 매우 서서히 약화하거나 잠재력이 약화하진 않지만 잠재력을 달성하기 위해 어떤 행동도 하지 않는 상황처럼 다른 이유들에서 잠재력을 실현하지 못할 가능성도 있기 때문이다. 이 같은 가능성 역시 인류의 장기적 미

래에 심각한 위협이 되므로 철저한 연구와 구체적인 행동이 필요하다. 하지만 이는 우리 세대가 인류의 미래를 파괴하는 방식이 아니므로 이 책의 주제에서는 벗어난다.

14 이 추정이 실패할 수 있는 방식에는 두 가지가 있다. 하나는 재앙이 무척 끔찍한 경우이고 다른 하나는 위험의 객관적 확률과 인류 잠재력 실현의 가치가 상관관계를 맺는 경우다.

첫 번째의 경우 정확한 계산으로 각 위험의 기대 가치를 비교한다고 생각해 보자. 다시 말해 위험의 확률과 이해관계를 따져보는 것이다. 하지만 이해관계가 매우 비슷하다면(가령 각각의 차이가 1퍼센트 이내) 확률로만 비교한다고 해도 정확도는 아주 조금 떨어질 뿐이다. 실제로 많은 경우 이해관계가 서로 1퍼센트 이내의 차이를 보인다고 합리적으로 주장할 수 있다.

이는 인류가 잠재력을 달성하는 세상과 잠재력을 파괴하는 세상 사이의 가치 차이가 우리 잠재력이 파괴되는 다양한 결과 사이의 차이보다 절대적으로 훨씬 크기 때문이다. 예를 들어 인류 절멸과 문명의 영원한 붕괴는 인류 미래가 아주 작아지고 가치가 거의 사라지는 두 가지 방식이다. 그러므로 둘 사이의 차이는 둘 중 하나와 우리가 100만 년 동안 놀라운 성취를 이루는 광활한 미래 사이의 차이보다 훨씬 작다.

하지만 미래의 가치가 0에 가까워지는 게 아니라 매우 큰 마이너스 값이 되는 존재 위험들도 있다. 우리가 모든 척도에서 거의 최대치에 도달하지만(시간, 공간, 기술적 능력) 미래를 부정적 가치로 채우는 상황이다. 이 같은 끔찍한 결과와 절멸 사이의 가치 차이는 절멸과 최고의 가능한 미래 사이의 차이와 비슷할 수 있다. 그런 위험들에 대해서는 총 위험 접근법을 수정해야 한다. 예를 들어 어떤 위험이 수반되는 미래가 최고의 미래가 지니는 긍정적 가치만큼 부정적 가치를 가진다면 위험의 크기를 2배로 늘려야 한다(아니면 총 위험 접근법을 완전히 폐기하고 기대 가치에 대한 좀 더 복잡한 접근법에 기대야 한다). 하지만 나는 그런 위험이 일어날 확률이 매우 낮다고 생각하므로(크기를 2배로 늘린다고 하더라도) 여기서는 자세히 다루지 않았다.

두 번째 문제는 두 위험 사이의 관계가 아닌 위험과 미래 가치의 관계인 미묘한 형태의 상관관계와 관련한다. 어떤 위험들은 잠재력이 큰 세상에서 발생 확률이 훨씬 높을 수 있다. 예를 들어 모든 영역에서 인간을 훨씬 능가하는 인공지능을 만들 수 있게 되면 비정렬 범용 인공지능으로 인한 위험이 증가하지만 인간의 가치들과 정렬된 범용 인공지능으로 달성할 수 있는 가치 또한 늘어난다. 이 같은 상관관계를 무시하는 총 위험 접근법은 위험에 관한 노력의 가치를 과소평가한다.

이는 위험과 이익에 공통된 원인이 있어 상관관계가 형성되는 상황으로 이해할 수 있다. 다양한 위험과 매우 긍정적인 미래 사이의 또 다른 공통된 원인은 기술적 능력의 높은 한계일 것이다. 이 가능성은 이 책에서 다루지 않았지만 향후 내 연구의 중요한 주제가 될 것이다.

15 몇몇 위험이 매우 높은 상관관계에 있다면 이 위험들을 관련 재앙들을 일으키는 하나의 위험으로 간주하는 것이 최선일 수 있다. 이처럼 하나로 통합한 위험의 이름은 여러 근접 원인이 아닌 재앙들의 공통 원인으로 붙일 수 있다.

16 하지만 위험들이 미래가 나아갈 수 있는 서로 다른 방향에 각각 놓여 있다면 반상관관계를 맺게 된다. 국제 사회의 조율 부족으로 인한 위험과 전 세계적 전체주의에서 비롯된 위험이 그 예다.

17 일반적으로 나는 통계적 독립을 가정하는 것을 무척 경계한다. 통계적 독립을 가정한다면 모든 변수가 같은 방향으로 움직이는 극단적 상황들의 확률을 종종 과소평가하게 된다. 변수들이 정상 분포를 이룬다고 여길 때 이 같은 가정이 작용한다(정상 분포는 중심극한정리를 통해 많은 독립적 변수의 합에서 비롯되기 때문이다). 이 가정이 오류를 일으키는 유명한 예인 블랙-숄즈(Black-Scholes) 옵션 가격 결정 모형은 정상 분포를 가정함으로써 상관관계를 맺는 큰 가격 움직임들의 확률을 심각하게 과소평가한다.

하지만 존재 위험의 경우 많은 일이 한꺼번에 일어날 거라고 걱정하지 않아도 되기 때문에 통계적 독립을 가정해도 무방하다.

18 현재는 여기에 미국, 러시아, 중국, 유럽이 포함된다. 다음 세기가 끝날 무렵에는 목록이 무척 달라질지 모른다.

19 나는 처음에는 질병부담연구(세계은행, 1993; 제이미슨[Jamison] 외, 2006)에 참여하지 않았지만, 이후 보고서들(질병부담연구, 2012)의 규범적 토대를 조언하는 작은 역할을 맡아 보건의 할인율은 0으로 설정해야 한다고 주장했는데 이는 이전

보고서들과의 가장 큰 차이 중 하나였다.

당시 동시에 진행된 프로젝트인 《개발도상국의 질병 통제 우선순위(*Disease Control Priorities in Developing Countries*)》(제이미슨 외, 1993, 제이미슨 외, 2006)에서 나는 더 큰 영감을 받았다. 이 프로젝트는 각각의 원인이 건강 폐해를 일으키는 정도를 살펴보는 대신 여러 보건 개입 활동이 1달러당 건강 폐해를 예방하는 데 얼마나 효과적인지 평가했다. 이를 통해 보건 증진을 위한 여러 방법 사이의 비용효율이 무척 다르다는 사실과 함께 어떤 자선 단체에 기부하느냐에 따라 그 영향이 수백 배에서 수천 배 달라질 수 있다는 사실을 깨달았다(오드, 2013). 이후 나는 제3판에 대해서도 자문을 제공했다(제이미슨, 겔밴드[Gelband] 외, 2018; 제이미슨, 알완[Alwan] 외, 2018).

20 내가 말하는 '증가'는 위험 인자가 존재 위험과 상관관계를 맺는 데 그치지 않고 존재 위험을 증가시킨다는 뜻이다. 특히 위험 인자와 관련한 행동이 존재 위험 수준에 상응하는 변화를 일으켜야 한다. 이는 유디 펄(Judea Pearl)의 DO 연산자를 사용해 수학적으로 표현할 수 있다[예컨대 $\Pr(X|do(f = f_{min}))$](펄, 2000).

21 경제적 위험 인자는 부의 절대적 수준 변화(빈곤), 현재 방향 변화(하락), 속도 변화(정체)에서 비롯될 수 있다.

22 직접적인 영향만을 미치더라도 위험 인자로 간주할 수 있다(내가 사용하는 엄격한 정의에서는 위험을 간접적으로 증가시킨다고 언급하지 않고 위험을 증가시킨다고만 언급하기 때문이다).

23 인공지능 역시 위험 인자로 생각할 수 있다. 인공지능으로 인한 실업 같은 영향은 존재 위험은 아니지만, 대규모 정치 소요를 위협할 수 있으므로 위험 인자가 될 수 있다. 비정렬 범용 인공지능 역시 존재 위험이 아닌 위험 인자로 접근할 수 있다. 범용 인공지능은 인류 잠재력을 파괴하려는 독자적인 메커니즘이 아니라 필요한 모든 수단을 동원하여 인류 미래를 장악할 동기를 부여받은 새로운 작인(agency)의 원천이기 때문이다. 인공지능 시스템이 실제로 인류를 몰락시킨다면, 스스로의 지능으로 우리를 파괴하는 게 아니라 인공 전염병이나 다른 존재 위협으로 몰살할 것이다.

24 최대 또는 최소의 달성 가능한 가치가 없을 수 있다(정의역이 무한해서이거나 개구간이기 때문이어서). 설명을 쉽게 하기 위해 본문에서는 이야기하지 않았지만, 이 같

은 가능성이 특별히 문제가 되지는 않는다. 존재 위험 확률은 위아래로 유계되어 있으므로, $\Pr(X|f = f_{max})$을 상한(달성 가능한 모든 f'에 관해 $\Pr(X|f = f')$보다 높은 최소 확률)으로 대체하고 $\Pr(X|f = f_{min})$는 그에 상응하는 하한으로 대체할 수 있다.

25 F의 **범위**도 고려해 볼 수 있다. 다시 말해 $\Pr(X|f = f_{min})$와 $\Pr(X|f = f_{max})$의 차이다. 이는 F의 기여도와 그 잠재력의 합에 해당하고 현재 수준에 영향을 받지 않는 속성이다.

26 f_{sq} 주변 f에 대해 존재 위험의 탄력성도 고려해 볼 수 있다. 다시 말해 f의 작은 비례적 변화에 대한 $\Pr(X)$의 비례적 변화다. 위험 인자에 대한 민감도를 단위 없이 나타내는 이 측정치는 서로 다른 위험 인자 사이에서 비교될 수 있다.

27 이는 또한 변수들이 정의역의 여러 다른 부분에서 존재 위험을 증가시키는 동시에 감소시키는 문제를 제기한다(즉 존재 위험이 해당 변수에서 비단조적[non-monotonic]인 구간이 발생). f가 합리적인 수준인 정의역에서 존재 위험에 대한 영향이 단조적(monotonic)이라면 이를 위험 인자나 안전 인자로 생각할 수 있다. 하지만 이 범위에서도 비단조적이라면 좀 더 복잡한 인자로 생각해야 한다.

이를테면 산업시대 전 수준보다 기온이 얼마나 높은지를 기후변화의 측정치로 삼는다면 산업시대 전 온도로(또는 그 이하로) 되돌리는 건 존재 위험에 대한 역효과를 일으킬 수 있다. 하지만 이 같은 과잉반응에 실질적인 위험이 적다면 온난화를 위험인자로 여기는 건 합리적이다.

28 위험 인자들을 투영하는 안전 인자들을 측정하는 데는 여러 방식이 있다. 가령 우리의 안전에 현재 기여하는 정도(우리가 존재 재앙을 겪지 **않을** 확률에 대한 기여)와 인자가 최대한 증가한다면 앞으로의 존재 위험을 얼마만큼 줄일 수 있는지에 관한 잠재력으로 이야기할 수 있다. 마지막으로 안전 인자의 한계 향상이 존재 위험의 총량에 미치는 영향을 고려할 수 있다.

29 위험이 애초에 5퍼센트가 아닌 20퍼센트라면 1퍼센트포인트 낮추기가 더 쉬울 거라고 생각하기 쉽다. 한때 나는 시작점이 어디든지 간에 위험 확률을 반으로 낮추기가 항상 동일한 수준으로 쉬워야 훌륭한 휴리스틱이라고 생각했었다. 하지만 위험이 99.9퍼센트처럼 극단적으로 높으면 상황이 다를 수 있다. 이 같은 상황에서는 재앙이 과잉결정(over-determination)되었을 수 있다(실제 위험은 더 낮을 것이다). 그러므로 위험의 승산비를 2배 낮추기가 동일하게 쉬운 방식이

더 정교한 휴리스틱이 될 것이다. 다시 말해 중간 확률(예컨대 30퍼센트에서 70퍼센트)의 위험들이 1퍼센트포인트 줄이기 쉬운 효율적인 구간이 된다.

하지만 그런 위험들이 모두 동일하지 않다는 사실을 기억해야 한다. 인공지능 같은 위험에 매긴 중간 확률이 실제로는 위험을 줄이기가 매우 힘든 세상과 매우 쉬운 세상 사이의 불확실성을 나타낼 수 있으므로, 평균이 중간값이라고 하더라도 우리 노력으로 확률을 움직이기가 쉽지 않을 수 있다(단순한 예를 들자면, 어떤 위험은 실제로 발생 확률이 50퍼센트일 수 있지만, 어떤 위험은 극도로 낮거나[0.1퍼센트] 극도로 높지만[99.9퍼센트] 우리가 극도로 높을지 또는 극도로 낮을지 알 수 없을 수 있다. 이처럼 극단적인 후자의 위험은 우리가 생각하는 주관적인 위험 수준[50퍼센트]보다 대처하기가 어렵다).

30 맥어스킬(2015), pp. 180~5.

31 때로는 얼마나 많은 자원이 현재 투입되고 있는지에 대한 단기적 무관심이 문제가 된다. 하지만 너무 늦기 전에 앞으로 얼마나 많은 자원이 투입되어야 할지에 대한 장기적 무관심이 문제가 될 때가 더 많다. 자원 배분이 가까운 미래에 극적으로 변할 수 있다면(관련 분야가 본격적으로 발전하여) 상황은 크게 달라질 수 있다.

32 용어를 정의하는 방식은 비용효율이 사용한 자원에 대비한 가치 변화의 비율인 d가치 / d자원이라는 사실을 바탕으로 한다. 오웬 코튼-배럿은 이를 세 개의 항으로 나누었다(위블린[Wiblin], 2017):

$$\underset{\text{비용효율}}{\frac{d\ \text{가치}}{d\ \text{자원}}} = \underset{\text{중요성}}{\frac{d\ \text{가치}}{d\%\ \text{해결}}} \times \underset{\text{해결 용이성}}{\frac{d\%\ \text{해결}}{d\%\ \text{자원}}} \times \underset{\text{무시 정도}}{\frac{d\%\ \text{자원}}{d\ \text{자원}}}$$

33 오웬 코튼-배럿의 의견을 바탕으로 한 내용이다.

34 어떤 위험들은 유용한 행동이 이루어질 수 있는 마지막 순간과 재앙 발생 사이의 시간 격차가 클 수 있다. 어떤 위험이 먼저 나타날지를 기준으로 우선순위를 정한다면 유용한 행동이 이루어질 수 있었던 마지막 순간이 기준이 된다.

시간이 흐를수록 노력의 효과가 떨어진다면 좀 더 복잡한 평가 방식이 필요하다. 기후변화가 한 가지 예다. 우리는 기후변화로 인한 끔찍한 피해를 현재부터 오랜 시간 동안 느낄 테지만, 배출량 감소나 대체 에너지원 개발을 서두를 수록 큰 차이를 일으킬 수 있다.

35 지구 주변 물체의 지름은 지수가 −3.35인 멱법칙 분포를 따른다(채프먼 [Chapman], 2004). 고립된 집단에서 일어나는 홍역은 지수 −1.2인 멱법칙 분포를 그린다(로즈 & 앤더슨, 1996). 쓰나미, 화산 폭발, 홍수, 허리케인, 토네이도 같은 다른 많은 자연재해의 사망자 수 역시 멱법칙 분포를 따른다. 한편 극도로 규모가 큰 사건은 일반적으로 멱법칙 분포와 어긋난다. 규모가 극단적으로 크면 실제 확률이 멱법칙의 예측보다 대부분 낮기 때문이다(예컨대 홍역 규모는 결국 인구 규모에 의해 제한된다). 하지만 멱법칙이 실제 확률의 최대 한계를 제시하는 한 경고 사격 분석은 유효하다.

36 앤드류 스나이더-비티의 의견을 바탕으로 한 내용이다.

37 '콜린그릿지 딜레마(Collingridge dilemma)'는 새로운 기술의 규제와 관련한 레버리지/근시안적 시각의 특별한 상관관계를 일컫는다. 콜린그릿지(Collingridge) (1982)는 기술 사용에서 멀어질수록 기술 사용의 궤도를 통제할 권한이 커지지만 그 영향에 대한 지식은 줄어든다고 주장했다.

38 벡스테드는 존재 위험에 관한 최고의 글 중 하나인 존재 위험과 장기주의에 관한 자신의 논문에서 이를 지적했다(벡스테드, 2013).

39 전 세계 정부들은 국내총생산 중 4.8퍼센트를 교육에 쓰는데(세계은행, 2019b) 이는 1년에 약 4조 달러에 해당한다. 존재 위험 감소에 쓰는 돈은 1억 달러 수준이다. 존재 위험 예산 집계에 관한 더 자세한 내용은 2장 주 56번을 참고하라.

40 이는 존재 위험과 관련한 분야(기후변화, 생물 안보 등)에 포괄적으로 투입된 돈이라기보다는 구체적으로 존재 위험을 낮추는 데 투입된 돈이다. 또한 내가 상상하는 세상은 지금 우리 세상과 비슷한 세상이다. 존재 위험이 분명하게 임박하다면(가령 거대한 소행성이 다가오고 있다면) 필요한 직접적인 노력은 훨씬 커질 것이다.

7. 인류 수호

1 아시모프(1979), p. 362.

2 이를 다음과 같이도 표현할 수 있다.

1. 가까운 실패를 예방하고 실패를 불가능하게 만듦

2. 성공 방식 결정

3. 성공

3 인류 잠재력을 지키려면(그리하여 전반적인 존재 안보를 담보하려면) 존재 재앙을 막으려는 의지에 '갇혀야' 한다. 이 같은 맥락에서 보면 갇힘 최소화의 개념(p. 158)과의 흥미로운 긴장 관계가 발생한다. 그렇다면 전체적인 갇힘의 정도(존재 위험에서 비롯한)를 줄이는 최선의 방법은 소수의 다른 제약에 갇히는 게 된다.

그렇더라도 어떤 방식의 갇힘이든 최선의 선택이었을 가능성을 차단할 위험이 있으므로 극도로 주의해야 한다. 한 가지 방법은 존재 위험을 막겠다는 의지에 엄격하게 갇히는(예컨대 총 위험에 대한 예산을 앞으로 모든 세기 동안 철저하게 유지하겠다는 의지) 대신 번복하기가 무척 힘든 약속을 하는 것이다. 헌법이 좋은 예다. 헌법 조항은 제정 후 수정할 수 있지만 그 기준이 매우 까다롭다.

4 이를 해낼 방법에는 여러 가지가 있다. 또 다른 화재가 발생하는 걸 막거나, 건물이 화재 위험에 노출되지 않도록 하거나, 소방국을 설치한 뒤 충분한 지원을 제공할 수 있다. 이와 비슷한 방식들로 인류 잠재력을 보호할 수 있다.

5 수치를 통해 이를 설명할 수 있다. 우선 우리가 존재 위험을 세기당 1퍼센트로 낮추고 이를 계속 유지했다고 가정해 보자. 이는 훌륭한 출발이지만 위험을 더 줄이려는 의지가 있어야 한다. 세기당 1퍼센트라면 우리가 존재 재앙에 굴복하게 되기 전까지 평균 100세기밖에 남지 않기 때문이다. 100세기는 긴 시간처럼 들리지만, 인류가 이제까지 살아온 시간의 5퍼센트밖에 되지 않으며 인류가 존속할 수 있는 시간에서는 극히 일부에 지나지 않는다.

한편 우리가 세기마다 위험을 계속 줄일 수 있다면 불가피하게 존재 재앙을 맞지 않을 수 있다. 예를 들어 세기마다 절멸 확률을 10분의 1씩 줄인다면(1퍼센트, 0.9퍼센트, 0.81퍼센트……) 얼마나 많은 세기가 지났든 간에 우리가 절대 존재 재앙을 겪지 않을 확률은 90퍼센트가 넘는다. 우리가 모든 시기에 존속할 확률은 다음과 같기 때문이다.

$$(100\% - 1\%) \times (100\% - 0.9\%) \times (100\% - 0.81\%) \times \cdots \approx 90.4598\%$$

다시 말해 마지막 항성들이 소멸하거나, 모든 물질이 에너지로 붕괴하거나, 이용 가능한 모든 자원으로 이룰 수 있는 게 전부 달성되는 상황처럼 인류가 도저히 뛰어넘을 수 없는 외부적 한계에 도달하기 전까지 존속할 확률은 90퍼센트가 넘는다.

이처럼 지속해서 위험을 줄이는 건 생각보다 쉬울 수 있다. 각 세기의 위험이 다음 세기의 위험과 완전히 별개라면, 시간이 지날수록 위험을 줄이기가 힘들어진다. 하지만 우리가 지금 시작하면 앞으로 여러 세기 동안 위험이 줄어들 행동들이 있다. 이를테면 존재 위험에 관한 지식을 쌓고 최고의 대응 전략을 짜거나, 문명인으로서의 신중함과 인내심을 기르거나, 존재 위험 조사와 관리를 위한 제도를 마련하는 행동이 그러하다. 이 같은 행동들은 미래의 위험들에도 영향을 미치므로 시간에 따른 노력의 양이 일정하더라도 세기당 위험이 줄어든다. 더군다나 새로운 인공적 위험의 양에는 한계가 있을 테므로 앞으로의 세기 동안 인류가 다루어야 할 새로운 위험이 계속해서 출현하지는 않을 것이다. 예를 들어 인류가 기술 발전의 한계에 도달한다면 기술로 인한 새로운 위험은 더 이상 나타나지 않을 것이다.

6 이 문제들의 우선순위를 정하는 건 지속 가능한 장기적 보호책을 마련하는 것과 인류가 그러한 장기적 보호책을 누릴 수 있을 만큼 오랫동안 존속하도록 화재를 진압하는 것 사이에 균형을 찾는 일이다. 그리고 이는 위험이 시간에 대해 어떻게 분포하는지 생각하는 방식에 따라 달라진다. 어떤 상황에서는 당장은 그 자체가 위험이 될 수 있는 행동이더라도 장기적 위험을 낮추기 위해 시작하는 게 최선일 수 있다. 진보한 인공지능 개발이나 전 세계 안보를 위한 통제권의 중앙집권화가 예가 될 수 있다.

7 이 같은 진보의 필요성과 작동 방식도 탐구한 윌리엄 맥어스킬이 이 이름을 제안했다.

닉 보스트롬(2013, p. 24)이 제시한 생각은 이와 무척 밀접하다. "가치론에 관한 지금 우리의 이해는 무척 혼란스럽다. 지금 우리는 어떤 결과가 인류의 큰 승리일지 최소한 구체적으로는 알지 못한다. 게다가 우리는 인류 여정에서 최상의 마지막을 아직 상상하지 못한다. 우리가 인류의 궁극적인 목표들에 대해 확신하지 못한다면, 가치를 이해하고 그에 걸맞은 방향으로 미래를 이끌 우리의 능력을 보존하고 이상적으로는 향상하는 데 훌륭한 선택 가치가 있다는 사실을 깨달아야 한다. 미래 인류가 큰 힘을 지니고 그 힘을 지혜롭게 사용하는 성향을 지니도록 하는 것이야말로 미래가 큰 가치를 띨 확률을 높일 최선의 방법일 것이다. 이를 위해서는 어떤 존재 재앙이라도 막아야 한다."

이 같은 숙고의 시간이 정확히 얼마나 오랫동안 이어져야 할지는 불분명하다. 하지만 우리가 어떤 비전을 실현하기 위해 미래에 되돌릴 수 없는 변화를 일으키기 전까지 수 세기(또는 그 이상) 동안은 고민해야 할 것이다. 우리의 관점에서 보면 이는 긴 시간이지만 대부분의 삶과 진보는 계속될 것이다. 여러 세기에 걸쳐 수많은 분야의 노력으로 다양한 지적 프로젝트가 이루어진 르네상스 시대가 좋은 예다. 다른 은하에 정착할지, 정착한다면 어떤 방식으로 정착할지(다른 은하에 도달하는 데 수백만 년이 걸릴 것이다) 같은 무척 장기적인 프로젝트는 올바른 방향을 찾는 데 더 긴 시간이 필요할 수 있다.

8   이상적인 미래에 관한 최고의 생각들은 공상 과학에서 찾을 수 있다. 지금 세대의 협소한 기술적 한계를 넘어선 세상을 상상하는 SF 장르 중에서도 '하드' SF는 가장 근본적인 물리적 제약으로 인류의 열망과 성취가 제한되는 사회를 탐색한다. 한편 '소프트' SF는 지금 시대의 다양한 이상이 극단으로 치달으면 어떤 일이 잘못될지 또는 새로운 기술이 개인과 사회에 전혀 새로운 선택을 제시하면 어떤 윤리적 문제들이 나타날지 탐색한다. 두 가지를 조합한 대표적인 예인 그렉 이건(Greg Egan)의 《디아스포라(Diaspora)》(1997)에서는 거의 모든 존재가 디지털 존재이고 이들이 잠재적 유토피아의 공간을 대대적으로 바꾼다.

하지만 이 같은 생각 역시 허구성의 제약을 받는다. 독자들을 즐겁게 하려는 목적으로 인류 행복을 근본적으로 위협하는 세상을 창조하는 시도는 진정한 유토피아가 될 수 있는 세상을 탐색하려는 시도와 충돌할 수밖에 없다. 그러므로 SF에 대한 비평은 미래에 대한 비전을 다듬고 발전시키려는 건설적 시도보다는 문체나 등장인물의 성격 등에 주목한다.

9   결과 예측의 어려움은 무지의 장막이 되기 때문에 오히려 시작을 쉽게 만들 수 있다. 숙고세가 궁극적으로 어떤 미래를 지향하는지 확신할 수 있다면 우리는 지금의 윤리적 이해를 잣대로 이를 판단하려고 할 것이다. 그렇다면 지금 자신의 견해가 인류가 맞을 미래와 동떨어진 사람들은 숙고 과정을 방해하려고 할 것이다. 하지만 목적지를 확신할 수 없다면 지금의 견해 차이에 따른 충돌을

그저 감수하는 대신 더 깊은 고민을 바탕으로 미래를 선택하는 편이 더 이익이 된다. 이 같은 무지의 장막은 사람들이 현재 자신의 견해를 불합리하게 과신하는 문제도 해결할 수 있다. 서로 다른 진영이 자신의 견해가 다른 진영의 견해보다 논리적으로 더 탄탄하다고 여긴다면, 치열한 숙고 과정의 결과로 수렴될 가능성이 더 높을 거라고 기대할 것이다.

10 타협의 미래가 애초의 '순수한 관점'보다 덜 매력적이라고 여겨지면, 결국 우리는 뒷받침할 수 있는 근거에 관한 확률에 따라 순수한 관점 중에서 하나를 무작위로 선택할 수 있다.

하지만 나는 윈-윈의 타협 가능성에 전반적으로 긍정적이다. 예를 들어 도덕론은 결과에 대한 가치 판단이 자원 증가와 대략적으로 함께 증가하는 이론과 급격한 수확 체감이 일어나는 이론으로 분류할 수 있다. 전자에 속하는 고전적 공리주의에서는 두 개의 은하가 하나의 은하보다 더 많은 행복을 담보하므로 긍정성이 2배 더 높다. 후자에 속하는 상식 도덕에서는 사람들 대부분의 직관이 행성이나 은하의 척도를 넘어서는 번영에 거의 관심이 없다. 이 같은 차이는 두 관점 모두 큰 지지를 받을 수 있는 타협의 기회로 이어진다. 나는 이 현상을 '도덕적 거래(moral trade)'로 일컫는다(오드, 2015).

특히 자원에 대해 한계 효용 체감이 일어난다는 견해가 우리 은하의 미래 전체를 결정하는 반면 자원 증가의 가치를 높이 평가하는 견해는 다른 모든 은하의 미래를 결정하는 '위대한 거래'가 도덕론 사이에서 이루어질 수 있다(단 다른 은하들이 전자 견해들에서 적극적으로 반대되는 자원들을 사용해서는 안 된다). 이는 두 진영 모두 자신들이 가능하다고 생각하는 결과의 99퍼센트까지 얻을 수 있으므로 충돌을 피할 수 있다. 그러므로 미래를 통제하기 위해 싸우거나 동전을 던져 무엇이 옳은 일인지 결정하는 방식의 기대 효과보다 훨씬 큰 효과를 거둘 수 있다.

11 숙고세가 성공하려면 이처럼 급진적인 변화에서 비롯된 우리 능력을 발전시켜야 할지 모른다. 그렇다면 결과를 이해하지 않은 채 변화를 일으키는 것과 능력을 향상하지 않아 잠재적으로 중요한 무언가를 놓치는 것 사이의 상대적인 위험들을 검토해야 하는 곤란한 상황에 놓일 수 있다.

12 이를 르네상스에 비유할 수 있다. 유럽인 모두가 문화와 교육의 부활에 직접

참여한 것은 아니지만, 14세기에서 17세기의 유럽은 이 위대한 프로젝트로 기억된다. 숙고세가 르네상스와 다른 점은 숙고세는 전 세계적인 프로젝트이며 누구에게나 열려 있다는 사실이다.

13 셀(1982), p. 229.

14 숙고세는 인류 잠재력이 달성되는 마지막 단계와 상당히 겹칠 수 있다. 인류가 고민해야 할 행동들은 되돌릴 수 없는 행동이기 때문이다. 이미 논의가 끝나 실행에 옮길 수 행동들이 있을 것이고 여전히 논의가 진행 중인 행동들이 있을 것이다.

15 내 동료들은 존재 위험보다 더 중요할 한 가지 문제가 있다면 무한한 가치에 대한 고민이라고 말한다(보스트롬, 2011a; 아스켈[Askell], 2018). 이는 두 부분으로 나눌 수 있다. 하나는 무한한 우주(우주론자들은 우리 우주가 무한하다고 믿는다)에 적용할 수 없는 공리주의 같은 이론에 대한 도전이고 다른 하나는 가치가 무한한 무언가(인류 수호라는 원대하지만 유한한 가치를 뛰어넘는 무언가)를 만들 가능성이 존재하는지에 관한 문제다.

위 질문들이 터무니없는 것인지 심오한 것인지는 나로서는 확신할 수 없다. 하지만 우리가 존재 안보를 달성할 때까지는 보류할 수 있는 문제들이다. 존재 재앙을 막아야 할 명분은 공리주의 같은 이론에 기대지 않으며, 실제로 무한한 가치를 만들 수 있다면 존재 안보는 우리가 그 가치를 실현할 확률을 높일 것이다. 그러므로 우리가 미래 인류를 위한 최고의 선택을 생각하는 방식에 파격적인 영향을 줄 수 있는 이 같은 질문들 역시 숙고세 세대들에게 양도하는 것이 최선일 것이다.

그렇더라도 장기적 미래에 관해 존재 안보보다 시급한 윤리적 질문들이 있다면 미뤄서는 안 된다. 그런 문제들은 존재 안보 달성 노력과 동시에 발굴하고 고민해야 한다.

16 스티븐 호킹(하이필드[Highfield], 2001)은 다음과 같이 언급했다. "인류가 우주로 널리 진출하지 않는 한 다음 1,000년 동안 존속할 것 같진 않다. 단 하나의 행성에 머무는 생명에는 무수히 많은 일이 일어날 수 있다. 하지만 나는 낙관주의자다. 우리는 다른 별들에 도달할 것이다."

아이작 아시모프(1979, p. 362)는 다음과 같이 말했다. "그리고 우리가 다음 세기에 이를 해낸다면 우주로 뻗어나가 우리의 약점들을 떨칠 수 있을 것이다. 우리는 더 이상 하나의 행성이나 하나의 항성에만 의존하지 않을 것이다. 그리고 인류 또는 인류의 지적 후손이나 지적 협력자 들은 지구가 종말을 맞은 뒤에도, 태양이 종말을 맞은 뒤에도, 우주가 종말을 맞은 뒤에도(누가 알겠는가?) 살아남을 것이다."

마이클 그리핀(Michael Griffin) NASA 국장(2008)은 다음과 같이 말했다. "지구 생명체의 역사는 절멸 사건의 역사이고, 인류가 태양계로 확장하는 건 결국 근본적으로 종의 생존 문제다."

데릭 파핏(2017b, p. 436)은 다음과 같이 언급했다. "지금 가장 중요한 건 우리가 인류 생존에 닥친 여러 위험에 어떻게 대응하는지다. 이 위험 중 일부는 우리가 일으키고 있으며, 우리는 우리가 일으킨 위험들과 다른 위험들에 어떻게 대응해야 할지 깨닫고 있다. 우리가 이 위험들을 줄여 인류가 다음 몇 세기 동안 존속한다면 우리의 후계자나 후손 들은 우리 은하 밖으로 뻗어 나가 위험들을 끝낼 수 있을 것이다."

일론 머스크(2018)는 다음과 같이 말했다. "(……) 자급자족의 기지를 마련하는 게 중요하다. 화성이 이상적인 까닭은 지구와 멀리 떨어져 있으므로 지구에서 전쟁이 일어나더라도 달에 있는 기지에서보다 생존할 가능성이 크기 때문이다."

칼 세이건(1994, p. 371)은 다음과 같이 말하며 이를 암시했다. "신뢰를 잃은 자기만족적 쇼비니즘의 혼란 속에서도 우리가 특별하다는 감각을 지탱해 주는 사실은 단 한 가지다. 우리의 행동이나 태만, 기술의 오용으로 인해 처음으로 생물종이 스스로를 없앨 수 있게 된 특별한 순간을 지구가 맞게 되었다는 것이다. 하지만 지금은 생물 종이 다른 행성과 항성으로 떠날 수 있게 된 최초의 순간이기도 하다는 사실을 기억해야 한다. 같은 기술에서 비롯된 두 순간은 45억 년 지구 역사에서 불과 몇 세기 안에 거의 동시에 일어났다. 당신이 과거(또는 미래)의 어느 순간에 무작위로 지구에 떨어진다면, 이 중요한 순간에 놓이게 될 확률은 1,000만 분의 1도 안 된다. 미래에 대한 지금 우리의 영향력은 무척 크다."

하지만 세이건(1994, p. 371)은 내가 제안한 존재 안보와 비슷한 주장도 했다. "그리고 순식간에 세상을 바꾸는 장치들을 만든다. 이 행성 문명 중 몇몇은 자신이 나아가야 할 길을 발견하고는 할 수 있는 일들과 하지 말아야 할 일들의 한계를 정한 뒤 무사히 파멸의 시기를 통과한다. 그리 운이 좋지 않거나 현명하지 못한 다른 문명들은 소멸한다."

17 내 동료인 안데르스 샌드버그와 스튜어트 암스트롱이 이에 관한 논리와 수학적 내용을 자세히 설명했다(암스트롱 & 샌드버그, 2013). 샌드버그와 암스트롱에 따르면 최소 하나의 복제물이 항상 존재할 확률이 0이 아니기 위해서는 복제물의 수가 대수적으로 증가하기만 하면 된다.

18 이 같은 위험들의 확산은 빛의 속도에 **제한되므로** 우주 팽창은 위험 확산을 유한한 영역으로 제한한다(8장 참고). 하지만 이 사실은 그리 위안이 되지 않는다. 지금 황폐화한 영역은 우리가 도달할 모든 곳을 아우르기 때문이다. 아주 먼 미래에는 상황이 조금 나아질 것이다. 모든 은하단이 고립되면 우리가 수백만의 독립적인 영역으로 퍼질 수 있기 때문이다. 하지만 고립된 영역들은 다른 영역들의 인구를 채워 줄 수 없으므로 1퍼센트의 위험은 평균적으로 그중 1퍼센트를 영구적으로 없애게 된다. 무엇이 중요한지에 관한 몇몇 견해에서 이는 모든 것을 잃을 1퍼센트의 확률만큼 안 좋은 일이다. 우리가 하나 이상의 인류 기지를 지키는 것에만 집중한다고 해도 이는 그리 도움이 되지 않는다. 각 영역에서 절멸이 일어날 세기당 확률이 계속 1,000분의 1이라면, 인구를 다시 늘릴 수 없으므로 500만 년 안에 모두 사라지기 때문이다. 500만 년은 긴 시간처럼 보이지만, 우주가 이처럼 나누어질 때까지 우리가 살아남으려면 1,000억 년을 존속해야 하므로 이는 그리 유용한 보호책이 아니다. 실질적인 보호책은 무작정 정착지를 늘리는 게 아니라 위험을 진지하게 받아들이고 이를 막기 위한 노력에서 비롯된다.

19 우주 진출이 얼마나 도움이 될지는 미지수다. 무엇보다도 얼마나 많은 존재 위험이 행성 사이에서 상관관계를 맺지 않는지와 위험을 모형화하는 최선의 방식에 따라 달라진다. 한 가지 모형은 총 위험의 일부를 상관관계가 없다고 가정한 뒤 다른 행성들로 진출하면 그 위험 부분을 없앨 수 있다고 여기는 것이다. 그러므로 총 위험에서 그 일부를 제거하면 인류 잠재력을 달성할 확률을 크게 변화시킬 수 있다. 하지만 **각 세기** 위험의 일부분이 상관관계를 맺지 않는 상황을 모형화할 수도 있다(예컨대 총 열 세기 동안 5퍼센트포인트의 위험이 상관관계를 맺지 않는다). 이 예에서는 상관관계가 없는 위험을 없애는 방식이(상관관계

가 있는 위험을 해결하지 않은 채) 존재 재앙이 일어나기 전까지의 기대 시간을 그저 열 세기에서 스무 세기로 늘려 인류 수명을 조금 연장할 뿐이다. 두 모형 중 어떤 모형이 더 나은지는 확신하기 어렵다.

비용효율의 문제도 있다. 우주 정착은 이번 세기의 위험을 줄이는 데 가장 비용효율적인 방식으로 보이진 않는다. 간단한 예를 들자면, 지구 외딴곳(남극, 심해 등)에 지속 가능한 정착지를 짓는 것이 비용이 훨씬 적게 들면서도 여러 같은 위험을 막을 수 있다. 하지만 우주 진출에 드는 비용을 다른 위험에 대한 고정된 예산에서 충당하는 실수를 범해서는 안 된다. 우주 정착은 우리에게 영감을 주는 프로젝트이므로 다른 원천에서 비용을 마련할 수 있을 것이며, 우주 진출이 선사하는 영감(그리고 인류가 궁극적으로 다른 별에 도달할 거라는 지식)은 결국 존재 안보를 위한 전체 재원을 **늘릴** 것이다.

20 존재 재앙을 구체적으로 어떻게 정의하는지에 따라 인류는 두 번의 존재 재앙을 겪을 수 있다. 예를 들어 우리가 존재 재앙을 맞아 인류 잠재력의 99퍼센트를 잃었다고 가정해 보자. 우리의 잠재력이 완전히 파괴되지 않더라도 존재 위험으로 간주할 수 있으므로 이는 존재 위험이 된다. 이후 또 다른 재앙으로부터 남은 1퍼센트의 잠재력이라도 지키는 건 합리적인 일이다. 인류 잠재력이 처음부터 무척 컸다면, 남은 1퍼센트 잠재력 역시 우리가 평소에 걱정하는 일상적인 문제들에 비하면 여전히 클 것이므로 남은 잠재력을 보존하는 일에 집중해야 할 명분은 여전히 매우 강하다. 그렇다면 처음으로 존재 재앙을 맞은 인류는 존재 위험을 치열하게 고민할 것이다.

잠재력이 남아 있는지를 기준으로 존재 위험을 정의한다면 인류는 여러 존재 재앙을 맞을 수 있고, 처음의 잠재력이 그대로인지를 기준으로 한다면 맨 처음의 재앙만을 존재 위험으로 정의할 수 있다. 나는 어떤 정의가 더 나은지 확신할 수 없어 이에 대한 답을 제시하지 않았다. 그렇다고 해서 이 부분의 논증이 실질적으로 바뀌지는 않는다. 사람들이 첫 번째 존재 재앙에서 교훈을 얻을 수 있더라도 얼마 남지 않은 가치를 보존하는 데만 도움이 될 뿐이다. 그러므로 사람들이 전례 없이 맞는 첫 번째 재앙이 압도적으로 더 중요하다.

21 그론월드(1970)와 보스트롬(2002b)이 이 문제를 탐구했다.

22 이 같은 행동들은 재앙의 시작을 예방하거나, 확산을 막거나, 재앙의 여파에

대한 회복력을 키우는 것처럼 재앙의 어느 단계에서든 목표로 삼을 수 있지만, 자원을 확보하고, 정보를 모으고, 행동을 계획하는 일은 선제적으로 이루어져야 한다.

23 이는 보스트롬(2013, p. 27)의 의견을 바탕으로 한 것이다.

24 '나이트 불확실성(Knightian uncertainty)'이나 단순히 '불확실성'으로도 불리는 이 같은 상황은 우리가 확률을 알 수 있는 '위험'과 구분된다(나이트, 1921). 이를 구분하는 데에는 약간씩 다른 여러 방식이 있는데 그중 하나는 사건이 발생할지에 관한 정량적 정보가 전혀 없는 상황에서만 '불확실성'이라는 표현을 쓴다. 하지만 나는 이 책에서는 이 용어를 쓰는 대신 존재 위험은 모두 '위험'으로 일컬었다. 이 책에 언급된 거의 모든 '위험'은 우리가 객관적인 확률은 모르더라도 재앙이 일어날지에 관한 최소한 적은 양의 정량적 정보가 있는 상황을 뜻한다(예컨대 다음 1분 동안 핵전쟁이 일어날 확률은 50퍼센트 미만이다).

25 존재 위험 추정의 여러 시도와 방법론에 관한 전반적인 내용은 로우(Rowe)와 비어드(Beard)(2018)를 참고하라.

26 레포레(Lepore)(2017).

27 결함수는 특히 실패로 이어지는 사건들의 논리적 관계를 나타내는 도식이다. 반드시 일어나는 사건들의 순서와 조합의 면에서 실패의 잠재적 원천을 찾고 사건의 가능성을 가늠한다.

28 절멸 위험을 추산할 때의 인류 선택 편향 문제는 레슬리(1996, p. 77, pp. 139~41)가 제안했고 보스트롬(2002a)이 연구했다. 여러 존재 위험 사건의 역사적 기록의 중도 절단(censoring)을 뜻하는 '인류 그림자(anthropic shadow)'의 자세한 분석은 치르코비치, 샌드버그 & 보스트롬(2010)을 참고하라.

29 이에 대한 개략적 설명은 오드, 힐레브란트 & 샌드버그(2010)의 논문 중 강입자 충돌기 부분에서 찾을 수 있다. 이 상황은 베이즈 틀에서 쉽게 이해할 수 있다. 우리에게는 객관적 확률이 무엇인지에 관한 사전 신뢰도와 함께 그것이 과학자들의 계산 결과라는 증거가 있다. 그러므로 최후 추정치는 사전 확률과 과학자들의 추산 사이의 어디쯤이다. 과학자들의 추정치가 극단적으로 낮다면 사후 추정치는 그보다는 높은 경향을 보일 것이다.

이 문제는 확률이 낮은 모든 위험에 해당하지만, 실질적으로는 이해관계가 높아 추가적인 분석이 필요한 위험에만 고려된다.

30 확률이 낮지만 이해관계가 높은 위험들은 실제 확률이 추정치보다 높은 경우가 낮은 경우보다 그 여지가 크기 때문이다. 예를 들어 추정치가 100만 분의 1인데 실제는 그보다 10배 높을 가능성이 10분의 1일 가능성과 같다면, 10배 높을 가능성이 실제 확률의 기대 규모에 더 큰 영향을 주어 추정치가 높아진다. 다시 말해 이 영향을 미리 반영하여 조정하지 않았다면 확률의 점추정은 확률의 기대치보다 종종 낮게 나타나는데 결정에 영향을 미치는 건 후자다.

31 IPCC를 모델로 하지만 존재 위험을 전체적으로 분석하는 기구가 흥미로운 출발점이 될 수 있다. UN 산하의 이 같은 새로운 자문 기구는 존재 위험에 관한 현재 과학계의 합의를 모색하고 설명하는 데 주력할 것이다.

32 벡(2009), p. 57.

33 H. G. 웰스는 생전에 세계정부를 강력하게 주장했다(웰스, 1940, pp. 17~18). "국수주의적 개인주의와 조율되지 않은 열망은 세상의 병폐이며 전부 사라져야 할 시스템이다. (……) 그러므로 세계 평화의 주요 문제들을 고민할 때 가장 우선해야 할 일은 우리가 역사의 중요한 시대, 다시 말해 주권국 시대의 막바지에 살고 있다는 사실을 깨닫는 것이다. 우리가 80년대에 말했던 '우리는 전환의 시대에 있다'는 사실은 점차 자명해지고 있다. 이제 우리는 전환의 중대성을 어느 정도 가늠할 수 있다. 내가 보여 주려는 것처럼, 전환이란 인류 삶이 인간을 위한 새로운 삶의 방식으로 나아가거나 폭력, 곤궁, 파괴, 죽음, 인류 절멸로 인한 긴 혹은 짧은 몰락의 여정을 향하는 단계다."

버트런드 러셀(1951)은 다음과 같이 언급했다. "이번 세기가 끝나기 전에 예상치 못한 어떤 일이 일어나지 않는 이상 다음 세 가지 가능성 중 하나가 실현될 것이다.

1. 인류 삶의 끝. 모든 지구 생명체의 삶이 끝날 수 있다.

2. 세계 인구의 급격한 감소 후 미개 시대로의 회귀.

3. 주요 전쟁 무기에 대한 모든 독점권을 장악한 단일 정부의 세계 통일."

최근에는 닉 보스트롬(2006)이 인류의 이른바 '단일체(singleton)' 형성을 주창했다. 이는 세계정부의 형태를 띨 수 있지만 반드시 그럴 필요는 없다. 내가 이해한 바에 따르면, 전반적으로 하나의 일관된 개체로서 행동하는 인류 역시 단일체로 여길 수 있다. 인류가 힘을 합쳐 세상 모든 사람에게 파레토 열위(Pareto-inferior)가 되는 결과(다시 말해 전쟁 같은 네거티브섬[negative-sum]의 분쟁)를 막는 상황이 그러하다. 하지만 이를 위해 정치적 통제권을 장악한 하나의 기구가 필요한 건 아니다.

34 아인슈타인(1948), p. 37. 세계정부 설립의 주창에 대해 아인슈타인은 존재 위험에서 동기를 얻었지만 내가 가장 걱정하는 역학과는 다른 역학이었다. 나는 의도가 불순한 당사자들이 출현하는 문제나 각 국가가 핵실험 중지 선언에서 이탈하는 문제에 주목한 반면, 아인슈타인은 전쟁 수단이 절멸 위험을 가하게 되는 즉시 한 국가가 다른 국가를 상대로 전쟁을 일으킬 능력을 제거해야 할 필요성에 초점을 맞추었다.

35 사실 빨간 전화기는 빨갛지도 않고 전화기도 아니다. 대통령 책상 위에 놓여 있지도 않다. 실제로는 보안 텔레타이프 연결장치(이후 팩스로 바뀌었고 지금은 이메일이다)로 국방부에 있었다.

36 아나토리 도브리닌(Anatoly Dobrynin) 소비에트연방 대사(1995, p. 100)의 회고는 무척 인상적이다. "매 하루뿐 아니라 매시간이 몹시 중요했던 끔찍한 쿠바 위기 동안 대사관과 모스크바와의 소통 수단이 얼마나 원시적이었는지는 지금으로서는 상상하기도 힘들다. 내가 로버트 케네디와 나눈 중요한 대화 내용의 전보를 모스크바로 급히 보내려고 하면, 우선 여러 줄의 숫자로 암호화해야 했다(처음에는 손으로 했고 나중에야 기계로 했다). 그런 다음 미국 전보 회사 웨스턴 유니언(Western Union)에 전화를 걸었다. 그러면 전신국에서 전보를 회수해 갈 사람을 보냈는데 (······) 그는 자전거를 타고 대사관으로 왔다. 하지만 배달부가 내 긴급한 전보를 가지고 자전거 페달을 밟은 뒤면 대사관 직원들은 그가 늑장 부리거나 길 가던 소녀에게 말을 걸지 않고 곧장 웨스턴 유니언으로 가길 기도하는 수밖에 없었다!"

37 이를 현대의 군사 개념인 우다 루프(OODA loop)(관찰[Observe], 원인 규명[Orient], 결정[Decide], 행동[Act]에 필요한 시간)의 관점으로 생각해 볼 수 있다. 쿠바 위기 동안 외교의 우다 루프는 너무 느려서 상황 전개를 제대로 따라잡지 못했다.
곧바로 라디오와 TV로 공포하는 더 빠른 선택도 있었다. 하지만 그렇다면 전 세계 앞에서 외교를 해야 하므로 당사자들이 한 발 물러나거나 국내외적으로

지지를 얻기 힘든 합의를 하기가 더욱 어려웠을 것이다.

38 화학무기금지기구의 2019년 예산은 7,000만 파운드였고 이를 달러로 환산하면 7,900만 달러다(화학무기금지기구, 2018). 직원 수는 화학무기금지기구(2017)의 발표에서 인용했다.

39 국제유전자합성컨소시엄(International Gene Synthesis Consortium)(국제유전자합성컨소시엄, 2018)이 이 같은 모범적인 노력을 이끌었다.

40 미국 국무부(날짜 미상). 두 핵 강대국의 무기고에서 많은 무기를 성공적으로 제거하고 신뢰할 수 있는 검증 절차를 마련한 중거리핵전략조약은 전반적으로 훌륭한 군축 조치로 평가받았다(쿤[Kühn] & 펙젤리[Péczeli], 2017).

41 내가 좀 더 포괄적인 존재 위험 개념 대신 절멸 위험을 제시한 까닭은 존재 위험은 다른 어떤 결과들을 존재 재앙으로 분류해야 하는지에 관한 또 다른 분석의 어려움이 수반되기 때문이다.

카트리오나 맥키넌(Catriona McKinnon)(2017)은 국제형법에서 고의적, 비고의적 존재 위험 범죄 조항을 어떻게 만들 수 있을지에 대해 유용한 방법들을 제시했다.

42 예를 들어 많은 국가가 타인에게 위험을 가하는 행위를 금지하는 법(음주운전 금지 등)을 시행하고 있지만 국제형법은 그런 전례가 없다(맥키넌, 2017, p. 406). '반인류 범죄'는 더할 나위 없이 탁월한 표현처럼 보이지만, '인류'라는 단어는 모호하여 모든 인간이 아닌 '본질적인 인간 존엄'의 의미로 해석되기도 한다. 이를테면 올트먼(Altman) & 웰먼(Wellman)(2004)은 홀로코스트 범죄가 반 인류 범죄라는 건 "유대인 희생자들을 상대로 한 인류적 악행이지 인류 자체에 이루어진 악행을 의미하는 건 아니다"라고 설명했다.

위험을 불필요하게 증가시키는 행위를 규정(및 그러한 행위에 대해 판결)하는 기준을 찾는 것은 중요한 문제다. 예를 들어 우리는 짧은 거리를 자동차로 오가면서 배출하는 이산화탄소처럼 사소한 위험 증가는 포함하고 싶어 하지 않지만, 기준을 높일 정확한 확률은 알지 못한다. 게다가 기준을 강화하자는 제안이 나오면 국가 지도자들은 석유세 감세처럼 일상적으로 했던 행동들이 위법해질 수 있다는 두려움을 느낄 수 있으므로 기준 강화를 법제화하기 위한 동의를 얻기가 무척 어려워진다.

43 1퍼센트의 존재 위험을 가하는 행위를 예로 들 수 있다. 물론 모든 사람을 실제로 죽이거나 문명을 무너뜨리는 행위는 불법이지만, 그런 상황이 벌어진 후에는 어떤 처벌도 이루어질 수 없으므로 두 경우는 해당하지 않는다. 그러므로 법은 위험을 가하거나 재앙을 일으킬 체계를 만드는 행위를 처벌해야 한다. 엘즈버그(2017, p. 347)는 부조리한 현재 상황을 다음과 같이 우려하게 묘사했다. "국가 정책 수단으로서의 절멸 위협, 계획, 실행은 분명 부당하고 용납할 수 없는 일이므로 범죄, 부도덕, 악행 이하로 간주해서는 안 된다. 대중은 물론이고 국가 지도자들조차 거의 모르는 최근의 과학적 발견에 따르면, 핵무기 계획, 배치, 준비와 두 강대국의 위협에 이 같은 위험이 내포되어 있다. 이는 용인할 수 없는 일이다. 이를 변화시켜야 하고 변화는 지금 당장 이루어져야 한다."

44 유네스코(1997).

45 여기에는 핀란드(1993~), 캐나다(1995~), 이스라엘(2001~6), 독일(2004~), 스코틀랜드(2005~), 헝가리(2008~12), 싱가포르(2009~), 스웨덴(2011~), 몰타(2012~), 웨일스(2016~)가 포함된다. 이들의 성공과 실패에서 많은 교훈을 얻을 수 있다. 몇몇 국가의 제도는 국내 정치 상황 변화에 따라 약화했거나 폐지되었다. 네스빗(Nesbit) & 일레스(2016)와 존스, 오브라이언 & 라이언(2018)을 참고하라.

46 한스 요나스(1984, p. 22)는 일찌감치 다음과 같이 비판했다. "먼 미래에 대한 책임에 관해 새롭게 요구되는 윤리의 다른 한 가지 측면을 짚고 넘어가야 한다. 일반적인 원칙과 절차로 작동하는 대의 정부는 새로운 요구를 충족할 능력을 의심받는다. (……) 미래는 대변되지 않는다. (……) 존재하지 않는 이들은 로비 단체가 없으며 태어나지 않은 이들은 힘이 없다."

47 더욱 심각한 사실은 정책이 미래에 출현할 이들에게 영향을 미칠 뿐 아니라 미래에 사람들이 존재할 가능성 자체에도 영향을 줄 수 있다는 것이다.

48 이 같은 제도는 성인과 여러 이해관계를 공유하지만 투표권이 없는 아이들도 대표할 수 있다.

49 스마트(1984), p. 140. 보스트롬(2014)은 이를 확장하여 지연 작전이 달성할 수 있는 것과 달성할 수 없는 것에 대한 다른 측면들도 살펴보았다.

50 느린 진보는(모든 시점을 그저 몇 년 후로 미루는 것과는 다른) 위협이 닥치기 전 미리 알아낼 시간과 대비할 시간을 더 많이 벌게 해 준다. 우리의 대응 속도를 높일

수 있기 때문이다.

51 기술이 환경에 일으키는 그림자 비용은 이보다 더 잘 알려져 있다. 그에 대한 논증은 비슷하므로 환경적 비용 역시 기술에서 비롯한 혜택 일부로 상쇄해야 할 것이다.

52 이를 **인류** 번영과 전혀 무관한 지금 시대의 기술 진보로 생각할 수도 있다. 돈에 국한해서 생각하더라도 우리 세대가 더 부유해지는 것은 수많은 미래 세대가 누리리라고 기대되는 부를 감소시키는 대가일 뿐일 수 있다.

기술 자체에만 국한해서 생각하더라도 마찬가지다. 맹렬한 속도의 기술 개발은 탐욕스러운 전략이다. 다음 해의 기술 수준을 최적화하더라도 장기적 미래에 기대되는 기술 수준은 감소시킬 수 있다.

53 논문을 많이 쓸수록 더 큰 보상을 하고 윤리나 규율에 관한 논문보다는 기술적 논문을 쓰는 학자들을 더 대우하는 상황에서는 이를 위한 시간을 내기가 어렵다. 하지만 이처럼 학자들(그리고 인류)을 좌절시키는 보상 체계를 만든 당사자가 바로 학자들이므로 변화의 주체 역시 그들이어야 한다.

54 정부에서 일하는 건 젊은 과학자나 기술자에게 좋은 선택이 될 수 있다. 스스로 과학적 지식과 전문성을 갖추고 있어 정부에 큰 보탬이 될 수 있는 사람들이 정부의 과학적 지식과 전문성 부족을 가장 안타까워하고 있다. 이를 달리 표현하자면, 정책 입안자는 과학을 잘 모른다는 이유로 비난받을 수 없지만 과학을 잘 알면서도 정책을 외면하는 사람들은 비난받을 수 있다.

55 UN(날짜 미상).

56 그레이스(2015) 참고. 아실로마 회의가 얼마나 성공적이었는지에 대해서는 여러 의견이 있다. 지침이 마련되고 수십 년이 지나자 과학자들이 구상했던 위험 중 몇몇은 당시 사람들이 두려워했던 것만큼 큰 문제가 아닌 것으로 판명되었고 많은 규칙이 점차 느슨해졌다. 아실로마 회의를 비판하는 사람들은 자기 규율 모형은 불충분했고 시민 사회의 역할이 더 컸어야 했다고도 주장한다(라이트, 2001).

57 보스트롬(2002b) 참고.

58 이는 보스트롬(2014)이 한 구분으로, 관련 분석의 많은 내용이 그의 연구를 참고했다.

59 정확한 반감기는 2의 자연로그(≈0.69)를 연간 위험으로 나눈 값이고 중간 존속 시간은 단순히 1을 연간 위험으로 나눈 것이다.

하지만 이는 감소 지수를 특정으로 하는 존속의 객관적 확률일 뿐임을 유념해야 한다. 우리는 반감기를 모르므로 주관적인 존속 확률은 이 지수들의 가중 평균일 뿐 그 자체가 지수는 아니다. 주목해야 할 사실은 일반적으로 꼬리가 더 두껍다는 것이다(할인율이 불분명할 때도 같은 효과가 일어난다. 이와 관련하여 pp. 247~248를 참고하라).

60 이 중 어느 범주에도 맞지 않는 위험들도 있을 수 있다.

61 상태 위험과 전환 위험 사이의 구분은 명확하지 않다. 특히 본질이 변하는 위험은 우리가 살펴보는 시간 척도에 따라 달라질 수 있다. 핵겨울 위험을 예로 들어 보자. 어떤 시간 척도들에서는 핵겨울이 상태 위험이었다. 가령 1960년부터 1990년까지는 핵겨울이 상태 위험이라는 것이 합리적인 모형이었다. 하지만 시야를 좁히면 위험 관리가 필요했던 일련의 전환 시기가 발견된다. 한편 시야를 넓혀 현재의 시간까지 아우르면 위험 확률이 무척 다른 두 개의 영역으로 나뉜다(냉전과 그 후). 시야를 더 넓혀 인류가 핵무기에 취약한 모든 시간을 포함한다면, 수십 년 단위의 지정학적 부침은 작아지고 세기 단위 척도의 상태 위험이 다시 나타난다. 그리고 더욱 시야를 넓혀 핵 시대 이전과 핵 시대 이후 사이에서 핵전쟁 위험이 그저 얇은 층을 이루는 범위에서는 인류가 어떻게 핵에너지를 활용하여 전환의 시대를 무사히 넘길지에 관한 전환 위험이 나타난다.

범용 인공지능의 위험에서도 비슷한 문제가 일어날 수 있다. 범용 인공지능이 개발되면 우리는 범용 인공지능으로 인한 사고나 범용 인공지능을 손에 넣은 당사자들의 오용으로 인류가 위험해지는 상태에 놓이게 된다. 이 같은 상태는 이를 끝낼 행동이 이루어져야만 끝난다. 이 기간(길지 않을 기간)에는 범용 인공지능이 상태 위험이지만 시야를 넓히면 전환 위험이 된다.

상태 위험과 전환 위험은 이처럼 복합적이더라도 유용한 구분이 된다. 시간 척도에 따라 상태 위험과 전환 위험이 뒤바뀌는 상황에서도 이 구분은 위험의 변화하는 속성을 이해하는 유용한 렌즈가 된다.

62 이는 보스트롬이 처음 제시한 개념이다(2013, pp. 24~6).

63 물론 더 많은 연구가 필요하다는 연구자의 말은 진부하다. 나는 독자들이 존재

위험에 대한 더 많은 연구가 인류에게 특히 소중한 이유를 이해할 수 있길 바란다. 연구가 필요한 이유는 단순히 난해한 학문적 질문에 대한 명확한 답을 구하기 위해서만이 아니다. 이제까지 거의 어떤 연구도 던지지 않은 근본적으로 중요한 질문(인류의 장기적 잠재력을 보호하기 위한 최선의 행동은 무엇인가?)에 답할 수 있기 위해서이기도 하다.

64 예를 들어 내가 이 글을 쓰는 지금까지 전면적인 핵전쟁으로 인한 기후 영향을 다룬 논문은 1991년 냉전 종식 이래 두 편뿐이고(로복, 오만 & 스텐치코프, 2007; 쿠페 외, 2019), 농업에 대한 영향을 구체적으로 다룬 논문은 1986년 이후로 한 편도 나오지 않았다(하웰 & 허친슨, 1986).

65 이를테면 내가 이 책을 집필할 시간을 낼 수 있도록 연구보조금을 제공한 사람은 개인 자선사업가다.

66 내가 일하는 옥스퍼드 인류미래연구소에도 많은 후원금을 지원했다.

67 이들이 실제로 가장 유용한 연구(대의에 대한 열정이 이끄는 연구)에 초점을 맞춘다는 사실은 무척 다행스러운 일이다. 존재 위험에 관한 연구보조금이 전반적으로 늘고 있지만 주로 기존 방식의 연구(이름만 적절하게 바꾼)를 지원하기 때문에 좀 더 근본적인 연구나 파격적인 연구는 지원받기가 힘들다. 또한 쉽게 예상할 수 있듯이, 일반적으로 보조금은 더 크지만 잘 알려지지 않은 위험(가령 진보한 인공지능으로 인한 위험)보다는 이미 잘 알려진 위험(예컨대 소행성으로 인한 위험)이나 끔찍하긴 하지만 실질적으로는 존재 위험이 아닌 위험에 더 많이 지원된다. 주요 보조금 지원 기관이 존재 위험에 관한 연구를 지원한다면 우선순위를 왜곡하지 않도록 주의해야 한다. 이와 관련하여 보스트롬(2013, p. 26)도 참고하라.

68 다른 연구기관에는 생명미래연구소와 세계재앙위험연구소(GCRI; Global Catastrophic Risk Institute)가 있다.

69 환경보호가 좋은 예다. 환경보호가 지금만큼 당파적 이슈가 아니었던 과거에 여러 괄목할 만한 성과가 이루어졌다. 리처드 닉슨은 미국 환경보호청(Environmental Protection Agency)을 설립했고 레이건(1984)은 "자연 보호는 진보나 보수의 문제가 아니라 상식"이라고 주장했다. 이처럼 정당을 초월한 정신이 유지되었다면 더 큰 성공이 가능했을 것이다.

70 환경보호를 떠올려 보자. 초기 환경운동가들이 직면한 주요 문제는 오염, 생물

다양성 상실, 멸종, 자원 부족이었다. 하지만 그들은 자신을 '멸종주의자'나 '오염주의자'로 부르지 않았다. 환경운동가들은 스스로의 정체성을 자신이 싸우는 문제가 아닌 보호하려는 긍정적 가치에서 찾았다.

71 내가 이 책을 쓰는 지금 가장 눈에 띄는 예는 딥마인드와 오픈AI(OpenAI)다. 두 회사 모두 존재 위험을 진지하게 고민하는 뛰어난 인공지능 안전 연구자와 소프트웨어 엔지니어를 찾고 있다.

72 존재 위험 감소에 초점을 맞춘 기관들은 다음과 같다.

인류미래연구소, 존재위험연구센터, 생명미래연구소, 세계재앙위험연구소, 버클리 존재위험계획, 열린 자선 프로젝트, 핵 위협 방지 구상(NTI; Nuclear Threat Initiative), 원자 과학자 회보, 글로벌 챌린지스 재단(Global Challenges Foundatioin), 존재 위험의 법과 거버넌스를 위한 그룹(LGER; Law and Governance of Existential Risk Group), 지구 재앙 동안 식량 제공을 위한 동맹(ALLFED; Alliance to Feed the Earth in Disasters).

큰 영향력을 발휘할 수 있는 직업을 소개하는 웹사이트 '80,000 Hours'는 구인란을 실시간으로 업데이트한다.

80000hours.org/job-board

또한 실제로 도움이 될 수 있는 직업들을 소개한다.

80000hours.org/career-reviews

73 이와 더불어 나는 이 책의 모든 계약금과 인세를 인류의 장기 미래를 보호하는 자선 단체들에 기부하기로 약속했다.

74 아이그(Eig)(2014). 맥코믹은 피임 운동가 마거릿 생어(Margaret Sanger)(맥코믹의 후원을 처음 받은 사람이다)와 맥코믹의 재정 지원을 받은 과학자 그레고리 핀커스(Gregory Pincus) 그리고 존 록(John Rock)과 공로를 함께 인정받아 마땅하다.

75 플레이시먼(Fleishman), 콜러(Kohler) & 쉰들러(Schindler)(2009), pp. 51~8. 4장 주 97번을 참고하라.

8. 우리의 잠재력

1 웰스(1913), p. 60.

2 내가 이 책 전체에서 언급한 '문명'은 농업혁명 이후의 인류(농업혁명이 언제 시작 되었는지에 관한 우리의 지식은 불분명하므로 10,000년으로 내림했다)를 뜻한다. 첫 도시 국가 출현 이래 5,000년을 문명으로 일컫는 경우가 더 많지만 나는 더 포괄적 인 정의를 사용했다. 더 긴 시간을 기준으로 삼은 까닭은 농업혁명이 더 중요 한 전환이며 문명과 관련되어 있다고 여겨지는 많은 것이 최초의 도시가 출현 하기 전 마을의 시대 동안 점진적으로 누적되었기 때문이다.

3 화석 기록을 기준으로 한다면 포유류 종의 평균 존속 기간에 대한 추정치는 60 만 년(바노스키 등, 2011)에서 170만 년(풋[Foote] & 라우프[Raup], 1996)에 이른다. 분 자계통학은 일반적으로 추정치가 더 길지만 화석처럼 널리 받아들여지지 않으 므로 이 책에서는 다루지 않았다.

화석 기록에 남은 모든 종의 일반적인 평균 추정치는 100만 년(핌[Pimm] 외, 1995)에서 1,000만 년(드 보스[De Vos] 외, 2015)에 이른다. 메이(May)(1997, p. 42)는 "평균을 말하자면 100만~1,000만 년의 범위를 제시할 수 있다"라고 결론 내렸 다.

4 대기 중 탄소 대부분은 수명이 약 300년이지만 훨씬 긴 시간 동안 남아 있을 수 있다. 아처(Archer)(2005)는 화석연료 탄소 중 7퍼센트는 10만 년 동안 남아 있을 것으로 추정한다.

5 페름기 막바지인 약 2억 5,000만 년 전 96퍼센트의 종이 사라진 후 해양 종들 이 완전히 회복하는 데 800~900만 년이 걸렸고 육상 종들은 조금 더 긴 시간이 걸렸다(첸[Chen] & 벤튼[Benton], 2012).

6 포리(Forey)(1990); 주(Zhu) 외(2012); 슈(Shu) 외(1999).

7 가장 오래된 남세균 화석은 18~25억 년 전의 것으로 추정된다(시마에스터 [Schirrmeister], 안토넬리[Antonelli] & 바게리[Bagheri], 2011).

일반적으로 단세포 생물은 최소 30억 년 전 출연한 것으로 추정된다(브레이저 [Brasier] 외, 2006).

'다세포 생명체'는 정확히 정의된 용어가 아니다. 이 책에서는 캄브리아기 대폭 발(5억 4,100만 년 전) 수준이나 에디아카라 생물군 출현(약 6억 년 전) 수준을 뜻한 다. 이후의 경계는 큰 차이가 없다.

8 크리스토퍼 스코티스(Christopher Scotese)(베리[Barry], 2000)의 시나리오다. 이는

하나의 추측으로 이해해야 한다.

9   실제로 이는 불과 10만 년 안에 일어날 수 있다. 인류 조상 역시 별을 바라보며 우리가 알지 못하는 형상들을 관찰했다.

10 더 많은 이산화탄소가 필요한 C3 탄소 고정으로 광합성을 하는 식물들이 가장 먼저 죽는다. 전체 식물 중 약 3퍼센트가 C3의 임계 기준보다 훨씬 낮은 탄소량으로 가능한 C4 탄소 고정으로 광합성을 한다(켈로그[Kellogg], 2013).

이 모든 추정치는 불확실성이 크다. 탈주 온실효과와 습한 온실효과가 지구에 생명이 계속 존재할 수 있는 기간의 최대 한계치를 설정한다고 합리적으로 확신할 수 있지만, 기후 모형들의 익숙한 한계들 때문에 두 온실효과가 언제 나타날지는 아직 확신하지 못한다. 울프 & 툰(2015)은 습한 온실효과가 약 20억 년 뒤에 일어날 거라고 예측한 반면, 르콩트 외(2013)는 최저치를 10억 년으로 산정했다.

탈주 온실효과나 습한 온실효과의 한계에 도달하기 전 지구가 이산화탄소 고갈이나 온도 상승으로 인해 거주 불능 상태가 될지는 미지수다. 러시비 외(2018)는 이산화탄소 고갈이 C3 광합성에 대해서는 약 8억 년 뒤 일어나고 C4 광합성에 대해서는 그로부터 약 5억 년 뒤 일어난다고 예측했다.

이 긴 시간 동안 현재 생명체의 형태로는 견디지 못하는 기후에 존재할 수 있는 새로운 생명체 형태로의 진화가 일어날 가능성을 무시할 수 없다. 실제로도 첫 C4 식물은 약 3,200만 년 전에야 나타났다(켈로그, 2013).

11 태양은 10억 년마다 약 10퍼센트 밝아지고 있으며 약 50억 년 동안 계속 밝아지다가 적색거성이 될 것이다. 이처럼 놀라우리만큼 작은 변화가 인간의 어떤 개입 없이도 다세포 생물을 사라지게 할 것이다. 약 60억 년 후에는 우리가 흡수하거나 차단할 태양광이 절반이 될 것이다.

12 슈뢰더(Schröder) & 코넌 스미스(Connon Smith)(2008).

13 일반적인 항성은 약 1~100조 년 사이에 성장을 멈추지만, 수많은 원시별('갈색왜성'으로 불린다)은 스스로 점화하기에 크기가 너무 작다. 우주적 시간 척도에서 이 작은 항성들이 충돌하면 일반적인 항성이 진화하는 시간보다 최소 100만 배 더 긴 시간 동안 존재할 새로운 항성들이 적은 수지만 계속 탄생한다(애덤스 & 라플린, 1997; 애덤스 & 라플린, 1999).

14 항성의 패턴들은 농업혁명 직후의 유물들에서 발견되며, 별에 대한 지식은 여전히 수렵채집 생활을 하는 많은 토착민에게 문화적, 현실적 차원에서 중요한 의미를 띤다. 별에 대한 일부 신화가 5만 년 넘게 구전되었다는 흥미로운 가능성도 제기되었다. 예컨대 북미, 시베리아, 오스트레일리아 원주민 부족들이 각각 자신의 언어로 '일곱 자매'로 일컫는 별자리는 모두 같은 별자리다. 고대 그리스인 역시 '일곱 자매'로 부른 플레이아데스성단이다(윌슨, 2001).

15 정확한 숫자는 알 수 없다. 허블 울트라 딥 필드(Hubble Ultra Deep Field) 이미지에 포착된 은하의 수로 추론하면 현재 기술로 관찰할 수 있는 은하는 1,500억 개 이상이다. 그러나 우리가 모든 은하를 관찰할 수 없다는 사실을 떠올리면 이는 실제보다 작은 숫자이겠지만, 초기 우주에는 더 많은 은하가 있었다가 그중 많은 수가 병합되었다는 사실을 떠올리면 실제보다 큰 숫자일 것이다(허블 이미지에 보이는 먼 영역은 빛이 그곳에서 출발한 오랜 과거의 모습이다). 최근 제안된 추정치인 1입방메가광년당 0.0009개의 은하(컨슬라이스[Conselice] 외, 2016)를 기준으로 계산하면, 현재 관찰 가능한 우주에는 4,000억 개의 은하가 있다.

은하는 1조 개 이상의 항성을 아우르는 은하부터 고작 수천 개의 항성으로 이루어진 은하까지 크기가 무척 다양하다. 대부분은 우리 은하보다 훨씬 작다. 이처럼 은하의 폭넓은 크기 척도 역시 불확실성을 높인다. 작고 희미한 은하가 우리의 예상보다 많아 관찰 가능한 우주 속 은하가 많아지고 있지만, 평균적인 은하는 우리가 이전에 생각했던 것만큼 웅장하지 않다.

16 이를 **육지에만** 비교한다면 비율이 조금 나아지지만, 바다(해저든 해수면이든)에 정착하는 편이 먼 행성이나 위성에 정착하기보다 훨씬 쉽다.

17 태양에서 나오는 시간당 에너지는 ~3.2×10^{20}J인 반면(차오[Tsao], 루이스[Lewis] & 크랩트리[Crabtree], 2006), 우리의 연간 에너지 소비량은 ~6×10^{20}J이다(국제에너지기구, 2019).

18 이 같은 천문학 기술을 이야기할 때면 많은 사람이 곧바로 떠올리는 궁극적인 목표는 태양을 완전히 둘러싸는 다이슨 구(Dyson sphere)다. 하지만 이처럼 극단적인 버전에는 다른 여러 어려움과 부작용이 있다. 이 같은 프로젝트는 점진적인 접근법으로 다가가는 것이 바람직하다.

19 한 가지 접근법은 몇 대의 태양열 집열기를 만들어 태양 주변 궤도에 배치하는

것이다. 사실 우리는 기존의 우주선과 위성을 이용하여 이미 이를 시작했다. 폐열을 제거하고 포착한 에너지를 유용한 곳으로 보내는 데는 여러 어려움이 있지만, 이 접근법은 처음에는 비교적 단순하다. 하지만 태양 에너지의 상당 부분을 모을 만큼 많은 수의 집열기가 설치되면 상황은 복잡해진다(집열기 충돌을 막기 위해 궤도를 조율해야 하므로).

또 다른 희망적인 접근법은 위성을 사용하는 게 아니라 '스타티트(statite)'를 사용하는 것이다. 스타티트는 궤도에 있는 대신 태양에 이끌리는 중력을 빛이 밀어내는 압력으로 정확히 상쇄하여 태양에 다가가지 않고 머문다. 이 두 힘 사이에서 균형을 이루려면 단위 면적당 무게가 무척 가벼워야 하지만 앞으로 충분히 가능할 것으로 보인다. 각 집열기를 설계하는 데는 여러 어려움이 있지만, 만드는 데 필요한 재료가 무척 적고 그저 많이 만들어 태양 주변에 배치하기만 하면 프로젝트의 규모를 늘릴 수 있다. 내 동료 에릭 드렉슬러와 안데르스 샌드버그가 한 실효성 계산에 따르면, 모든 태양광을 흡수하는 데 필요한 스타티트 수의 무게는 약 2×10^{20}kg이다. 이는 태양계에서 세 번째로 큰 소행성인 팔라스의 무게와 비슷하다(샌드버그, 날짜 미상).

20 화석연료가 차량에 여전히 필요하더라도(에너지원을 싣고 다녀야 하므로) 탄소 배출량은 풍부한 태양 에너지로 가동되는 이산화탄소 제거 장치로 쉽게 제거할 수 있을 것이다.

21 이 같은 방식은 우주선을 원하는 방향으로 보내는 데도 여러 제약이 있으므로 직접 가장 가까운 항성을 **향해** 우주선을 보내는 데는 사용하지 못할 것이다. 이미 우리가 태양계 밖으로 보낸 우주선은 목적지가 가장 가까운 항성이 아니므로 주변 항성들을 지나갈 것이다. 하지만 우리 은하를 벗어날 만큼 높은 속도로 발사된 것도 아니기 때문에 우리 은하를 아주 긴 시간 동안 배회하며 여러 항성에 부딪치다가 결국 파괴될 것이다.

22 오버바이(Overbye)(2016).

23 많은 사람이 이러한 정착은 행성에서 이루어질 것으로 생각하지만 위성에서 이루어지거나 소행성 물질로 만든 우주정거장에서 이루어질 수도 있다. 특히 우주정거장에 정착한다면 행성에서처럼 조심스럽게 착륙해야 하거나 우주로 다시 발사되기 위해 거대한 로켓을 만들지 않아도 되므로 초반에는 훌륭한 우

503

주선 기지가 될 것이다.

24 '페르미 역설'과 인간이 우주의 유일한 지적 생명체인지에 관한 내 개략적인 의견은 2장 주 46번을 참고하라.

25 생명체가 우리보다 덜 진보했다면 우리의 도덕성이 시험대에 오를 것이고 더 진보했다면 생존이 위협받을 것이다. 아니면 기술력 발전의 최대 한계가 앞으로 몇 세기 안에 도달된다면, 외계 지적 생명체와 우리가 만났을 때 서로 기술 수준이 같을 수 있다.

26 이를 이해하기 위해 우리 은하에서 서로의 거리가 'd'보다 가까운 항성들이 있다면 둘을 선으로 연결한다고 상상해 보자. d의 값이 작다면 연결된 항성의 비율은 낮을 것이다. 하지만 d가 어느 임계 수준에 도달하면 거의 모든 항성이 이어져 거대한 연결 구조가 나타난다. 내 동료 안데르스 샌드버그는 d의 임계 수준을 약 6광년으로 추산했다.

항성들이 서로를 지나다닌다는 사실을 고려하면 임계 거리는 더 짧을 수 있다. 우리가 이처럼 항성이 가까워질 때까지 기다린다면 각 단계에서 그렇게 멀리 이동할 필요가 없다.

모든 항성계가 다른 항성계로 출발하는 데 적합한 정착지가 아닐 수도 있다. 암석으로 이루어진 행성이 흔하다는 사실은 잘 알려져 있으므로 정착 가능할 확률이 크지만, 그렇지 않을 가능성을 완전히 배제할 수는 없다. 사실상 정착할 수 있는 항성 수가 줄면 임계 거리가 늘어난다.

27 우리가 단계마다 더 멀리 이동할 수 있다면 이는 가장 빠르거나 가장 효율적인 정착 방법이 아니다. 그럼에도 내가 이 방법에 초점을 맞춘 까닭은 기술과 계획이 가장 적게 필요하고 우리 태양계에서 실어 날라야 할 자원이 가장 적은 제일 쉬운 방법이기 때문이다.

28 애덤스 & 라플린(1997).

29 큰 무리는 '은하단'으로 불리지만 척도 위계에서는 같은 위치에 있다.

30 이 같은 교차 지점을 '초은하단'으로 부르기도 하지만, 이는 교차 지점 주변의 더 넓은 영역을 뜻하기도 하므로 모든 은하는 초은하단의 한 부분으로 여겨진다. 두 맥락 모두에서 초은하단은 우주 환경을 이해하는 유용한 개념이지만, 인류 잠재력에 대해서는 큰 의미가 없다.

31 각각 1927년과 1929년에 우주가 팽창한다고 결론 내린 에드워드 허블과 조르주 르메트르(Georges Lamitre)는 우주 팽창을 처음으로 세상에 알렸다고 여겨지는 과학자다(지브니[Gibney], 2018). 팽창이 가속한다는 사실은 1990년대 말에서야 밝혀졌고(리스[Riess] 외, 1998) 이를 규명한 연구진은 2011년에 노벨물리학상을 받았다.

뒤에 이어지는 단락에서 나는 우주 팽창의 가장 단순한 이론에 따른 한계를 설명했는데 이는 우주상수 때문이다. 이를 '조화우주론' 또는 'ΛCDM' 모형이라고 한다. 팽창 가속에 대한 다른 설명들(팽창 가속이 착각이라는 주장 포함)에서는 한계가 전혀 다르거나 한계 자체가 존재하지 않을 수 있다.

32 이 은하들에서 나온 빛이 우리에게 닿는 데까지는 138억 년(우주의 나이)의 시간밖에 없었지만, 우리와의 공간이 그 사이 팽창해 왔으므로 현재 460억 광년 떨어져 있다.

33 630억 광년 한계는 우리가 현재 관찰할 수 있는 거리(464억 광년)와 우리가 현재 영향을 미칠 수 있는 거리(165억 광년)의 합이다.

누군가가 지구에서 멀리 이동한다면 이동한 방향으로 조금 더 멀리 볼 수 있다. 빛의 속도로 이동하는 극단적인 경우에서는 지구에서 약 160억 광년 떨어진 지점에 이르면 궁극적으로 관찰 가능한 우주 전체가 그 지점을 중심으로 펼쳐지는 걸 볼 수 있다. 지구에 있는 사람보다 **더 많이** 볼 수 있는 건 아니지만, 이곳에서는 절대 보이지 않을 부분들이 보일 것이다. 하지만 가장 신뢰할 수 있는 최근 이론들에 따르면 이곳에서 790억 광년(630억 광년과 160억 광년의 합) 떨어진 물체는 절대적으로 관찰 불가능하다.

34 놀랍게도 인간의 영향을 받을 수 있는 영역은 빛의 속도보다 느리게 후퇴하는 모든 은하를 아우르는 '허블 구(Hubble sphere)'(현재 반지름이 144억 광년이다)보다 조금 넓다. 이는 빛의 속도보다 **빠르게** 후퇴하는 가장 가까운 은하들에 도달하는 게 가능하기 때문이다. 어떤 물체도 빛보다 빠르게 이동할 수 없으므로 이는 불가능해 보일지 모르지만, 이처럼 머나먼 은하들이 사용하는 트릭이라면 가능하다. 은하들이 빠르게 후퇴하는 건 공간을 빠르게 이동해서가 아니라 우리와의 공간이 팽창하기 때문이다. 당신이 하늘에 손전등을 비추면 그 빛 역시 빛의 속도보다 빠르게 우리에게서 멀어진다. 당신과 빛 사이의 공간 자체가 팽

창하기 때문이다. 당신이 내보내는 광자 일부는 허블 구에서 약 20억 광년 떨어진 곳까지 도달할 것이다. 실제로 우리가 하는 거의 모든 행동은 지구에서 반사되어 심우주로 향하는 광자의 패턴에 영향을 주므로 우리가 일상을 살면서 160억 광년 떨어진 사물들에 영향을 주지 않는 건 거의 불가능하다.

그러므로 사람들은 우리가 영향을 미치길 바라는 모든 영역에 대한 표현으로 '허블 구' 또는 '허블 체적(Hubble volume)'을 사용할 때가 많지만, 더 명확하고 정확한 표현인 '영향을 미칠 수 있는 우주'를 사용해야 한다.

35 컨슬라이스 외(2016)의 글에 제시된 입방메가광년당 0.009개의 은하 밀도를 바탕으로 저자가 한 계산이다. 매년 새롭게 관찰되는 은하의 수 또는 영향을 미칠 수 없게 되는 은하의 수는 얼마나 많은 은하가 존재하는지에 따라 달라지지만 이는 아직 미지수다(이 장 주 15번을 참고하라).

36 가장 큰 어려움 중 하나는 은하 사이의 허공에 흩어진 아주 미세한 먼지 입자다. 우주선이 빛의 속도에 버금가는 속도로 먼지 입자와 충돌하면 그 결과는 참혹할 것이다. 우주선이 먼지와 충돌하지 않을 확률은 이동 거리에 따라 기하급수적으로 떨어지므로, 단계당 이동 거리가 멀수록 어려움은 커진다. 그러므로 일종의 차단막이 필요하다. 내 동료 에릭 드렉슬러의 계산에 따르면 우주선 앞에 여러 겹의 차단 물질 막을 보내면 우주선을 보호할 수 있지만, 이는 물론 추측일 뿐이다.

은하 사이에 간간이 흩어져 있는 항성을 이용하면 거리(상당한 거리)를 줄일 수 있을 것이다.

37 인류 미래의 기대 가치는 길이, 규모, 질, 실현 가능성의 산물이다. 이 조건들을 모두 곱한 값이 미래의 기대 가치이므로, 이 중 어떤 조건이라도 동일한 양만큼 늘리면 기대 가치에 대한 영향은 같다. 그러므로 우리의 노력은 비교적 값을 늘리기가 가장 쉬운 조건에 집중해야 한다.

38 안전이 신속함보다 중요하다는 이 주장은 닉 보스트롬(Nick Bostrom)(2003)이 처음 했지만, 그의 경험적 가정에는 차이가 있다. 보스트롬은 우주에서 우리가 이용하지 못한 정착 가능한 공간에서 나오는 항성 빛의 에너지로 지연의 연간 비용을 측정했다. 하지만 나는 항성 빛이 우리가 이용할 수 있는 주요 자원이라고 생각하지 않으며(항성 질량에서 빛을 통해 에너지로 전환되는 비율은 1,000분의 1에

도 못 미친다), 중요한 것은 정착 가능한 공간이 줄어들고 있다는 사실이다.

내 계산에 따르면 정착 가능한 공간이 매년 줄어드는 정도는 우주 팽창으로 우리가 도달할 수 없게 되는 은하의 비율과 거의 같다. 물론 이 추측이 얼마 지나지 않아 잘못된 것으로 판명될 가능성은 충분하다. 예를 들어 기술적으로 은하 사이를 이동하는 게 불가능할 수 있고 우주 팽창의 증거가 뒤집힐 수도 있다. 하지만 정착 가능한 공간이 매년 사라지는 비율은 10억 분의 1에도 못 미칠 만큼 아주 낮을 것이라는 핵심은 변함없을 것이다. 이 같은 비율을 정하는 시간 척도(우주 나이, 항성 대부분의 수명, 은하가 항성을 생성하는 기간, 지구 나이, 지구에서 생명이 존재하는 기간)는 대부분 수십억 광년 단위이기 때문이다.

39 이는 프랭크 램지가 스물한 살이던 1925년에 케임브리지 사도회(Cambridge Apostles) 앞에서 한 연설이다(멜러[Mellor], 1995). 할인율에 관한 경제 이론을 만들고 시간의 흐름에만 의존한 할인율을 반박한 그 램지다('붙임 A'를 참고하라).

40 이 생각 중 일부는 보스트롬(2005, 2008)에게 직접 영감을 받았다.

붙임

1 그렇더라도 내 기상천외한 30년 계획이 성공해 1달러를 얻게 되어 무척 기뻤지만, 여기서는 논외로 하자.

2 엄밀히 말해서 **완전히** 같은 효과는 아니다. 내 소득은 경제 성장 때문만이 아니라 내가 삶을 더 오래 살았기 때문에도 늘어났다.

3 다스굽타(Dasgupta)(2008) 같은 경제학자들은 매개변수 η에 평등에 대한 사회적 선호도 반영한다. 그렇다면 한계효용체감에 의한 크기보다 커질 수 있다.

4 이는 램지(1928)가 제시한 논증을 따른 것이다.

또 다른 모형은 더 이른 금전적 이익이 투자를 통해 (일반적으로) 더 커질 수 있는 사실을 고려하여 미래의 금전적 이익의 현재 순 가치를 계산한다. 그러므로 이후 이익의 현재 순 가치는 특정 미래 시점까지 복리에 따라 특정 금액으로 증가시키기 위해 현재 투자해야 하는 금액으로 생각할 수 있다. 이 같은 논증에 따르면 할인율은 경제성장률이 아닌 이자율에 따라 달라진다.

하지만 할인에 관한 이 같은 주장은 투자 선택이 불가능할 때는 적용되지 않는다. 존재 재앙으로 투자 자체가 불가능할 수 있고 미래 세대가 투자로 인한 이익을 누리지 못하게 될 수 있으므로 존재 위험에는 적용할 수 없다. 인류가 절멸하면 이는 당연한 일이고 다른 여러 경우에도 가능한 일이다.

5 응(Ng)(2015)(2016)은 이를 탁월하게 설명했다.

6 시즈윅(Sidgwick)(1907), 파핏(1984), 브룸(2005)을 비롯한 많은 철학자가 순수 시간 선호도를 반박한 반면, 순수 시간 선호도를 사회적 할인율에 포함하는 방식을 지지한 철학자는 내가 알기로는 아무도 없으므로 이는 완전한 만장일치라고 할 수 있다. 자기 자신만이 세상의 유일한 인간인지, 진정한 도덕적 주장이 존재하는지와 같은 거의 모든 주제에 대해 철학자들의 의견이 갈린다는 사실을 떠올리면, 철학을 조금이라도 아는 사람에게 이는 무척 놀라운 일이다(부르제[Bourget] & 찰머스[Chalmers], 2014).

할인율에 대한 논의에서 철학자와 경제학자 사이에 생각의 차이가 있다는 사실에 주목하자. 철학자들은 자신들이 의미하는 대상에 대해 할인이 올바른 조건이 아니라면 할인율을 0으로 하면 된다고 종종 말한다(다시 말해 철학자들은 사람들이 미래에 부유해진다면 금전적 이익이 덜 중요해진다는 사실에 반박하지 않는다). 일반적으로 철학자들은 자신들이 고민하는 주제(예컨대 건강에 대한 이익)에는 순수 시간 선호도가 0이어야 한다고 말하거나 ηg를 적용할 수 없다고 말한다.

7 사회적 할인율에 관한 논문을 발표한 180명의 경제학자를 대상으로 한 최근 설문에서 순수 시간 선호도의 가장 일반적인 추정치는 0퍼센트였고 중앙값은 0.5퍼센트였다(드룹[Drupp] 외, 2018, p. 120).

8 램지(1928), p. 543; 해롯(1948), p. 40. 아서 피구(Arthur Pigou)(1920)(p. 25)는 0이 아닌 순수 시간 선호도는 "우리의 장기적 능력에 결함이 있음을 (……) 암시"한다고 주장했다.

9 나는 이 일이 경제학자의 일인지도 확신할 수 없다. 이 논리가 제시하는 허술한 경제 개념은 규범적 문제들의 근거를 포기하는 데 그치지 않고 이를 일종의 여론 조사에 떠넘긴다.

경제학이 규범적 문제에 관여하길 원하지 않더라도, 규범적 문제를 깊이 고민하는 많은 사람이 탄탄한 논증으로 뒷받침되는 참신한 결론에 이른다. 이들은 경제학과 철학뿐 아니라 학계 내외의 온갖 분야에 속해 있다. 이들은 모든 도덕 문제에 관해 의견이 일치하진 않지만 치열한 고민 끝에 규범적 문제에 관한 지식을 쌓았다. 이들의 통찰력을 포괄적인 설문조사(또는 현 정부의 의견)로 대체하는 결정 자체가 규범적인 선택이며 내가 보기에는 그릇된 규범적 선택이다.

10 이 주제에 관한 초기 논문(크로퍼, 아이데데[Aydede] & 포트니[Portney], 1994)에서 피험자들은 미래에 더 많은 삶을 구하는 것보다 당장 적은 수의 삶을 구하는 걸 선호했지만, 이는 순수 시간 선호도를 뒷받침하는 실질적인 증거가 되지 않는다. 그런 선택을 내린 이유를 묻는 후속 질문에서 많은 응답자가 순수 시간 선호 때문이 아니라 미래가 불확실하고 미래에는 삶을 구할 기술이 나올 것이기 때문이라고 대답했다(더 자세한 내용은 멘젤[Menzel](2011)을 참고하라).

프레더릭(Frederick)(2003)의 후속 연구는 위의 복합적인 설명에서 시간 선호만을 탁월하게 분리했다. 예를 들어 그는 피험자들에게 미국에서 이듬해 한 명의 사람이 오염물질에 노출되어 죽는 것과 100년 후 같은 상황에서 한 명이 죽는 것을 비교할 것을 요청했는데 응답자 중 64퍼센트는 둘 다 '똑같이 안 좋다'고 대답했고 28퍼센트는 내년에 죽는 것이 더 안 좋다고 답했으며 8퍼센트는 100년 후에 죽는 것이 더 안 좋다고 말했다. 순수 시간 선호 성향을 띠는 것으로 보이는 28퍼센트의 응답자들은 이듬해의 죽음은 100년 후 죽음보다 3배 안 좋다고 생각했다. 따라서 모든 응답자의 평균 시간 선호도는 다음 세기에서 연간 0.25퍼센트에도 못 미쳤다(다른 실험을 통해 더 먼 미래까지 살펴본다면 더 낮을 것이다).

11 이는 남아 있는 존재 위험 때문일 수도 있고, 성공적인 미래가 오랫동안 지속되지 못할 가능성 때문일 수도 있으며, 존재 위험은 아니지만 인류가 번영의 미래에 도달하지 못하게 되는 요인들(예컨대 언제든 막을 수 있었지만 그러지 못한 점진적인 몰락) 때문일 수 있다.

12 스턴(2006). 스턴이 세기당 재앙률을 약 10퍼센트로 선택한 건 미래 위험에 관한 최고의 증거를 정량화하려는 시도보다는 임의적 선택에 가깝다. 그렇더라도 다음 세기 위험에 대해 대략적이나마 올바르게 예측한 것으로 보인다.

스턴의 할인율 접근법에 관한 논의 대부분은 아주 작은 δ 값에 초점을 맞추었지만, 그는 사실상 ηg 항을 포함했다. 하지만 성장률 궤도가 그의 모형에서 생성되었기 때문에 그것이 결과에 어떻게 영향을 미쳤는지 이해하기가 더욱 이

럽다(자세한 분석과 앞서 발표된 노드하우스[Nordhaus] 연구와의 비교는 다스굽타[2007]를 참고하라).

13 순수 시간 선호율이 시간의 흐름에 따른 상수여야 하는 이유(따라서 지수함수 곡선을 그린다)에 관해서는 여러 훌륭한 주장들이 있다. 이는 두 이익 중 어느 것이 더 나은지에 관한 판단이 시간에 따라 바뀌는 '시간 비일관성'을 피할 유일한 방법이기 때문이다. 하지만 이 같은 논증은 최적의 경험적 추정치에 따라 설정해야 하는 경험적 매개변수인 성장률이나 재앙률에는 적용되지 않는다.

14 3장에서 이야기했듯이 자연적 위험률은 연 200,000분의 1보다 낮을 것이다(인류가 이제까지 200,000년 동안 존속해 왔고 우리와 가까운 종들은 평균적으로 훨씬 오래 존속했으므로). 재앙률이 기껏해야 200,000분의 1인 시기로 진입할 50퍼센트 확률은 할인 가치가 100,000년 이상이다.

15 이 주장은 마틴 와이츠먼(1998)의 주장을 바탕으로 하지만, 와이츠먼은 재앙률에 근거한 할인을 다루지 않았다. 주된 트릭은 우리는 재앙이 특정 시점 전에 일어날 확률을 바탕으로 할인하므로 특정 시점의 유효한 할인계수는 우리가 실현 가능하다고 여기는 세상들에 대한 할인계수들의 확률 가중 평균이 된다는 사실을 이해하는 것이다. 그렇다면 이는 평균 비율(또는 고정 비율)에서의 할인과 같지 않으며, 장기적으로는 신뢰도가 0이 아닌 가장 낮은 비율에서의 할인으로 향하게 된다는 사실을 어렵지 않게 이해할 수 있다. 그러므로 일정한 위험률이 있다는 사실을 안다고 하더라도 이 비율이 무엇인지에 관한 불확실성은 비지수적인 할인으로 이어질 수 있다.

16 이는 행동이 단기적으로만 위험을 줄이는지 아니면 위험에 대해 지속적인 영향을 미치는지에 따라 달라진다.

17 예를 들어 인류가 100만 년 이상 존재할 확률이 10퍼센트 이상이라고 생각한다면, 이는 확실성 등가의 할인율이 미래의 할인된 가치가 이번 해의 최소 10% × 1,000,000 = 100,000배가 될 만큼 아주 작은 값으로 감소한다고 말하는 것과 같다.

18 파핏(1984); 응(1989); 아레니우스(Arrhenius)(2000).

19 이는 여러 평균이 조합될 때 나타나는 현상 때문이다. 코미디언 윌 로저스(Will Rogers)는 다음과 같은 우스갯소리를 했다. "오클라호마의 노동자들이 캘리포

니아로 떠났을 때 그들은 오클라호마와 캘리포니아 모두의 평균 지능을 높였다." 이는 얼핏 불가능하게 들리지만 곰곰이 생각하면 가능하다. 오클라호마를 떠난 사람들의 지능이 오클라호마 평균보다 낮지만(그러므로 그들이 떠나면 평균이 높아진다) 캘리포니아 평균보다는 높으면 된다(그들이 오면 평균이 높아진다). 이제는 '윌 로저스 현상'으로 불리는 이 현상은 의료 통계에 중요한 의미를 띤다(파인스타인[Feinstein], 소신 & 웰스, 1985).

윌 로저스 현상은 누군가가 다른 두 세대 중 한 세대에 선택적으로 태어날 수 있을 때 가능하다. 그의 행복이 첫 번째 세대의 평균보다 낮고 두 번째 세대의 평균보다 높다면, 세대를 이동하면 두 세대의 평균이 모두 높아지면서도(따라서 세대 간 평균의 합이 높아진다) 다른 개인의 행복에 영향을 주거나 이미 존재하는 사람들을 바꾸지 않는다. 평균의 합이 어느 정도 늘어났으므로, 이 예를 바꾸어 모든 사람의 공리를 조금 낮추어 모든 사람이 조금 덜 행복해지더라도 세대 간 평균의 합은 여전히 증가하도록 할 수 있다. 동일한 인구에서 모든 이의 행복이 저하되는 대안을 선호하는 이론은 일반적으로 치명적인 오류를 내포한다고 여겨진다(특히 평등 같은 다른 차원에서의 이익이 없을 때 그러하다).

하지만 누군가가 두 세대 중 한 세대에 선택적으로 태어나는 게 가능할까? 가능한 것으로 보인다. 예를 들어 최신 의학 기술로 배아를 냉동해 두었다가 언제 자궁에 이식할지 결정할 수 있다. 배아를 당장 이식하거나 30년 뒤에 이식한다면, 태아는 두 세대 중 한 세대에 태어나게 된다. 각각의 경우에서 태아의 행복 정도가 같고 태아가 느끼는 행복이 두 세대 간 평균 행복 사이에 자리한다면, 윌 로저스 현상이 일어난다. 현재 의학 기술은 같은 정자와 같은 난자를 당장 수정할 수도 있고 30년 뒤에 수정할 수도 있으므로 출산이 아닌 수정에 대해서도 윌 로저스 현상을 적용할 수 있다. 여기에서 걱정되는 점은 인공수정이 장기적 분석을 수행하는 데 현실적으로 어려울 수 있다는 게 아니라 세대 평균의 합이라는 원칙에서는 평균의 합이 모든 개인의 행복이 저하되는데도 올라갈 수 있어 이론적으로 불합리해 보인다는 것이다.

일반적으로 여러 평균에 근거한 평가 시스템들은 이 같은 오류를 지닌다. 이를테면 개인들이 국가 사이를 오가기만 해도 모든 국가의 1인당 국내총생산량이 늘어날 수 있다. 그러므로 이 같은 방식들을 항상 회의적으로 보아야 한다.

20 이는 크지만 대단히 크지는 않은 미래 가치를 창출한다. 어떤 가정을 하느냐에 따라 전체 미래는 현재 세대보다 10배 더 가치 있는 곳이 될 수 있다.

21 나베손(1973).

22 나베손(1967, 1973), 파핏(1984, 2017a), 프릭(2014)을 참고하라.

23 하지만 각각의 결과에서 사람들이 완전히 다르다면 행복도가 낮은 세상이 더 나쁜 것도 아니므로 이 역시 우리의 직관에 완전히 부합하지는 않는다.

24 나베손(1973)과 헤이드(Heyd)(1988)를 참고하라.

25 발생하는 문제의 예는 다음과 같다.

- 모든 이의 행복 정도가 낮은 미래와 모든 이의 행복 정도가 높은 미래(구성원 이 다르다) 사이에 대한 도덕적인 무관심.
- '무관한 대안'이 제시되었을 때 도덕적 우선순위 변경(예를 들어 A와 B만 선택할 수 있을 때는 B보다는 A를 선호하지만 그리 좋은 선택안이 아닌 C가 제시되었을 때 A 대신 B를 선택하는 경우).
- 선택을 내려야 하는 상황들에서 선호 양상이 순환 주기를 이루는 현상(B보다 A를 선호하고, A보다 C를 선호하고, C보다 B를 선호).
- 가치 순위가 순환 주기를 띠는 현상(A가 B보다 낫다고 말하고, B가 C보다 낫다고 말 하고, C가 A보다 낫다고 말하는 것).
- 얼마나 많은 사람이 존재하는지가 조금이라도 다른 모든 결과는 서로 비교 할 수 없다고 말하는 것.

26 프릭(2014)의 연구처럼 좀 더 근본적인 무언가에 호소하여 비대칭성을 정당화 하려는 몇몇 연구가 최근 발표되었다.

27 최소한 그 자체를 고려할 때는 그러하다. 미래 세대의 행복 가치에 관한 개인 영향 관점을 지지하는 많은 사람은 이를 절멸을 나쁘다고 인식하는 다른 도덕 원칙들과 결부한다. 그렇다면 그들의 전체적인 도덕 관점은 이 같은 반직관 문 제에 시달리지 않게 되지만, 내가 옹호하려는 주장, 다시 말해 인류 절멸이 극 도로 부정적이라는 주장에 어떤 위협도 되지 않는다.

28 벡스테드(2013, p. 63)는 이를 탁월하게 설명했다. 마찬가지로 당신이 총량 관점 을 가장 합리적으로 여긴다면 당혹스러운 결론에서처럼 충고를 따르는 데 무 척 주의를 기울여야 한다.

29 미국 국방부(1981).

30 미국 국방부(1981), p. 8.

31 미국 국방부(1981), p. 12.

32 옥스나드 프레스-쿠리어(Oxnard Press-Courier)(1958); 미국 국방부(1981), p. 8.

33 미국 국방부(1981), p. 20.

34 미국 국방부(1981), p. 21. 가장 섬뜩한 사실은 폭탄 하나가 폭발하는 걸 막은 중요한 메커니즘이 다른 폭탄에서는 실패한 것으로 추정된다는 것이다(버[Burr], 2014). 미국 국무부(1963)의 글에서 인용한 맥나마라의 말이다.

35 미국 국방부(1981), p. 22.

36 미국 국방부(1981), p. 28; 브로더(Broder)(1989).

37 미국 국방부(1981), p. 29.

38 과거에는 B-52 무기가 이른바 '원 포인트 안전(one-point safety)' 기준을 충족하지 않았으므로 지금보다 핵폭발 사고 확률이 높았다. 필립스(1998) 참고.

39 미국 전략공군사령부(SAC; Strategic Air Command)(1969); 리소(Risø)(1970); 미국 국방부(1981), p. 30; 필립스(1998); 태그홀트(Taagholt), 한센(Hansen) & 러프킨(Lufkin)(2001), pp. 35~43. 조기 경보 시스템이 미국과 통신하는 방식은 공중에서 비상 대기 중인 B-52 폭격기와의 무전, 미국과의 직접 무전, 폭탄 경보 세 가지였다. 폭격기가 추락하는 바람에 이 중 첫 번째는 불가능했다. 핵폭탄이 터졌다면 직접 무전 역시 불가능해졌을 것이고, 이후 폭탄 경보가 울렸다면 사고인지 소비에트연방의 핵 공격인지 구분할 수 없었을 것이다.

40 미국 국방부(1981), p. 31.

41 보든이 2015년 일본 신문에 처음 공개한 이 이야기는 이후 〈원자 과학자 회보〉에 실렸다(토비시[Tovish], 2015). 이후 다른 전직 미사일 학자들이 보든의 이야기를 반박했다(트리튼[Tritten], 2015).

42 그렇다면 위험 1은 위험 2보다 $(p_1/p_2) \times ((1-p_2)/(1-p_1))$배 중요하다. 이를 교차비로 표현하면 $(p_1/(1-p_1)) / (p_2/(1-p_2))$이 된다. 그러므로 사후 가정에 따라 각 위험의 중요성을 하나의 숫자로 표현하고 싶다면(비교 대상이 되는 위험에 따라 조정할 필요 없이), 교차비는 완벽하게 드러난다.

43 이 같은 사실이 위험의 구분 방법에 의문을 제기할 수 있다. 예를 들어 어떤 사

건이 서로 겹치는 50퍼센트 위험들로 이루어진 것이 아니라 하나의 90퍼센트 위험으로 이루어지는 까닭은 무엇일까? 사실 이는 우리가 위험을 구분하는 방법과는 상관없다. 그 대신 우리가 무엇을 물어 보는지에 따라 달라진다. 당신이 90퍼센트의 존재 위험을 이루는 일련의 위험을 낮추고자 하고 다른 위험들이 작용하지 않는다면, 이는 확률이 90퍼센트인 하나의 개별 위험을 낮추는 것과 같다.

'큰 위험'이 함께 움직이는 작은 위험의 합일 수 있다는 사실은 몇 가지 흥미로운 가능성을 연다. 가령 이번 세기 위험이 10퍼센트이고 이를 제거하더라도 미래의 위험은 90퍼센트라고 가정해 보자. 우리가 모든 단기 위험을 어느 정도 줄이는 방식과 그 후의 모든 위험을 어느 정도 줄이는 방식 중 하나를 골라야 하는 상황이라면, 이 같은 영향 때문에 미래의 위험을 위해 행동할 경우 9배 큰 효과를 얻을 수 있다(하지만 미래 위험에 대한 행동은 행동에 필요한 사람이 더 많을 테므로 그 이익을 초과하는 더 큰 노력이 들 수 있다).

44 전자는 91퍼센트의 전체 존재 위험을 0.9퍼센트포인트 줄여 90.1퍼센트로 만든다. 후자는 0.1퍼센트포인트 줄여 90.9퍼센트로 만든다. 이 같은 효과가 놀라운 이유는 90퍼센트 위험을 89퍼센트로 감소시키는 것 역시 위험에 대해서 변화 비율이 낮다는 것이다. 중요한 것은 재앙을 맞지 **않을** 확률의 변화라는 사실에 주목한다면 이를 직관적으로 이해할 수 있다.

45 이는 소수의 큰 위험이 있는지 아니면 여러 작은 위험이 있는지와도 상관없다. 이를테면 각 2퍼센트에 해당하는 개별 위험이 100개가 있어도 같은 영향들이 나타난다.

46 그렇다고 해서 재앙 후 이어지는 세기들의 가치가 0이라고 추측할 필요는 없다. 각 세기의 가치가 같고 재앙 전보다 낮다고만 추측하면 된다.

47 이를 이해하는 또 다른 방식은 위험이 감소하지 않는 우리 미래의 기대 가치를 'V'의 수치로 생각하는 것이다. 첫 세기의 존재 재앙 확률을 제거한다면 이후 이어지는 미래의 원래 가치가 계속 이어져 아무런 노력도 없이 안전한 세기를 누릴 수 있다. 그러므로 우리가 증가시키는 가치는 인류가 존속하는 한 세기의 가치다. 아니면 제거한 위험의 양이 축적되는 데 시간이 얼마나 걸리는지 물을 수 있다. 이 단순화한 모형에서 위험 제거의 가치는 그 기간의 가치다.

내가 말하는 인류가 존속하는 한 세기의 가치란 **내재적** 가치를 뜻한다는 사실도 기억해야 한다. 지금 인류의 행동이 앞으로 이어질 세기들의 내재적 가치에 큰 영향을 미칠 수 있으므로, 모든 걸 고려한 한 세기의 가치는 대부분 **수단적 가치**에 있다. 예를 들어 우리가 미래 세대에게 전달할 지식, 기술, 제도, 환경을 얼마나 향상시키는지다. 물론 우리가 총 존재 위험을 얼마나 줄이거나 늘리는지도 마찬가지다(하지만 단순화한 모형에서는 우리의 존재 위험을 줄이는 것의 수단적 가치가 기껏해야 이번 세기의 내재적 가치를 넘지 못한다).

48 가치 상승률이 큰 영향을 미치기 위해서 영원히 위험률보다 높아야 하는 건 아니다. 물론 이는 좋은 일이다. 우리가 가진 증거에 따르면 극단적으로 긴 시간의 위험률은 대략 일정하므로(소수의 제거 불가능한 위험 때문에) 가치가 아주 긴 시간 동안 기하급수적으로 증가해야 이를 상쇄할 수 있다. 하지만 우리가 한정된 자원으로 창출할 수 있는 가치에는 결국 한계가 있고, 우리가 새로운 자원을 획득하는 속도는 빛의 속도 이하로 제한된다.

49 누군가는 이를 사후 가정이라는 이유로 반대할지도 모른다. 다시 말해 내가 제시한 통찰은 유용하지만 미래의 다른 사람들이 어쨌든 깨달을 테므로 미래에 대한 영향은 없다는 것이다. 여기에는 중요한 진실이 담겨 있다. 이 책의 통찰들이 미래에 영향을 미친다면, 그건 대화를 발전시켜 미래 세대가 이 책의 통찰들을 바탕으로 진보를 이룰 위치에 있게 하는 것이다. 하지만 이 같은 진보는 한계가치체감이 일어날 수 있다. 그러므로 이 같은 사후 가정의 면에서는 미래 위험에 대한 지금 노력의 가치가 보기보다 낮고 시간이 흐를수록 감소할 수 있다.

하지만 이는 내가 펼치는 주장에 실질적인 영향을 미치지 않는다. 미래의 사람들이 존재 위험에 대해 중요한 노력을 축적해 나간다고 가정한다면, 위험이 세기가 거듭되면서 유지되는 게 아니라 줄어들 것이기 때문이다. 우리는 곧 알게 되겠지만 어떤 방식으로든 영향은 비슷하다.

50 유쾅 응(Yew-Kwang Ng) (2016) 역시 이 반직관적인 영향에 주목했다.

51 이는 보스트롬(2013)이 사용한 용어다. 데이비드 도이치(David Deutsch) (2011)는 이에 반하는 관점을 탁월하게 방어했다.

또한 우리는 20세기의 전체주의와 공산주의 실험 같은 급진적인 새로운 체제에 더 이상 현혹되지 않는 사회적, 정치적 성숙도에 도달하여 다시는 폭정에 휘둘리지 않을 안정적인 사회를 이룰 수 있다.

52 가치 증가는 다음 세기의 위험과 더 장기적인 세기당 위험 사이의 비율에 대략 비례한다. 예를 들어 이번 세기 존재 재앙 확률이 10분의 1이지만 세기당 200,000분의 1 이하의 자연적 위험 수준으로 급격히 떨어졌다면, 이번 세기 위험 제거의 가치는 단순화한 모형에 비교하여 20,000배 증가한다.

53 이는 미래 가치가 그리는 비대칭 확률 분포(로그-공간에서는 대칭을 띨 수 있다)를 통해 수학적으로 설명할 수 있다. 미래의 기대 가치는 이 분포의 평균에 해당하며 이는 중간값보다 훨씬 높을 수 있다.

54 다른 여러 학자도 척도를 확장하여 보간(補間)했지만 임의적 요소들이나 문제의 여지가 있는 요소들이 수반되었다. 몇몇 사람들은 '우주'를 K4 단계로 추가하면서 이를 전체 우주나 관찰 가능한 우주에 적용했는데 둘 모두 올바른 개념이 아니다. 한편 칼 세이건은 확장된 카르다쇼프 척도의 초기 형태를 마련했지만 모든 단계가 정확히 10자릿수만큼 구분되도록 했다. 하지만 실제로는 약 9자릿수와 11자릿수 차이이므로 그의 방식은 카르다쇼프 척도와 우주 구조 사이의 연결고리를 끊는데 이는 무척 큰 손실이다. 나는 정수로 두 카르다쇼프 단계 사이를 보간하는 편이 낫다고 판단하여, 각각의 자릿수가 K0에서 K1로 가는 길에서는 약 9분의 1을 움직이게 하고, K2에서 K3으로는 약 11분의 1을 움직이게 했다. 세이건도 K0 단계를 추가했지만 K1 앞에 임의적으로 10자릿수를 설정한 것이므로, K0에서 K1까지 이동 거리의 비율에는 실질적인 의미가 없다.

55 이는 한 자릿수 추정치로, 문자가 발견된 당시 고대 메소포타미아에서는 약 100만 명이 식량에서 약 100W의 에너지를 소비하고 일/열에서 약 100W의 에너지를 사용했다. 이 수치들이 부정확하거나 가축이 사람보다 훨씬 많은 식량을 소비했다면 실제로는 조금 더 높았을 수 있다.